国家电网公司

生产技能人员职业能力培训专用教材

# 95598 客户服务

国家电网公司人力资源部　组编

刘继东　主编

## 内容提要

《国家电网公司生产技能人员职业能力培训专用教材》是按照国家电网公司生产技能人员模块化培训课程体系的要求，依据《国家电网公司生产技能人员职业能力培训规范》（简称《培训规范》），结合生产实际编写而成。

本套教材作为《培训规范》的配套教材，共 72 册。本册为专用教材部分的《95598 客户服务》，涵盖了供电企业 95598 运营管理及客户服务所必须掌握的理论知识及业务技能，全书共 7 个部分 21 章 69 个模块，主要内容包括 95598 服务热线，业务受理，服务管理，相关业务知识，服务规范，服务礼仪与沟通技巧，营销业务应用。

本书可作为供电企业 95598 客户服务工作人员的培训教学用书，也可作为电力职业院校教学参考书。

**图书在版编目（CIP）数据**

95598 客户服务/国家电网公司人力资源部组编. —北京：中国电力出版社，2010.9（2022.10 重印）

国家电网公司生产技能人员职业能力培训专用教材

ISBN 978-7-5123-0777-3

Ⅰ. ①9… Ⅱ. ①国… Ⅲ. ①电力工业–工业企业管理：销售管理–商业服务–中国–技术培训–教材 Ⅳ. ①F426.61

中国版本图书馆 CIP 数据核字（2010）第 161017 号

中国电力出版社出版、发行

（北京市东城区北京站西街 19 号 100005 http://www.cepp.sgcc.com.cn）

北京雁林吉兆印刷有限公司印刷

各地新华书店经售

*

2010 年 9 月第一版 2022 年 10 月北京第七次印刷

880 毫米×1230 毫米 16 开本 17.5 印张 543 千字

印数 22001—22500 册 定价 **98.00** 元

#《国家电网公司生产技能人员职业能力培训专用教材》

## 编　委　会

国家电网公司
生产技能人员职业能力培训专用教材

# 前　言

为大力实施“人才强企”战略，加快培养高素质技能人才队伍，国家电网公司按照“集团化运作、集约化发展、精益化管理、标准化建设”的工作要求，充分发挥集团化优势，组织公司系统一大批优秀管理、技术、技能和培训教学专家，历时两年多，按照统一标准，开发了覆盖电网企业输电、变电、配电、营销、调度等34个职业种类的生产技能人员系列培训教材，形成了国内首套面向供电企业一线生产人员的模块化培训教材体系。

本套培训教材以《国家电网公司生产技能人员职业能力培训规范》(Q/GDW 232—2008) 为依据，在编写原则上，突出以岗位能力为核心；在内容定位上，遵循“知识够用、为技能服务”的原则，突出针对性和实用性，并涵盖了电力行业最新的政策、标准、规程、规定及新设备、新技术、新知识、新工艺；在写作方式上，做到深入浅出，避免烦琐的理论推导和验证；在编写模式上，采用模块化结构，便于灵活施教。

本套培训教材涵盖34个职业的通用教材和专用教材，共72个分册、5018个模块，每个培训模块均配有详细的模块描述，对该模块的培训目标、内容、方式及考核要求进行了说明。其中：通用教材涵盖了供电企业多个职业种类共同使用的基础、专业基础、基本技能及职业素养等知识，包括《电工基础》、《电力安全生产及防护》等38个分册、1705个模块，主要作为供电企业员工全面系统学习基础理论和基本技能的自学教材；专用教材涵盖了单一职业种类专用的所有专业知识和专业技能，按照供电企业生产模式分职业单独成册，每个职业分为Ⅰ、Ⅱ、Ⅲ 3个级别，包括《变电检修》、《继电保护》等34个分册、3313个模块，可以分别作为供电企业生产一线辅助作业人员、熟练作业人员和高级作业人员的岗位技能培训教材，也可作为电力职业院校的教学参考书。

本套培训教材的出版是贯彻落实国家人才队伍建设总体战略，充分发挥企业培养高技能人才主体作用的重要举措，是加快推进国家电网公司发展方式和电网发展方式转变的迫切要求，也是有效开展电网企业教育培训和人才培养工作的重要基础，必将对改进生产技能人员培训模式，推进培训工作由理论灌输向能力培养转型，提高培训的针对性和有效性，全面提升员工队伍素质，保证电网安全稳定运行、支撑和促进国家电网公司可持续发展起到积极的推动作用。

本套教材共72个分册，本册为专用教材部分的《95598客户服务》。

本书中第一部分95598服务热线，由山东电力集团公司刘继东，湖北省电力公司郭瑜编写；第二部分业务受理，由湖北省电力公司郭瑜，山东电力集团公司刘继东、梁雅洁编写；第三部分服务管理，由山东电力集团公司刘继东、梁雅洁，湖北省电力公司郭瑜，安徽省电力公司王毓杰编写；第四部分相关业务知识，由山东电力集团公司梁雅洁，山西省电力公司侯效奎，陕西省电力公司刘忠文编写；第五部分服务规范，由山东电力集团公司朱国进编写；第六部分服务礼仪与沟通技巧，由湖北省电力公司郭瑜，安徽省电力公司王毓杰，江苏省电力公司陶建编写；第七部分营销业务应用，由山东电力集团公司朱国进、刘继东编写。全书由山东电力集团公司刘继东担任主编；河北省电力公司中洪涛担任主审；国家电网公司营销部王子龙，河北省电力公司孙莹、石玉荣参审。

由于编写时间仓促，本套教材难免存在疏漏之处，恳请各位专家和读者提出宝贵意见，使之不断完善。

国家电网公司
生产技能人员职业能力培训专用教材

# 目　　录

## 第三部分 服 务 管 理



## 第四部分 相 关 业 务 知 识



## 第五部分 服 务 规 范

## 第六部分　服务礼仪与沟通技巧



## 第七部分　营 销 业 务 应 用

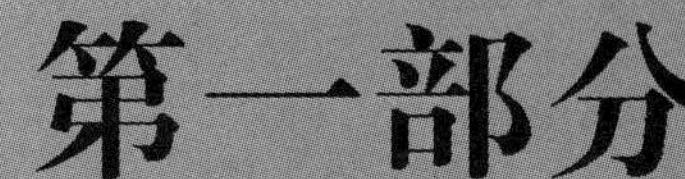

# 第一部分

# 95598 服务热线

国家电网公司
生产技能人员职业能力培训专用教材

# 第一章　95598 运行管理

## 模块 1　95598 在电网公司的发展进程（ZY3100201001）

【模块描述】本模块介绍了呼叫中心的基本概念和供电服务热线 95598 的发展进程。通过概念描述和要点归纳，掌握供电企业 95598 服务热线的概念、基本功能及业务发展展望。

【正文】

随着知识经济时代的到来，越来越多的公司、企业开始通过建设运营呼叫中心，开展产品销售和客户服务工作。电网公司作为关系国家能源安全和国民经济命脉的国有重要骨干企业，承担着努力保障安全、经济、清洁、可持续能源供应的社会责任，采用成熟可靠的呼叫中心技术，建立规范、统一的供电服务热线，已成为供电企业开展优质服务工作的基础和必备手段。

一、呼叫中心概述

1. 呼叫中心的定义

呼叫中心（Call Center），是指综合利用先进的通信及计算机技术，对信息和物资流程优化处理和管理，集中实现沟通、服务和生产指挥的系统和机构。

呼叫中心作为公司的统一对外窗口，担负着客户信息采集、客户需求分析、客户价值分级、客户需求满足，以及公司的客户服务、信息发布、市场调研、主动服务和社会形象展示的重要责任。

2. 呼叫中心的作用

呼叫中心的作用随着技术的不断改进而不断发生变化，主要体现在以下几个方面：

（1）业务受理摆脱时间、空间的限制。一方面，呼叫中心为客户提供 24 小时全天候的优质服务，极大方便客户；另一方面，借助网络，呼叫中心可以不受地域限制，为客户提供更加便捷的服务。

（2）呼叫中心的建立，极大地提高公司的工作效率。呼叫中心可以为客户提供随时随地、周到细致的服务，能够赢得更多客户对公司的信赖与支持，提升客户满意率和忠诚度。

（3）增加业务范畴，扩宽公司与客户之间的联系途径。呼叫中心提供电话、寻呼、短信息、传真、Internet、VOIP 互联、Email 等多种服务方式，形成一个生产、供应、服务为一体的运作体系，提高系统之间的资源共享，树立良好形象，增强竞争力。

（4）经济效益新增长点。利用呼叫中心及在其基础上构建的客户服务中心、电话购物中心、企业热线通、声讯服务、电子商务、Internet 接入等多种专业的呼叫中心服务系统，加上网络优势，可能成为公司新的效益增长点。

3. 呼叫中心的分类

呼叫中心可以按照技术、呼叫类型、规模、功能、使用性质和区域分布等不同的参照标准分成多种类型。

（1）按采用的不同接入技术分类：

1）基于交换机的呼叫中心：由交换机将用户呼叫接入到后台坐席人员。

2）基于计算机的板卡式呼叫中心：由计算机通过语音处理板卡完成对用户拨入呼叫的控制。

（2）按呼叫类型分类：

1）呼入型（Inbound）呼叫中心：呼叫中心不主动发起呼叫，只应答客户发起的呼叫，主要应用于技术支持和产品咨询。

2）呼出型（Outbound）呼叫中心：呼叫中心是呼叫的主动发起方，主要应用于市场营销、市场调查、客户满意度调查等。

3）呼入/呼出混合型呼叫中心：既处理客户发出的呼叫，也主动发起呼叫。

（3）按规模分类：

1）大型呼叫中心：超过 100 个人工坐席的呼叫中心称为大型呼叫中心。一般配备有足够容量的大型交换机、自动呼叫分配设备、自动语音应答系统、CTI 服务器、人工坐席和终端、呼叫管理系统、数据库系统。

2）中型呼叫中心：人工坐席数在 50～100 之间的呼叫中心称为中型呼叫中心。

3）小型呼叫中心：人工坐席数在 50 以下的呼叫中心称为小型呼叫中心。用户级交换机（PBX）通常可用 PC 服务器加板卡代替。

（4）按功能分类。呼叫中心按照功能分可以分为：电话呼叫中心、Web 呼叫中心、IP 呼叫中心、多媒体呼叫中心。

（5）按使用性质分类。呼叫中心按使用性质可以分为自建自用型呼叫中心、外包服务型呼叫中心、应用服务提供商型呼叫中心等。

（6）按分布方式分类。呼叫中心按照区域分布可以分为集中式呼叫中心、分布式呼叫中心。

4. 呼叫中心的发展

随着计算机及电子通信技术发展，呼叫中心大致经历了以下四个阶段：

（1）采用普通电话机或功能简单、自动化程度低的小交换机（排队机）的第一代呼叫中心；

（2）采用交互式自动语音应答呼叫中心系统（IVR）的第二代呼叫中心；

（3）为了满足计算机、信息技术的演进和客户服务的需求，采用综合服务的基于语音板卡（CTI）的第三代呼叫中心；

（4）以服务因特网用户（IP）为主要目的第四代呼叫中心。

## 二、供电服务热线 95598

1. 95598 的建设背景

随着经济社会的快速发展，市场经济体制的不断完善和电力体制改革的持续深化，电网企业内外部环境发生了深刻变化。从内部看，应对日趋激烈的市场竞争，积极开拓电力市场，以优质的服务增供扩销，已成为电网企业的中心任务，电力营销的工作地位和重要性日益突出；从外部看，社会对垄断行业高度关注，广大客户对供电服务期望越来越高，积极与社会各界沟通，全方位倾听社会意见，主动接受政府监管和社会监督，提高服务水平已成为电网企业发展的当务之急。

基于上述认识，原国家电力公司在 2001 年向信息产业部申请，以“95598”作为国家电力公司开展供电服务使用的统一电话号码。同时，原国家电力公司向互联网管理中心注册了“95598”域名。同年印发了《关于建设“95598”客户服务系统实施意见》和《“95598”客户服务系统建设规范》（国电发 2001［829］号），明确要求各网省公司从方便客户的角度出发，认真分析营销管理和客户服务的各类需求，改革现有的服务方式、服务流程、服务标准，按照统一规划、统一标准、统一功能、统一设计的要求，合理整合客户服务技术支持系统，分阶段完成“95598”客户服务系统建设。2002 年底电力体制改革，国家电网公司、中国南方电网有限公司成立，两家公司均使用 95598 作为企业客户服务号码。2005 年 4 月 8 日，国家电网公司召开了“三公”调度暨供电优质服务电视电话会议，向全社会公布了《员工服务“十个不准”》《“三公”调度“十项措施”》《供电服务“十项承诺”》，明确提出了供电服务热线“95598”24 小时受理业务咨询、信息查询、服务投诉和电力故障报修的庄严承诺。2008 年 3 月，信息产业部《关于变更 95598 号码使用主体等事宜的批复》（信部电函［2008］115）明确了“95598”使用主体变更，“95598”继续被两家电网公司作为供电服务电话号码使用。

2. 95598 的基本概念

95598 供电服务热线是集计算机网络技术、自动呼叫分配（ACD）技术、计算机电话集成（CTI）技术、交互式语音应答（IVR）技术以及数据库技术等于一体的网络化综合业务服务平台。利用国家电网公司统一的供电服务电话号码“95598”，通过电话、客户服务网站、短信、传真、电子邮件、VOIP 等方式，为客户提供 7×24 小时远程咨询查询、故障报修、投诉举报与建议、营销业务受理、信息发布、主动服务等服务项目，通过流程将客户需求传递到各相关技术支持系统和供电服务部门进行处理，并负责调度、监督、催办、回访、统计、分析和考核，实现客户服务的闭环管理。

3. 95598 的基本功能

简单划分为业务功能和平台功能。

（1）业务功能。

业务功能是指 95598 在客户服务及供电企业营销管理工作中的主要职能，可概括为七项基本功能：

1）咨询、查询。以电力知识库和公共信息为支撑，为客户提供用电政策法规、业务处理进程、电量电费、电价标准、停电预告等信息的查询服务。

人工咨询与自动信息查询能够实现方便切换。

2）故障报修。受理客户故障报修服务请求，生成抢修工作单传递到相关部门进行处理，并能对处理过程进行跟踪、催办及考核。故障处理完毕后及时回访客户。系统能记录每个故障的及处理过程，包括报修人姓名、电话、报修时间、故障地点、故障处理部门、处理时间、处理人员、故障类别、故障原因、故障处理经过等信息。

3）投诉、举报与建议。受理客户对违约用电、窃电嫌疑、供电企业职工行风问题的举报，供电业务办理、供电服务等方面的各类投诉及建议，并传递到相应部门进行处理，并将处理结果反馈至客户或由坐席人员进行回访，形成闭环管理。

4）营销业务受理。受理各类客户的新装、增容及变更用电等业务，生成电子工作单，传递给其他电力营销业务应用系统进行业务流程处理，并实时督办处理情况，形成流程闭环控制。

5）信息发布。通过电话外拨、短信、Internet 网站等方式，向客户发布公告、停电预告等信息。

6）主动服务。催缴电费：通过电话外拨、短信等方式，对欠费客户进行电费催缴。

客户回访和市场调查：通过外拨、Internet 网站等多种方式，对服务质量和市场需求进行调查。

7）服务信息统计分析。对受理的各类客户服务信息进行统计分析，形成各种业务统计报表和信息简报，发送领导及相关部门参考，进一步改进服务质量，提高客户满意率。

（2）平台功能。

平台功能是指为确保 95598 的正常运转，软硬件平台设备应提供的基本技术支持手段，可概括为 11 项基本功能：

1）服务接入。采用基于板卡、程控交换机（PBX）或者 VOIP 技术的方案，实现人工坐席（包括远程坐席）、自动语音应答、传真、Internet 网站等接入方式。

2）自动呼叫分配（ACD）。实现对接入呼叫的进行智能路由和排队控制，保证客户服务请求以最短的时间被转接到最合适的坐席；能灵活设置排队和路由策略，提供基于客户的主叫号码、优先级、业务种类、坐席的技能、坐席分组等的排队和路由策略。能实现所有呼叫类型的统一排队。

3）计算机电话集成（CTI）。实现电话语音系统和计算机系统的信息共享和集成，支持坐席屏幕信息自动弹出；支持话务在自动语音与坐席、坐席与坐席之间自由切换和灵活转接；支持坐席之间的语音和数据的同步转移。

4）交互式语音应答（IVR）功能。为客户电话请求提供语音提示，引导客户选择服务内容和输入电话自助服务所需数据，在接受客户输入的信息后，实现对数据库等信息资料的交互式访问。提供 7×24 小时的自动语音服务，实现信息咨询、信息查询等业务功能。能进行自动语音报工号、人工服务的辅助和引导；支持文本转语音（TTS）播放；具有语音留言功能；能灵活定制流程，并可方便地加载/卸载。

5）传真服务功能。提供 7×24 小时的自动传真服务，实现传真的接收和发送；支持 TIFF 格式的传真，并能将常用的文件格式转换成 TIFF 格式；能记录每个传真的具体内容、传真的发送时间、结束时间、客户代表话务员工号、传真文件注释等内容。

6）全程自动录音功能。实现电话服务坐席全程 24 小时自动录音，记录每个录音的开始时间、主叫号码、坐席人员工号等内容，并提供方便的手段对录音文件进行录音检索与播放。

7）坐席管理软件包。按功能可设置普通坐席和班长坐席。

普通坐席：实现登录、注销等基本坐席呼叫控制操作；实现电话接听、挂起、转移、挂断、外拨、会议等软式电话功能。

班长坐席：除具备上述规定的功能外，还应实现对普通坐席的话务管理、状态管理等在线监控管理功能；实现对普通坐席的监听和强插功能；能按技能级别、业务类别对普通坐席进行配置和分组管理。

8）外拨服务。实现主动发送、请求发送、成组广播发送、选择性请求发送等多种电话和传真发送形式，可扩展电子邮件Email、短信等回复方式。

9）Internet网站服务。通过95598 Internet网站提供网上业务受理、信息发布与查询、网上文本交谈与同步浏览、电子邮件、个性化消息订阅等服务功能。

10）系统配置及监控管理。能对路由排队策略、坐席配置和技能分组、入口信息、语音组合流程、录音启动规则等进行设置。能监控系统配置和资源运行状态，监视系统运行效率，查看当前系统的排队状况，跟踪系统受理呼叫的流程。能在系统运行异常时进行故障分析和定位。

11）与其他相关应用系统的接口。实现与电力营销技术支持系统、配电GIS系统、办公自动化等相关电网应用系统的接口，能进行工作单的传递，实现数据交互。

4. 95598业务发展展望

随着电力市场化改革的不断深入，95598在营销服务工作中的地位和作用日益突显，平台功能随着行业技术进步进一步发展、完善，运营管理工作得到了持续深化提升。作为现代信息技术的综合体现，通信技术、计算机技术等领域的任何技术进步，都将直接影响和推动呼叫中心的进一步发展。

（1）与Internet技术的协同发展。近年来，伴随着Internet在全球的迅速增长并普及，通过Web呼叫方式和电话呼叫方式的集成，基于IP的第四代呼叫中心技术逐渐成熟，新一代95598系统在技术发展及应用上也将同步跟进。电力客户可通过音频电话、IP电话、IP传真、Email等多种途径提交业务申请，充分满足不同年龄层次、知识层面客户的个性化服务需求。同时，供电企业的95598话务费用也将获得合理减免，企业资源将得到更为合理的调配和利用。展望未来，随着视频技术引入呼叫中心，能够实现坐席人员和电力客户之间视频交互的多媒体呼叫中心，也将逐步崭露头角。

（2）与数据仓库技术的结合应用。95598每天受理了大量客户来话。这些电话资料充分反映了客户心声。应用先进的数据仓库技术对这些宝贵的数据资料进行深度挖掘、分析，并及时形成工作分析，有针对性地进行改进、完善，有利于及时调整营销服务工作思路，进一步提高客户服务水平。

（3）适应CRM要求的业务与应用改造提升。采用CRM管理理念和现代化信息技术，建设覆盖各供电企业所辖全部客户的功能完善、技术先进的客户关系管理平台，通过对客户群体的特性和行为模式分析，挖掘出客户的需求和价值，建立起以客户满意度和客户信用度为核心的营销测评体系，采用个性化、差异化服务手段，改善客户关系，提高客户忠诚度，提升客户价值，增强企业竞争力，实现公司与社会的和谐发展。

【思考与练习】

1. 什么是呼叫中心？它的作用体现在哪几个方面？

2. 呼叫中心有哪几种常用分类方法？不同分类方法的要点和基本特征是什么？

3. 请简要阐述95598的基本概念和主要的业务功能、平台功能。

## 模块2　95598在电网公司中的意义与定位（ZY3100201002）

【模块描述】本模块介绍了供电企业设立95598的意义及功能定位。通过要点归纳，掌握供电企业面临的内外部发展环境和职能定位，以及95598在供电服务工作中的四个中心作用。

【正文】

随着社会主义市场经济的快速发展，供电企业内外部环境发生了深刻变化。政府监管力度不断加大，社会各界对垄断企业高度关注，广大客户对供电服务期望越来越高。95598作为连接广大电力客户和供电企业的桥梁和纽带，在提升服务质量、改善服务形象、塑造服务品牌形象等方面承担着重要责任，发挥着关键作用。

一、设立 95598 服务热线的意义

随着经济社会的快速发展，市场经济体制的不断完善和电力体制改革的持续深化，供电企业内外部环境发生了深刻变化。《电力监管条例》、《供电服务监管办法》等法律法规颁布实施后，政府监管力度不断加大，优质服务由原来的企业自律行为变成了电力行政执法监管的服务质量标准。电力客户生活质量、文化素质提高，需求差异化日益明显，对供电服务期望越来越高。这就要求供电企业必须进一步提升营销理念，加快服务方式转变，创新服务手段，逐步建立以市场需求为导向，以满足客户需求为中心，以引导客户消费并取得经济效益和社会效益相统一的新型营销服务体系，从根本上提升营销能力和服务水平，满足以市场经济和信息化为现代特征的社会和客户需求，为公司履行社会责任、服务和谐社会建设提供坚强支撑。

95598 作为连接广大电力客户和供电企业的桥梁和纽带，在提升服务质量、改善服务形象、塑造服务品牌形象等方面承担着重要责任，发挥着关键作用。供电企业设立 95598 服务热线的意义主要体现在以下三个方面：

（1）突破了时间、空间限制，方便了客户办理用电业务。电力客户咨询查询、故障报修、投诉举报等各类用电事宜，只需拨打 95598 服务电话，或登录客户服务网站，足不出户，便可得到全天 24 小时方便、快捷、规范的办理，有效缓解了营业厅柜台服务压力。利用短信、传真等服务手段，电费表码、停电通知等信息可及时送达客户，确保了服务时效性，提升了客户满意率。

（2）实现了服务闭环管理，有效保障了服务质量。95598 受理的每一件业务，均遵从首问负责制，不能现场答复客户的业务，一律实行“受理→办理→督办→办结→答复或回访客户”的链条式闭环管理。不同种类业务均有标准化处理流程和办理时限进行约束。业扩报装、故障报修、投诉举报等业务主动回访客户，征求客户意见，实现了客户现场服务的过程控制，确保了服务品质。与客户交流用语统一、规范、准确，树立了供电企业良好的服务品牌形象。

（3）及时掌握客户心声，为供电企业生产经营提供了第一手辅助决策资料。95598 处于服务的最前沿，直接面对广大客户。每天受理的大量客户来话资料充分反映了客户关注的热点、焦点、难点问题。通过对这些数据资料的系统分析和整理，有助于供电企业进一步改进、完善生产经营工作中的薄弱环节，进一步提高供电服务质量。

二、95598 在供电企业服务工作中的定位

供电企业作为关系能源安全和国民经济命脉的国有重要骨干企业，在服务国家能源资源优化配置、保障安全可靠供电、履行社会责任等方面肩负着重要职责。电力营销作为供电企业的主营业务，直接面对广大电力客户、发电企业、政府部门等社会群体，其工作业绩反映公司的效益水平，体现公司的服务水平，是供电企业经营能力、可持续发展能力，以及服务于构建和谐社会和全面建设小康社会能力的综合反映。通过丰富完善 95598 服务平台功能，建立统一的服务工作标准体系、市场管理体系，整合服务资源、信息资源，推动业务流程优化，构建流程通畅、信息共享、过程可控的营销服务管理平台，实现服务方式向电话服务、网络服务、自助服务的转变和供电服务流程的内外贯通，降低服务成本，提高服务效率，既是电网企业提高服务水平，提升企业核心竞争力的迫切需要，也是电网企业展示优质服务理念，塑造优质服务品牌和良好社会形象的要求。95598 对优质服务工作的引领作用可概括为“四个中心”，即供电服务受理中心、服务信息中心、服务调度中心和服务监督中心。

1. 服务受理中心

95598 为电力客户提供了电话、短信、传真、Email、网站、自动语音导航等多种客户服务手段，充分满足了不同客户群体个性化服务需求。基于电子工作流的业务处理模式确保了不同方式受理的客户服务业务均能得到高效、规范的办理。同时，95598 的设立真正实现了供电企业的“一口对外”服务，咨询查询、故障报修、投诉举报与建议、营销业务受理等各类用电事宜，均可由 95598 服务电话统一受理，极大地方便了客户。相比营业厅柜台服务等传统服务手段，95598 具有不受时间及空间限制等巨大优势，具有广阔的发展应用前景。

2. 服务信息中心

95598 处于供电企业的服务前沿，每天受理的大量服务数据真实、准确地反映了客户心声，为供

电企业生产和经营决策提供了全面、真实、准确、翔实的基础数据支撑。95598 故障报修统计功能能够详细汇总、分析配网故障分布情况及故障原因，能够有效帮助生产部门有针对性地改进配网设计和运行工作的薄弱环节，提升供电可靠性。借助系统，也可对咨询查询、投诉举报中反映出的营销管理漏洞，以及服务工作中存在的问题开展专题分析，形成改进问题的建议，进一步提升客户服务水平。服务信息发布功能，能够通过多种手段，向客户发布停电信息、电价信息、政策法规等用电信息。电话自动外拨回访客户、短信征求客户意见等主动式服务手段，为开展市场调查和搜集、整理客户意见、建议提供了强有力的支撑。

3. 服务调度中心

95598 对受理的咨询查询、故障报修、投诉举报与建议等不能现场答复客户的业务，均有责任和义务协调、调度供电企业内部相关部门和服务资源，催办、督导业务办理进度，并将办理结果统一答复客户。类似于电网安全生产工作中调度中心所肩负的调度职能，95598 可以称为客户服务工作中的调度中心，向各相关单位发送服务调度指令，对服务调度指令的执行情况进行全过程调度、指挥、督办。各执行单位接受服务调度指令后，组织实施，并将处理结果汇报 95598，由 95598 统一答复客户，完成服务调度指令的闭环管理。

4. 服务监督中心

为有效保障电力客户各项业务的办理进度、质量，必须赋予 95598 强有力的服务绩效监督考核职能，建立以营销服务为龙头的大营销、大服务工作格局，明确责任到人，促进供电企业服务意识的整体提升。对内应强化 95598 系统自身运行工作质量和坐席人员服务质量的监督考核，建立针对系统运行可靠率、坐席人员电话接听数量、电话放弃率、工作单量质期完成情况等关键运行指标的量化考核体系，确保系统的高效、稳定运转。对外强化业扩报装、电费抄核收、电能计量、配电抢修等相关服务岗位客户业务处理工作质量、工作效率的监督检查，针对工作中存在的薄弱环节和问题明确提出整改意见或建议，并以周报、月报等方式进行通报考核，促使各单位高度重视，及时改进，避免同类问题的反复发生，有效提高客户满意率。



【思考与练习】

1. 供电企业设立 95598 服务热线的意义主要体现在哪些方面？

2. 简述 95598 在供电服务工作中的定位。

## 模块 3 95598 客户服务体系的建立（ZY3100201003）

【模块描述】本模块介绍了 95598 客户服务体系构架和不同层次 95598 供电服务热线的工作职责。通过图例说明和要点归纳，掌握 95598 服务架构的功能，以及网省、地（市）、县级三级 95598 的主要工作内容和工作职责。

【正文】

有效的客户服务体系是保证客户满意的必要条件，它能够提高客户满意度、培育客户忠诚度，为企业赢得良好的口碑，树立企业良好的社会形象。供电企业作为服务广泛的公用事业企业，肩负着为国民经济和社会发展提供高品质电力产品和公共服务的重要责任。开发建设 95598 客户服务系统，有助于供电企业践行服务理念，进一步规范服务行为，完善服务机制和服务手段，提高服务水平和服务质量，树立良好的企业形象，实现企业经济效益、社会效益的完美统一、和谐发展。

### 一、95598 客户服务体系简介

（一）层次结构

95598 从业务逻辑上可划分为客户服务层和监督管理层。按业务管理层级可划分为网省、地（市）、县级三个层次。如图 ZY3100201003-1 所示，为 95598 客户服务体系结构图。

1. 客户服务层

客户服务层是 95598 客户服务系统的核心，是本系统建设的重点。它直接对外提供电力信息咨询/查询、故障报修、业务受理、投诉等客户服务。而地（市）供电企业和县供电企业直接面向客户，所

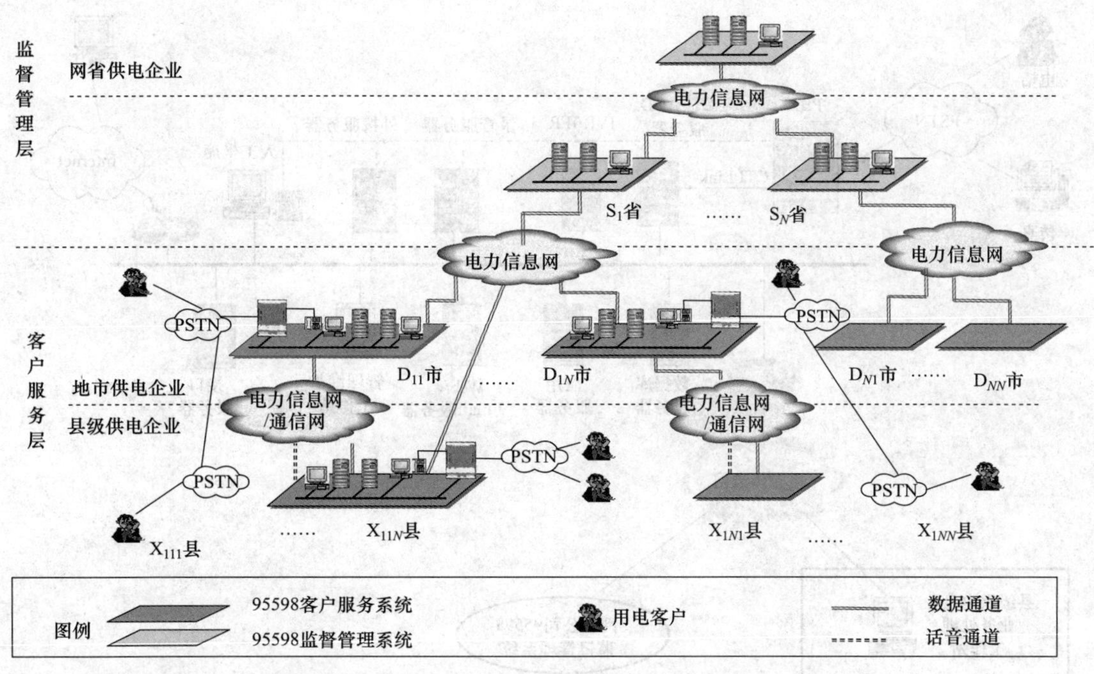


图 ZY3100201003-1　95598 客户服务体系结构图

以重点在地（市）供电企业和县供电企业建设客户服务层。因地区差别，根据各地环境条件和管理需要，客户服务层的建设模式可分为集中式和分布式两种。

2. 监督管理层

监督管理层通过系统内的电力信息网对辖区内建设的 95598 客户服务系统的运行状况和服务质量实行宏观指导和监督管理，不直接对外提供客户服务。网省公司重点建设监督管理层，形成供电企业内部闭环的监督管理网络。根据发展需要，监督管理层可扩展管理功能。

（二）节点结构

95598 客户服务系统在物理上可分为网络和节点。网络是实现数据交换和信息共享的通道，为有效利用系统内部信息通道资源，应充分利用电力通信网和电力信息网。节点是实现系统功能的具体环节，根据节点管理对象的不同，系统节点又可分为客户服务型节点和监督管理型节点。

1. 客户服务型节点

客户服务型节点面向客户，直接为电力客户提供服务，根据各地的实际情况，客户服务型节点在物理上的实现方式有集中和分布两种模式。而集中模式又可分为完全集中模式和相对集中模式。

（1）完全集中模式。地（市）供电企业建立 95598 客户服务系统，统一受理所辖营业区范围内（包括市、县）所有客户的请求。县级供电企业不设 95598 客户服务系统中心，也不设远程坐席，但设置相应的业务处理工作站（如故障抢修）。

地（市）客户服务中心统一受理县级供电企业营业区范围内的客户服务请求，需本地现场服务的，形成工作单，通过电力信息网将工作单传递到县级供电企业设置的相应工作站，由县级供电企业进行现场服务。不需要现场服务的，由电力营销管理信息系统共享的信息直接提供相应服务。如图 ZY3100201003-2 所示，为完全集中式网络结构示意图。

（2）相对集中式模式。

县级供电企业不设 95598 供电服务系统中心，但设置相应的远程坐席，远程坐席通过电力信息网和电力通信网，受理由地（市）客户服务系统中心转接的本地客户服务请求。地（市）客户服务系统中心向远程坐席进行语音转接及数据传输，又可分为统一 IP 方式和非统一 IP 方式。如图 ZY3100201003-3 所示，为相对集中式网络结构示意图。

1）统一 IP 方式。统一 IP 方式指由地（市）系统转接到县局远程坐席的语音通过 VOIP 网关和数据信息统一由电力信息网进行传输，远程坐席可通过 IP 电话及坐席终端实现与地（市）本地坐席相同的功能。

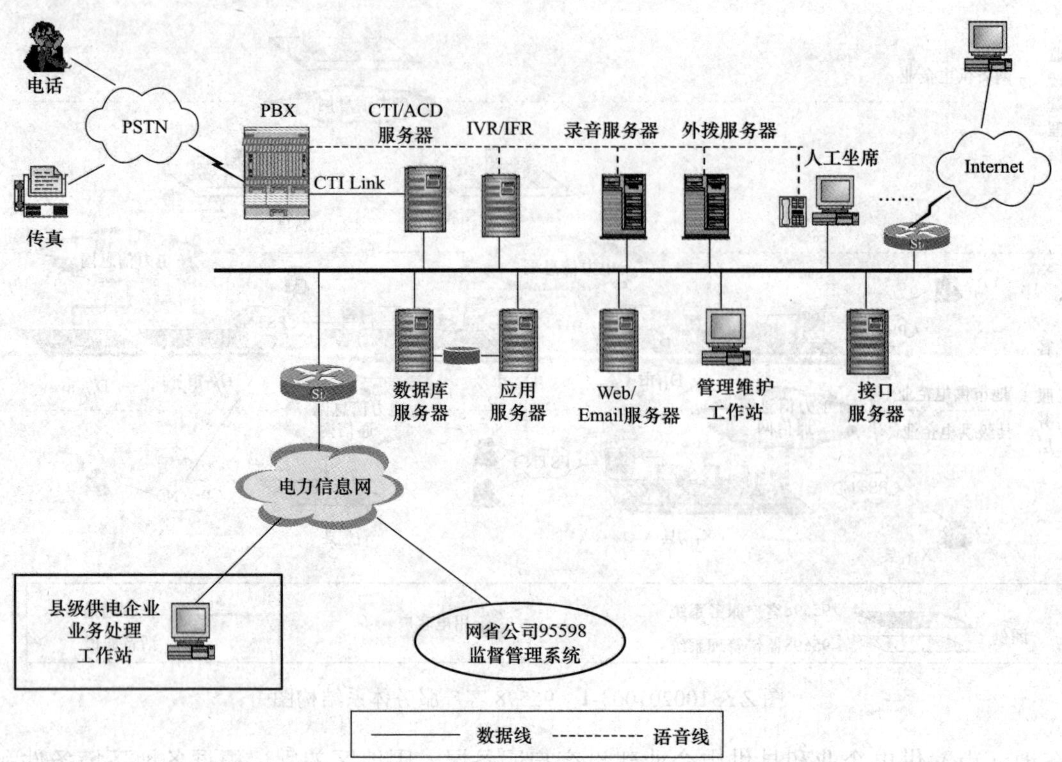


图 ZY3100201003-2　完全集中式网络结构示意图

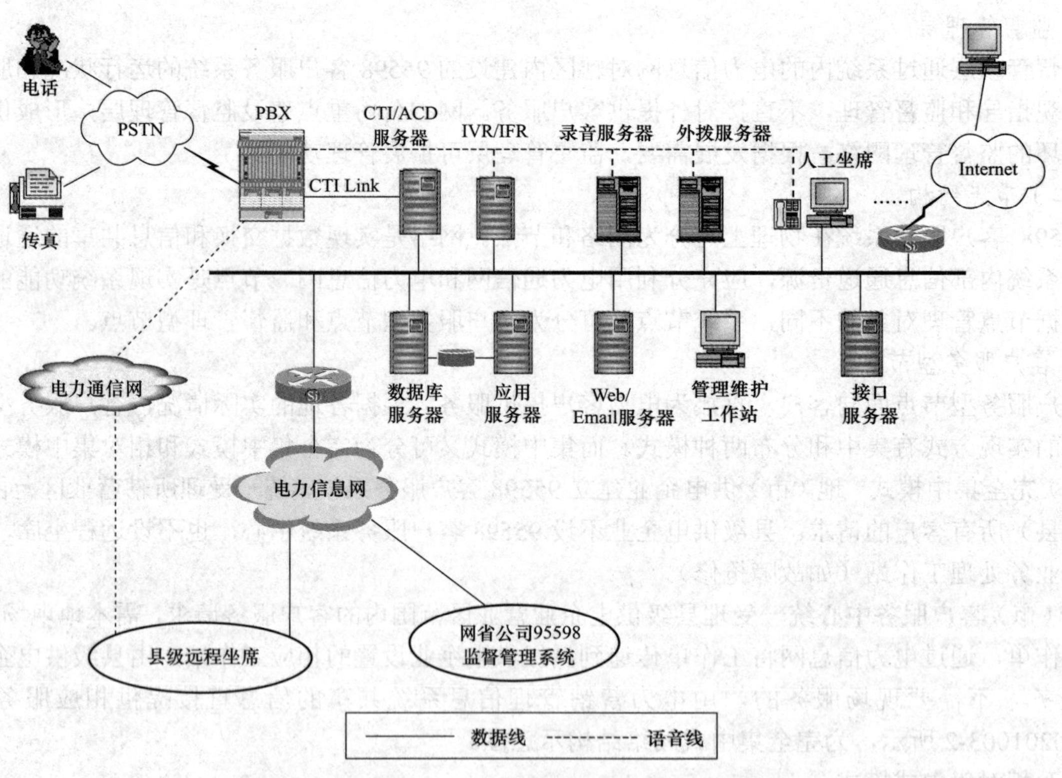


图 ZY3100201003-3　相对集中式网络结构示意图

采用该方式要求信息网具有足够带宽以保证良好的语音效果。考虑到技术成熟程度，在初期不建议使用该方式。

2）非统一 IP 方式。非统一 IP 方式指语音和数据进行分通道传输，即语音通过电力通信网（电话专网）进行传输，数据则通过电力信息网进行传输。

（3）分布式模式。地（市）供电企业和县级供电企业都建立 95598 客户服务中心，分别受理本地客户服务请求，独立运行。地（市）客户服务中心通过电力信息网对县客户服务中心进行信息交换和监督管理。

2. 监督管理型节点

监督管理型节点通过电力信息网对所辖供电营业区域的95598客户服务系统运行和服务状况进行监督和管理，只进行数据传输，不进行语音连接。如图ZY3100201003-4所示，为××网省公司95598监督管理网络结构示意图。

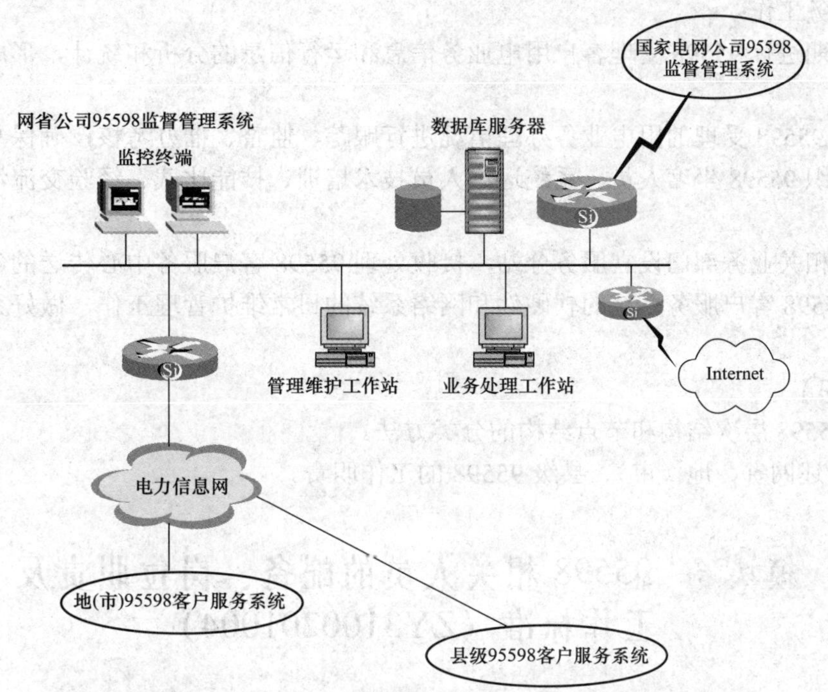


图ZY3100201003-4　××网省公司95598监督管理网络结构示意图

**二、95598客户服务体系职责**

1. 各网省（直辖市）供电企业95598工作职责

网省供电企业通常不直接接听客户电话［直辖市除外，其工作职责可参见地（市）供电企业95598工作职责］，主要负责对所辖地（市）、县级供电企业95598客户服务工作开展情况、客户服务系统运行状况等进行监督管理和业务指导：

（1）负责贯彻落实上级单位、政府部门有关95598服务政策、规定，结合实际制定本单位管理规定，开展对各市客户服务系统运行管理工作的指导、监督和考核；

（2）负责对本区域或本省95598受理客户服务情况和工作质量进行汇总、统计、分析，形成运行情况报告，提交领导及相关部门参考；

（3）负责对本区域或本省客户服务系统的统一规划、建设、管理和系统功能的升级完善；

（4）定期组织本区域或本省客服调度和系统维护人员的技术培训、技能比武、经验交流活动，不断提高客服调度和系统维护人员的整体素质。

2. 地（市）供电企业95598工作职责

（1）贯彻落实网省供电企业有关客户服务系统运行的各项管理规定，严格按照要求开展95598日常服务工作；

（2）负责定期进行95598受理客户用电业务信息和运行信息的分析和统计，形成运行情况报告，并按时上报；

（3）负责对95598受理的用电业务办理情况进行跟踪、监督、催办考核，确保95598服务质量；

（4）负责对所辖各县级供电企业95598客户服务系统的运行管理工作进行指导、监督和考核；

（5）定期组织95598坐席人员、系统运维人员技术培训、技能比武、经验交流活动，持续提高团队素质；

（6）负责在相关业务部门设立服务分站，接收处理 95598 客户服务中心传送的各类工作单；

（7）负责 95598 客户服务系统的软硬件和网络系统的日常维护管理工作，做好系统的安全防范工作。

3. 县级供电企业 95598 工作职责

（1）贯彻落实网省及地（市）供电企业有关客户服务系统运行的各项管理规定，严格按照要求开展 95598 日常服务工作；

（2）负责定期进行 95598 受理客户用电业务信息和运行信息的分析和统计，形成运行情况报告并按时上报；

（3）负责对 95598 受理的用电业务办理情况进行跟踪、监督、催办考核，确保 95598 服务质量；

（4）定期组织 95598 坐席人员、系统运维人员技术培训、技能比武、经验交流活动，持续提高团队素质；

（5）负责在相关业务部门设立服务分站，接收处理 95598 客户服务中心传送的各类工作单；

（6）负责 95598 客户服务系统的软硬件和网络系统的日常维护管理工作，做好系统的安全防范工作。

【思考与练习】

1. 请简述 95598 层次结构和节点结构的分类方法。

2. 请简要阐述网省、地（市）、县级 95598 的工作职责。



## 模块 4 95598 相关人员的配备、岗位职责及工作标准（ZY3100201004）

【模块描述】本模块介绍了 95598 客户服务相关岗位人员配备标准、岗位职责和工作标准。通过要点归纳，掌握 95598 涉及的坐席人员、值班长、各级管理人员岗位工作内容、相关岗位职责和工作要求。

【正文】

95598 作为联系电力客户与供电企业的桥梁和纽带，工作质量的高低直接影响到供电企业的社会形象，良好的语音表达能力、沟通能力、倾听能力以及较高的电力营销业务素质是对本岗位工作人员的基本要求。而作为 95598 坐席、班长等各级管理人员从素质要求到岗位职责也均有不同程度的要求与规范。

**一、95598 坐席人员素质要求、岗位职责及工作要求**

1. 素质要求

（1）具有敏锐的判断力和正确的理解力，具有涵养和忍让精神，客观公正，平易近人，善解人意，工作严谨。

（2）熟悉国家相关法律、法规、政策、上级单位及本单位有关规范及规定，熟悉电力营销业务和电力服务理论。

（3）熟悉企业内部的机构设置和各部门工作职责，熟悉企业为客户提供的服务方式和服务内容。

（4）思路敏捷，文字和口头表达清晰、流畅，具有良好的倾听、理解与沟通能力，能够很好地辨明本企业与客户的利益关系。

（5）具备良好的服务意识、心理素质、抗压能力与自控能力。

（6）普通话标准，口齿清晰，有亲和力，仪表整洁，形象良好。

（7）熟悉常用的应用软件操作，能够熟练进行中英文键盘操作，中文输入在 50 字/分钟以上，英文输入在 120 字母/分钟以上。

（8）具有较强的协调、判断能力和独立工作能力，良好的团队协作精神，较强的责任心和自学能力，勤恳踏实的工作作风。

（9）了解95598客户服务系统的基本技术原理，熟练掌握供电企业的各项营销服务规定、标准。

2. 岗位职责及工作要求

（1）在值班长领导下，完成当值95598运行值班工作。

（2）认真贯彻执行《中华人民共和国电力法》、《电力供应与使用条例》、《供电营业规则》等法律、法规，执行上级部门及本企业制定的规范化服务标准及各项规章制度。

（3）负责通过电话、网站、短信、电子邮件、传真、VOIP等方式受理电力客户咨询查询、业扩及日常营业、故障报修、客户投诉、客户举报、建议表扬及其他用电业务。

（4）负责通过电话外拨、网站等多种方式，开展服务调查。

（5）负责信息分析的上报工作，参与编写各类信息分析报表，确保信息的实时性和准确性。

（6）负责对业务相关单位、部门的工作进行监督和催办，并提出考核意见，上报直接领导。

（7）遇重大紧急情况时，应立即向值班长汇报情况，执行应急预案，并耐心做好对客户的解释和疏导。

（8）完成领导交办的其他工作任务。

**二、95598坐席班长素质要求、岗位职责及工作要求**

1. 素质要求

（1）具有敏锐的判断力和正确的理解力，具有涵养和忍让精神，客观公正，平易近人，善解人意，工作严谨。

（2）熟悉国家相关法律、法规、政策、上级单位及本单位有关规范及规定，熟悉电力营销业务和电力服务理论。

（3）熟悉企业内部的机构设置和各部门工作职责，熟悉企业为客户提供的服务方式和服务内容。

（4）了解95598坐席人员专业检查与考核内容，有能力对工作中的问题做出正确的分析判断，指导和帮助坐席人员及时改进服务。

（5）思路敏捷，口头表达清晰、流畅，具有良好的倾听、理解与沟通能力，能够很好地辨明本企业与客户的利益关系。

（6）有较强的语言表达能力和文字书写能力，能够熟练撰写分析报告、工作总结报告，编制工作计划和工作改进措施。

（7）具备良好的服务意识、心理素质、抗压能力与自控能力。

（8）普通话标准，口齿清晰，有亲和力，仪表整洁，形象良好。

（9）熟悉常用的应用软件操作，能够熟练进行中英文键盘操作，中文输入在50字/分钟以上，英文输入在120字母/分钟以上。

（10）具有较强的协调、判断能力和独立工作能力，良好的团队协作精神，较强的责任心和自学能力，勤恳踏实的工作作风。

（11）了解95598客户服务系统基本技术原理，熟练掌握供电企业的各项营销服务规定、标准。

2. 岗位职责及工作要求

（1）在95598主管领导下，负责95598当值管理工作。

（2）认真贯彻执行《中华人民共和国电力法》、《电力供应与使用条例》、《供电营业规则》等法律、法规，执行上级部门及本企业制定的规范化服务标准及各项规章制度。

（3）负责组织当值严格按照有关要求和规定进行客户服务工作。

（4）组织当值坐席人员学习业务知识和上级文件，保证答复客户一致对外，遇有重大、重要问题及时上报。

（5）协调与相关部门的业务关系，保证工作渠道畅通，以达到为客户提供优质、高效、规范、真诚的供电服务要求。

（6）负责组织并受理当值用电业务咨询查询、业扩及日常营业、故障报修、客户投诉、客户举报、建议表扬及其他用电业务，开展服务调查和信息分析等工作。

（7）负责检查工作单的填写、传递、处理进度，确保工作单处理的规范化并作为考核依据。

（8）负责当值业务受理、服务调查等工作的汇总、统计分析，确保信息的准确，并按时上报。

（9）负责汇总当值95598服务工作中发现的问题，并提出建议和考核意见上报领导。对当值坐席人员工作绩效进行监督并提出考核意见。

（10）负责建立并及时更新电力政策法规、业务办理手续、用电常识、电价标准等知识库，并确保信息的时效性与准确性。

（11）负责电力动态、用电政策、用电常识、电费电价、停电信息公告等客户服务网站信息的更新维护，确保信息的时效性与准确性。

（12）完成上级领导交给的其他工作任务。

**三、95598主管素质要求、职责及工作要求**

1. 素质要求

（1）具有敏锐的判断力和正确的理解力，具有涵养和忍让精神，客观公正，平易近人，善解人意，工作严谨。

（2）熟悉国家相关法律、法规、政策、上级单位及本单位有关规范及规定，熟悉电力营销业务和电力服务理论。

（3）熟悉电力营销过程，熟练掌握本岗位及相关岗位业务流程、工作内容与要求。

（4）熟悉企业内部的机构设置和各部门工作职责，熟悉企业为客户提供的服务方式和服务内容。

（5）了解95598坐席人员专业检查与考核内容，有能力对工作中的问题做出正确的分析判断，指导和帮助坐席人员及时改进服务。

（6）思路敏捷，口头表达清晰、流畅，具有良好的倾听、理解与沟通能力，能够很好地辨明本企业与客户的利益关系。

（7）有较强的语言表达能力和文字书写能力，能够熟练撰写分析报告、工作总结报告，编制工作计划和工作改进措施。

（8）具备良好的服务意识、心理素质、抗压能力与自控能力。

（9）具有较强的协调、判断能力和独立工作能力，良好的团队协作精神，较强的责任心和自学能力，勤恳踏实的工作作风；能够协调上、下级和相关部门人员共同开展服务工作。

（10）了解95598客户服务系统的基本技术原理，熟练掌握供电企业的各项营销政策、文件、规定、标准。

2. 岗位职责及工作要求

（1）负责95598日常管理工作，全面贯彻和组织落实上级下达的客户服务任务和各项工作。

（2）认真贯彻执行《中华人民共和国电力法》、《电力供应与使用条例》、《供电营业规则》等法律、法规，执行上级部门及本企业制定的规范化服务标准及各项规章制度。

（3）管理、监督、指导95598运行工作，并负责95598对外规范化服务。

（4）负责组织客户服务业务受理与服务工作的调度、协调、监督、考核，协调本部门与本企业其他部门之间的业务关系，保证工作渠道畅通。

（5）负责组织建立、健全、完善各项管理标准、工作标准和规章制度，并检查监督执行情况。

（6）负责组织审核、制定周、月、年工作计划，并组织实施、监督与考核，按期进行工作汇总分析。

（7）负责审核批准培训计划，对实施结果进行绩效考核，不断提高工作人员业务水平，确保各项工作高效、稳定的运转。

（8）负责制定、上报95598迎峰度夏（冬）、防汛、重大保电等工作的应急预案，并组织实施。

（9）负责对客户服务调度工作中发现的问题提出建议和考核意见。对本部门工作人员工作绩效进行监督、考核。

（10）完成上级领导交办的其他工作任务。

**【思考与练习】**

1. 请简述95598坐席班长应具备的素质要求。

2. 请简述95598主管的岗位职责及工作要求。

# 模块 5　95598 日常管理运营制度（ZY3100201005）

**【模块描述】**本模块介绍制订 95598 运营制度的原则以及相关运营管理方法。通过要点归纳，掌握 95598 日常工作中的管理要点和行为规范。

**【正文】**

服务品质是 95598 客户服务的基础，而运营管理制度是确保 95598 服务品质稳步提升的核心。任何一个成功的机构、组织和企业的背后，一定有规范性与创新性的管理制度作为支持来管理着日常活动，保证流程和效率，并为突发事件做出有效的预案。95598 要成为规范运作的电力呼叫中心，只有建立一套较为完整的日常管理运营制度，以作为坐席人员的服务行为准则和值班长的现场管理工具。

**一、制订运营制度的原则**

1. 实效性原则

95598 运营制度的出台，其最终目的是为了使 95598 的日常服务工作处于可控、在控的平衡状态，各项电话服务工作均按照事先设计的运营制度中的款项有条不紊地进行。运营制度必须具有实效性，与实际的电话服务相结合，成为 95598 运营管理工作的参照坐标。

2. 简明化原则

因 95598 发展需要而制定的系统性、专业性运营管理制度，就是要求员工在职务行为中按照服务的相关规范与规则来一致地行动、工作。在制订运营制度时，一定要简明化，便于坐席人员记忆和执行，实际可操作性强，不能因执行繁琐的制度而挤占了正常的服务时间，人为增加现场管理的工作量。

3. 公正性原则

对 95598 坐席人员进行排班管理、现场管理以及绩效管理时均离不开“公正”二字。如果制度在出台之前对不同的坐席人员有着不同的衡量标准，这样势必会在员工中形成一种抵制和抗拒的力量，必然增加现场管理的阻力，影响 95598 整个团队的凝聚力和向心力。

4. 以人为本原则

管理制度的实施除了具备刚性原则外，在对坐席人员的管理中同时要体现以人为本的原则。在运营制度的执行过程中，管理人员既要体现对 95598 人员的高度约束与规范，又要体现人性化管理，尊重坐席人员的思想，因人而异，求同存异，通过面谈沟通来改善员工的心智模式，使之逐渐接受 95598 统一的管理模式，营造统一的服务秩序。

**二、相关运营管理方法**

（一）员工聘用管理

（1）95598 管理人员根据定岗定员规定、实际业务量以及人员流失率等因素，应在年末制订下年度的招聘计划。

（2）95598 人员需要调整及补充时，及时提出书面申请，报上级领导及管理部门审批。

（3）坐席人员招聘流程：

1）选择招聘渠道，发布招聘信息。

2）履历分析及筛选。

3）普通话水平、汉字输入速度及计算机基本应用能力测试。

4）综合笔试，包括电力基本知识、专业技能等内容。

5）结构化面试，包括逻辑思维、语言表达、创新意识、团队建设、人际交往、仪表气质、综合应用能力等内容。

6）性格测试及情景模拟测试。

（4）坐席人员的调整或招聘工作由人力资源及客户服务部门共同负责实施。95598 按照招聘流程确定初选人员，初选人员数量需大于实际招聘数。对初选人员组织开展岗前培训，岗前培训完成后组织岗前综合测试，确定是否符合上岗条件，择优录取。

（5）确定坐席人员聘用名单后，由人力资源部门及时办理上岗手续。

（二）员工培训管理

为不断提升坐席人员综合素质，95598管理人员需要通过常态化培训机制为公司输送优秀的95598服务人才，以实现公司战略目标，实施员工培训管理。

1. 95598教育培训体系

95598教育培训体系由岗前培训、在岗培训、待岗培训三部分组成。岗前培训和待岗培训采用集中制培训方式，集中安排某时段内进行针对性培训。在岗培训采用单元制培训方式，将知识分成多个能力模块进行培训。

2. 岗前培训

（1）岗前培训的目标是使新进员工了解本公司情况及规章制度，便于新进员工能更快胜任未来工作，开展新的职业生涯。

（2）凡新进员工必须参加岗前培训，其主要内容包括：

1）公司发展历程、主营业务及奋斗目标。

2）公司机构设置、规章制度及相关岗位职责。

3）专业基础知识、主要业务流程、服务技能及绩效管理内容。

4）工作环境和工作条件，辅导使用办公设备。

5）组织撰写心得体会及工作意向。

（3）岗前培训结束后进行综合测试，测试结果作为上岗条件并备案。

3. 在岗培训

（1）按“知识够用、技能必备”的原则，制定年度培训计划，对95598人员开展单元制在岗培训。

（2）提前做好培训教案，将培训内容分为通用能力培训模块和专业能力培训板块。通用模块又分为职业素养、基本知识和基本技能三个单元，专业模块分为专业知识和专业技能两个单元，每个单元再根据培训要项拆分为多个培训科目。

（3）员工对照个人能力分析表开展能力差距分析，对照年度培训计划从中选择自身薄弱项目优先培训，并上报参与培训的内容和时间，方便培训师合理安排课时表。

4. 待岗培训

（1）经过在岗培训和绩效管理，95598人员仍无法胜任本职工作时，应待岗参加专项提升培训。

（2）对待岗员工进行能力级别认定，找准“短板”，针对薄弱环节开展集中式培训。

（3）待岗培训结束后进行综合测试，测试结果作为判断其能否重新上岗的条件，并做好备案。

5. 绩效考核

建立实质性绩效考核体系，根据能力级别认定书结果，开展绩效考核、评先创优等活动，约束和激励员工行为，实现素质教育的闭环链接。

（三）排班管理

1. 排班原则

95598供电服务热线提供24小时不间断服务，确保人工坐席接通率达到国家电网公司要求。每个班次要考虑到员工的生理及心理承受能力，并保持一定数量的员工为应急人员，以备突发事件的发生。

2. 话务分析

（1）分析造成话务量波动的主要原因有季节、气候、用电负荷、计划检修、大面积停电故障、交费和催费高峰期、95598知晓度、重大社会活动、近期电力焦点（如拉闸限电、电价调整、大型电力宣传等）。

（2）各供电企业可根据自己的实际话务情况按日、周、月、年分析话务量的曲线图。

3. 排班周期预测

根据实际情况以周、两周、月为周期进行排班。其参考的数据是历史均值、年度预测值、前几周的来电均值。对于呼入的电话建议以每30分钟的间隔来研究客户来电的规律。排班周期预测的要点是历史看趋势，近期看实际。

4. 排班工具

（1）话务量波动排班法。对话务量的历史数据进行跟踪，对下一阶段的转人工坐席的话务量进行预测，预测出每个时段所需的客户服务代表数量。

（2）采用人员需求数量的工具。输入来话量、平均通话时长、事后处理时长以及设定要达到的服务水平指标（例如，90%的电话20秒内接起）。如软件运算Erlang方程式，然后给出全天不同时段的最佳排班人数，排班管理人员只需要挑选一个最接近于或者等同于所设定的服务水平指标的一组数值，就可以确定在一定量的来话次数情况下，要满足设定的服务水平指标所需要的人员数量。

5. 弹性排班制

根据话务量中长期预测对坐席人员进行合理排班。在业务高峰期，员工每周的上班时长可能会超过法定工作时长，而在业务低峰时再安排员工的补休或集中休假，全年保持总法定工作时长的弹性排班制，有效地保障业务高峰的服务水平。

6. 排班调换

排班表一旦确定并通过审核，坐席人员必须严格遵守排班表，未经许可不得随意调换班次，确需调班经领导同意后方可调换。

7. 突发事件

出现突发事件，管理人员应及时进行现场调控，对话务蜂拥状态应及时启动应急预案。

（四）交接班规范

（1）接班人员要提前到达工作岗位，做好交接班准备。

（2）交接班人员必须严格遵守“交清接明”的交接班原则。交班人员下班前必须认真填写交班日志，逐项填写清楚，无漏项。内容包括交接班人员工号及姓名，交班时间，各类业务处理概况，需催办的业务，突发事件，客户服务系统和设备运行情况，停电信息，业务、会议及培训通知以及其他需要交接的事项。定期将交接班日志统一存档备查。

（3）交接班时，召开交接班例会。交班班组的坐席班长将交班日志的内容向全体接班人员进行详细说明，管理人员将当天工作中存在的问题和重要知识点进行讲解和发布，并收集坐席人员的工作需求。

（4）在交接班过程中，必须严肃认真，详细清楚，责任分明，防止因交接班不清造成业务处理的脱节和各种问题的出现。

（5）交接班时若有未处理完毕的异常及突发情况，应由交班班组积极实施解决方案并报告领导。接班人员应积极协助，尽快处理完毕。

（6）交接工作完成，接班人员登录95598系统后交班人员才能退出系统，不能因交接班而影响人工坐席接通率。

（7）由于漏交、错交而产生的问题，由交班人员负责。由于漏接、错接而产生的问题，由接班人员负责。因交接不清所产生的问题，责任无法分清的，由双方共同负责。

（8）交接班时必须保持工作场所的安静，确保95598话务区秩序井然，有条不紊。

（五）保密规范

（1）定期对95598员工开展保密教育工作，树立保密意识，自觉遵守保密制度。

（2）加强供电企业信息、资料的保密工作，对企业内部需对外保密的文件、纪要、内参、资料及内部通报等信息妥善保管，组织95598员工学习后存放到资料室或办公桌抽屉内，不得擅自复印或带出公司。

（3）加强用电客户信息、资料的保密工作，对客户的业扩报装、电量电费、投诉举报等信息妥善保管，用于企业内部业务流程的正常开展和传递工作，不得对外泄露客户的各类信息和商业秘密。

（4）对于过期、作废的客户资料或内部文档必须及时销毁，严禁作为废品出售。

（5）办公电脑上只能安装和使用与工作相关的程序和软件，不得擅自拷贝计算机中的各种业务数据、设备技术参数、重要电话号码等，不得冒用别人的工号办理业务。

（6）坐席人员未经95598管理人员和思想政治工作部门同意不得接受新闻媒体采访。

（7）严禁利用公告方式发布与工作无关或带有误导性质的消息。

（六）请示报告

（1）遇到下列情况，应及时请示报告：

1）发生重大差错、事故、严重违反服务纪律的情况。

2）因突发故障、紧急拉闸限电等原因造成话务量蜂拥现象。

3）工作中发现的泄密问题。

4）危及通信设备、人身安全问题。

5）因停电引起的重大社会事件。

6）超出本职范围以外需安排解决的问题。

（2）请示报告需及时准确，逐级进行，遇有紧急情况可越级报告，但事后应向直接领导汇报。

对上级批示要详细记载，认真执行。

（七）劳动纪律

（1）建立考勤登记制，专人负责 95598 人员的考勤工作，并如实认真填写考勤表。考勤记录不得漏填、错填、虚填，按月进行公示。

（2）考勤记录包括迟到、早退、脱岗、旷工、病假、事假、公假、工伤、婚假、丧假、探亲假、产假、加班、临时调度、学习等情况。

（3）每月末制定次月值班表，95598 人员严格按照值班表准时到岗，不得无故迟到、早退。

（4）因病、因事确需请假的，必须向上一级领导汇报并征得同意，提前办理请假手续（突发性疾病应设法通知）。

（5）因事确需调班的，必须经过上一级领导同意之后方可调班，不得擅自调班，且每月调班不能超过规定次数，当月调班尽量做到当月归还。

（6）按时参加班组及上级组织的会议或业务学习，不得无故缺席。

（7）95598 人员需 24 小时保持通信畅通，以便突发事件的联络工作。

（八）坐席区管理规范

（1）坐席区日常管理中，应做到地面清洁，设备无尘，排列正规，布线整齐，资料齐全，服务有序。

（2）坐席人员应以岗位职责严格要求自己，严禁在坐席区内喧哗、打闹、串岗。

（3）严禁私自将无关人员带入坐席区。

（4）台席上禁止放置杂物、食品，保持台席的整洁，设备处于正常工作状态。

（5）坐席人员在签入 95598 客户服务系统前应先擦拭本台席的电脑屏幕，下班后签出坐席并将耳麦统一放置。

（6）交接班后，交班人员应尽快撤离台席，避免过多人员滞留在台席上，保持坐席区秩序井然。

（7）爱护坐席区设备，正确执行操作规程，保持坐席区和设备的整洁。

（8）坐席区物品摆放规范有序，具体要求如下：

1）电脑：放置于办公桌左侧或右侧，显示器角度以坐席人员本人感觉适度为准。主机置于桌下固定摆放处。

2）耳麦：放置于办公桌左侧或右侧。坐席人员当值时，需将耳麦戴于头上，非当值时间应将耳麦固定摆放。

3）镜子：放置于坐席人员座位正前方。

4）桌面用品：办公桌面允许摆放的用品范围为：当值业务所需用的笔、记录纸、记录本、脚本文件和相关办公用品。要求所有物品都需摆放整洁，交接班时注意将相关物品收拾干净。

5）手机：原则上不允许带入坐席区，不允许在工作时间拨打或接听私人电话，如有急事，必须经值班长允许；严禁用测试机拨打与业务不相关的电话；带入坐席区的手机必须设置为震动或静音状态。

6）座椅：临时离开或下班离开时必须将椅子摆放整齐，工作时注意坐姿，严禁东倒西歪。

（9）坐席人员要注意爱护公用物品，因使用不当造成损坏，由责任人承担相关经济损失。

（10）坐席人员私人用品统一放置休息室个人物品柜内。

（九）坐席人员值班规范

（1）坐席人员应提前到岗做好班前各项准备工作，进入坐席区前应换好工装、佩戴工号牌，要求以良好的精神面貌接班上岗。

（2）保持坐席区整洁，做好台位卫生及周边卫生，桌面上不放置与工作无关的东西，可提前准备好纸、笔，方便随时记录信息。

（3）遵守工作秩序，上班时间不溜岗、串岗，在坐席区内不得大声谈笑，保持安静。

（4）坐席人员上班时要坐姿端正，语气自然，态度和蔼可亲，上班时间不做与本职工作无关的事情，保持紧张有序的工作状态。

（5）严格执行“首问负责制”，按规定时限为客户提供优质服务。

（6）与客户通话时，必须使用普通话服务，并按标准的服务用语应答。做到有问必答，耐心解释，对客户不训斥、不责备，不与客户争执。

（7）遇到客户询问值班坐席人员姓名时，应报工号，不得将自己的姓氏及其他值班人员的姓氏和班次泄露给客户。

（8）不得在坐席区内直接表示自己的不满，特别是挂线后等待下一电话接入间隙。

（9）服从上级领导统一管理，严格遵守各项规章制度，自觉遵守通话纪律和劳动纪律，不对外泄露公司和客户秘密。

（10）严格交接班制度，认真填写值班日志和各种记录，如实登记和反映工作中发生的问题和处理情况。

（11）服从指挥调度，密切协作配合，坚守工作岗位，不擅自离岗，确保电话服务畅通。

（12）定时巡查相关系统是否运行正常，发现异常情况及时向管理人员汇报。

（13）夜班人员应对坐席区、休息室等场所进行整理，保证各个场所的卫生整洁。

（十）客户回访规范

（1）为加强电话服务过程的监控，适时掌握客户的需求及意见，实现客户服务的闭环管理，提高客户对供电服务的满意度，应遵守客户回访规范。

（2）对客户通过95598电话、网络等方式，提出的营销业务、非当场答复的咨询查询、故障报修、客户要求回访的投诉举报与建议等服务进行回访。

（3）工单处理有结果后，坐席人员在规定时限内回访客户，回访率达到100%，回访内容必须完整记录存档。

（4）坐席人员回访客户时，首先应对客户的信任和积极配合致以感谢，然后根据不同业务进行客户回访和满意度调查。其中故障报修回访内容为工作人员到达现场时间、故障是否修复、故障修复时间、现场工作质量、服务态度、客户满意度。投诉举报回访内容为是否答复处理结果、答复时间、服务态度、建议和要求、客户满意度。

（5）回访客户时，若客户提出其他问题时，应详细记录，及时按相关流程进行处理，并在规定时限内回访。

（6）因客户电话关机、停机或拒绝接听电话，造成无法联系上客户时，坐席人员应相隔一段时间后再进行回访。各供电企业可根据实际情况确定回访不成功可以结束工单的次数，对于多次回访均无法与客户取得联系，95598可不再回访，并在工单中写明回访不成功的原因备案。

（7）定期对客户回访的情况进行汇总分析和通报，对回访中发现的问题应及时提交相关单位和部门进行处理。

（8）根据话务量情况，客户回访工作难以由坐席人员兼职完成时，可设专门的坐席人员进行客户回访工作。

（9）为避免打扰客户休息，建议一般回访客户的时间为9:00～12:00，14:30～21:00。

（十一）客户服务信息通报

（1）为加强对电话服务流程的全过程监督，实时掌握客户服务信息，及时解决客户服务存在的问题，提升95598服务质量，应对95598客户服务信息实行定期通报。

（2）95598应定期（周、月、年）对各相关单位和部门的服务情况进行全面综合分析。

（3）通报内容要求信息准确、全面。重点统计95598相关业务的受理数量、同期比值、完成情况、客户满意程度，并分析客户服务中存在的问题。通报内容还包括95598关键绩效指标的统计分析，以便真实反映本阶段95598服务水平。

（4）通报应以文件、公司例会、网站等方式在公司内发布。

（5）对通报中反映的服务问题，相关单位部门及时制定整改措施，确定责任人和整改时间，按时处理，并向上级反馈整改结果。

（十二）95598客户服务应急预案

（1）为提高迎峰度夏（冬）、恶劣天气、突发事件等特殊时期的客户服务水平，提高95598应对突发事件的能力，确保话务高峰时期95598的24小时高效有序服务，应制定应急预案。

（2）95598客户服务应急预案要按照“科学分析、超前预测、准备充分、统一指挥、合理调度、快速反应”的原则制定，力求结合实际、切实可行。

（3）建立省公司、地市公司和县市公司95598客户服务三级应急组织体系，统一协调指挥特殊时期或突发事件时的95598客户服务工作。

（4）95598客户服务紧急事件主要内容有：

1）夏季、冬季、特殊天气；

2）电力短缺、用电负荷的变化；

3）突发性大面积停电事故；

4）大范围的计划检修；

5）月末、年底催交电费高峰期；

6）电力热点和焦点，如新的营销政策出台等；

7）社会突发事件（如自然灾害、重大火灾、爆炸事故等）；

8）不可预见的突发事件。

（5）建立95598应急服务队伍，做好预备坐席人员的岗前培训、人才储备和紧急调配工作，确保高峰时期95598人工坐席接通率。

（6）根据日均话务量、转人工最高小时话务量、夏（冬）季气温、停电面积、用电负荷大小及缺口、突发事件等因素，结合本公司实际，建立分级排班方案，按事先界定的条件启动对应的排班方案，并确保15分钟内人员全部到位。

（7）按照“逐级汇报”的原则上报突发事件。坐席人员在获取和确认相关信息后，第一时间上报管理人员，管理人员按事件类型紧急启动应急预案，全面开展协调服务工作，并及时将进展情况向上级汇报。

（8）坐席人员应严格遵守各项规章制度，服从延迟下班、提前上班、暂时休息、加班、下班等统一安排。应急服务期间，坐席人员应严格自律，不得因客户情绪激动而与客户发生争执，造成不良影响。

（9）话务高峰期，坐席人员语言应准确精练、语音清晰、语气平和、语速120～150字/分钟。当排队客户超过规定人数时，坐席人员首问语可由“您好，请问有什么可以帮您？”改为“您好，请讲。”结束语可由“感谢您拨打95598，请不要挂机，请对我的服务进行评价，再见！”改为“谢谢来电，再见。”在不影响通话质量的情况下，尽量缩短通话时长，保证人工接通率。

（10）话务高峰期应保证客户回访工作正常开展，客户回访和工单督办工作由专人完成，回访率100%。

（十三）95598客户服务系统应急预案

（1）为了切实做好95598客户服务系统突发事故的防范和应急处理工作，进一步提高预防和处理95598客户服务系统突发事故的能力和水平，确保95598客户服务系统7×24小时高效有序服务，制定本应急预案。

（2）为确保应急事故处理快速及时，需成立95598客户服务系统应急事故处理领导小组，负责95598客户服务系统应急事故处理的领导、指挥、决策以及协调工作，并督促相关单位和部门快速有效地实施事故应急处理。

（3）95598客户服务系统紧急事件主要内容有：

1）坐席区或远程坐席供电故障；

2）坐席区或远程坐席网络故障；

3）排队机中继接入及电源故障；

4）CCS呼叫中心平台故障；

5）排队机话务分配故障；

6）数据库、应用服务器故障；

7）与营销系统接口故障；

8）其他系统故障。

（4）提前绘制95598客户服务系统内部网络拓扑图及故障点分类，并分别对故障级别、故障点、故障现象及应急处置方案进行解析，明确故障点的判断流程，并通过培训加强坐席人员的系统故障判断能力。

（5）根据95598客户服务系统故障紧急程度确定应急处理的级别，并明确各级别的应急处理实施步骤。

（6）坐席区采用双电源供电方式，且设有大容量UPS不间断电源。

（7）95598客户服务系统排队机中继线采用电信运营商直接接入和公司内部接入两种方式，两条中继线互为备用，自动倒换，不影响系统正常工作。

（8）坐席区按席位安装办公电话，配置行政交换机接入码，使之满足TUA坐席工作需要。

（9）开展95598客户服务系统各硬件运行日常巡视工作，并做好记录。

（10）系统维护人员定期开展系统补丁及杀毒软件升级、系统及数据库备份工作。

（十四）95598客户服务网站运行管理

（1）为加强95598客户服务网站的运行管理，确保95598对外网站安全、可靠运行，为客户提供优质的网络服务，特制定本办法。

（2）客户服务网站管理实行7×24小时值班制度，负责定期对信息网络进行巡检，实时监测、记录、分析网络系统运行数据。

（3）加强网站账号及口令的管理，应包括用户名及口令设置的规范、保护、使用和权限变更等。

（4）开展网络设备的接入、备份、隔离的管理工作，提高网站系统安全性。

（5）做好网站系统设置、维护密码、技术参数及客户需保密的信息的保密工作。

（6）为客户提供7×24小时网络在线服务，及时处理客户营销业务受理、网上电费交纳、咨询查询、故障报修、投诉举报与建议等用电需求。

（7）网站信息执行信息分级审核制度，并派专人定期维护，及时更新，确保各类信息的合法性、时效性和准确性。

（8）网站与电力营销系统、95598客户服务系统等相关系统实现自动链接，确保信息共享。

**【思考与练习】**

1. 制订95598运营制度的基本原则有哪些？
2. 坐席人员招聘的流程包括哪些内容？
3. 坐席人员的培训体系分为哪几种？不同培训阶段的培训重点是什么？
4. 交接班过程中，坐席人员应注意哪些事项？
5. 坐席人员值班制度包括哪些内容？
6. 95598客户服务紧急事件包括哪些主要内容？

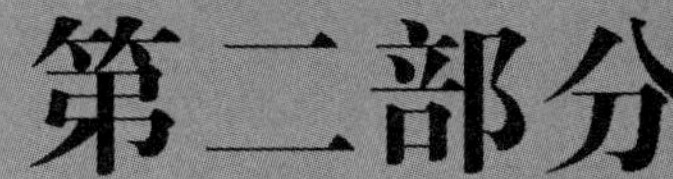


# 业务受理

国家电网公司 STATE GRID CORPORATION OF CHINA 国家电网公司 生产技能人员职业能力培训专用教材

# 第二章 营销业务受理

## 模块1 营销业务受理流程（ZY3100101001）

【模块描述】本模块介绍营销业务受理的范围、业务流程及要求。通过流程介绍和要点归纳，掌握营销业务受理的流程及规则。

【正文】

"只要客户一个电话，其余的事情由我们来办"。相信很多供电企业的服务人员都曾经听说过这句经典的服务承诺，它传播的是一种服务的文化，展示着服务的精髓，彰显着服务的内涵。这句话对于供电企业而言说起来容易，做起来却是相当困难，因为它涉及所有与客户服务相关联的岗位和人员，还需要考虑到服务成本、资金风险、经济效益等诸多问题。因此，95598 应规范营销业务受理的业务流程，快速、准确地为客户提供优质的营销业务受理电话服务。

### 一、营销业务受理描述

95598 通过电话、网络等方式，为客户提供业扩报装、业务变更及其他营销业务受理服务。95598 将营销业务按营业区域、业务类型传递到相关部门进行处理，并对处理过程进行跟踪、督办，营销业务处理完毕后及时回访客户，形成闭环管理。

### 二、营销业务受理流程

如图 ZY3100101001-1 所示，为营销业务受理流程图。

开始 → 营销业务受理 → 营销业务处理 → 营销业务回访 → 营销业务归档 → 结束

图 ZY3100101001-1　营销业务受理流程图

### 三、营销业务受理的流程要求

坐席人员在电话受理用电营销业务时，应严格按照以下流程要求执行。

1. 营销业务受理

（1）受理客户营销业务受理服务请求。

（2）详细询问客户来电具体情况，引导客户说出关键内容，判断业务类型。

（3）坐席人员提示客户需提前准备哪些办理业务的相关资料，并快速、准确填写《营销业务受理单》，按营业区域和业务类型，把《营销业务受理单》下发营销业务处理责任部门。

2. 营销业务处理

（1）接单。

营销业务处理责任单位在规定时限内接收 95598 下发到本单位的《营销业务受理单》，记录接单时间、接单人员等信息。

（2）确认。

营销业务处理责任单位对《营销业务受理单》内容进行确认，判断是否属于本单位职责范围的业务。对于不属于本单位职责范围的业务，应将工作单退回到上一环节，记录退单时间、退单原因等信息。

（3）派工。

根据营销业务类型将需要前往现场办理的营销业务指派给相关班组、人员，同时记录派工时间、派出班组、派出人员信息。

（4）处理：

1）工作人员在规定时限内按营销业务流程处理各类业务，并将业务处理情况录入《营销业务受理单》并及时反馈95598。反馈内容包括处理结果、处理完成时间、处理负责人、处理部门、联系电话等。

2）供电方案答复期限：根据国家电网公司供电服务"十项承诺"规定，居民客户不超过3个工作日，低压客户不超过7个工作日，高压单电源客户不超过15个工作日，高压双电源客户不超过30个工作日。

3）装表接电期限：根据国家电网公司供电服务"十项承诺"规定，城乡居民客户受电装置检验合格并办理相关手续后3个工作日内送电，非居民客户受电工程验收合格并办理相关手续后5个工作日内送电。

4）电表校验期限：根据《供电营业规则》规定，客户提出校验申请并交付验表费后7天内检验，并将检验结果通知客户。

5）欠费复电期限：客户申请复电后，供电企业应在规定的时限内复电。

（5）督办。

《营销业务受理单》下发后，坐席人员通过查询《营销业务受理单》的状态进行跟踪，营销业务处理责任单位未按要求及时接单、派工时，则通过电话、短信或督办工单等方式与责任单位联系进行督办，并记录督办过程。

3. 营销业务回访

（1）对于已完成的营销业务受理单，坐席人员应在规定的时限内回访客户，核实业务处理结果。若属供电方责任造成业务没有处理完成，坐席人员应立即将工单退回相关责任单位重新处理。

（2）电话回访时，坐席人员还需向客户做满意度调查，了解现场人员的工作质量、服务质量、到达现场时间、业务办理时间及客户满意度等。

（3）因客户电话关机、停机或拒绝接听电话，造成无法联系客户时，建议至少相隔2个小时后再进行回访，连续3次回访均无法与客户取得联系，95598可不再回访，并在工单中写明回访时间、回访内容、失败原因等。

4. 营销业务归档

（1）坐席人员检查《营销业务受理单》的完整性和正确性，将《营销业务受理单》、电话录音、客户满意度调查结果及其他相关信息按处理时间和业务流程统一建档保存。电话录音包括客户来电、工作联系和答复客户的相关录音文件。对重复业务单要进行归组，无效业务单归为无效工单，确保统计报表数据真实可靠。

（2）建议《营销业务受理单》、录音文件及相关信息保存时间为2年及以上，以便今后工作人员和用电客户进行查询。

**【思考与练习】**

1. 什么是营销业务受理？

2. 请绘制出营销业务受理的流程图，并对各个节点进行简单描述。

## 模块2　营销业务受理业务分类及工单填写标准（ZY3100101002）

**【模块描述】**本模块介绍营销业务受理的分类及工单填写标准。通过要点归纳和案例介绍，掌握营销业务受理的分类方法及工单填写流程及内容。

**【正文】**

### 一、营销业务受理的业务类型

营销业务受理的业务类型包括业扩报装、业务变更、电能计量装置校验、欠费复电及其他业务等。具体分类如下：

1. 业扩报装

主要内容包括新装和增容。

2. 业务变更

主要内容包括减容、暂停、暂换、迁址、移表、暂拆、更名或过户、分户、并户、销户、改压、改类。

3. 电能计量装置校验

电能计量装置校验是指客户认为供电企业装设的电能计量不准，向供电企业提出的校验申请。主要内容包括高压计量装置校验、低压计量装置校验。

4. 欠费复电

欠费复电是指供电企业在催费停电过程中，客户结清电费后致电 95598 申请复电的业务。

5. 其他业务

是指以上分类中没有涵盖的其他营销业务受理内容。

**二、营销业务受理工单填写标准**

坐席人员填写《营销业务受理单》时，应确保工单内容的完整性和正确性，将《营销业务受理单》、电话录音、客户满意度调查结果及其他相关信息按处理时间和业务流程统一建档保存。信息完整的《营销业务受理单》主要包括以下内容：

1. 营销业务受理工单受理信息

营销业务受理信息包括客户呼叫方式、工单编号、所属供电企业、户号、户名、用电地址、联系人、联系地址、联系电话、业务类别、营销业务受理内容、紧急程度、受理人员和受理时间。客户来电录音与该营销业务受理单之间建立关联。

2. 营销业务受理工单处理信息

营销业务处理信息包括处理部门、处理人员、接单时间、处理状态及步骤、是否有效、是否归组、处理结果和回单时间。客户来电催办录音、工作联系录音、工单督办录音与该营销业务受理单的对应流程建立关联。

3. 营销业务受理工单答复信息

营销业务答复信息包括答复人员信息、答复方式、答复时间、答复内容、客户满意程度。答复客户录音与该营销业务受理单之间建立关联。

如表 ZY3100101002-1 所示，为××供电公司 95598 营销业务受理工单填写样本，供大家参考。

**表 ZY3100101002-1　　××供电公司 95598 营销业务受理工单填写样本**

| 工单编号 | 20000922 | 呼叫方式 | 电　话 | 所属公司 | ××公司 |
|---|---|---|---|---|---|
| 户　号 | 0000123456 | 户　名 | 王　军 | 业务类别 | 业扩报装 |
| 联系人 | 王　军 | 联系电话 | 8123456 | 紧急程度 | 一　般 |
| 联系地址 | ××市北京路××小区×栋×门×××号 | | | 回复方式 | 电　话 |
| 受理人员 | 李　红 | 受理时间 | 2009-7-22　10:45:12 | 是否有效 | 有　效 |
| 营销业务受理内容 | 该客户为居民客户，申请安装一户一表 | | | 是否归组 | 否 |
| 工单处理： | | | | | |
| 处理步骤 | 处 理 意 见 | 处理时间 | 处理部门 | 处理人员 | 录　音 |
| 受　理 | 下发到××营业厅处理 | 2009-7-22　10:45:12 | 95598 | 李　红 | 播　放 |
| 接单确认 | 接单确认 | 2009-7-22　10:46:48 | ××营业厅 | 张　丽 | |
| 接单派工 | 联系装表班朱勇现场勘察 | 2009-7-22　10:48:15 | ××营业厅 | 张　丽 | 播　放 |
| 服务处理 | 现场勘察符合装表条件 | 2009-7-22　15:31:23 | ××营业厅 | 朱　勇 | |
| 答复客户 | 回复客户，通知其办理相关手续 | 2009-7-22　15:35:36 | 95598 | 李　红 | 播　放 |
| 服务处理 | 已为客户装表接电 | 2009-7-23　10:51:42 | ××营业厅 | 张　丽 | |
| 回访客户 | 客户已装表接电，并对本次服务非常满意 | 2009-7-23　11:05:16 | 95598 | 李　红 | 播　放 |

【思考与练习】

1. 如何对营销业务受理进行分类？

2.《营销业务受理单》填写标准包括哪些内容？

## 模块 3　营销业务受理类典型案例（ZY3100101003）

【模块描述】本模块介绍营销业务受理的典型案例及电话模拟服务回答要点。通过案例中规范的用语及专业电力知识的介绍，掌握营销业务受理类的服务通话技巧及答复顺序，提高坐席人员的通话能力及沟通技巧。

【正文】

随着供电企业服务品质的不断提升，电力营销业务的受理工作已逐步由营业厅的柜台受理向 95598 的电话受理转移。现阶段，可能有些模拟案例所涉及的营销业务暂时还没有开通 95598 电话受理服务，然而，随着供电服务业务流程的不断重塑，后台支撑的逐步完善，营销服务的品质提升，相信 95598 的营销业务受理范围也会不断地得到延伸。

坐席人员在接听营销业务受理类电话时，应首先判断本供电企业 95598 是否已开通该项业务的电话受理服务。若暂时没有开通，则向客户道歉并说明原因。若已开通该项业务，则通过询问客户的方式了解其重要信息，准确判断是否符合业务受理的条件。若暂时不符合办理业务的条件，则向客户道歉并说明原因。若客户符合办理业务条件或无法进行电话判断时，坐席人员可根据不同的营销业务类型告知客户办理该项业务的流程，请客户提前准备相关资料，95598 会安排工作人员到现场收集客户资料，并提供现场服务。与此同时，坐席人员应主动告知客户该项业务的办理时限和收费标准，以便客户对我们的服务进行监督。



**案例 1：业扩报装——居民用电报装业务受理**

坐席人员：您好，请问有什么可以帮您？

客　　户：我申请装块电表。

坐席人员：请问您是自己家里居民生活用电，还是其他用电申请装表？

客　　户：家里装。

坐席人员：请问您的用电地址在哪里？周围有没有客户已经报装过电表？（对是否符合装表条件做初步判断，不符合装表条件则属于咨询、查询类服务，符合装表条件则继续进行业务受理登记）

客　　户：××花园，别人都是在供电所装的电表。

坐席人员：请将您的姓名、身份证号码、详细地址、联系方式、申请装表容量告诉我，我帮您进行申请登记，好吗？

客　　户：好的。（客户一边说，坐席人员一边准确记录）

坐席人员：请您准备好身份证、房产证复印件，我们会通知工作人员现场勘察，在 3 个工作日内向您答复供电方案。如果您符合装表条件，我们会通知您交纳装表费用，3 个工作日内为您装表接电。（根据国家电网公司《供电服务“十项承诺”》里的时限规定答复客户）

客　　户：好的。

坐席人员：请问您还有其他问题需要咨询吗？

客　　户：没有了，谢谢。

坐席人员：不用谢，感谢您拨打 95598，请不要挂机，请对我的服务进行评价，再见！

**业扩报装受理回答要点：**根据业扩报装的不同业务类型，坐席人员可按照各供电企业业扩报装的相关规定请客户提前准备好相关用电资料。譬如：低压居民客户申请新装用电应提前准备本人有效身份证、房产证及相关复印件等，并主动告知客户 95598 会在规定时限内安排工作人员到现场勘察，收集客户资料，并答复供电方案。如果符合业扩报装条件，95598 会通知客户交纳相关费用，受电装置检验合格或受电工程验收合格并办理相关手续后，在规定的时限内送电。

**案例 2：业务变更——客户申请过户业务受理**

坐席人员：您好，请问有什么可以帮您？

客　　户：上个月我买了一套二手房，但是我发现电表的户名写着原来房主的姓名，能不能改成我的名字？

坐席人员：您可以申请办理过户手续。请问原户主是否同意将电表过户给您呢？

客　　户：当然同意，是他让我打 95598 申请办理过户手续的。

坐席人员：请问您的户号是多少？

客　　户：0000××××××。

坐席人员：0000××××××，我帮您查询一下，稍候可能会没有声音，请不要挂机。（边说边在系统中查询客户信息）

客　　户：好的。

坐席人员：感谢您的耐心等待。请问原户名是×××（姓名）客户吗？（坐席人员快速通过户号查出原户名，并进行核对）

客　　户：是的。

（坐席人员应立即在营销系统中查看该客户是否交清电费，是否有待处理的违章窃电行为等，判断原户主是否与供电企业结清债务）

（1）若原户主未结清债务时，参考话述为：

坐席人员：由于该电表还存在欠费，请您结清电费后拨打 95598 或到营业厅申请办理过户手续，好吗？

（2）若原户主已结清债务时，参考话述为：

坐席人员：请问这块电表还是居民用电吗？是否增加了其他的用电设备？（判断用电地址、用电容量、用电性质是否发生变化）

客　　户：是我家里用电，没增加什么电器。

坐席人员：好的，请您提前准备好新老户主身份证、房产证及复印件……（坐席人员可根据本公司要求告知客户需准备的资料）我们会通知工作人员与您联系，如果您符合过户条件，我们会马上帮您办理过户手续的。

客　　户：好的。

坐席人员：请问您打进来的 139××××××××（电话号码），可以随时与您联系吗？

客　　户：是的。

坐席人员：请您保持电话畅通。请问您还有其他问题需要咨询吗？

客　　户：没有了，谢谢。

坐席人员：不用谢，感谢您拨打 95598，请不要挂机，请对我的服务进行评价，再见！

**案例 3：业务变更——客户申请改类业务受理**

坐席人员：您好，请问有什么可以帮您？

客　　户：我的房子原来是开网吧的，现在生意不好关门了，现在我们全家在里面住，怎么你们还是按商业的电价收电费？

坐席人员：您可以申请办理改类手续。请问您的户号是多少？

客　　户：0000××××××。

坐席人员：0000××××××，我帮您查询一下，稍候可能会没有声音，请不要挂机。（边说边在系统中查询客户信息）

客　　户：好的。

坐席人员：感谢您的耐心等待。请问您是家住××市×××小区（地址）的×××客户吗？（向客户确认信息，防止张冠李戴）

客　　户：是的。

（坐席人员应立即在营销系统中查看该客户是否交清电费，是否有待处理的违章窃电行为等，判断

客户是否与供电企业结清债务）

（1）若客户未结清债务时，参考话述为：

坐席人员：由于该电表还存在欠费，请您结清电费后再拨打 95598 申请或到营业厅办理改类手续，好吗？

（2）若客户已结清债务时，参考话述为：

坐席人员：请问您打进来的 139××××××××（电话号码），可以随时与您联系吗？

客　　户：是的。

坐席人员：请您保持电话畅通。我们会通知工作人员与您联系，并到现场勘察。如果您符合改类条件，我们会马上帮您更改电价类别的。

客　　户：好的。

坐席人员：请问您还有其他问题需要咨询吗？

客　　户：没有了，谢谢。

坐席人员：不用谢，感谢您拨打 95598，请不要挂机，请对我的服务进行评价，再见！

**业务变更受理回答要点**：客户申请业务变更时，坐席人员应立即在营销系统中查看该客户是否交清电费，是否有待处理的违章窃电行为等，判断客户是否与供电企业结清债务。判断符合办理业务变更条件后，坐席人员再根据业务变更的不同业务类型，按照各供电公司业务变更的相关规定请客户提前准备好相关用电资料。告知客户 95598 会在规定时限内安排工作人员到现场勘察，并收集客户资料。如果符合客户申请的业务变更条件，我们会通知客户办理相关手续，并在规定的时限内完成变更业务。

**案例 4：欠费复电——居民欠费复电业务受理**

坐席人员：您好，请问有什么可以帮您？

客　　户：我家里被你们欠费停电了，你们快点来复电。

坐席人员：好的，请问您的户号是多少？

客　　户：0000××××××。

坐席人员：0000××××××，我帮您查询一下，稍候可能会没有声音，请不要挂机。（边说边在系统中查询客户电费是否交清）

客　　户：好的。

坐席人员：感谢您的耐心等待。您好，请问您是家住××地方的××客户吗？（向客户确认信息，防止张冠李戴）

（1）若客户已结清电费，参考话述为：

坐席人员：我们已经为您做了复电登记，工作人员将在 24 小时内为您恢复供电。（坐席人员可按照各供电企业规定的复电时限答复客户）

客　　户：好的。

坐席人员：××先生（女士），请允许我提醒您一下，为避免给您的生活带来不便，请您今后按照供电企业规定的期限交清电费，好吗？

客　　户：哎哟，我经常出差，每个月总是想不起交电费。

坐席人员：您每月的电费不是很多，可以到供电企业的联网银行填写一个银行代扣电费的申请表，办理一个活期存折，这样您就可以每月通过银行自动地交纳电费。（寻找机会向客户推广电费储蓄、银行代扣等业务，减轻供电营业厅的收费压力，及时回收电费）

客　　户：还可以这样啊，那交电费不就方便了。到哪些银行可以办理呢？

坐席人员：工商银行、农业银行、××银行都可以办理。您带上身份证和近期的电费发票就可以到以上银行网点去办理了。（坐席人员要告知客户本公司已开通划拨电费业务的银行名称。通知客户带电费发票，是为了方便银行将户号与账号进行链接）

客　　户：好的。

坐席人员：请问您打进来的 139××××××××（电话号码），可以随时与您联系吗？

模块 3
ZY3100101003

客　　户：是的。

坐席人员：请您保持电话畅通。请问您还有其他问题需要咨询吗？

客　　户：没有了，谢谢。

坐席人员：不用谢，感谢您拨打95598，请不要挂机，请对我的服务进行评价，再见！

（2）若客户的电费没有交清而情绪激动要复电时，参考话述为：

坐席人员：××先生（女士），您×月的电费还没有交清，请您交清电费后再来登记复电，好吗？

客　　户：你们先跟我复电，我才去交费！

坐席人员：××先生（女士），请您配合一下，先交清电费再来登记，我们会马上为您复电的，以免给您的生活带来不便，好吗？

客　　户：欠这么点钱就停电，你们要先复电我才交钱！

坐席人员：我非常理解您的心情，请您不要着急，按照国家有关法律法规规定，电是商品，请您必须结清电费后才能办理复电手续，请支持我们的工作。

客　　户：是这样啊！

坐席人员：非常抱歉，请问您还有其他问题需要咨询吗？

客　　户：没有了，那我交了电费再打95598吧！

坐席人员：谢谢您对我们工作的支持，感谢您拨打95598，请不要挂机，请对我的服务进行评价，再见！

**欠费复电业务受理回答要点**：首先查询客户的交费信息，确认电费是否交清。若没有交清，则请客户交清电费后再致电95598进行复电申请。若已交清电费，坐席人员应确认客户的姓名、联系电话、详细地址，告知客户会在复电登记后在规定的时间内复电。另外，坐席人员应主动向客户宣传交纳电费的相关政策，请客户按时交纳电费，并主动向客户推介银行自动划拨电费、预存电费等交费方式，从而方便客户交费，减轻电费回收工作压力。

**案例5：其他业务——居民家用电器损坏理赔业务受理**

坐席人员：您好，请问有什么可以帮您？

客　　户：早上我们小区停电了，你们抢修人员过来维修过。可是现在我一打开空调，就发现空调烧坏了，不能启动了，一定是你们把线路接错了。

坐席人员：请问是您周围的邻居有这种情况吗？

客　　户：我听说邻居的电视机也烧坏了，刚才有个电工说是你们把零线和火线接反了，真是急人。

坐席人员：请不要着急，我们会马上派人到现场调查核实的，请您保持家用电器损坏原状，并转告有类似情况的邻居，好吗？

客　　户：好的。那我的空调坏了怎么办？

坐席人员：如果确实是供电企业的原因造成您的家用电器损坏，我们会根据《居民家用电器损坏处理办法》的相关规定，在24小时内派人到现场进行调查、核实并处理。请问您的户号是多少？

客　　户：0000××××××。

坐席人员：0000××××××，我帮您查询一下，稍候可能会没有声音，请不要挂机。（边说边在系统中查询客户信息）

客　　户：好的。

坐席人员：感谢您的耐心等待。请问您是家住××地方的××客户吗？（向客户确认信息，防止张冠李戴）

客　　户：是的。

坐席人员：请问您打进来的139××××××××（电话号码）可以随时与您联系吗？

客　　户：是的。

坐席人员：请您保持电话畅通。请问您还有其他问题需要咨询吗？

客　　户：没有了，谢谢。

坐席人员：不用谢，感谢您拨打95598，请不要挂机，请对我的服务进行评价，再见！

**居民家用电器损坏理赔业务受理回答要点：**当客户来电反映因电压质量问题造成家用电器烧坏时，坐席人员应首先安抚客户的心情，告知客户若属于供电方责任造成电器烧坏，供电企业将承担修理和赔偿责任，请客户放心。另外，请客户保持家用电器损坏原样，我们会安排人员在规定的时间内到达现场进行核实处理。坐席人员还应主动将居民家用电器损坏赔偿的处理流程、处理方式及时限告知客户，主动接受客户监督。

**【思考与练习】**

1. 客户申请安装电表时，坐席人员有哪些回答要点？
2. 客户申请欠费复电时，坐席人员应如何进行判断和登记复电工作？
3. 客户申请家用电器理赔时，坐席人员应如何回答和处理？

## 模块4 营销业务受理类典型案例分析（ZY3100101004）

**【模块描述】**本模块介绍营销业务受理类正反典型案例。通过案例分析，掌握营销业务受理案例的分析重点，提高管理人员的录音质检能力和服务调度能力。

**【正文】**

传统的电力营销业务受理是在供电营业厅的业务受理区域内，由营业窗口人员通过面对面的方式来完成的。而95598开展营销业务的受理工作，极大地方便了用电客户办理业务，真正实现了让客户“足不出户，尽享服务”的理想状态，这将是供电企业服务工作中质的飞跃。而一通服务优良的业务受理电话，将是整个营销业务流程的美好开端。为确保95598的电话服务质量，管理人员需要在值班管理中，对营销业务受理电话进行录音质检，并对业务流程及现场服务情况进行监督，及时找出薄弱环节加以整改。而营销业务受理服务质量的好坏主要取决坐席人员的个人能力。因此，管理人员在对营销业务受理类案例进行分析时，应重点从坐席人员的语言能力、判断能力、业务能力、主动能力等方面进行综合分析。通过95598工单的分析及时发现服务过程中的薄弱环节，并加以整改。下面分别列举出95598营销业务受理类典型案例，并对服务过程进行简单分析，帮助管理人员掌握基本的案例分析技巧。

### 一、正面案例分析

**案例：业务变更——居民客户申请过户**

坐席人员：您好，请问有什么可以帮您？

客　　户：我的电费发票不是我的名字，能不能改成我的名字？

坐席人员：您可以申请办理过户手续。请问您的户号是多少？

客　　户：0000××××××。

坐席人员：0000××××××，我帮您查询一下，稍候可能会没有声音，请不要挂机。

客　　户：好的。

坐席人员：感谢您的耐心等待。请问原户名是×××（姓名）客户吗？

客　　户：是的。

坐席人员：经过查询，你家里不欠电费，请问您还是居民用电吗？是否增加了较大的用电负荷？

客　　户：是我家里用电，没增加什么负荷。

坐席人员：好的，请您提前准备好携带新老户主身份证、房产证及复印件……我们会通知工作人员与您联系，如果您符合过户条件，我们会马上帮您办理过户手续的。

客　　户：好的。

坐席人员：请问您打进来的139××××××××（电话号码），可以随时与您联系吗？

客　　户：是的。

坐席人员：请您保持电话畅通。请问您还有其他问题需要咨询吗？

客　　户：没有了，谢谢。

坐席人员：不用谢，感谢您拨打95598，请不要挂机，请对我的服务进行评价，再见！

**案例分析：**

（1）语言能力：服务用语规范，首问语、结束语表述准确，语言简练、流畅。

（2）判断能力：能够快速通过户号查出客户信息，了解客户是否结清债务，并通过询问客户的方式了解用电地址、用电容量、用电性质是否发生变化，准确判断是否符合办理过户的条件。

（3）业务能力：业务熟练，条理清晰，知识点回答准确。

（4）主动能力：主动告知客户需准备的资料以及业务流程，让客户做到心中有数。

## 二、反面案例分析

### 案例1：业扩报装——居民客户申请装表

坐席人员：您好，有什么可以帮助您？

客　　户：我家里想装一块电表。

坐席人员：您在什么路上？

客　　户：我在××路。

坐席人员：您等着，我们派工作人员与您联系。

客　　户：好的。

坐席人员：感谢您拨打95598，再见！

**案例分析：**

（1）语言能力：首问语、询问用语均没有使用"请"字，服务口语化，用语不规范。坐席人员在通话即将结束时，没有主动请客户对自己本次的电话服务进行评价。

（2）判断能力：没有初步判断该客户是否具备装表条件就受理了该项业务，无形中增加了现场勘察人员的工作量。

（3）业务能力：没有告知客户相关报装流程、收费标准等信息。

（4）主动能力：没有在电话中确认客户的姓名、联系电话、详细地址等重要信息，不能规范填写工作单，同时给现场工作人员带来不便。也没有让客户提前准备好身份证复印件等相关资料，以便交给现场工作人员带回存档。

### 案例2：欠费复电——客户申请欠费复电

坐席人员：您好，请问有什么可以帮您？

客　　户：我昨天交清了电费，并打95598申请复电，怎么到现在还没有为我复电？

坐席人员：昨天是星期六，催费人员不上班，让我告诉您星期一再复电。

客　　户：你们讲不讲道理，凭什么要我两天没有电用，我要投诉你们。

坐席人员：催费人员不按规定时间复电，我们也没有办法，要不我把他的电话给您，您自己去找他。

客　　户：你们这是什么态度，我就要找你们！

坐席人员：那我也没有办法了。感谢您拨打95598，请不要挂机，请对我的服务进行评价，再见！

**案例分析：**

（1）语言能力：当客户打来电话质问时，坐席人员没有在第一时间内向客户道歉。在客户情绪激动时，也没有主动平息客户的心情。坐席人员向客户表示对催费人员的违规行为没有办法处理，让客户对95598和供电企业产生不信任，最终造成本次电话服务发生致命性错误。

（2）业务能力：催费人员服务意识不强，没有在规定时限内为客户复电，而坐席人员也没有及时督办复电工单，却为催费人员说情。在今后工作中，需要95598管理人员着力培养坐席人员的服务调度能力，并加强现场人员的管理和考核力度。

（3）主动能力：坐席人员推诿客户，让客户自行找催费人员，违背了95598"一口对外"的服务原则。

### 案例3：客户反映电表停走

坐席人员：您好，请问有什么可以帮您？

客　　户：你们几个月都没有跟我抄表了，是不是我的电表坏了啊？

坐席人员：您怎么知道坏了？

客　　户：我电表上老是一个数字，已经几个月了。

坐席人员：请您到辖区供电营业厅申请电表校验吧，确认一下这块表是不是坏了。

客　　户：还要我去校验电表啊，要不要收费的。

坐席人员：校验电表是要收费的。

客　　户：还要收费啊，那算了，反正我已经告诉你们了，来不来看是你们的事情。

坐席人员：非常抱歉，请您及时进行电表校验，否则我们会追补您的电费的。感谢您拨打 95598，请不要挂机，请对我的服务进行评价，再见！

**案例分析：**

（1）语言能力：用反问的语气询问客户。在客户不同意电表校验后，服务用语结束前，使用警告性的语言提醒客户，给客户一种态度强硬的感觉。

（2）判断能力：未主动判断客户实际用电情况，是否存在长期不用电或用电量较少的情况。坐席人员应首先对未走字原因进行初步判断。

（3）业务能力：对电表不走字这种直接影响到供电方利益的问题，未及时派单现场核实，而是将责任推给客户，显示出坐席人员的敏感度和企业主人翁意识不强。

（4）主动能力：当客户主动打电话反映电表不走字的问题时，坐席人员没有主动向客户表示感谢。应主动告知客户如经过检查，引起电表不走字原因是由于客户原因造成，客户应承担换表费用，如属电表本身质量问题，则供电方负责免费换表。同时提醒客户根据相关规定需要追补电费，让客户感受到供电方积极解决问题的态度。

**案例 4：客户要求换表**

坐席人员：您好，请问有什么可以帮您？

客　　户：我的电表坏了，要换一块电表。

坐席人员：你可以到辖区供电营业厅办理换表业务。

客　　户：换一块表要多少钱。

坐席人员：单相表 120 元，三相表 360 元。

客　　户：好的。

坐席人员：感谢您拨打 95598，请不要挂机，请对我的服务进行评价，再见！

**案例分析：**

（1）语言能力：坐席人员在沟通中缺乏十字礼貌服务用语。

（2）判断能力：未判断客户电表的产权，是总表还是分表坏了，分表供电方是不受理换表业务的。未判断客户的用电性质、电表型号，便直接答复普通电表换表价格。造成客户误认为换表只有这两种价格。如客户不属普通电表换表，换表价格不在此范围时，就会因坐席人员未准确判断而答复出的错误收费标准，引起新的用电纠纷。

（3）主动能力：未主动询问客户换表原因，是故障原因损坏还是其他原因，如属必要时可下发工单要工作人员到现场核实后确定电表损坏责任，坐席人员未积极主动地为客户着想。

**【思考与练习】**

1. 95598 管理人员应从哪几个方面分析营销业务受理类案例？

2. 请根据实际的营销业务受理电话录音按照案例分析步骤查找存在的问题。

## 模块 5　营销业务受理数据统计分析（ZY3100101005）

**【模块描述】**本模块介绍营销业务受理数据统计和分析方法。通过列表说明和案例介绍，掌握营销业务受理业务类型和绩效指标数据的统计及分析办法。

**【正文】**

为及时掌握用电客户通过 95598 电话办理业务的信息，了解前台受理人员和后台处理人员的服务状态，分析客户对电话业务受理的满意度情况，95598 管理人员需要定期对营销业务受理类的数据进行统计，从中发现各类数据的走向规律，分析产生问题的真实原因，及时提出工作改进策略，以便于 95598 更好地开展营销业务受理工作，为公司管理层及相关部门提供准确的信息依据。

## 一、营销业务受理数据的统计

营销业务受理数据的统计可以按照业务类型和绩效指标等方式进行统计。

1. 营销业务受理业务类型的统计

根据 95598 营销业务受理的信息内容，营销业务受理类电话服务可分为业扩报装、业务变更、电表校验、欠费复电和其他方面的营销业务受理。可通过统计表的方式对营销业务受理及处理情况进行统计与对比，如表 ZY3100101005-1 所示，为××供电公司 95598 营销业务受理情况统计表，供大家参考。

**表 ZY3100101005-1　　××供电公司 95598 营销业务受理情况统计表**

填报单位：　　　　统计期限：　年　月　日至　年　月　日

| 序号 | 业务分类 | 受理总数 | 完成数量 | 未完成数 | 按时完成数 | 本年累计受理数 | 同期数 | 同比增长（%） | 备注 |
|---|---|---|---|---|---|---|---|---|---|
| 1 | 业扩报装 | | | | | | | | |
| 2 | 业务变更 | | | | | | | | |
| 3 | 电表校验 | | | | | | | | |
| 4 | 欠费复电 | | | | | | | | |
| 5 | 其他业务 | | | | | | | | |
| 6 | …… | | | | | | | | |
| 合计 | | | | | | | | | |

审核人：　　　　填表人：　　　　填表日期：　年　月　日

为进一步分析营销业务的受理、完成情况，95598 需要对电话受理的营销业务进行细分。通过营销业务受理的分类统计数据，可以方便管理人员对营销业务服务情况进行跟踪分析，了解服务现状，及时加以改进。

2. 营销业务受理绩效指标的统计

为了解营销业务受理的服务水平，95598 管理人员可以定期从 95598 绩效指标中抽取与营销业务受理相关联的指标进行统计。如表 ZY3100101005-2 所示，为××供电公司 95598 营销业务受理绩效指标统计表，供大家参考。

**表 ZY3100101005-2　　××供电公司 95598 营销业务受理绩效指标统计表**

填报单位：　　　　统计期限：　年　月　日至　年　月　日

| 序号 | KPI 指标 | 绩效目标参考值 | 本期完成值 | 同期完成值 | 本年累计完成值 | 同期累计完成值 | 备注 |
|---|---|---|---|---|---|---|---|
| 1 | 受理总数 | — | | | | | |
| 2 | 受理工单正确率 | ≥99% | | | | | |
| 3 | 致命错误率 | ≤2% | | | | | |
| 4 | 非致命错误率 | ≤10% | | | | | |
| 5 | 供电方案按时答复率 | 100% | | | | | |
| 6 | 欠费复电时长 | ≤24（小时） | | | | | |
| 7 | 工单处理及时率 | 100% | | | | | |
| 8 | 客户回访率 | 100% | | | | | |
| 9 | 客户满意率 | ≥85% | | | | | |
| | …… | | | | | | |

审核人：　　　　填表人：　　　　填表日期：　年　月　日

## 二、营销业务受理数据的分析

在对营销业务受理进行分类统计过程中，95598 可以结合本公司的工作实际灵活运用，以方便数据的统计与分析为核心，对相关营销业务进行合理分类，并定期对各种类型的营销业务受理总数、处理情况、同期比值进行统计，分析业务数量变化的原因，查找近期客户关心的焦点、难点问题。

如图 ZY3100101005-1 所示，对××供电公司 95598 的欠费复电业务量统计图。

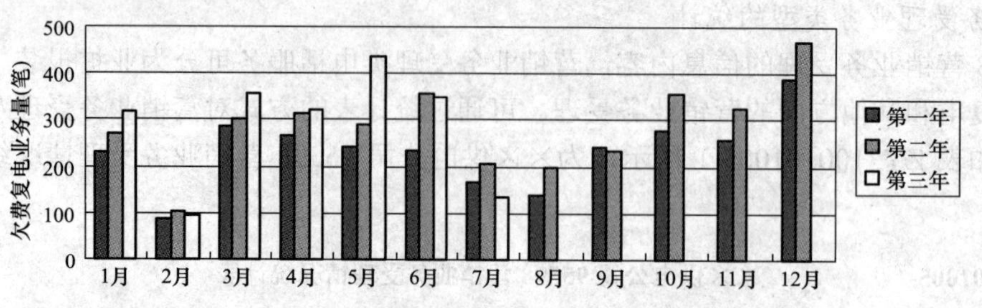


图 ZY3100101005-1 ××供电公司 95598 欠费复电业务量统计图

从图 ZY3100101005-1 中可以发现，全年中 2 月欠费复电业务量最低，7、8、9 三个月其次，12 月业务量最高。其主要原因是 2 月属于春节所在的月份，重点对居民客户实施保电工作，一般在春节期间供电企业不提倡催费人员对欠费客户实施停电措施。7、8、9 三个月属于高温季节，为避免欠费停电给客户造成不必要的损失，供电企业加大了交费政策的宣传力度，欠费户有所降低，所以欠费复电业务较少。而每年的 12 月是电费结零的最后期限，当月的工作重点之一就是电费回收工作，一旦超过 12 月 31 日就会形成跨年度欠费，影响到供电企业全年的经营指标完成情况，所以，此阶段欠费复电的业务量会比较多一些。

通过图 ZY3100101005-1 中的业务数据分析，欠费复电业务量呈逐年上升趋势，这可能是由于 95598 的知晓率逐年提高，许多由供电营业厅柜台登记复电的工单转移到 95598 统一受理。如果发现近期致电 95598 要求复电的客户突增，如图 ZY3100101005-1 所示，第三年 5 月的欠费复电业务量突增，则 95598 应立即从源头上查找实际原因。若是因为客户欠费数上升造成欠费被停电现象增加，则需要加大交费方式、催费政策的宣传力度，提醒客户及时交费，以免给工作、生活带来不便；若是因为催费人员未按催费流程操作，为了减少工作量，只下了一次通知单就对欠费客户采取了停电措施，则需要 95598 与供电营业所进行沟通，要求工作人员严格按照催费流程开展停电工作，以免造成客户不满。

另外，对 95598 受理后的营销业务进行数据分析时，要重点对后台处理人员的工作时限、服务质量进行分析，通过对业务工单的全过程督办和对客户的满意度调查，及时了解营销业务中各个环节的服务过程，譬如：勘察人员是否按时勘察现场并提出供电方案、装表人员是否按时装表接电、复电是否超时，现场服务质量是否良好等。因此，营销业务受理类服务质量分析不仅包括前面章节中所涉及的坐席人员主要服务指标，还包括现场服务人员的服务指标，只有通过前台和后台的双重指标管理，才能确保营销业务受理类的服务质量。

【思考与练习】

1. 营销业务受理类数据统计工作从哪几个方面入手？
2. 影响营销业务受理类服务质量的主要因素有哪些？
3. 如何对客户的欠费复电业务进行分析与控制？

# 第三章　故　障　报　修

## 模块 1　故障报修业务流程（ZY3100103001）

【模块描述】本模块介绍故障报修的概述、业务流程及要求。通过流程介绍和要点归纳，掌握故障报修业务受理的流程及规则。

【正文】

随着社会的发展和人民生活质量的提升，电已经成为人们必不可少的朋友。然而，由于恶劣的天气、负荷的增长、线路的老化以及其他不确定因素，不可避免地造成电力故障的发生，影响到客户连续用电。为确保电力故障及时抢修，国家电网公司针对受理故障报修和到达现场抢修的服务时间对社会做出了郑重承诺。95598 作为电力故障报修的受理中心，应规范故障报修的业务流程，提高故障抢修的服务质量，尽可能地减少客户故障停电时间，提高供电企业的供电可靠率。

### 一、故障报修描述

通过电话、网络等方式，受理客户的故障报修申请，为客户提供产权维护范围内的高、低压故障、电能质量和其他电力故障报修服务。当客户无法自行排除内部故障并请求帮助时，供电企业应提供力所能及的有偿服务。95598 将抢修任务按营业区域、故障类型传递到相关部门进行处理，并对处理过程进行跟踪、督办，故障处理完毕后及时回访客户，形成闭环管理。

### 二、故障报修流程

如图 ZY3100103001-1 所示，为故障报修流程图。

### 三、故障报修的流程要求

坐席人员在电话受理故障报修时，应严格按照以下流程要求执行。

1. 故障报修受理

（1）受理客户故障报修服务请求。

（2）详细询问故障情况，引导客户说出关键内容，初步判断故障原因及类型。

1）询问客户是公用变压器还是专用变压器供电，左右邻居是否有电，确定停电范围是点还是面。

2）左右邻居均停电：有可能是计划停电或故障停电，若是故障停电，则向客户问清故障点和故障现象。

3）仅一户停电，邻居均有电：请有证电工进行检查，先检查电表下方的空气开关（刀闸）、进线端子等是否有电，若有电，再检查接触是否良好，接线是否松动，出线空气开关内熔丝是否完好。

4）专用变压器客户停电，检查跌落式熔断器是否熔断，高低压开关是否自动跳开。

（3）判断属于供电企业维修范围故障或无法判断故障原因，要详细记录客户的姓名、电话、地址，根据客户故障报修信息，快速、准确填写《故障报修单》。

（4）属于客户内部故障时，坐席人员向客户说明供用电双方产权维护责任，请客户自行找有证的社会电工处理。若客户无法自行

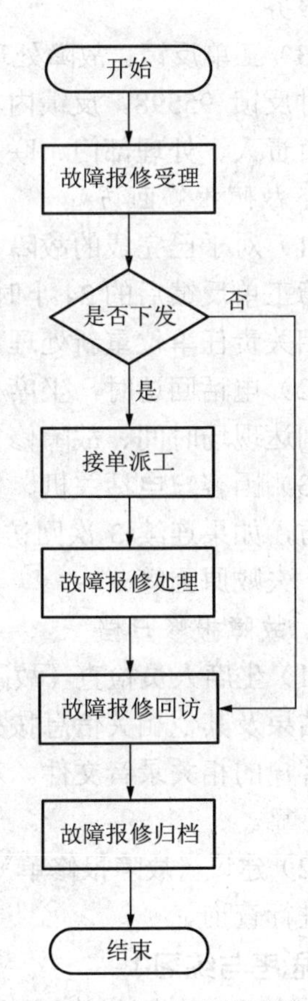

图 ZY3100103001-1　故障报修流程图

排除故障并请求帮助时，供电企业可提供有偿服务，并按上述要求填写《故障报修单》。

（5）坐席人员按营业区域和故障类型，把《故障报修单》下发故障处理责任部门。

2. 接单派工

（1）接单。故障处理责任单位在规定时限内接收 95598 下发到本单位的《故障报修单》，记录接单时间、接单人员等信息。

（2）确认。故障处理责任单位对报修单内容进行确认，判断是否属于本单位职责范围内的故障，以及故障报修情况的有效性。对于不属于本单位职责范围的故障，应将报修单退回到上一环节，记录退单时间、退单原因等信息。

（3）派工。根据故障类型和故障区域，将需要前往现场处理的抢修任务分派给相关班组、人员或抢修车辆，同时记录派工时间、派出班组、派出人员信息。

（4）督办。在《故障报修单》下发后，95598 通过查询《故障报修单》的状态进行跟踪，故障处理责任单位未按要求及时接单、派工时，则通过电话、短信或督办工单等方式与责任单位联系进行督办，并记录督办过程。

3. 故障报修处理

（1）到达现场。客户致电 95598 报修后，根据国家电网公司《供电服务“十项承诺”》规定，抢修人员到达现场的时间一般不超过：城区范围 45 分钟；农村地区 90 分钟；特殊边远地区 2 小时。抢修人员在规定时限内到达故障现场，并将到达现场时间反馈 95598。

（2）故障排除。抢修人员进行现场勘察，判断故障类型和产权归属。

若属于供电企业维修范围内故障，抢修人员应积极排除故障。对短时间难以恢复供电的故障，抢修人员应及时将故障处理情况和预计修复时间告知 95598，95598 在工单中做好记录，以便坐席人员向客户做好解释工作。

若属于客户内部故障，抢修人员再次向客户说明产权维护责任。若客户无法自行排除故障并请求帮助时，抢修人员可提供抢修服务，或协助客户联系维护单位处理，但要事先向客户说明该项服务是有偿服务。

（3）工单反馈。故障处理完毕后，故障处理责任单位将故障处理情况录入《故障报修单》，并按流程及时反馈 95598。反馈内容包括故障原因、故障类型、到达现场时间，处理结果、故障完成时间、处理负责人、处理部门、联系电话等。

4. 故障报修回访

（1）对于已完成的故障报修单，坐席人员应在规定的时限内回访客户，核实故障抢修结果。建议在故障工单反馈后的 24 小时内回访。若属供电方责任造成故障没有处理完成，坐席人员应立即将工单退回相关责任单位重新处理。

（2）电话回访时，坐席人员还需向客户做满意度调查，并了解现场抢修人员的工作质量、服务质量、到达现场时间、故障修复时间等。

（3）因客户电话关机、停机或拒绝接听电话，造成无法联系客户时，建议至少相隔 2 小时后再进行回访，如果连续 3 次回访均无法与客户联系，95598 可不再回访，并在工单中写明回访时间、回访内容、失败原因等。

5. 故障报修归档

（1）坐席人员检查《故障报修单》的完整性和正确性，将《故障报修单》、电话录音、客户满意度调查结果及其他相关信息按处理时间和业务流程统一建档保存。电话录音包括客户来电、工作联系和答复客户的相关录音文件。对重复报修单要进行归组，虚假报修单归为无效工单，确保统计报表数据真实可靠。

（2）建议《故障报修单》、录音文件及相关信息保存时间为 2 年及以上，以便今后工作人员和用电客户进行查询。

【思考与练习】

1. 什么是故障报修？

2. 请绘制出故障报修的流程图，并对各个节点进行简单描述。

## 模块 2 故障报修业务分类及工单填写标准（ZY3100103002）

【模块描述】本模块介绍故障报修业务的分类及工单填写标准。通过要点归纳和案例介绍，掌握故障报修的分类方法和工单填写流程及内容。

【正文】

### 一、故障报修的业务类型

故障报修业务可以从以下七个方面进行分类：

（1）按故障设备产权属性分为供电企业产权和用电客户产权故障。

（2）按故障危害程度分为单户、局部和大面积故障。

（3）按故障电压类别分为高压故障和低压故障。

（4）按故障报修紧急程度分为特急、紧急、一般故障。

（5）按故障区域分为城区范围、农村地区和特殊边远地区故障。

（6）按故障类型分为高压故障、低压故障、电能质量和其他故障。其中，高压故障分为高压线路、高压变电设备、高压计量设备故障；低压故障分为低压线路、进户装置、低压公共设备、低压计量设备；电能质量分为供电电压、供电频率和供电可靠性。

（7）按故障原因分为自然灾害、外力破坏、用电客户内部原因、过负荷、设备缺陷、设计及施工质量问题及其他故障原因。

### 二、故障报修工单填写标准

坐席人员填写《故障报修单》时，应确保工单内容的完整性和正确性，将《故障报修单》、电话录音、客户满意度调查结果及其他相关信息按处理时间和业务流程统一建档保存。信息完整的《故障报修单》主要包括以下内容：

1. 故障报修工单受理信息

故障报修受理信息包括客户呼叫方式、工单编号、所属供电企业、户号、户名、用电地址、联系人、联系地址、联系电话、业务类别、故障报修内容、紧急程度、受理人员和受理时间。客户来电录音与该故障报修单之间建立关联。

2. 故障报修工单处理信息

故障报修处理信息包括处理部门、处理人员、接单时间、抢修人员到达现场时间、预计恢复送电时间、故障完成时间、处理状态及步骤、是否有效、是否归组、处理结果和回单时间。客户来电催办录音、工作联系录音、工单督办录音与该故障报修单的对应流程建立关联。

3. 故障报修工单答复信息

故障报修答复信息包括答复人员信息、答复方式、答复时间、答复内容、客户满意程度。答复客户录音与该故障报修单之间建立关联。

如表 ZY3100103002-1 所示，为××供电公司 95598 故障报修工单填写样本，供大家参考。

**表 ZY3100103002-1　××供电公司 95598 故障报修工单填写样本**

| 工单编号 | 20000866 | 呼叫方式 | 电　话 | 所属公司 | ××公司 |
|---|---|---|---|---|---|
| 户　号 | 0000123456 | 户　名 | 王　涛 | 业务类别 | 高压故障 |
| 联 系 人 | 王　涛 | 联系电话 | 8123456 | 紧急程度 | 一　般 |
| 联系地址 | ××市红门路劳动局宿舍×栋×单元×楼 | | | 回复方式 | 电　话 |
| 受理人员 | 李　红 | 受理时间 | 2009-7-20　15:45:12 | 是否有效 | 有　效 |
| 营销业务受理内容 | 客户反映 5 分钟前周围一片停电 | | | 是否归组 | 否 |
| 工单处理： | | | | | |

续表

| 处理步骤 | 处 理 意 见 | 处理时间 | 处理部门 | 处理人员 | 录 音 |
|---|---|---|---|---|---|
| 受 理 | 下发到××公司处理 | 2009-7-20 15:45:12 | 95598 | 李 红 | 播 放 |
| 接单确认 | 接单确认 | 2009-7-20 15:46:50 | ××公司95598工作站 | 张 丽 | |
| 接单派工 | 联系抢修班李兵等人现场抢修 | 2009-7-20 15:48:22 | ××公司95598工作站 | 张 丽 | 播 放 |
| 到达现场 | 抢修人员已到达现场，预计1小时内修复 | 2009-7-20 16:05:15 | ××公司95598工作站 | 张 丽 | 播 放 |
| 故障排除 | 属变压器跳闸，现已恢复供电 | 2009-7-20 16:31:23 | ××公司95598工作站 | 张 丽 | 播 放 |
| 答复客户 | 客户已正常用电，并对本次服务非常满意 | 2009-7-20 16:35:25 | 95598 | 李 红 | 播 放 |

【思考与练习】

1. 如何对客户的故障报修进行分类？

2.《故障报修单》填写标准包括哪些内容？

## 模块3 故障报修类典型案例（ZY3100103003）

【模块描述】本模块介绍故障报修类的典型案例及电话模拟服务回答要点。通过案例中规范的用语及专业电力知识的介绍，掌握故障报修类的服务通话技巧及答复顺序，提高处理故障问题的能力及工作效率。

【正文】

电是一种特殊的、不可缺少的商品，它与社会经济的发展以及人们的日常生活密不可分。因此，一旦出现突发性电力故障，将会给各行各业带来直接经济损失，并影响到广大人民的正常生活。坐席人员在受理客户故障报修时，应及时了解现场信息，快速判断故障情况，准确定位并迅速安排，尽量减少和避免停电给企业及客户带来的损失。

接到故障报修类电话，坐席人员应详细询问故障情况，如判断确属供电企业抢修范围内的故障或无法判断故障原因，应详细记录，立即通知抢修部门前去处理。如判断属客户内部故障，可电话引导客户排查故障，并告知客户故障不属于供电公司免费抢修范围，建议客户联系产权归属部门或有证的社会电工处理，也可应客户要求提供抢修服务，但要事先向客户说明该项服务是有偿服务。

**案例1：高压故障——高压线路故障**

坐席人员：您好，请问有什么可以帮您？

客　　户：××路一片停电了，我看到变压器前面有一根高压电线掉到地上，你们赶快派人来处理吧。

坐席人员：非常感谢您向我们提供信息，请问您的详细地址在哪里？

客　　户：我在××路××公司门前，这里有一个公用电话亭。

坐席人员：为保证过路行人的安全，您能否帮助我们守在断线地点，防止其他行人靠近，好吗？

客　　户：没问题。

坐席人员：请问您打进来的这个电话号码139××××××××，可以随时与您联系吗？

客　　户：可以。

坐席人员：请您保持电话畅通，我们马上安排抢修人员到现场处理故障。感谢您对我们工作的支持。

客　　户：别客气。

坐席人员：感谢您拨打95598，请您不要挂机，请对我的服务进行评价，再见！

**案例2：高压故障——高压变电设备故障**

坐席人员：您好，请问有什么可以帮您？

客　　户：刚才我听到一声巨响，然后周围一片全停电了。我出门一看，发现变压器起火了。

坐席人员：请问那台变压器是供电公司的吗？（判断变压器的产权归属）

模块3 ZY3100103003

（1）若属于公用变压器时，参考话述为：

坐席人员：请问您贵姓，具体在什么地方呢？

客 户：我姓王，在××市××小区。

坐席人员：请问您打进来的这个电话号码139××××××××可以随时与您联系吗？

客 户：可以。

坐席人员：请您保持电话畅通，我们会尽快安排抢修人员赶到现场处理故障。感谢您对我们工作的支持。

客 户：别客气。

坐席人员：感谢您拨打95598，请您不要挂机，请对我的服务进行评价，再见！

（2）若属于专用变压器时，参考话述为：

坐席人员：对不起，您那里的变压器按照产权划分，需要由客户自行维护。您可以请有证的社会电工进行处理，好吗？

客 户：可是我们这里没有专业电工，你们能不能派人来处理？

坐席人员：供电公司可以为您提供有偿服务，我们会根据现场故障情况收取相关的费用。

客 户：我们可以承担费用，你们赶快派人来吧。

坐席人员：请问您贵姓，能不能告诉我您的详细地址？

客 户：我姓张，××路××公司。

坐席人员：张先生，请问您打进来的这个电话号码139××××××××，可以随时与您联系吗？

客 户：可以。

坐席人员：请您保持电话畅通，我们会尽快安排抢修人员为您处理故障。请问您还有其他问题需要帮助吗？

客 户：没有了。

坐席人员：感谢您拨打95598，请您不要挂机，请对我的服务进行评价，再见！

**大面积或局部停电故障报修回答要点：**客户反映大面积或局部停电，应重点询问客户周围是否有异常现象，如倒杆、断杆、断线、电力线路或设备着火、变压器爆裂声及漏油、喷油、放电、冒烟等现象。以便于及时向抢修人员提供准确的故障点，缩短抢修时间。当客户反映整个台区停电，则告知客户可能是变压器低压侧开关或低压线路断线故障。当客户反映周围一片有的有电、有的无电时，则告知客户可能是变压器缺相或低压线路单相断线故障，抢修人员会在规定时限内到达现场处理故障，请客户耐心等待。对于客户专用变压器出现爆裂声及漏油等异常现象时，坐席人员应提醒客户立即停止变压器运行，以保证电网及用电安全。当客户反映安装电表处失火且火势较大时，则请客户立即拨打火警电话，与此同时，抢修人员也会在第一时间赶往现场，请客户远离失火点，确保人身安全。

**案例3：低压故障——低压进户装置故障**

坐席人员：您好，请问有什么可以帮您？

客 户：我又不欠你们的电费，怎么今天家里停电了。

坐席人员：请问您是一家停电还是周围全停电了？（确定停电范围，排除检修或限电情况）

客 户：只有我一家停电了。

坐席人员：请您检查一下表后的空气开关是否合上，内部线路是否正常，好吗？

客 户：我检查了，没有问题。

坐席人员：请问您是在供电公司申请安装的电表吗？（判断客户是否属于一户一表客户）

（1）若属于一户一表客户时，参考话述为：

坐席人员：请问您的户号是多少？

客 户：我的户号是0000××××××。

坐席人员：好的，我帮您查询一下，稍候可能会没有声音，请不要挂机，好吗？（边说边在系统中查询客户信息）

客 户：好的。

坐席人员：感谢您的耐心等待。请问是××小区13楼303室的张先生吗？

客　　户：是的。

坐席人员：请问您打进来的这个电话号码139××××××××，可以随时与您联系吗？

客　　户：可以。

坐席人员：请您保持电话畅通，我们会尽快安排抢修人员为您处理故障。请问您还有其他问题需要帮助吗？

客　　户：没有了。

坐席人员：感谢您拨打95598，请您不要挂机，请对我的服务进行评价，再见！

（2）若不属于一户一表客户时，参考话述为：

坐席人员：对不起，您的故障属于内部故障，按照产权划分，需要由您自己来维护。您可以请物业部门或有证的社会电工进行处理，好吗？

客　　户：可是我不会处理，你们能不能派人来处理？

坐席人员：供电公司可以为您提供有偿服务，我们会根据现场故障情况收取相关的费用。

客　　户：我可以承担费用，你们赶快派人来吧。

坐席人员：请问您贵姓，能不能告诉我您的详细地址？

客　　户：我姓张，××小区13楼303室。

坐席人员：张先生，请问您打进来的这个电话号码139××××××××，可以随时与您联系吗？

客　　户：可以。

坐席人员：请您保持电话畅通，我们会尽快安排抢修人员为您处理故障。请问您还有其他问题需要帮助吗？

客　　户：没有了。

坐席人员：感谢您拨打95598，请您不要挂机，请对我的服务进行评价，再见！

**单户停电故障报修回答要点：**首先应询问客户是否属于一户一表客户，是否属于欠费停电，确定后再请客户先自行检查表后开关、开关引出线及内部线路是否正常。若客户已经自查，但未发现异常时，则详细询问客户故障地点和故障现象，判断是表前开关、进出线还是表计故障，最后告知客户抢修人员会在规定时限内到达现场处理故障，请客户耐心等待。

**案例4：低压故障——低压计量设备故障**

坐席人员：您好，请问有什么可以帮您？

客　　户：我家里停电，请电工检查后发现是电表烧坏了。

坐席人员：请问您是在供电公司申请安装的电表吗？（判断客户是否属于一户一表客户）

客　　户：是的。

坐席人员：请问您的户号是多少？

客　　户：我的户号是0000××××××。

坐席人员：好的，我帮您查询一下，稍候可能会没有声音，请不要挂机，好吗？（边说边在系统中查询客户信息）

客　　户：好的。

坐席人员：感谢您的耐心等待。请问是××小区13楼303室的张先生吗？

客　　户：是的。

坐席人员：张先生，需要提醒您一下，您的电表如果是供电企业责任或不可抗力造成的故障，我们会免费为您更换电表。如果是电表过负荷或其他原因造成的损坏，则需要您承担相应的赔偿费用。（按照《供电营业规则》的规定答复客户）

坐席人员：电表的赔偿费用是怎么收取的呢？

坐席人员：根据查询，您使用的是单相10～40A的电表。按照物价部门文件按定，如果属于赔偿范围，电表的赔偿标准是××元。

客　　户：好的。

坐席人员：请问您打进来的这个电话号码139××××××××，可以随时与您联系吗？

客　　户：可以。

坐席人员：请您保持电话畅通，我们会尽快安排抢修人员为您处理故障。请问您还有其他问题需要帮助吗？

客　　户：没有了。

坐席人员：感谢您拨打95598，请您不要挂机，请对我的服务进行评价，再见！

**计量装置故障回答要点：**首先询问客户户名（户号）、详细地址，确认联系方式，了解客户计量设备故障情况，判断是电能表、互感器或计量柜故障，帮助客户分析并正确引导客户现场检查，告知客户将派工作人员上门核实。

1. 电能表潜动故障

首先应帮助客户分析是不是存在电能表潜动的情况，并引导客户正确检查。电能表潜动必须是在客户完全不用电的情况下表盘连续转动1整圈。所以为避免因室内漏电，或客户误开了用电负荷引起的电能表转动，坐席人员应告知客户断开电能表负荷端总开关，确认表盘是否连续转动，并提醒客户最好在窗口观察到电能表转盘标记2次以上。潜动确实存在，确认产权后，及时安排抢修人员现场检查，若电能表潜动方向与电能表转向一致，则应退电量，若转向相反，则应追补电量。

2. 电能表烧坏故障

首先询问客户电能表外观有什么异常。譬如玻璃里面是否有线圈绝缘烧损的异物、表尾烧焦，塑料表盖变形，表异常运转。若初步判断属于过负荷造成电表烧坏时，应主动提醒客户，电表如果是供电企业责任或不可抗力造成的故障，我们会免费为您更换电表。如果是电表过负荷或其他原因造成的损坏，则需客户办理赔表手续，承担相应的赔偿费用并追补电费。最后告知客户抢修人员会在规定时限内到达现场处理故障，请客户耐心等待。

3. 电能表声音异常故障

首先应向客户解释，运行中的电能表很多是感应式电能表，由于交流磁通的影响，很难完全没有声响。一般情况下，若其响声在普通环境中离开表计1m处听不出，即可认为合格。若电表响声异常时，判断是否属于供电公司资产，最后告知客户抢修人员会在规定时限内到达现场处理故障，请客户耐心等待。

**案例5：电能质量——供电电压过高故障**

坐席人员：您好，请问有什么可以帮您？

客　　户：我家的电压很高，我自己测量了一下，有252V。

坐席人员：请问您是在供电公司申请安装的电表吗？（判断客户是否属于一户一表客户）

客　　户：是的。

坐席人员：请问您的户号是多少？

客　　户：我的户号是0000××××××。

坐席人员：好的，我帮您查询一下，稍候可能会没有声音，请不要挂机，好吗？（边说边在系统中查询客户信息）

客　　户：好的。

坐席人员：感谢您的耐心等待。请问是××小区13楼303室的张先生吗？

客　　户：是的。

坐席人员：张先生，请别着急，在电力系统正常的状况下由220V单相供电的，电压允许偏差为额定值的+7%、−10%，也就是说最高不超过235V，最低不低于198V。为了保证您的家用电器安全，建议您暂时停止用电。

客　　户：好的。

坐席人员：请问您打进来的这个电话号码139××××××××，可以随时与您联系吗？

客　　户：可以。

坐席人员：请您保持电话畅通，我们会尽快安排抢修人员为您处理故障。请问您还有其他问题需要帮助吗？

客　　户：没有了。

坐席人员：感谢您拨打 95598，请您不要挂机，请对我的服务进行评价，再见！

**电压质量故障回答要点：**首先询问客户用电的电压等级，根据《供电营业规则》第五十四条规定告知客户不同电压等级的供电电压允许偏差值。若客户反映电压过高，或电压忽高忽低，为避免造成设备因高电压而被烧毁，则请客户暂时停止用电，我们将派工作人员现场处理。若客户反映电压过低，确实低于供电电压允许偏差值，则详细询问客户用电地址、联系方式、电压低的现象及时间段，告知客户我们会派工作人员到现场核实，若反映属实，工作人员会向生产技术部门上报整改申请书，再根据资金情况有计划地安排整改工作。

**案例 6：其他故障——表箱故障**

坐席人员：您好，请问有什么可以帮您？

客　　户：电表箱坏了，一下雨就进水，开关老跳，影响正常用电。

坐席人员：请问您是在供电公司申请安装的电表吗？（判断客户是否属于一户一表客户）

客　　户：是的。

坐席人员：请问您的户号是多少？

客　　户：我的户号是 0000××××××。

坐席人员：好的，我帮您查询一下，稍候可能会没有声音，请不要挂机，好吗？（边说边在系统中查询客户信息）

客　　户：好的。

坐席人员：感谢您的耐心等待。请问是××小区 13 楼 303 室的王先生吗？

客　　户：是的。

坐席人员：请问您现在家里有电吗？

客　　户：昨天下雨表箱进水了，造成开关跳闸。现在有电了，但是表箱问题不解决，还会影响我正常用电，请求你们赶快处理一下吧。

坐席人员：请问您打进来的这个电话号码 139××××××××，可以随时与您联系吗？

客　　户：可以。

坐席人员：请您保持电话畅通，我们会尽快安排抢修人员为您处理故障。请问您还有其他问题需要帮助吗？

客　　户：没有了。

坐席人员：感谢您拨打 95598，请您不要挂机，请对我的服务进行评价，再见！

**其他类故障回答要点：**

1. 客户内部故障

首先判断停电范围、产权维护范围，确定故障点。若属于内部故障，告诉客户供电企业的维护范围。对于高压客户，可以请客户找有电工证的电工自行处理，或推介有资质的代维部门提供有偿服务；对于低压客户，可以请客户自行检查电表处有无明显断开点，空气开关是否在合上位置，内部是否有故障，引导客户查找内部故障，并提醒客户可以找有电工证的电工更换。若客户强烈要求供电公司协助处理时，可提供有偿服务，但事先向客户说明该服务是属于有偿服务的。最后向客户确认联系电话、详细地址，告知客户抢修人员会在规定时限内到达现场处理故障，请客户耐心等待。

2. 变压器噪声扰民

根据国家对油浸配电变压器的规定，噪声应不超过 60dB。如客户反应噪声扰民，坐席人员可以请相关部门到现场进行噪声测试，确定是否超标。也可由客户提供噪声过大的依据（即是否有环保局测试的噪声数据）。若测试数据确实大于 60dB，坐席人员应与生产部门联系，尽快安排处理。若测试数据小于或等于 60dB，则应向客户进行解释，请客户谅解并给予支持。

3. 汽车撞电线杆

95598 坐席人员应重点记录发生被撞电线杆的街道名；附近较大的便于查找的参照物；被撞电线

杆上悬挂的线路名称、杆号；电线杆被撞的程度；肇事车的车牌号；是否造成停电或着火；来电话人的联系方式，并立即安排抢修部门妥善处理。

【思考与练习】

1. 受理客户故障报修时坐席人员应如何处理？

2. 客户反映电能表不用电也转动，坐席人员应如何帮助客户进行电话分析？

3. 客户反映变压器噪声扰民，坐席人员应如何界定？

## 模块 4　故障报修类典型案例分析（ZY3100103004）

【模块描述】本模块介绍故障报修类的正反典型案例。通过案例分析，掌握故障报修类案例分析的重点内容，提高管理人员的录音质检能力和服务调度能力。

【正文】

95598 的服务水平直接影响到供电企业的对外形象，如何保证坐席人员的服务质量，检验服务调度能力，就需要管理人员在日常的值班管理中，对坐席人员及相关服务人员的服务行为进行监管，从实际案例中发现存在的各类问题，快速纠正。因此，管理人员要不断提高自身的服务案例分析能力，做好三个方面的分析，一是坐席人员服务态度及业务知识上的薄弱点，二是服务调度执行力度，三是配合部门的处理能力，分析过程中抓住重点，找出存在的问题，保证电话服务质量和客户满意度。

### 一、正面案例分析

**案例：低压故障——低压线路故障**

坐席人员：您好，请问有什么可以帮您？

客　　户：我的工厂照明都很正常，可是电动机却不能正常运行，你们赶快派人来处理一下。

坐席人员：请您先不要着急，请问是不是电动机出现了故障？

客　　户：我刚才请电工来检查了一下，他说电表前面有一根电线烧断了。

坐席人员：可能是缺相故障，造成您的工厂照明用电正常，但三相电却不能使用。请问您贵姓，具体在什么地方呢？

客　　户：我姓王，在××市××路××家具厂。

坐席人员：请问您打进来的这个电话号码 139××××××××，可以随时与您联系吗？

客　　户：可以。

坐席人员：请您保持电话畅通，我们会尽快安排抢修人员为您处理故障。请问您还有其他问题需要帮助吗？

客　　户：没有了。

坐席人员：感谢您拨打 95598，请您不要挂机，请对我的服务进行评价，再见！

**案例分析：**

（1）语言能力：坐席人员服务用语规范，首问语、结束语表述准确，语言简练、流畅。

（2）判断能力：坐席人员善于说服和引导，根据客户描述能够正确引导客户进行排查，服务周到。

（3）主动能力：坐席人员服务主动性强，了解到客户进行排查后仍未能解决问题，快速安排抢修人员及时抢修故障。

### 二、反面案例分析

**案例 1：高压故障——高压变电设备故障**

坐席人员：您好，请问有什么可以帮您？

客　　户：我听到一声巨响，周围一片全停电了。出门一看，好像是变压器出问题了。

坐席人员：你在哪里？

客　　户：我姓王，在××市××小区。

坐席人员：请问您打进来的这个电话号码 139××××××××，可以随时与您联系吗？

客　　户：可以。

坐席人员：请您保持电话畅通，我们会尽快安排抢修人员为您处理故障。请问您还有其他问题需要帮助吗？

客　　户：没有了。

坐席人员：再见！

（该故障报修工单下发后一直没有人签收，2小时后客户打来电话。）

坐席人员：您好，请问有什么可以帮您？

客　　户：刚才我打你们电话反映停电了，怎么过了一个多小时了，怎么你们的抢修人员还没有来？

坐席人员：你在哪里？

客　　户：我刚才打了电话的，地址已经告诉你们了的，在××市××小区。

坐席人员：好的，那可能是抢修人员太忙了，我们会尽快安排抢修人员为您处理故障。再见！

**案例分析：**

（1）语言能力：服务用语不规范，结束语错误，有口语化现象。

（2）判断能力：第一通电话中没有判断变压器的产权归属。

（3）业务能力：第一通电话中没有向客户了解现场的故障现象以及停电范围。第二通电话中，客户反映之前已打过95598电话，坐席人员没有在历史工单中查找信息，又重复询问客户地址，引起客户不满。

（4）主动能力：抢修单没有人签收和处理，坐席人员却没能及时督办，造成到达现场时间超时。另外，对于抢修不及时事件没有主动向客户道歉。

**案例2：低压故障——低压计量设备故障**

坐席人员：你好，请问有什么可以帮您？

客　　户：我家里停电，我怀疑是电表烧坏了。

坐席人员：你姓什么，说一下你的地址？

客　　户：××小区13楼303室，我姓张。

坐席人员：好，我安排计量的工作人员去你那检查一下。

客　　户：好的。

坐席人员：要真是电表烧坏了，你需要到营业厅办理赔表手续。

客　　户：啊，那我要交多少钱？

坐席人员：我也不知道，你到营业厅再问吧，我现在就安排工作人员去现场。

客　　户：好的。

坐席人员：请问您打进来的这个电话号码139××××××××，可以随时与您联系吗？

客　　户：可以。

坐席人员：请您保持电话畅通，我们会尽快安排抢修人员为您处理故障。请问您还有其他问题需要帮助吗？

客　　户：没有了。

坐席人员：感谢您拨打95598，请您不要挂机，请对我的服务进行评价，再见！

**案例分析：**

（1）语言能力：服务用语不规范，未使十字礼貌用语，例如“你姓什么，说一下你的地址？”，没有说“请”、“您”等服务用语，有口语化现象。

（2）判断能力：没有判断客户是否属于供电公司直供客户，当客户说电表故障时，没有引导客户进行初步故障判断。

（3）业务能力：没有向客户解释《供电营业规则》的关于赔表的规定，如果是因为供电企业责任或不可抗力造成的电表故障，供电部门会免费为客户更换电表。如果是过负荷或其他原因造成的损坏，则需要客户承担相应的赔偿费用。

（4）主动能力：当客户询问电表赔偿标准时，95598坐席人员告之客户到营业厅咨询，缺乏主动工作能力，存在推诿工作的情况。

**案例 3：低压故障——低压进户装置故障**

坐席人员：您好，请问有什么可以帮您？

客　　户：我家昨天就停电了，来人给处理一下吧。

坐席人员：请您提供一下您的户号？

客　　户：我不记得户号，我户名是张××。

坐席人员：张先生，请您检查一下表后空气开关好吗？

客　　户：在哪里的开关？我可不懂电。

坐席人员：在电表箱旁边有一个小门，里面有一排空气开关，您找到自己家电表所对应的开关，将它合上就可以了。

客　　户：你们不能派人来处理吗？

坐席人员：如果你同意有偿服务，我们可以安排抢修人员处理。

客　　户：哦，那要交多少钱？

坐席人员：具体收费抢修人员会告诉你的。

客　　户：噢，这样，我急需用电，你们快来吧，多长时间可以到？

坐席人员：不好说，要是没有其他抢修工作，一会就能到，说一下你的地址？

客　　户：那快点，××小区 13 楼 303 室。

坐席人员：张先生，请问您打进来的这个电话号码 139××××××××，可以随时与您联系吗？

客　　户：可以。

坐席人员：请您保持电话畅通，我们会尽快安排抢修人员为您处理故障。请问您还有其他问题需要帮助吗？

客　　户：没有了。

坐席人员：感谢您拨打 95598，请您不要挂机，请对我的服务进行评价，再见！

**案例分析：**

（1）判断能力：没有询问客户停电范围，排除检修或限电情况。没有根据客户提供的户名，快速查询营销信息系统，排除客户是否欠费停电的可能。没有进行有效的故障情况判断，就确定为有偿服务范畴。

（2）业务能力：没有向客户解释供电企业在什么情况下可能提供有偿服务。没有向客户解释有偿服务的依据和标准，例如，当客户询问有偿服务标准时，应告知客户“我们供电公司对产权不属于供电企业的电力设备进行维护和抢修时，会按照物价管理部门核定的收费标准向客户收取电力修复或更换电气材料的费用”。没有按照服务承诺答复客户城区抢修到达现场时间不超过 45 分钟。

（3）主动能力：主动服务能力较差，服务态度生硬，对客户的问题回答敷衍。

**【思考与练习】**

1. 95598 管理人员对于故障报修类案例应从哪几个方面分析？
2. 请根据实际的故障报修电话录音按照案例分析步骤查找存在的问题。

## 模块 5　故障报修数据统计分析（ZY3100103005）

**【模块描述】**本模块介绍故障报修数据统计和分析方法。通过列表说明和案例介绍，掌握故障报修业务类型、故障原因、绩效指标数据的统计及分析办法。

**【正文】**

95598 坐席人员日常受理的故障报修信息，既体现出公司故障抢修的服务质量，又体现出整个供电系统的配网运行及日常设备管理维护的工作情况。因此，做好故障报修数据统计分析不仅要提高服务质量，重点是为公司领导管理层及各部门提供信息依据。生产管理部门通过技术或其他手段对线路及设备进行有效的管理及预防，减少故障发生率，提高供电可靠性。

## 一、故障报修数据的统计

故障报修数据统计可以按照业务类型、故障原因、绩效指标等方式分别进行统计。

1. 故障报修业务类型的统计

根据客户故障报修及工作人员现场检查排除的情况，依据国家电网公司统一分类标准，故障报修类电话服务可分为高压故障、低压故障、电能质量和其他方面的故障报修，可通过统计表的方式对故障受理及处理情况进行统计与对比，如表ZY3100103005-1所示，为××供电公司95598故障报修受理情况统计表，供大家参考。

**表 ZY3100103005-1　　××供电公司 95598 故障报修受理情况统计表**

填报单位：　　　　　　　　　　　　　　　　统计期限：　　年　月　日至　　年　月　日

| 序号 | 业务分类 | | 供电企业产权 | | | | | | | 客户产权受理总数 |
|---|---|---|---|---|---|---|---|---|---|---|
| | | | 受理总数 | 完成数量 | 按时完成数 | 按时到达现场数 | 本年累计受理数 | 同期数 | 同比增长（%） | |
| 一 | 高压故障 | 高压线路 | | | | | | | | |
| | | 高压变电设备 | | | | | | | | |
| | | 高压计量设备 | | | | | | | | |
| 二 | 低压故障 | 低压线路 | | | | | | | | |
| | | 进户装置 | | | | | | | | |
| | | 低压公共设备 | | | | | | | | |
| | | 低压计量设备 | | | | | | | | |
| 三 | 电能质量 | | | | | | | | | |
| 四 | 其　他 | | | | | | | | | |
| 合　计 | | | | | | | | | | |

审核人：　　　　　　　　　　　填表人：　　　　　　　　　　填表日期：　　年　月　日

2. 故障原因的统计

根据抢修人员现场检查的故障原因，故障报修类电话服务可以按照自然灾害、外力破坏、客户内部原因、过负荷、设备缺陷、涉及施工质量、其他原因等故障原因进行统计。如表ZY3100103005-2所示，为95598故障原因情况统计表，供大家参考。

**表 ZY3100103005-2　　95598 故障原因情况统计表**

填报单位：　　　　　　　　　　　　　　　　统计期限：　　年　月　日至　　年　月　日

| 序号 | 业务分类 | | 自然灾害 | 外力破坏 | 用电客户内部原因 | 计划停限电 | 过负荷 | 设备缺陷 | 设计及施工质量 | 其他故障原因 |
|---|---|---|---|---|---|---|---|---|---|---|
| 一 | 高压故障 | 高压线路 | | | | | | | | |
| | | 高压变电设备 | | | | | | | | |
| | | 高压计量设备 | | | | | | | | |
| 二 | 低压故障 | 低压线路 | | | | | | | | |
| | | 进户装置 | | | | | | | | |
| | | 低压公共设备 | | | | | | | | |
| | | 低压计量设备 | | | | | | | | |
| 三 | 电能质量 | | | | | | | | | |
| 四 | 其　他 | | | | | | | | | |
| 合　计 | | | | | | | | | | |

审核人：　　　　　　　　　　　填表人：　　　　　　　　　　填表日期：　　年　月　日

3. 故障报修绩效指标的统计

为了解故障报修类业务的服务水平，95598 管理人员可以定期从 95598 绩效指标中抽取与故障报修相关联的指标进行统计。如表 ZY3100103005-3 所示，为 95598 故障报修绩效指标统计表，供大家参考。

表 ZY3100103005-3　　95598 故障报修绩效指标统计表

填报单位：　　　　统计期限：　年　月　日至　年　月　日

| 序号 | KPI 指标 | 绩效目标参考值 | 城区范围 | | 农村范围 | | 特殊边远地区 | | 合　计 | |
|---|---|---|---|---|---|---|---|---|---|---|
| | | | 本期 | 同期 | 本期 | 同期 | 本期 | 同期 | 本期 | 同期 |
| 1 | 受理总数 | — | | | | | | | | |
| 2 | 受理工单正确率 | ≥99% | | | | | | | | |
| 3 | 致命错误率 | ≤2% | | | | | | | | |
| 4 | 非致命错误率 | ≤10% | | | | | | | | |
| 5 | 故障报修按时到达兑现率 | 100% | | | | | | | | |
| 6 | 工单处理及时率 | 100% | | | | | | | | |
| 7 | 客户回访率 | 100% | | | | | | | | |
| 8 | 客户满意率 | ≥85% | | | | | | | | |
| | …… | | | | | | | | | |

审核人：　　　　填表人：　　　　填表日期：　年　月　日

## 二、故障报修数据的分析

1. 故障报修业务类型、故障原因的分析

95598 需要定期对各种类型的故障报修受理总数、处理情况、同期比值、故障原因进行统计分析，可用饼图、柱状图来展现，分析各种故障存在的比例及原因，为公司领导及各部门提供准确的信息依据。譬如客户反映公用变压器频繁超负荷停电，坐席人员除迅速安排、正确引导外，还应对频繁引发故障的地方或归属供电企业管理的设施，提出合理的改进建议，督促生产管理部门通过技术或其他手段有效的管理及预防，减少故障发生，提高供电可靠率。如图 ZY3100103005-1 所示，为××供电公司 95598 故障分类统计图。

从图 ZY3100103005-1 中可以发现，该供电企业 8 月受理的所有故障报修中低压进户装置故障占的比例最大，其次是低压计量设备故障。对于低压进户装置故障，通过分析，其主要原因是 8 月夏季雷雨天气较为频繁，用电高峰期也是故障高峰期，由于下户线绝缘老化、配电箱日常维护不当，造成雨季表箱进水，表前开关跳闸等故障。针对这一情况，95598 需向配网管理部门建议加强配电箱及下户线的管理，及时维修更换。低压计量设备故障通过分析，此类故障多为磁卡表故障，其中“E100”故障提示最多，按照电表说明是客户插卡不当所致，但客户重新插卡后仍不能解决，必须工作人员现场清零，不仅给客户带来麻烦，而且为现场工作人员无形中增加了工作量。针对此类情况，95598 应建议电表资产管理部门与电表厂家联系，对关系到磁卡表正常运行的各环节做到可控、在控，寻求好的解决办法。

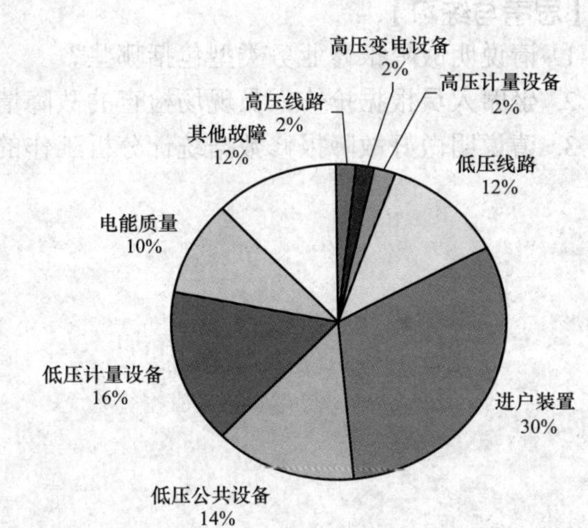

图 ZY3100103005-1　××供电公司 95598 故障分类统计图

如图 ZY3100103005-2 所示，为××供电公司低压线路故障原因统计图。

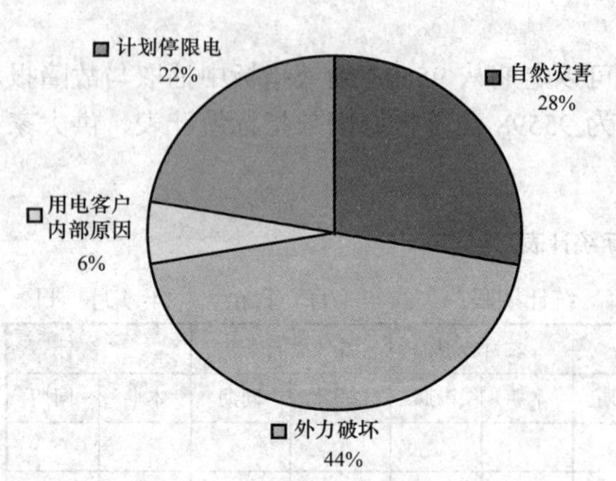


图 ZY3100103005-2 ××供电公司低压线路故障原因统计图

从图 ZY3100103005-2 中可以发现，本周造成低压线路故障的主要原因是外力破坏，其次是自然灾害，外力破坏与自然灾害均引发了较大面积的停电故障。经分析，外力破坏主要指市政、自来水部门在施工过程中挖断电缆及货车装载物品过高拉断架空线路，针对此类情况，95598 应一方面建议有关部门加强对危害电力设施安全行为的打击力度，寻求政府部门的支持；另一方面建议供电公司加强内部施工管理，对电力电缆走向及路径做出明显标识，严防此类问题频繁发生，确保电力企业设施安全，从而最大限度地保证供电企业的经济效益和形象安全。自然灾害主要是出现了雷雨、大风的恶劣天气，造成线路断线，引发停电故障。针对此类情况，95598 除迅速安排抢修工作，对客户做好解释和安抚工作外，还应建议有关部门通过媒体加强宣传，公示停电原因，争取广大客户的理解。

2. 故障报修绩效指标的分析

故障报修绩效指标体现公司故障抢修的服务质量，重点分析故障报修工单处理及时率、客户回访率、客户满意率以及国家电网公司供电服务“十项承诺”中关于故障报修时限承诺兑现率，可用柱状图、趋势曲线来展现，并与标准值进行对比，找出近期出现问题的指标，进行分析，提出解决方案加以改善，使之达到预期水平。

（1）故障报修服务满意率主要分析抢修人员现场工作情况，比如服务态度，维修质量等。坐席人员在客户抢修工作结束后，及时回访客户，听取客户对供电服务的意见，了解客户对现场抢修的工作的满意程度，对客户不满意的意见进行归类记录，及时分析，并向有关责任部门反馈，督促抢修人员不断改进工作，提高供电服务质量。

（2）故障报修处理及时率主要分析抢修工作是否按时限要求完成。比如，山东电力集团公司规定城区故障，无特殊原因 5 小时恢复电力供应，农村故障，无特殊原因 8 小时恢复电力供应。因此通过故障报修处理及时率可以反映供电服务抢修的速度及效率，缩短停电时间。

（3）城市、农村、特殊边远电力故障报修到达现场时间兑现率，主要分析“十项承诺”中城区 45 分钟、农村 90 分钟、特殊边远 2 小时到达现场的执行力，达到快速抢修，提高服务质量的目的。

【思考与练习】

1. 请说明故障报修业务类型包括哪些？
2. 坐席人员根据抢修人员现场检查的故障情况，可以按哪些故障原因进行统计？
3. 请说明做好故障报修数据统计分析工作的重要性？

# 第四章 投诉、举报与建议

## 模块 1 投诉、举报与建议业务流程（ZY3100104001）

【模块描述】本模块介绍投诉、举报与建议的概述、业务流程及要求。通过流程介绍和要点归纳，掌握投诉、举报与建议受理的流程及规则。

【正文】

当客户使用电能和享受服务的时候，对电力产品本身和供电企业的服务都抱有良好的期望，当期望和要求都得不到满足的时候，就会让客户心理失去平衡，产生抱怨和不满，从而致电 95598 进行投诉。另外，还会有一些社会责任心较强的客户，积极举报损害供电企业合法权益的不良行为，对供电服务中存在的问题提出良好建议和意见，帮助供电企业提高服务质量。坐席人员必须以维护公司的利益为准则，以尊重客户、理解客户为前提，以积极诚恳、严肃认真的态度，按照投诉、举报与建议业务流程要求，理性、快速、准确地处理相关工单，为客户提供高品质的投诉、举报与建议电话服务。

### 一、投诉

1. 投诉描述

通过电话、网络等方式接收客户投诉请求，受理客户对服务行为、服务渠道、行风问题、业扩工程、装表接电、用电检查、抄表催费、电价电费、电能计量、停电问题、抢修质量、供电质量等方面的投诉，传递到相关部门进行处理，并对处理过程进行跟踪、督办。投诉处理结果及时反馈给客户，形成闭环管理。

2. 投诉流程

如图 ZY3100104001-1 所示，为投诉流程图。

3. 投诉的流程要求

（1）投诉受理。受理客户的投诉请求，详细询问客户具体情况，引导客户说出关键内容，并适时向客户表达歉意或谢意，再根据客户提供的投诉信息，快速、准确填写《投诉单》并下发到相关投诉处理部门。

（2）投诉处理：

1）严格保密制度，尊重客户意愿，满足客户匿名请求，为投诉人做好保密工作。

2）相关投诉处理部门在规定时限内接收 95598 下发的《投诉单》，记录接单时间、接单人员等信息，并及时对被投诉的内容进行核实，依照有关法律法规和规章制度进行处理。

3）收集投诉处理相关资料，将处理结果及时反馈给 95598。反馈内容包括处理部门、处理时间、处理结果、是否属实、是否属供电企业责任等。

4）客户投诉处理过程中，95598 应进行跟踪、督办，并记录督办过程，确保客户致电 95598 投诉后的 5 天内答复客户。

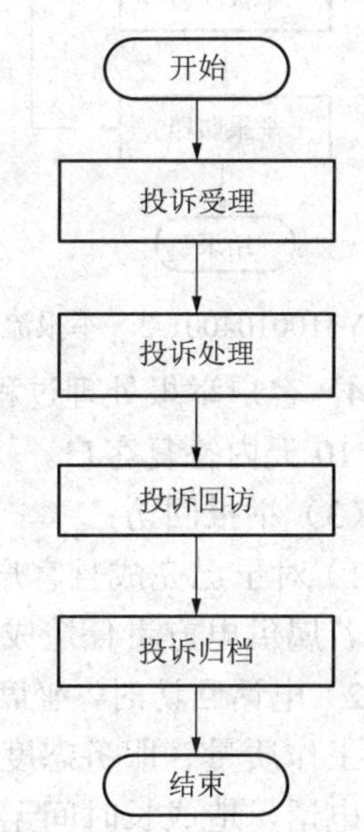


图 ZY3100104001-1 投诉流程图

（3）投诉回访：

1）对于已完成的投诉单，坐席人员应在规定的时限内回访客户，核实投诉处理结果。若属供电方责任造成投诉没有处理完成，坐席人员应立即将工单退回相关责任单位重新处理。

2）电话回访时，坐席人员还需向客户做满意度调查，征求客户对投诉处理的意见，并了解相关人员的工作质量、服务态度、答复时间等。客户投诉应 100%进行回访。因客户电话关机、停机或拒绝接听电话，造成长时间无法联系上客户，95598 视投诉内容可不再回访，并在工单中写明回访时间、回访内容、失败原因等。

（4）投诉归档：

1）坐席人员检查《投诉单》的完整性和正确性，将《投诉单》、电话录音、客户满意度调查结果及其他相关信息按处理时间和业务流程统一建档保存。电话录音包括客户来电、工作联系和答复客户的相关录音文件。对重复投诉单要进行归组，虚假投诉单归为无效工单，确保统计报表数据真实可靠。

2）建议《投诉单》、录音文件及相关信息保存时间为 2 年及以上，以便今后工作人员和用电客户进行查询。

**二、举报**

1. 举报描述

通过电话、网络等方式接收客户举报请求，受理客户对行风廉政、违章窃电、违约用电、破坏电力设施、盗窃电力设施等方面的举报，传递到相关部门进行处理，并对处理过程进行跟踪、催办。举报处理结果及时反馈给客户，形成闭环管理。

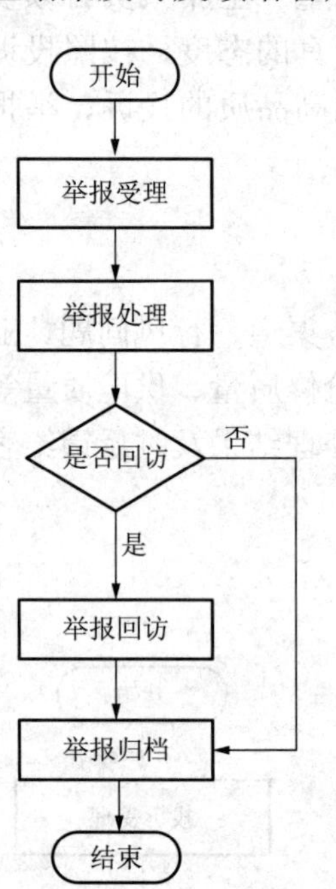

图 ZY3100104001-2　举报流程图

2. 举报流程

如图 ZY3100104001-2 所示，为举报流程图。

3. 举报的流程要求

（1）举报受理。受理客户的举报请求。首先向客户表示感谢，再详细询问客户具体情况，引导客户说出关键内容，询问客户是否需要 95598 回访。根据客户提供的举报信息，快速、准确填写《举报单》并下发到相关举报处理部门。

（2）举报处理：

1）严格保密制度，尊重客户意愿，满足客户匿名请求，为举报人做好保密工作。

2）相关举报处理部门在规定时限内接收 95598 下发的《举报单》，记录接单时间、接单人员等信息。并及时对被举报的内容进行核实，依照有关法律法规和规章制度进行处理。对查证属实的客户举报窃电行为，应按相关规定给予奖励。

3）收集举报处理相关资料，将处理结果及时反馈给 95598。反馈内容包括处理部门、处理时间、处理结果、是否属实、是否属供电企业责任等。

4）客户举报处理过程中，95598 应进行跟踪、督办，并记录督办过程，确保客户致电 95598 举报后的 10 天内答复客户。

（3）举报回访：

1）对于已完成且客户需要回访的举报单，坐席人员应在规定的时限内回访客户，核实举报处理结果。若属供电方责任造成举报没有处理完成，坐席人员应立即将工单退回相关责任单位重新处理。

2）电话回访时，坐席人员还需向客户做满意度调查，征求客户对举报处理的意见，并了解相关人员的工作质量、服务态度、答复时间等。客户举报应 100%进行回访。因客户电话关机、停机或拒绝接听电话，造成长时间无法联系上客户，95598 视举报内容可不再回访，并在工单中写明回访时间、回访内容、失败原因等。

（4）举报归档：

1）坐席人员检查《举报单》的完整性和正确性，将《举报单》、电话录音、客户满意度调查结果及其他相关信息按处理时间和业务流程统一建档保存。对重复举报单要进行归组，虚假举报单归为无效工单，确保统计报表数据真实可靠。

2）建议《举报单》、录音文件及相关信息保存时间为2年及以上，以便今后工作人员和用电客户进行查询。

三、建议

1. 建议描述

通过电话、网络等方式接收客户建议请求，受理客户对电网建设、服务质量等方面的建议，传递到相关部门进行处理，并对处理过程进行跟踪、催办。建议处理结果及时反馈给客户，形成闭环管理。

2. 建议流程

如图ZY3100104001-3所示，为建议流程图。

3. 建议的流程要求

（1）建议受理。受理客户的建议请求。首先向客户表示感谢，再详细询问客户具体情况，引导客户说出关键内容，询问客户是否需要95598回访。根据客户提供的建议信息做出判断，对于有参考价值的建议，坐席人员应快速、准确填写《建议单》并下发到相关处理部门。

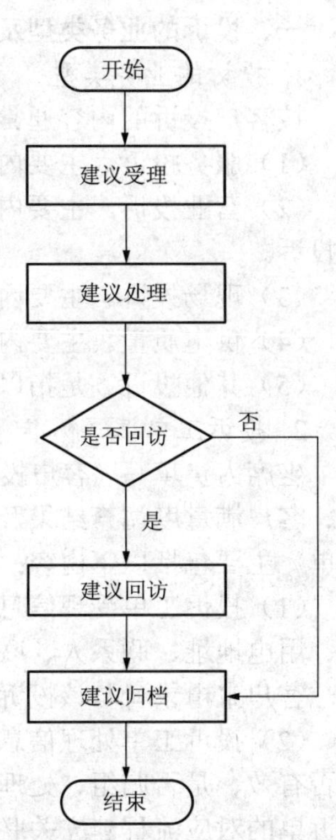


图ZY3100104001-3　建议流程图

（2）建议处理：

1）相关处理部门在规定时限内接收95598下发的《建议单》，记录接单时间、接单人员等信息，并及时对被建议的内容进行核实，依照有关法律法规和规章制度进行处理。

2）收集建议处理相关资料，将处理结果及时反馈给95598。反馈内容包括处理部门、处理时间、处理结果等。对于未采纳的客户建议，还需详细说明未采纳的理由。

3）客户建议处理过程中，95598应进行跟踪、督办，并记录督办过程。

（3）建议回访：

1）对于已完成且客户需要回访的建议单，坐席人员应在规定的时限内回访客户，核实建议处理结果。若属供电方责任造成建议没有处理完成，坐席人员应立即将工单退回相关责任单位重新处理。

2）电话回访时，坐席人员还需向客户做满意度调查，征求客户对建议处理的意见，并了解相关人员的工作质量、服务态度、答复时间等。客户建议应100%进行回访。因客户电话关机、停机或拒绝接听电话，造成长时间无法联系上客户，95598视建议内容可不再回访，并在工单中写明回访时间、回访内容、失败原因等。

（4）建议归档：

1）坐席人员检查《建议单》的完整性和正确性，将《建议单》、电话录音、客户满意度调查结果及其他相关信息按处理时间和业务流程统一建档保存。对重复建议单要进行归组，确保统计报表数据真实可靠。

2）《建议单》、录音文件及相关信息保存时间为2年及以上，以便今后工作人员和用电客户进行查询。

**【思考与练习】**

1. 什么是投诉？
2. 什么是举报？
3. 什么是建议？
4. 请绘制出投诉的流程图，并对各个节点进行简单描述。
5. 请绘制出举报的流程图，并对各个节点进行简单描述。
6. 请绘制出建议的流程图，并对各个节点进行简单描述。

# 模块2　投诉、举报与建议业务分类及工单填写标准（ZY3100104002）

【模块描述】本模块介绍投诉、举报与建议业务的分类及工单填写标准。通过要点归纳和案例介绍，掌握投诉、举报与建议业务的分类方法和工单填写流程及内容。

【正文】

## 一、投诉的业务类型及工单填写标准

### 1. 投诉的业务类型

按客户投诉的内容通常可以分为以下类型：

（1）服务投诉。主要内容包括服务行为、服务渠道、行风问题等投诉。

（2）营业投诉。主要内容包括业扩工程、装表接电、用电检查、抄表催费、电价电费、电能计量等投诉。

（3）现场投诉。主要内容包括停电问题、抢修质量等投诉。

（4）供电质量。主要内容包括供电电压、供电频率和供电可靠性等投诉。

（5）其他投诉。是指以上分类中没有涵盖的其他投诉内容。

### 2. 投诉工单填写标准

坐席人员填写《客户投诉单》时，应确保工单内容的完整性和正确性，将《客户投诉单》、电话录音、客户满意度调查结果及其他相关信息按处理时间和业务流程统一建档保存。信息完整的《客户投诉单》主要包括以下内容：

（1）投诉工单受理信息。投诉受理信息包括客户呼叫方式、工单编号、所属供电企业、户号、户名、用电地址、联系人、联系地址、联系电话、业务类别、投诉内容、紧急程度、受理人员和受理时间。客户来电录音与该投诉单之间建立关联。

（2）投诉工单处理信息。投诉处理信息包括处理部门、处理人员、接单时间、处理状态及步骤、是否有效、是否归组、处理结果和回单时间。客户来电催办录音、工作联系录音、工单督办录音与该投诉单的对应流程建立关联。

（3）投诉工单答复信息。投诉答复信息包括答复人员信息、答复方式、答复时间、答复内容、客户满意程度。答复客户录音与该投诉单之间建立关联。

如表ZY3100104002-1所示，为××供电公司95598投诉工单填写样本，供大家参考。

**表ZY3100104002-1　　××供电公司95598投诉工单填写样本**

| 工单编号 | 20000878 | 呼叫方式 | 电　话 | 所属公司 | ××公司 |
|---|---|---|---|---|---|
| 户　号 | 0000123856 | 户　名 | 朱　涛 | 业务类别 | 服务行为 |
| 联系人 | 朱　涛 | 联系电话 | 8123456 | 紧急程度 | 一　般 |
| 联系地址 | ××市大庆路白云小区 | | | 回复方式 | 电　话 |
| 受理人员 | 李　红 | 受理时间 | 2009-7-20　14:56:31 | 是否有效 | 有　效 |
| 营销业务受理内容 | 客户反映今天早上10点左右到××营业厅交电费，一号柜台的收费员服务态度不好，拒收电费 | | | 是否归组 | 否 |
| 工单处理： | | | | | |
| 处理步骤 | 处理意见 | 处理时间 | 处理部门 | 处理人员 | 录　音 |
| 受　理 | 下发到××公司处理 | 2009-7-20　14:56:31 | 95598 | 李　红 | 播　放 |
| 接单确认 | 接单确认 | 2009-7-20　14:58:24 | ××公司95598工作站 | 张　丽 | |
| 服务处理 | 联系××营业厅王经理，核实事情经过和涉及人员 | 2009-7-20　15:05:42 | ××公司95598工作站 | 张　丽 | 播　放 |
| 服务处理 | ××营业厅王经理确定客户反映情况属实，与被投诉的收费员已向客户登门道歉，取得客户谅解 | 2009-7-21　10:15:17 | ××公司95598工作站 | 张　丽 | 播　放 |
| 答复客户 | 95598向客户确认工作人员已登门道歉，客户对处理结果表示满意 | 2009-7-21　10:21:19 | 95598 | 李　红 | 播　放 |

## 二、举报的业务类型及工单填写标准

1. 举报的业务类型

按客户举报的内容通常可以分为以下类型：

（1）行风廉政。主要内容包括违规收费、指定设计、施工与供货单位、谋取私利、泄露客户商业秘密、收受客户礼品礼金、接受客户宴请和旅游等举报。

（2）违章窃电。主要内容包括窃电举报。

（3）违约用电。主要内容包括低价高接、私自增容、擅自启封、私自迁移、私自转供电等举报。

（4）破坏电力设施。主要内容包括破坏高压电力设施、破坏低压电力设施等举报。

（5）盗窃电力设施。主要内容包括盗窃高压电力设施、盗窃低压电力设施等举报。

（6）其他举报。是指以上分类中没有涵盖的其他举报内容。

2. 举报工单填写标准

坐席人员填写《客户举报单》时，应确保工单内容的完整性和正确性，将《客户举报单》、电话录音、客户满意度调查结果及其他相关信息按处理时间和业务流程统一建档保存。信息完整的《客户举报单》主要包括以下内容：

（1）举报工单受理信息。举报受理信息包括客户呼叫方式、工单编号、所属供电企业、户号、户名、用电地址、联系人、联系地址、联系电话、业务类别、举报内容、紧急程度、是否保密、是否回访、受理人员和受理时间。客户来电录音与该举报单之间建立关联。

（2）举报工单处理信息。举报处理信息包括处理部门、处理人员、接单时间、处理状态及步骤、是否有效、是否归组、处理结果和回单时间。客户来电催办录音、工作联系录音、工单督办录音与该举报单的对应流程建立关联。

（3）举报工单答复信息。举报答复信息包括答复人员信息、答复方式、答复时间、答复内容、客户满意程度。答复客户录音与该举报单之间建立关联。

如表 ZY3100104002-2 所示，为××供电公司 95598 举报工单填写样本，供大家参考。

**表 ZY3100104002-2　　××供电公司 95598 举报工单填写样本**

| 工单编号 | 20000879 | 呼叫方式 | 电 话 | 所属公司 | ××公司 |
|---|---|---|---|---|---|
| 户 号 | — | 户 名 | — | 业务类别 | 违约窃电 |
| 联系人 | 张先生 | 联系电话 | 8123456 | 紧急程度 | 紧 急 |
| 联系地址 | ××市北湖路××酒吧 | | | 回复方式 | 电 话 |
| 是否保密 | 是 | 是否需要回访 | 是 | 是否有效 | 有 效 |
| 受理人员 | 李 红 | 受理时间 | 2009-7-21 9:34:28 | 是否归组 | 否 |
| 营销业务受理内容 | 客户反映××酒吧从上个月开始直接从表前线路上接电，有窃电嫌疑 | | | | |
| 工单处理： | | | | | |
| 处理步骤 | 处 理 意 见 | 处理时间 | 处理部门 | 处理人员 | 录 音 |
| 受 理 | 下发到××公司处理 | 2009-7-21 9:34:28 | 95598 | 李 红 | 播 放 |
| 接单确认 | 接单确认 | 2009-7-21 9:36:13 | ××公司95598工作站 | 张 丽 | |
| 服务处理 | 联系工作人员王×现场核实 | 2009-7-21 9:42:34 | ××公司95598工作站 | 张 丽 | 播 放 |
| 客户催办 | 客户来电询问工作进展情况 | 2009-7-21 11:27:58 | 95598 | 李 红 | 播 放 |
| 服务处理 | 工作人员王×回复：××酒吧确实存在窃电行为，目前正在处理中 | 2009-7-21 15:01:29 | ××公司95598工作站 | 张 丽 | 播 放 |
| 答复客户 | 告知客户举报窃电属实，正在处理当中，待处理完毕后再联系客户 | 2009-7-21 15:17:47 | 95598 | 李 红 | 播 放 |
| 服务处理 | ××酒吧窃电案件已处理，追补电费××元，违约使用电费××元 | 2009-7-22 16:42:06 | ××公司95598工作站 | 张 丽 | 播 放 |
| 答复客户 | 告知客户处理结果，并通知客户到××处领取举报奖金。客户表示对本次服务满意 | 2009-7-22 17:02:15 | 95598 | 李 红 | 播 放 |

三、建议的业务类型及工单填写标准

1. 建议的业务类型

按客户建议的内容通常可以分为以下类型：

（1）电网建设建议。主要内容包括高压电网建设、低压电网建设等方面的建议。

（2）服务质量建议。主要内容包括供电质量、工作质量、服务态度等方面的建议。

（3）优质服务表扬。主要内容包括供电质量、工作质量、服务态度等方面的表扬。

（4）行风建设表扬。主要内容包括收费标准、“三不指定”、廉洁奉公、保守客户商业秘密、拒收客户礼品礼金、拒绝客户宴请和旅游等方面的表扬。

（5）用户批评。主要内容包括电网建设、服务质量、行风建设等方面的批评。

（6）其他建议。是指以上分类中没有涵盖的其他建议内容。

2. 建议工单填写标准

坐席人员填写《建议单》时，应确保工单内容的完整性和正确性，将《建议单》、电话录音、客户满意度调查结果及其他相关信息按处理时间和业务流程统一建档保存。信息完整的《建议单》主要包括以下内容：

（1）建议工单受理信息。建议受理信息包括客户呼叫方式、工单编号、所属供电企业、户号、户名、用电地址、联系人、联系地址、联系电话、业务类别、建议内容、紧急程度、是否回访、受理人员和受理时间。客户来电录音与该建议单之间建立关联。

（2）建议工单处理信息。建议处理信息包括处理部门、处理人员、接单时间、处理状态及步骤、是否有效、是否归组、处理结果和回单时间。客户来电催办录音、工作联系录音、工单督办录音与该建议单的对应流程建立关联。

（3）建议工单答复信息。建议答复信息包括答复人员信息、答复方式、答复时间、答复内容、客户满意程度。答复客户录音与该建议单之间建立关联。

如表 ZY3100104002-3 所示，为××供电公司 95598 建议工单填写样本，供大家参考。

表 ZY3100104002-3　　××供电公司 95598 建议工单填写样本

| 工单编号 | 20000882 | 呼叫方式 | 电　话 | 所属公司 | ××公司 |
|---|---|---|---|---|---|
| 户　号 | 0000123456 | 户　名 | 陈　莉 | 业务类别 | 服务质量建议 |
| 联 系 人 | 陈　莉 | 联系电话 | 8123456 | 紧急程度 | 一　般 |
| 联系地址 | ××市武德路碧水小区 | | | 回复方式 | 电　话 |
| 受理人员 | 李　红 | 受理时间 | 2009-7-22　10:23:51 | 是否有效 | 有　效 |
| 营销业务受理内容 | 建议催费人员能够采取电话或短信催费的方式通知客户交纳电费 | | | 是否归组 | 否 |
| 工单处理： | | | | | |
| 处理步骤 | 处 理 意 见 | 处理时间 | 处理部门 | 处理人员 | 录　音 |
| 受　理 | 下发到××公司处理 | 2009-7-22　10:23:51 | 95598 | 李　红 | 播　放 |
| 接单确认 | 接单确认 | 2009-7-22　10:26:32 | ××公司 95598 工作站 | 张　丽 | |
| 服务处理 | 联系××公司王经理，告知客户建议，商量能否采纳此建议 | 2009-7-22　10:23:51 | ××公司 95598 工作站 | 张　丽 | 播　放 |
| 服务处理 | ××公司王经理回复：经研究决定，从下月开始对信息齐全的欠费户采取短信催费方式，今后再逐步推广 | 2009-7-23　11:15:26 | ××公司 95598 工作站 | 张　丽 | 播　放 |
| 答复客户 | 向客户表示感谢，告知客户建议已被采纳。客户表示对本次服务满意 | 2009-7-23　11:28:17 | 95598 | 李　红 | 播　放 |

【思考与练习】

1. 如何对客户的投诉进行分类？

2. 如何对客户的举报进行分类？
3. 如何对客户的建议进行分类？
4.《客户投诉单》填写标准包括哪些内容？
5.《客户举报单》填写标准包括哪些内容？
6.《建议单》填写标准包括哪些内容？

## 模块3 投诉、举报与建议类典型案例（ZY3100104003）

**【模块描述】**本模块介绍投诉、举报与建议类的典型案例及电话模拟服务回答要点。通过案例中规范的用语及专业电力知识的介绍，掌握投诉、举报与建议类的服务通话技巧及答复顺序，提高解决问题的能力及工作效率。

**【正文】**

电力行业作为公用事业，行业作风和服务水平的优劣，不仅影响到政府的形象和声誉，还影响到企业的生存和发展。在客户服务过程中，供电企业面对各种不同工作场合及形形色色的客户，服务工作有可能会出现意想不到的纰漏，从而导致顾客抱怨、苛责，甚至更严重的投诉。另外，也有部分客户积极举报违法用电行为，或对供电企业的服务工作提出宝贵建议，协助供电企业提升服务水平。因此，坐席人员要摆正心态，控制情绪，运用服务技巧做好投诉、举报与建议类电话的服务工作。

**一、投诉类电话典型案例**

接到客户投诉电话时，坐席人员首先应安慰客户，平息客户的情绪，再引导客户说出投诉的具休事件、发生的时间以及涉及的人员等关键信息，初步判断责任归属。若判断属于供电方责任，应立即向客户道歉，并提出解决方案供客户参考。若无法当即提供解决方案时，则请客户耐心等候，95598会派工作人员现场核实后在5天内答复客户。若判断属于客户方责任，应根据相关政策耐心细致地向客户作好解释说明工作，争取客户的理解。若在电话中无法判断责任归属，坐席人员应告知客户我们会派工作人员现场核实，5天内答复客户。对一般的投诉案件，可以进行电话回访，严重的、特殊的案件要进行上门回访，了解客户对处理的结果是否满意。

**案例1：服务投诉——服务行为投诉**

坐席人员：您好，请问有什么可以帮您？

客　　户：你们的收费员态度非常不好。

坐席人员：请问您反映的是哪一位收费员呢？（详细询问客户发生冲突的现场情况，判断过错归属）

（1）若属于客户问题，则要向客户进行解释工作，争取理解。参考话述为：

客　　户：我今天上午到××供电所交电费，××号收费员说要收取电费滞纳金，我凭什么要交。

坐席人员：请您不要生气，如果您没有按时交费，按相关政策需要交纳电费滞纳金，请您配合我们的工作。好吗？

（2）若属于一般服务质量问题，则要及时向客户道歉。参考话述为：

客　　户：我们今天上午到××供电所交电费，×号收费员说没有零钱找，不收费。

坐席人员：非常抱歉！请您不要生气，对于您反映的收费人员服务态度不好的问题，我们会及时通知相关部门调查。如果情况属实，我们会按规定严肃处理。请问您的电费现在交清了吗？（及时平息客户的怒气，转移话题，帮客户解决未解决事宜）

客　　户：我又换了个地方交了。

坐席人员：对不起，给您带来不便，请您谅解。

客　　户：没关系，你们以后要加强员工的教育。

坐席人员：感谢您的宝贵建议，我们一定会加强员工的教育培训工作的。

（3）若属于性质恶劣的服务质量问题，除及时向客户道歉，还需安排责任人登门道歉。

客　　户：我今天上午到××供电所交电费，×号收费员说要收取电费滞纳金，我不交，她就吵了起来，还向我扔东西。

坐席人员：非常抱歉！请您不要生气，对于您反映的收费人员服务态度恶劣问题，我们会及时通知相关部门调查。若情况属实，我们会按规定严肃处理。请问怎么称呼您？

客　　户：姓王。

坐席人员：王先生，请问您的详细地址在哪里？

客　　户：我住在××小区×栋×单元。

坐席人员：请问您打进来的这个电话号码139××××××××，可以随时与您联系吗？

客　　户：是的。

坐席人员：请您保持电话畅通，我们将安排专人到您家中道歉。

客　　户：那好吧。

坐席人员：给您带来不便，请您谅解。请问您还有其他问题需要咨询吗？

客　　户：没有了。

坐席人员：感谢您拨打95598，请不要挂机，请对我的服务进行评价，再见！

**案例2：服务投诉——行风问题投诉**

坐席人员：您好，请问有什么可以帮您？

客　　户：我要投诉你们的抄表员，他们私自加价收费。

坐席人员：请问您是在供电公司申请安装的电表吗？（判断客户是否属于一户一表客户）

客　　户：是的。

坐席人员：请问您的户号是多少？

客　　户：我的户号是0000××××××。

坐席人员：好的，我帮您查询一下，稍候可能会没有声音，请不要挂机，好吗？（边说边在系统中查询客户信息）

客　　户：好的。

坐席人员：感谢您的耐心等待。请问是××镇××村×号的王先生吗？

客　　户：是的。

坐席人员：王先生，请您先别着急，请问我们的抄表员向您收取了哪些费用呢？

客　　户：他在每度电的基础上又加了2分钱，我们这个村都是这样的。

坐席人员：请问他的这种违规收费行为有多长时间？他是否向您提供正式发票？

客　　户：他已经收了3个多月，没有正式发票，只有手写的收据。

坐席人员：请您保留手上的收据，您所反映的情况我们会为您采取保密措施的。请问您打进来的这个电话号码139××××××××，可以随时与您联系吗？

客　　户：是的。

坐席人员：请您保持电话畅通，我们会立即派人现场调查，并在5天内给您答复，好吗？

客　　户：好的。

坐席人员：非常抱歉，由于我们的服务不周给您带来不便，请您谅解。请问您还有其他问题需要咨询吗？

客　　户：没有了。

坐席人员：感谢您拨打95598，请不要挂机，请对我的服务进行评价，再见！

**服务投诉回答要点**：服务投诉一般包括服务行为、服务渠道、行风问题的投诉。此类客户投诉过程中，一般情绪激动，容易出言不逊，而且多数客户缺少对电力知识和供电部门运作情况的了解，坐席人员除了耐心做好解释说明工作外，应多站在客户的角度换位思考，理解客户的心情，才能让客户感受到你是在为他分担困难，从而接受和认可你的解释。另外坐席人员在与客户交谈过程中，要了解清楚客户语言背后的内在情绪，并将客户最急于想获得的信息反馈给客户。比如受理行风问题的投诉，坐席人员应详细询问客户是否有证据或证明，比如投诉工作人员吃拿卡要，需要客户提供发票，证人等详细信息。最后，应向客户道歉，并告知客户一旦查明后将会严肃处理。

1. 营业厅未按时开门投诉回答要点

首先应向客户致歉，再询问客户供电营业厅的位置，判断是否属于县级以上供电营业厅。若是实行无周休日的营业厅，则询问客户未按时营业的时间，目前营业厅是否已开门营业。若还没开门，则安抚客户情绪，请客户留下联系方式并稍候，我们将在5分钟内给予回复。主动告知客户对于未按时营业的事件我们会严肃处理。

2. 工作时间营业厅无人收费投诉回答要点

首先应向客户致歉，再询问客户供电营业厅地址和现场情况，营业柜台是否有暂停服务的标牌。若有暂停服务牌，则请客户稍候，收费员会马上回来。若没有提示标牌，则向客户致歉，安抚客户情绪，并请客户留下联系方式并原地等候，我们将在5分钟内给予回复。主动告知客户对于该事件我们会严肃处理。

3. 营业厅窗口人员态度不好投诉回答要点

向客户表示歉意，再询问客户供电营业厅地址、被投诉人员工号和现场情况。安抚客户情绪，请客户留下联系方式并稍候，我们将在5天内给予回复。询问客户之前到营业厅办理的业务处理是否处理完毕，如未办理完成，则及时催办。了解客户对该事件的处理意见，主动告知客户对于投诉属实，服务态度不好事件我们会严肃处理。

4. 坐席人员态度不好投诉回答要点

首先向客户致歉，平息客户心情。再详细了解事情经过、被投诉坐席人员的工号、来电时间以及来电电话号码，并留下客户联系方式。告知客户我们将调查清楚后，5 天内回复客户。询问客户之前拨打95598反映的事情是否解决，如未办理完成，我们会及时催办。最后主动告知客户对于属实的服务态度不好事件我们会严肃处理。

5. 95598电话打不进来投诉回答要点

首先向客户致歉，再详细介绍95598使用方法，是否存在客户操作失误现象。若客户操作正常，则询问客户95598电话打不进来的时间，判断是何种原因造成电话打不进来。若属于系统故障造成，应向客户表示感谢，我们会马上派人处理故障。若是因为电话量太大造成95598人工坐席全忙，所以客户电话转人工不成功，则提醒客户可以选择自动语音服务，或者录音留言。最后询问客户的来电业务需求，受理客户业务，及时联系相关部门督办。

**案例3：营业投诉——业扩报装投诉**

坐席人员：您好，请问有什么可以帮您？

客　　户：我到营业厅办理申请用电后，怎么一直没有人与我联系？

坐席人员：请问您贵姓，是自己家里申请装表吗？（判断客户申请用电性质）

客　　户：姓王，是自己家里装表。

坐席人员：王先生，请问您是在什么时间到营业厅办理的申请用电手续？

客　　户：大概有10天的时间了。

坐席人员：非常抱歉，由于我们的服务不周给您带来不便，请您谅解。按照相关规定，我们应在受理客户用电申请后3个工作日内给您答复。请问您是在哪个营业厅办理的申请用电业务？

客　　户：我是在××营业厅办理的。

坐席人员：请问您申请用电的户名是什么？申请单上的编号是多少？

客　　户：户名是王××，编号是0000×××××。

坐席人员：请问您打进来的这个电话号码139××××××××，可以随时与您联系吗？

客　　户：是的。

坐席人员：请您保持电话畅通，我们会立即为您办理相关用电事宜。对于没有在规定时限内办理业务的事件，我们会派人调查，并在5天内给您答复，好吗？

客　　户：好的。

坐席人员：请问您还有其他问题需要咨询吗？

客　　户：没有了。

坐席人员：感谢您拨打 95598，请不要挂机，请对我的服务进行评价，再见！

**案例 4：营业投诉——抄表催费投诉**

坐席人员：您好，请问有什么可以帮您？

客　　户：你们这个月多抄了电表，我要投诉。

坐席人员：您别着急，请问您贵姓？

客　　户：我姓王。

坐席人员：王先生，请问您的户号是多少？我帮您查询一下电量信息。

客　　户：0000×××××。

坐席人员：0000××××××，我帮您查询一下，稍后可能会没有声音，请不要挂机。（迅速通过营销系统查询客户电量信息）

客　　户：好的。

坐席人员：您好，感谢您的耐心等待。刚才查询到您最后一次抄表的止码是 000567，请问您在现场看到的电表止码是多少？

客　　户：我刚刚看了一下，电表显示数据是 367。

坐席人员：非常抱歉！我们马上派人到现场核实电表止码，将在 5 天内答复您，如果确实错抄，我们会将多抄部分退补给您，但是在此期间，还需要您按时交清电费，您看可以吗？

客　　户：好的。

坐席人员：请问您打进来的电话号码 139××××××××，可以随时与您联系吗？

客　　户：是的。

坐席人员：请您保持电话畅通。请问您还有其他问题需要咨询吗？

客　　户：没有了，谢谢。

坐席人员：感谢您拨打 95598，请不要挂机，请对我的服务进行评价，再见！

（抄表差错投诉调查清楚后坐席人员电话回复客户。）

坐席人员：您好！我是××供电公司 95598，请问是××市的××客户吗？对不起，可以打扰您一下吗？

客　　户：可以。

坐席人员：您昨天反映抄表员多抄电量的事情，我们已经派人到现场核实了。

（1）若客户反映有误，抄表员没有多抄时，参考话述为：

坐席人员：现场的电表止码为 000620，大于最后一次抄表止码，这说明抄表员没有抄错，请您再核对一下，好吗？

客　　户：你们的工作人员来过了，是我看错了，不好意思。

坐席人员：没关系，请您及时交清电费，好吗？

客　　户：好的。

坐席人员：请问您还有其他问题需要咨询吗？

客　　户：没有了。

坐席人员：感谢您对我们工作的支持，请您不要挂机，请对我的服务进行评价，再见！

（2）若客户反映正确，抄表员确实多抄电量时，参考话述为：

坐席人员：您的电表确实抄多了，请允许我代表供电公司向您道歉，由于我们的工作失误给您带来不便，请您谅解！

客　　户：那你们怎么处理呢？

坐席人员：王先生，您看这样好吗？这个月的电费您先交清，等电表止码走到 000567 后，我们再抄表收费，好吗？（应与客户礼貌地协商多抄电量的交费问题）。

1）客户同意此方案时，参考话述为：

坐席人员：非常感谢您对我们工作的支持，请您不要挂机，请对我的服务进行评价，再见！

2）若客户不同意此方案时，参考话述为：

坐席人员：那我马上通知相关人员为您退还多抄的电量，您看行吗？

客　　户：好的。

坐席人员：请问您还有其他问题需要咨询吗？

客　　户：没有了。

坐席人员：感谢您对我们工作的支持，请您不要挂机，请对我的服务进行评价，再见！

**营业投诉回答要点：**营业投诉一般包括业扩工程、装表接电、用电检查、抄表催费、电价电费、电能计量等业务投诉。95598 坐席人员要熟知营销业务专业知识及工作流程，在受理此类投诉时才能有效地解答与处理。

1. 业扩工程投诉

业扩工程的投诉，多集中为对工程时限、费用、“三不指定”方面的投诉，坐席人员受理时，首先向客户致歉，尽量平息客户情绪，再详细了解事情经过，并根据营销系统快速查询客户业扩工程的详细情况，准确地向客户答复关于业扩工程的相关规定、时限、费用等问题，需要现场落实的问题进行详细记录，告知客户我们将调查清楚后，5 天内回复客户。

2. 抄表催费投诉

（1）多抄电量投诉。首先应询问客户相关用电信息，如户号、户名等，并在营销系统中快速查询客户资料，向客户确认抄表止码。若初步判断属于多抄电量时，坐席代表应向客户道歉，请客户谅解。并确认客户的联系电话和详细地址，告知客户我们会安排抄表员现场核实。坐席人员还应主动提醒客户，若多抄电量属实，我们会严肃处理的。在平息客户心情的同时，提出两种解决方案供客户自行选择：① 请客户先交清电费，下次抄表会自动减出多抄电量；② 做退还多抄电量，客户按实际用电量交纳电费。

（2）未按期抄表投诉。首先询问客户户号或户名，在营销系统中快速查询客户资料，了解该客户的抄表周期及最后抄表时间，判断是否属于抄表员未按时抄表。若初步判断本月未按时抄表时，坐席人员应向客户道歉，请客户谅解。并确认客户的联系电话和详细地址，告知客户可能是抄表员工作失误造成漏抄，我们会通知抄表员在下一个抄表时间里按时抄表，请客户放心。

（3）欠费停电未通知投诉。告知客户我们的欠费停电工作流程，催费员到现场催费时客户可能不在家中，我们会将催费停电通知单放在门卫处、电表箱等地方，这样就有可能出现停电通知单丢失的现象，请客户谅解。若催费员确实没有通知到位，我们会严肃处理的。请客户留下联系电话并将号码录入营销系统中，方便以后联系。最后询问客户是否已交清电费，若已交清则告知客户我们会尽快安排复电的，也请客户今后按时缴纳电费。

（4）登记复电后未按时送电投诉。首先询问客户户号或户名，在营销系统中快速查询客户是否交清电费。再询问客户什么时间，是通过什么方式登记复电的。若客户反映属实，向客户表示歉意，安抚客户情绪，95598 会催办相关人员尽快复电，请客户耐心等待。

3. 电价电费投诉

首先确定客户的用电是否归属供电企业直接管理，譬如对于向物业小区交费的客户，供电公司与物业公司结算是按照小区的总表表码读数作为收费依据，因此供电公司与物业公司结算时执行 1～10kV 居民生活电价。到户电价是物业公司考虑变压器、线路等损耗后的综合电价，如客户反映电价高，可建议客户向该居民小区物业公司或政府有关部门反映，坐席人员可以选择咨询类业务。对于属于供电公司违规收费的投诉，应详细询问客户用电地址、用电性质，收费项目及费用明细、是否发具正式发票、加价收费时间，建议客户提供户号或户名，以便确认所在的具体区域，留下客户联系方式，告知客户我们会采取保密措施，供电公司会在规定时限内核查处理，并主动问明客户是否需要回访。

4. 电能计量投诉

电能计量的投诉多集中让客户承担赔表责任的投诉，比如电表丢失，需要客户赔表，95598 坐席人员受理后，应首先询问客户户号，判断客户是否存在欠费，因供电公司对于欠费经催缴仍未交纳者，供电公司可实施拆表，中止用电。另外按照《供电营业规则》第七十七条规定答复客户：计费电能表装设后，客户应妥为保护，不应在表前堆放影响抄表或计量准确及安全的物品。如发生计费电能表丢失、损坏或过负荷烧坏等情况，用户应及时告知供电企业，以便供电企业采取措施。如因供电企业责任或不可抗力致使计费电能表出现或发生故障的，供电企业应负责换表，不收费用；其他原因引起的，用户应负担赔偿费或修理费。

**案例5：现场投诉——抢修质量投诉**

坐席人员：您好，请问有什么可以帮您？

客　　户：早上我打过95598进行报修了的，你们的抢修人员服务态度太差了。

坐席人员：请问您是家住在××小区×单元×号的王先生吗？（边说边通过95598客户服务系统查出该客户的历史报修工单信息。）

客　　户：是的。

坐席人员：请问您对我们抢修人员的服务行为有哪些不满意的地方呢？（详细询问现场情况。）

客　　户：我打完报修电话后，他们过了两个小时才来。我批评了他们几句，他们还不服气。

坐席人员：非常抱歉，由于我们的服务不周给您带来不便，请您谅解。请问您现在恢复供电了吗？

客　　户：刚才有电，现在又没有电了，可能是他们没有接好。

坐席人员：您先别着急，我们会马上派人过来为您处理故障。对于您刚才反映的抢修人员服务态度问题，我们会派人进行调查，并将在5天内答复您，您看可以吗？

客　　户：好的。

坐席人员：请问您打进来的电话号码139××××××××，可以随时与您联系吗？

客　　户：是的。

坐席人员：请您保持电话畅通。请问您还有其他问题需要咨询吗？

客　　户：没有了，谢谢。

坐席人员：感谢您拨打95598，请不要挂机，请对我的服务进行评价，再见！

**现场投诉回答要点：**现场投诉一般包括停电问题、抢修质量的投诉。受理停电投诉，首先询问客户是单户还是大面积停电，如果是单户停电，确定客户是供电公司的直供客户后，询问客户的户号或户名，在营销系统中快速查询客户是否欠费，并询问客户停电的时间。确认是因供电公司责任造成客户处停电的，向客户表示歉意，安抚客户情绪，表示95598会催办相关人员尽快复电，请客户耐心等待。如果是大面积停电，首先查询是否属于供电公司计划、临时停电等范畴，如果确属供电企业责任停电，需落实供电企业是否按照规定向社会公示停电情况，并向客户表示歉意，安抚客户情绪，表示95598会尽快落实停电情况及送电时间，请客户耐心等待。

**案例6：供电质量——电压高投诉**

坐席人员：您好，请问有什么可以帮您？

客　　户：刚才电压升高，把我家的微机烧坏了，你们马上来人看一下，要赔偿我的损失？

坐席人员：请您说一下具体地址好吗？

客　　户：我家住在×××路××号×单元×××室。

坐席人员：请问您贵姓？

客　　户：我姓王。

坐席人员：王先生，在您之前已经有客户反映电压升高造成电器烧坏，抢修人员已去现场处理。

客　　户：现在有电了，但我的微机烧坏了，你们应该赔偿？

坐席人员：工作人员已现场查实，您那里是因为零线断线造成电压升高。

客　　户：我不管这么多，我的微机是因为电压升高烧坏的，供电公司就应该赔偿！你们来现场的人员说不赔。

坐席人员：按照《居民家用电器损坏处理办法》，因供电企业责任造成居民家用电器损坏的，由供电企业承担责任，请你放心，我们会按相关规定处理。对于现场工作人员的答复我们也会调查落实的。请问您打进来的电话号码139××××××××，可以随时与您联系吗？

客　　户：可以。

坐席人员：好的，王先生，请您保持电话通畅，我们会及时联系您，感谢您拨打95598，请您不要挂机，请对我的服务进行评价，再见！

**供电质量回答要点：**坐席人员应详细询问客户的现场情况或要求，按照《供电营业规则》中的规定做好解释与处理工作，切忌不要试图说服客户，或同客户辩论，帮助客户解决问题才是客户服务之本。《供电营业规则》第五十四条规定，在电力系统正常的状况下 220V 单相供电的，电压允许偏差为额定值的+7%，–10%，也就是说最高不超过 235V，最低不低于 198V；380V 三相供电的，为额定值的±7%，最高不超过 406V，最低不低于 353V。

## 二、举报类电话典型案例

坐席人员在受理客户举报窃电及违约用电时，首先向客户致谢，并告知客户我们会采取保密措施。再引导客户说出举报的具体事件、发生的时间以及涉及的人员等关键信息，初步判断举报案件的性质，告知客户我们会派工作人员现场核实后在 10 天内答复客户，对查证属实的违章窃电行为我们会有相应奖励（奖励办法执行本省电网经营企业规定），最后询问客户 95598 能否电话联系或回访客户，我们会尊重客户的选择。

**案例 1：违约窃电——居民窃电举报**

坐席人员：您好，请问有什么可以帮您？

客　　户：我发现有人偷电，想向你们反映一下。

坐席人员：非常感谢您对供电公司的支持，请问您举报什么地方窃电呢？

客　　户：你们会不会为我保密？

坐席人员：为客户保守秘密是我们的基本职责，请您相信我们，好吗？

客　　户：好的。

坐席人员：您能告诉我是谁在窃电，他的具体地址在哪里？（详细咨询客户窃电现场情况，判断产权归属）

（1）客户反映窃电地址不属于供电方设施时，参考话述为：

坐席人员：非常抱歉，您举报的窃电人不是在供电公司的设施上窃电，不是我们的管辖范围，请您向物业管理人员或相关部门反映一下，由他们来处理，好吗？

（2）客户反映窃电地址属于供电方设施时，应向客户确定窃电的详细地址、窃电对象、窃电手段等内容。参考话述为：

坐席人员：您能告诉我是谁在窃电，他的具体地址在哪里？

客　　户：是我的邻居偷电，他叫××，住在是××小区×栋×单元。

坐席人员：您知道他是怎么窃电的吗？窃电有多长时间了？（详细询问窃电方式和窃电时间）

客　　户：好像是直接从你们的电线上窃电的，有半年多了。

坐席人员：我们会马上派人到现场检查，并且会在 10 天内答复您处理结果。如果您反映的情况属实，我们会按照收取的违约使用电费的 10%给您奖励，每笔最高奖励金额不超过 1 万元（奖励办法按各网省的实际执行情况答复）。

客　　户：好的。

坐席人员：请问我们能够随时与您联系吗？

（1）客户不愿意我们再进行联系时，参考话述为：

坐席人员：非常感谢您对我们工作的支持，我们会马上派人到现场检查。

（2）客户不愿意我们联系，但他会再次打电话过来询问结果时，参考话述为：

坐席人员：非常感谢您对我们工作的支持，我们会马上派人到现场检查，希望能再次听见您的声音，我们会及时将处理结果告知您。

（3）客户愿意我们主动联系他时，参考话述为：

坐席人员：请问您打进来的电话号码 139××××××××，可以随时与您联系吗？

客　　户：是的。

坐席人员：非常感谢您对我们工作的支持，请您保持电话畅通，我们会马上派人到现场检查。

客　　户：好的。

坐席人员：请问您还有其他问题需要咨询吗？

客　　户：没有了。

坐席人员：感谢您拨打 95598，请不要挂机，请对我的服务进行评价，再见！

**举报窃电、违约用电回答要点：**首先应向客户表示感谢，再询问客户窃电或违约用电的地址，判断窃电、违约用电地点的产权归属。若属于在客户内部线路上窃电或违约用电，则告知客户供用电双方的产权维护范围，请客户自行处理。若确属在供电方设施上窃电或违约用电，则详细询问客户窃电对象、窃电手段、详细地址、窃电时间及用电性质（违约用电时间、违约用电地点、违约用电方式）等内容，告知客户我们将调查清楚后，10 天内回复客户。另外，告知客户我们会采取保密措施及查证属实后的奖励政策，并主动问明客户是否需要 95598 回访。

**案例 2：盗窃电力设施——客户举报盗窃电力设施**

坐席人员：您好，请问有什么可以帮您？

客　　户：我刚才看见有人在偷你们的高压电线。

坐席人员：非常感谢您对供电公司的支持，请问您反映的是什么地方呢？

客　　户：你们会不会为我保密？

坐席人员：为客户保守秘密是我们的基本职责，请您相信我们，好吗？

客　　户：好的。

坐席人员：您能告诉我是谁在偷线，他的具体地址在哪里吗？（详细咨询偷盗电力设施的现场情况，判断产权归属。）

客　　户：在××水库往××方向约 400m 左右，有人正在剪你们的高压电线。

坐席人员：我们会马上派人到现场检查，并且会在 10 天内答复您处理结果。

客　　户：好的。

坐席人员：请问我们能够随时与您联系吗？

（1）客户不愿意我们再进行联系时，参考话述为：

坐席人员：非常感谢您对我们工作的支持，我们会马上派人到现场检查。

（2）客户不愿意我们联系，但他会再次打电话过来询问结果时，参考话述为：

坐席人员：非常感谢您对我们工作的支持，我们会马上派人到现场检查，希望能再次听见您的声音，我们会及时将处理结果告知您。

（3）客户愿意我们主动联系他时，参考话述为：

坐席人员：请问您打进来的电话号码 139××××××××，可以随时与您联系吗？

客　　户：是的。

坐席人员：非常感谢您对我们工作的支持，请您保持电话畅通，我们会马上派人到现场检查。

客　　户：好的。

坐席人员：请问您还有其他问题需要咨询吗？

客　　户：没有了。

坐席人员：感谢您拨打 95598，请不要挂机，请对我的服务进行评价，再见！

**破坏、盗窃电力设施举报回答要点：**由于电能产销一次完成的特殊性，电力设施一旦遭到破坏和盗窃，影响的不仅仅是电网安全运行和电力企业利益，更严重的是给国民经济发展和广大人民群众生活带来不可估量的损失，95598 坐席人员在受理此类举报时，应详细询问被破坏、盗窃电力设施的地点，现场状况、发生时间、是否有目击者，并立即通知公司保安部门现场处理。

**三、建议类电话典型案例**

95598 坐席人员首先应向客户表示感谢，感谢客户对我们工作的支持，再根据专业知识和相关规定、政策，对客户的建议、表扬、批评进行分析判断并作出相应的答复。当客户的建议与现行规定、政策相悖时要详细向客户解释，寻求客户的理解和支持，当客户所提建议具有可行性，能够被采纳时，可告知客户我们会将您的宝贵建议及时向相关部门及领导反映的，必要时将采纳情况反馈给客户。

**案例 1：电网建设建议——废弃用电设施拆除**

坐席人员：您好，请问有什么可以帮您？

客　　户：我反映个事情，在××小区二期的草地上有一废弃的配电柜及电线杆，不光影响美观也存在安全隐患，我建议供电部门将其拆除。

坐席人员：感谢您的建议，请问您如何判断是废弃的用电设施呢？

客　　户：那个电线杆光秃秃的只有几根很短的断线，配电柜也已经很残旧，设备锈迹斑斑，其实在给你们打电话前，我找过绿化委员会、城管办，人家都说只有供电公司才能拆。

坐席人员：请问您贵姓？

客　　户：我姓李。

坐席人员：李先生，您反映的这个情况我已经详细记录了，会尽快安排相关部门到现场检查并及时答复您，请问打过来的电话号码 139××××××××，可以随时与您联系吗？

客　　户：可以。

坐席人员：请问您还有其他问题需要咨询吗？

客　　户：没有了。

坐席人员：感谢您拨打 95598，请不要挂机，请对我的服务进行评价，再见！

**案例 2：服务质量建议——银电联网收费**

坐席人员：您好，请问有什么可以帮您？

客　　户：您好，昨天我去××银行交电费，排了很长时间的队，等轮到我时又被告知网络有故障，现金交电费无法办理。我建议你们供电公司加强与××银行的沟通，完善网络系统，对我们客户负责。

坐席人员：感谢您的建议，请问您现在把电费交清了吗？

客　　户：我第二天才交清电费。

坐席人员：请问您贵姓？

客　　户：我姓李。

坐席人员：李先生，您反映的交费联网问题我已经做了登记，我们会及时转到相关部门进行处理。另外，为了方便您以后交费，您还可以选择我们网上缴费、自助终端缴费、委托银行代扣电费等多种交费方式。

客　　户：我明白了，但是你们的网络问题一定要解决好。

坐席人员：李先生，非常感谢您对我们工作的支持，请您放心，我们会尽快安排处理，请问您还有其他问题需要咨询吗？

客　　户：没有了。

坐席人员：感谢您拨打 95598，请不要挂机，请对我的服务进行评价，再见！

**客户建议回答要点：**对于客户的建议，首先向客户表示感谢，再根据客户的建议内容进行解释说明，并对客户的合理建议进行登记上报。对于电网建设类建议，应了解客户反映设施的产权责任范围，若属于供电企业产权，则告知客户会派人到现场落实情况，确定整改计划。对于在收费高峰期增设收费窗口的建议，可告知客户营业厅已在收费高峰期适当增加了收费窗口，我们会向有关部门反映，若收费窗口还是偏少，则会根据收费业务量做进一步调整。同时提醒客户可选择银行划拨、电费储蓄、自动刷卡等方式交纳电费。对于停电时间要合理安排的建议，应询问客户具体的停电时间及停电原因，告知客户若属于突发性故障停电，供电企业无法提前预知，但是我们会及时安排抢修的，请客户谅解。若属于计划检修时间安排不合理，譬如在居民用电高峰期经常停电，或一次性停电时间过长，建议供电企业在用电低谷期安排停电检修，并加快检修效率，尽量实施带电检修，减少停电时间。坐席人员应告知客户我们会向有关部门反映，尽量合理安排停电时间和停电次数。

**【思考与练习】**

1. 受理客户投诉电话时，坐席人员应如何引导客户？
2. 客户投诉抄表人员多抄电量时，坐席人员应如何处理？

3. 受理客户窃电举报电话时，坐席人员应如何引导客户？
4. 对于客户的各种不同的建议，坐席人员应如何应对？

## 模块 4　投诉、举报与建议类典型案例分析（ZY3100104004）

【模块描述】本模块介绍投诉、举报与建议类的正反典型案例。通过案例分析，掌握投诉、举报与建议类案例分析的重点内容，提高管理人员的录音质检能力和服务调度能力。

【正文】

在供电企业的日常服务工作中难免会出现差错，关键是如何解决问题。虽然电能在人们的生活中具有不可替代性和高度依赖性，客户即使不满意也仍会继续购买，但是客户会将这种抱怨传递给其他客户，给企业带来负面口碑效应。因此，坐席人员做好客户投诉、举报与建议的处理工作对于供电企业而言具有重要意义。95598 管理人员在监管整个服务过程中，不仅要分析坐席人员的综合能力，还需及时发现服务过程中的薄弱环节，提出整改意见，达到提高服务质量的目的。

### 一、投诉类典型案例分析

1. 正面案例分析

**案例：营业投诉——抄表收费**

某居民客户王先生办理了电费储蓄银行划拨业务，每月直接从银行划拨电费。3 月，王先生无意中发现本月电费突增，经查原来是抄表员多抄电量，造成电费突增，且本月电费已从客户账户中划拨。王先生认为，供电企业在收取电费过程中存在欺诈行为，侵害了消费者的权益，要求赔偿 500 元损失费。

坐席人员接听王先生电话后，通过户号快速查找客户抄表止码，并与王先生核对现场表码，初步判断为抄表员多抄电量。坐席人员立即向客户道歉，并告知客户我们会派人现场核实，在 5 天内答复客户。若客户反映多抄电量属实，我们一定会严肃处理的，并给客户满意的解决方法，请客户放心。

坐席人员挂断电话后，立即将完整的投诉工单下发相关部门处理。调查结果是客户反映属实。坐席人员建议相关抄表员到客户家中当面道歉，并提供多种解决方法供客户选择。最终该投诉事件得到圆满解决。坐席人员回访王先生时，对方表示对本次服务非常满意。

**案例分析：**

（1）判断能力：受理客户投诉后，思路清晰，判断准确，通过与客户核对止码初步判断客户投诉案件的真实性。

（2）业务能力：业务熟练，能在营销系统中迅速查出抄表止码，准确告知客户答复期限，并快速下发工单。在工单的处理过程中，坐席人员对处理人员提出合理化建议，确保投诉事件的有效处理。

（3）主动能力：主动服务意识强，初步判断是抄表员工作失误后，在第一时间向客户道歉，平息客户的怒气，争取客户的理解。

（4）其他方面：依据最终的调查结果，也充分说明抄表人员工作责任心不强，电费核算工作不够细致，需要进一步加强抄核收工作的管理。

2. 反面案例分析

**案例：服务投诉——行风问题投诉**

坐席人员：您好。
客　　户：我要投诉你们的抄表员，他私自加价收费。
坐席人员：你怎么知道他多收钱呢？
客　　户：我家里是单独装的表，你们抄表员按每度电 1 元钱收费。
坐席人员：那你知道他多收钱了，可以不交。
客　　户：他说我们不交的话，会停我家的电的。
坐席人员：那你向他所在的供电所所长反映吧！
客　　户：你什么态度！那你们 95598 是干什么的，你是几号话务员？

坐席人员：那好吧，请问您贵姓？在什么地方？

客　　户：姓王，在××镇××村。

坐席人员：我们会来调查的，请问您还有其他问题需要咨询吗？

客　　户：没有了。

坐席人员：感谢您拨打95598，请不要挂机，请对我的服务进行评价，再见！

**案例分析：**

（1）语言能力：服务用语不规范，首问语错误，且通话过程中出现口语化。

（2）判断能力：受理客户投诉后，思路不清晰，没有意识到问题的严重性，若客户反映属实，则抄表员已违反供电服务“十项承诺”，损害了客户合法权益。

（3）业务能力：业务知识不全面，未主动了解客户投诉事件的详细经过，如乱收费的时间、范围、涉及人员、是否开发票，是否有其他人证和物证等，同时，也未核实客户的电话等关键信息，未主动告知客户我们会在5天内答复客户。当客户情绪激动时，没有平息客户情绪，让客户相信我们会严肃处理的。这通电话不可避免地会给投诉案件的后期处理带来诸多困难。

（4）主动能力：主动服务意识差，存在推诿和质问客户的现象。

## 二、举报类典型案例分析

### 1. 正面案例分析

**案例：行风廉政——谋取私利**

坐席人员：您好，请问有什么可以帮您？

客　　户：我要举报你们的抄表员！1个月前，我家里想装块电表，去找抄表员申请，他让我请他吃饭，还要了两条烟，总共花了500多元，可他现在迟迟不为我安装电表。

坐席人员：您别着急，请问您贵姓？家住什么地方？

客　　户：我姓王，家住××区×××村。

坐席人员：请问您能告诉我抄表员的姓名吗？

客　　户：他叫张××，是××供电所的。

坐席人员：请问您请他吃饭的事情只有你自己清楚吗？

客　　户：不是的，当时还有同村的×××，另外，饭店的老板也可以证明。

坐席人员：非常抱歉，由于我们的服务不周给您带来不便，请您谅解。对于您反映抄表员吃拿卡要的问题，我们会及时通知相关部门调查，10天内答复您。如果情况属实，我们会按规定严肃处理。

客　　户：好的。

坐席人员：关于您申请装表的事件，我们也会了解办理进度，尽快答复您的。请问您打进来的这个电话号码139××××××××，可以随时与您联系吗？

客　　户：是的。

坐席人员：请您保持电话畅通。请问您还有其他问题需要咨询吗？

客　　户：没有了。

坐席人员：感谢您拨打95598，请不要挂机，请对我的服务进行评价，再见！

**案例分析：**

（1）语言能力：服务用语规范，首问语、结束语表述准确，语言简练、流畅。

（2）判断能力：受理客户投诉后，思路清晰，判断准确，通过询问客户事情经过和是否有证据来初步判断客户投诉案件的真实性。

（3）业务能力：业务熟练，认真核对客户关键信息，将整个事件的处理流程及答复时限告知客户，确保举报事件的有效处理。

（4）主动能力：主动服务意识强，初步判断是抄表员工作问题后，在第一时间向客户道歉，平息客户的怒气，争取客户的理解。另外，能抓住客户来电的关键问题，除举报抄表员违规行为外，客户最关注的是家里装表接电。而坐席人员主动告知客户我们会跟踪进度，督办处理，让客户放心。

2. 反面案例分析

**案例：违约窃电——居民举报窃电**

坐席人员：您好，请问有什么可以帮您？

客　　户：我要举报，举报我邻居窃电。

坐席人员：您是如何判断邻居窃电的，能详细说一下情况吗？

客　　户：我看着他家拉了条线。

坐席人员：这条线您能确认是在电表前还是电表后拉的吗？

客　　户：我不懂，反正你们来看看吧。

坐席人员：那请问您的邻居是直接对供电公司交费的客户吗？

客　　户：应该是吧。

坐席人员：您能提供一下您邻居的姓名吗？

客　　户：他叫×××。

坐席人员：经查询，没有此客户的记录，对不起，您必须提供详细的情况，我才能受理。

客　　户：反正我告诉你们了，不来算了，损失也是你们的，再见！（客户挂断电话）。

**案例分析：**

（1）语言能力：语言不专业，存在口语化现象。

（2）业务能力：服务掌控能力差，当客户不认真回答提问时，没有及时判断分析客户来电的意图。客户的回答已经表达出他不耐烦的情绪，坐席人员应快速了解详细地址后再结束通话。另外，应提醒客户举报窃电有奖，告知其奖励办法。

（3）主动能力：主动服务意识较差，没有主动向客户致谢。当没有查到窃电户信息时，拒绝受理，引发客户的不满，造成客户挂断电话，失去窃电信息调查的来源。

## 三、建议类典型案例分析

1. 正面案例分析

**案例：服务质量——轮换电表前通知客户建议**

坐席人员：您好，请问有什么可以帮您？

客　　户：上个星期你们轮换电表，把我们旧表拆走了，我都不知道旧表走到多少度了。

坐席人员：您别着急，请问您的户号是多少？

客　　户：0000××××××。

坐席人员：0000××××××，我帮您查询一下，稍候可能会没有声音，请不要挂机。

客　　户：好的。

坐席人员：感谢您的耐心等待。请问是家住×××的×××客户吗？

客　　户：是的。

坐席人员：您的旧表止码是000568。

客　　户：好的。我有个建议，你们换电表前能不能在居民小区内张贴公告，好让我们提前核对电表底数。

坐席人员：您今天向我们提的建议非常好，我已经做了登记，会及时转到相关部门进行处理。

客　　户：好的。

坐席人员：我们会将建议采纳情况进行回复，请问您打进来的这个电话号码139××××××××，可以随时与您联系吗？

客　　户：是的。

坐席人员：请您保持电话畅通。请问您还有其他问题需要咨询吗？

客　　户：没有了。

坐席人员：感谢您拨打95598，请不要挂机，请对我的服务进行评价，再见！

**案例分析：**

（1）语言能力：服务用语规范，首问语、结束语表述准确，语言简练、流畅。

（2）判断能力：能准确判断客户所提出建议具有合理性和可操作性。

（3）业务能力：业务熟练，能在营销系统中迅速查出客户旧表止码，对客户的建议快速下发工单，并告之客户会答复采纳情况。

2. 反面案例分析

**案例：服务质量——交纳电费**

坐席人员：您好，请问有什么可以帮您？

客　　户：我反映点儿事情，现在农村实行银行储蓄交电费很不方便，我建议取消。

坐席人员：请问您是哪里的客户？

客　　户：我是××区×××村的。

坐席人员：农村实行邮储划拨电费本身就是为了方便客户，怎么不方便了？

客　　户：我们去交费，邮储要求我们必须存200元钱，不存，就不收，我们还是希望向原来一样向供电所交费。

坐席人员：那你们就多存些钱呗，方便自己，不用每月都想着交电费了。

客　　户：我们平时用电一个月就20多元，存这么多钱干吗？

坐席人员：那他们的要求我们供电公司也管不了，您的建议我们不能接受，请问您还有其他问题咨询吗？

客　　户：没有了

坐席人员：好的，感谢您拨打95598，再见！

**案例分析：**

（1）语言能力：服务用语不规范，结束语没有引导客户进行服务评价。

（2）业务能力：业务知识不全面，当客户银行储蓄交费存在质疑时，应主动告知客户该交费方式的便利性。若客户还是无法接受，也可以主动向客户介绍其他新型交费方式。对于邮政部门强制性规定存款额度的问题，95598应及时登记并转给电费管理中心等相关部门处理，再答复客户处理结果。

（3）主动能力：缺少主动服务意识，供电公司委托银行收取电费，有义务协调客户与银行之间发生的交费问题。客户反映后，应积极主动的询问记录，并转发相关部门与银行协商处理，坐席人员未真正从方便客户的角度着想，而不是一味的敷衍推诿，造成服务失效，很容易引发客户投诉。

**【思考与练习】**

1. 95598管理人员开展投诉类案例分析的流程是什么？

2. 请根据实际的投诉、举报与建议电话录音按照案例分析步骤查找存在的问题。

## 模块5　投诉、举报与建议数据统计分析（ZY3100104005）

**【模块描述】**本模块介绍投诉、举报与建议数据统计和分析方法。通过列表说明和案例介绍，掌握投诉、举报与建议业务类型和绩效指标数据的统计及分析办法。

**【正文】**

客户的投诉、举报与建议都是针对我们的产品或服务中的某一个具体问题提出的，这就为企业提供了市场反馈的信息，通过客户的投诉、举报与建议可以帮助企业找出问题的症结和改进的方向，消除客户的抱怨，产品和服务工作也就得到了改进和提高。所以客户的投诉、举报与建议可以帮助企业迅速转换经营思路，改进服务、节约成本。

### 一、投诉、举报与建议数据的统计

投诉、举报与建议数据统计可以按照业务类型和绩效指标等方式分别进行统计。

（一）投诉类数据统计

1. 投诉业务类型统计

根据客户投诉的内容，依据国家电网公司统一分类标准，投诉类电话服务可分为服务行为、服务渠道、行风问题、业扩工程、装表接电、用电检查、抄表催费、电价电费、电能计量、停电问题、抢修质量、供电质量、其他方面的投诉，可通过统计表的方式对投诉受理及处理情况进行统计与对比，如表ZY3100104005-1所示，为××供电公司95598投诉业务受理情况统计表，供大家参考。

**表ZY3100104005-1　　××供电公司95598投诉业务受理情况统计表**

填报单位：　　　　　　　　　　　　　　　　　　　统计期限：　年　月　日至　年　月　日

| 序号 | 业务分类 | | 有效投诉 | | | | | | | 无效投诉 |
|---|---|---|---|---|---|---|---|---|---|---|
| | | | 受理总数 | 完成数量 | 未完成数 | 按时完成数 | 本年累计受理数 | 同期数 | 同比增长（%） | |
| 一 | 服务投诉 | 服务行为 | | | | | | | | |
| | | 服务渠道 | | | | | | | | |
| | | 行风问题 | | | | | | | | |
| 二 | 营业投诉 | 业扩工程 | | | | | | | | |
| | | 装表接电 | | | | | | | | |
| | | 用电检查 | | | | | | | | |
| | | 抄表催费 | | | | | | | | |
| | | 电价电费 | | | | | | | | |
| | | 电能计量 | | | | | | | | |
| 三 | 现场投诉 | 停电问题 | | | | | | | | |
| | | 抢修质量 | | | | | | | | |
| 四 | 供电质量 | | | | | | | | | |
| 五 | 其他投诉 | | | | | | | | | |
| 合计 | | | | | | | | | | |

审核人：　　　　　　　　　填表人：　　　　　　　　　填表日期：　年　月　日

统计表中定义了有效投诉与无效投诉，其中无效投诉的范畴是指客户反映问题不属实；关于服务行为方面的投诉，投诉者本人要求撤诉；客户所投诉的问题，供电单位已严格按相关政策法规规定执行；客户投诉所涉及的问题现无相关的政策法规规定；责任主体非供电企业的投诉；客户提供信息不准确、不完整且未留下有效联系方式的投诉；其他有争议的经省公司审评定为无效的投诉。除无效投诉均为有效投诉。

2. 投诉绩效指标的统计

为了解投诉类业务的服务水平，95598管理人员可以定期从95598绩效指标中抽取与投诉类相关联的指标进行统计。如表ZY3100104005-2所示，为××供电公司95598投诉绩效指标统计表，供大家参考。

**表ZY3100104005-2　　××供电公司95598投诉绩效指标统计表**

填报单位：　　　　　　　　　　　　　　　　　　　统计期限：　年　月　日至　年　月　日

| 序号 | KPI指标 | 绩效目标参考值 | 重大投诉 | | 重要投诉 | | 一般投诉 | | 合计 | |
|---|---|---|---|---|---|---|---|---|---|---|
| | | | 本期 | 同期 | 本期 | 同期 | 本期 | 同期 | 本期 | 同期 |
| 1 | 受理总数 | — | | | | | | | | |
| 2 | 受理工单正确率 | ≥99% | | | | | | | | |
| 3 | 致命错误率 | ≤2% | | | | | | | | |
| 4 | 非致命错误率 | ≤10% | | | | | | | | |
| 5 | 有效投诉次数 | — | | | | | | | | |
| 6 | 工单处理及时率 | 100% | | | | | | | | |

续表

| 序号 | KPI 指标 | 绩效目标参考值 | 重大投诉 | | 重要投诉 | | 一般投诉 | | 合　计 | |
|---|---|---|---|---|---|---|---|---|---|---|
| | | | 本期 | 同期 | 本期 | 同期 | 本期 | 同期 | 本期 | 同期 |
| 7 | 客户回访率 | 100% | | | | | | | | |
| 8 | 客户满意率 | ≥80% | | | | | | | | |
| | …… | | | | | | | | | |

审核人：　　　　　　　　　　填表人：　　　　　　　　　　填表日期：　　年　月　日

（二）举报类数据统计

1. 举报业务类型统计

根据客户举报的内容，依据国家电网公司统一分类标准，举报类电话服务可分为行风廉政、违章窃电、违约用电、破坏电力设施、盗窃电力设施、其他方面的举报，可通过统计表的方式对举报受理及处理情况进行统计与对比，如表 ZY3100104005-3 所示，为××供电公司 95598 举报业务受理情况统计表，供大家参考。

**表 ZY3100104005-3　　　　××供电公司 95598 举报业务受理情况统计表**

填报单位：　　　　　　　　　　　　　　　　统计期限：　　年　月　日至　　年　月　日

| 序号 | 业务分类 | 有效举报 | | | | | | | 无效举报 | 备注 |
|---|---|---|---|---|---|---|---|---|---|---|
| | | 受理总数 | 完成数量 | 未完成数 | 按时完成数 | 本年累计受理数 | 同期数 | 同比增长（%） | | |
| 1 | 行风廉政 | | | | | | | | | |
| 2 | 违章窃电 | | | | | | | | | |
| 3 | 违约用电 | | | | | | | | | |
| 4 | 破坏电力设施 | | | | | | | | | |
| 5 | 盗窃电力设施 | | | | | | | | | |
| 6 | 其他举报 | | | | | | | | | |
| 合　计 | | | | | | | | | | |

审核人：　　　　　　　　　　填表人：　　　　　　　　　　填表日期：　　年　月　日

2. 举报绩效指标的统计

为了解举报类业务的服务水平，95598 管理人员可以定期从 95598 绩效指标中抽取与举报类相关联的指标进行统计。如表 ZY3100104005-4 所示，为××供电公司 95598 举报绩效指标统计表，供大家参考。

**表 ZY3100104005-4　　　　××供电公司 95598 举报绩效指标统计表**

填报单位：　　　　　　　　　　　　　　　　统计期限：　　年　月　日至　　年　月　日

| 序号 | KPI 指标 | 绩效目标参考值 | 本期完成值 | 同期完成值 | 本年累计完成值 | 同期累计完成值 | 备注 |
|---|---|---|---|---|---|---|---|
| 1 | 受理总数 | — | | | | | |
| 2 | 受理工单正确率 | ≥99% | | | | | |
| 3 | 致命错误率 | ≤2% | | | | | |
| 4 | 非致命错误率 | ≤10% | | | | | |
| 5 | 有效举报次数 | — | | | | | |
| 6 | 工单处理及时率 | 100% | | | | | |
| 7 | 客户回访率 | 100% | | | | | |
| 8 | 客户满意率 | ≥85% | | | | | |
| | …… | | | | | | |

（三）建议数据统计

1. 投诉类业务受理情况的统计

根据客户建议的内容，依据国家电网公司统一分类标准，建议类电话服务可分为电网建设建议、服务质量建议、优质服务表扬、行风建设表扬、用户批评、其他方面的建议，可通过统计表的方式对举报受理及处理情况进行统计与对比，如表 ZY3100104005-5 所示，供大家参考。

**表 ZY3100104005-5　　95598 投诉类业务受理情况统计表**

填报单位：　　　　　　　　　　　　　　统计期限：　　年　月　日至　　年　月　日

| 序号 | 业务分类 | 受理总数 | 完成数量 | 未完成数 | 按时完成数 | 本年累计受理数 | 同期数 | 同比增长（%） | 备注 |
|---|---|---|---|---|---|---|---|---|---|
| 1 | 电网建设建议 | | | | | | | | |
| 2 | 服务质量建议 | | | | | | | | |
| 3 | 优质服务表扬 | | | | | | | | |
| 4 | 行风建设表扬 | | | | | | | | |
| 5 | 用户批评 | | | | | | | | |
| 6 | 其　他 | | | | | | | | |
| 合　计 | | | | | | | | | |

审核人：　　　　　　　　　　填表人：　　　　　　　　　　填表日期：　　年　月　日

2. 建议绩效指标的统计

为了解建议类业务的服务水平，95598 管理人员可以定期从 95598 绩效指标中抽取与建议类相关联的指标进行统计。如表 ZY3100104005-6 所示，为××供电公司 95598 建议绩效指标统计表，供大家参考。

**表 ZY3100104005-6　　××供电公司 95598 建议绩效指标统计表**

填报单位：　　　　　　　　　　　　　　统计期限：　　年　月　日至　　年　月　日

| 序号 | KPI 指标 | 绩效目标参考值 | 本期完成值 | 同期完成值 | 本年累计完成值 | 同期累计完成值 | 备注 |
|---|---|---|---|---|---|---|---|
| 1 | 受理总数 | — | | | | | |
| 2 | 受理工单正确率 | ≥99% | | | | | |
| 3 | 致命错误率 | ≤2% | | | | | |
| 4 | 非致命错误率 | ≤10% | | | | | |
| 5 | 有效建议次数 | — | | | | | |
| 6 | 工单处理及时率 | 100% | | | | | |
| 7 | 客户回访率 | 100% | | | | | |
| 8 | 客户满意率 | ≥85% | | | | | |
| | …… | | | | | | |

## 二、投诉、举报与建议数据的分析

95598 需要定期对各种类型的投诉、举报与建议受理总数、处理情况、同期比值进行统计分析，分析业务数量变化的原因，可用柱状图、饼图、趋势曲线来展现，梳理供电公司内部流程及工作中存在的管理漏洞，及时反馈到企业领导层及各个相关部门，充分发挥 95598 对外服务、对内监督的作用，以促进企业各项服务工作的持续改善。领导管理层及相关部门根据 95598 提供的数据分析，及时了解客户需求、意见、建议和市场动态，结合公司经营管理和客户服务方面存在的问题，对各相关部门的工作有效监督，降低经营管理风险，同时促进公司提高经营管理和服务水平。

如图 ZY3100104005-1 所示，为××供电公司 95598 投诉分类统计图。

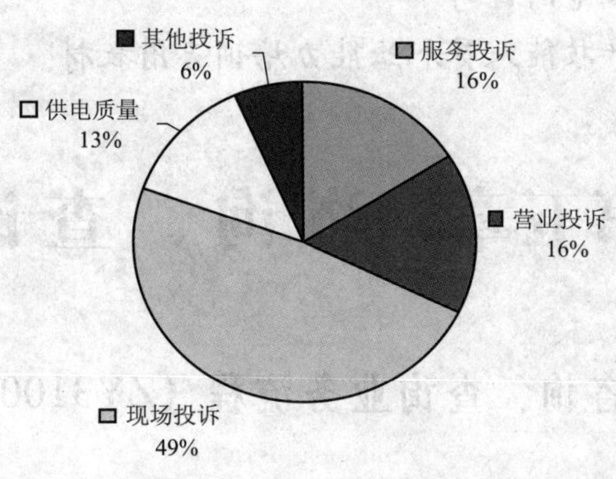


图 ZY3100104005-1　××供电公司 95598 投诉分类统计图

从图 ZY3101001005-1 中可以发现，该供电企业 8 月投诉类业务现场投诉所占比例最高。经分析，现场投诉中以停电方面的投诉为主，其中抄表员不给客户说明停电的原因，造成客户误解，成为投诉的主要原因。另外，城区内雷雨天气里引发的线路故障较为严重，停电面积较大及停电时间过长造成客户严重不满，引发投诉较多；营业方面的投诉主要表现在居民客户的用电存在抄表失误、结清欠费恢复供电的时间过长、业扩报装工作进度缓慢等方面。服务行为主要是银行代收电费的工作人员服务态度方面的投诉。供电质量的投诉主要表现为因电能质量劣化导致电压升高，造成客户无法正常用电或家用电器烧坏。通过对图中的业务数据的分析，95598 除与业务相关部门进行沟通外，还应依据有关规定对企业内部违反工作要求的部门提出考核意见，比如结清欠费恢复供电的时间过长，一方面要求工作人员严格按照催费流程开展停电工作，以免造成客户不满。一方面对未按照工作规定开展工作而造成客户投诉的要提出考核建议。

【思考与练习】

1. 请分别说明投诉、举报与建议类数据统计的业务类型各包括哪些？
2. 客户的投诉、举报与建议对企业有什么帮助？

# 第五章　咨询、查询

## 模块 1　咨询、查询业务流程（ZY3100404001）

【模块描述】本模块介绍咨询、查询的业务范围、业务流程及要求。通过流程介绍和要点归纳，掌握咨询、查询业务受理的流程及规则。

【正文】

随着供电服务热线 95598 知晓率不断提升，95598 话务量也逐年递增。而在用电客户的呼入电话中，咨询、查询类电话占有较大的比重，因此，咨询、查询类业务流程是否畅通高效地运转，将直接影响到 95598 的整体服务质量。

### 一、业务咨询

1. 业务咨询描述

通过电话、网络等方式，受理客户的业务咨询服务申请，以电力知识库和公共信息为业务支撑，为客户提供计量装置、停电信息、用电业务、收费标准、电价电费、法律法规、公司文件、服务规范、企业信息、用电常识、用电技术、专业咨询、用电市场、能效管理和其他电力信息的业务咨询服务。

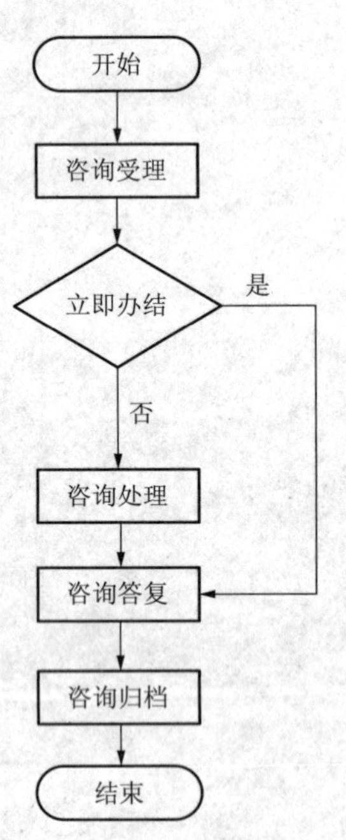


图 ZY3100404001-1　业务咨询流程图

2. 业务咨询流程

如图 ZY3100404001-1 所示，为业务咨询流程图。

3. 业务咨询的流程要求

（1）咨询受理：

1）受理客户的业务咨询服务请求。

2）95598 应派专人负责电力知识库的收集整理工作，确保知识库信息准确完整和实时更新，为客户提供准确的业务咨询服务。

3）95598 做好交接班工作，使接班人员了解当天的停电信息、焦点问题、突发事件等。

4）坐席人员提供咨询服务时，应使用规范化服务用语，合理运用电话服务技巧，引导客户说出关键内容，快速准确地判断客户的咨询重点。

（2）咨询处理：

1）对于能够直接答复客户的业务咨询，坐席人员应借助营销系统和相关电力知识立即答复客户。

2）对于不能直接答复客户的业务咨询，坐席人员应准确判断业务咨询类型，快速填写《业务咨询单》，并按营业区域、咨询类型和内容下发工单。

3）相关部门或专家坐席在规定的时限内对咨询工单进行处理，及时在工单中录入咨询处理信息，并将答复结果反馈 95598。

4）95598 应对不能直接答复客户的咨询工单处理时限进行跟踪、督办。

（3）咨询答复：

1）95598 接到回复工单后，坐席人员应在规定时限内答复客户业务咨询结果。建议在一般情况下，从受理之日起 2 个工作日内答复客户。

2）对于客户咨询的较复杂问题，可由相关部门或专家坐席直接答复客户。

3）答复客户咨询结果后，坐席人员对客户进行满意度调查，了解客户对本次服务的满意程度。因客户原因造成不满，坐席人员应做好解释工作。因供电方责任造成不满，坐席人员应继续按规定重新处理咨询工单，直至客户满意为止。

4）对于具有代表性的典型业务咨询问题及答案，由95598管理人员及时补充完善至电力知识库中。

（4）咨询归档：

1）坐席人员检查《业务咨询单》的完整性和正确性，将《业务咨询单》、电话录音、客户满意度调查结果及其他相关信息按处理时间和业务流程统一建档保存。电话录音包括客户来电、工作联系和答复客户的相关录音文件。

2）建议《业务咨询单》、录音文件及相关信息保存时间为1年及以上，以便今后工作人员和用电客户进行查询。

**二、信息查询**

1. 信息查询描述

通过电话、网络等方式，受理客户的信息查询服务申请，以营销信息系统、电力知识库和公共信息为业务支撑，为客户提供客户档案、电价电费、计量装置、在办流程、供用电合同和其他电力信息查询服务。

2. 信息查询流程

如图ZY3100404001-2所示，为信息查询流程图。

3. 信息查询的流程要求

（1）查询受理：

1）受理客户的信息查询服务请求。

2）95598应派专人负责电力知识库的收集整理工作，知识库信息准确完整和实时更新，并确保营销信息系统正常运行，为客户提供准确的信息查询服务。

3）坐席人员应熟练掌握各类信息的查询方法，并做好交接班工作，使接班人员了解当天的停电信息。

4）坐席人员提供查询服务时，应使用规范化服务用语，合理运用电话服务技巧，引导客户说出关键内容，快速准确地判断客户所需要查询的信息。

5）95598客户服务自动语音系统或95598客户服务网站提供查询服务时，应根据客户提供的户号、密码、申请号或有效证件等进行身份识别，客户身份验证通过后自动向客户提供信息查询服务。

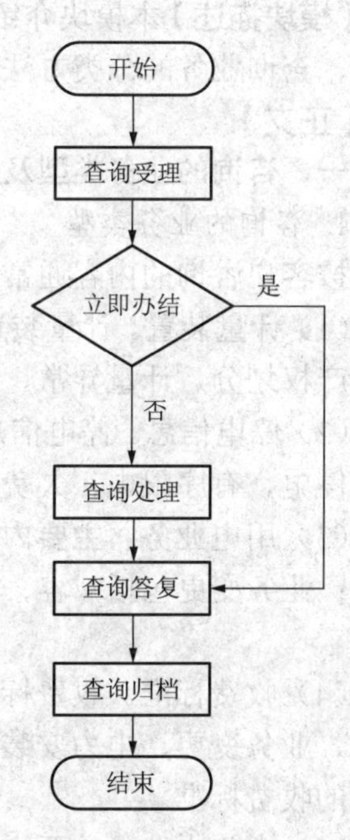


图ZY3100404001-2　信息查询流程图

（2）查询处理：

1）对于能够直接答复客户的信息查询，坐席人员应借助营销信息系统和相关电力知识立即答复客户。

2）对于不能直接答复客户的信息查询，譬如业扩报装的进程、签订的合同具体条款、换表工单查询、抄表止码的现场核对等，坐席人员应准确判断信息查询类型，快速填写《信息查询单》，并按营业区域、查询类型和内容下发工单。

3）相关单位、部门在规定的时限内对查询工单进行处理，及时在工单中输入查询信息，并将查询结果反馈给95598。

4）95598应对不能直接答复客户的查询工单处理时限进行跟踪、督办。

（3）查询答复：

1）95598接到回复工单后，坐席人员应在规定时限内答复客户信息查询结果。建议在一般情况下，从受理之日起2个工作日内答复客户。

2）答复客户查询信息结果后，坐席人员对客户进行满意度调查，了解客户对本次服务的满意程度。

因客户原因造成不满，坐席人员应做好解释工作。因供电方责任造成不满，坐席人员应继续按规定重新处理查询工单，直至客户满意。

（4）查询归档：

1）坐席人员检查《信息查询单》的完整性和正确性，将《信息查询单》、电话录音、客户满意度调查结果及其他相关信息按处理时间和业务流程统一建档保存。

2）建议《信息查询单》、录音文件及相关信息保存时间为1年及以上，以便今后工作人员和用电客户进行查询。

**【思考与练习】**

1. 什么是业务咨询？
2. 什么是信息查询？
3. 请绘制出业务咨询的流程图，并对各个节点进行简单描述。
4. 请绘制出信息查询的流程图，并对各个节点进行简单描述。

# 模块2　咨询、查询业务分类及工单填写标准（ZY3100404002）

**【模块描述】**本模块介绍咨询、查询业务的分类及工单填写标准。通过要点归纳和案例介绍，掌握咨询、查询业务的分类方法和工单填写流程及内容。

**【正文】**

## 一、咨询的业务类型及工单填写标准

### 1. 咨询的业务类型

按客户咨询的内容通常可以分为以下类型：

（1）计量装置。计量装置是指所有涉及电能计量装置的信息。主要内容包括计量方式、计量配备、计量产权划分、计量异常、计量被盗、计量故障处理、计量校验、计量轮换等。

（2）停电信息。停电信息是指所有涉及用电客户停电的信息。主要内容包括计划检修、临时检修、故障停电、有序限电、欠费停电、违约停电和窃电停电等停电信息。

（3）用电业务。主要内容包括业扩报装、业务变更、欠费复电及其他业务。业扩报装包括新装和增容；业务变更包括减容、暂停、暂换、迁址、移表、暂拆、更名或过户、分户、并户、销户、改压、改类。

（4）收费标准。收费标准是指供电企业为用电客户提供有偿服务的收费标准。主要内容包括业扩报装、业务变更、电力安装维护、电能计量装置检定与校试、电力设备检修与调试、电网调度通信等项目的收费标准。

（5）电价电费。主要内容包括电价政策、电价分类、电价执行范围、销售电价表、交费方式、电费计算方法、交费期限等。

（6）法律法规。主要内容包括《中华人民共和国电力法》、《电力供应与使用条例》、《电力设施保护条例》、《供电营业规则》、《居民用户家用电器损坏处理办法》、《电力监管条例》、《供电服务监管办法》等国家、地方政府部门颁布的电力法律法规。

（7）公司文件。公司文件是指供电企业能够对外发布的相关电力服务政策和文件内容。主要内容包括营销类、生产类和综合类。

（8）服务规范。服务规范是指国家电网公司为提升服务品牌，勇于接受社会各界监督而对外发布的各类服务规范，主要内容包括《供电服务规范》、员工服务“十个不准”、“三公”调度“十项措施”、供电服务“十项承诺”、城市和农村供电营业规范化服务窗口标准等内容。

（9）企业信息。企业信息是指供电企业为促进社会的和谐稳定发展，提升服务品质而开展了一系列新项目、新活动的相关信息。供电企业对这些电力资讯进行正面的报导和发布，可以让客户及时掌握供电企业的最新动态，增强对企业的认知度，有效提升企业优良形象。主要内容包括营销类、生产类和综合类。

（10）用电常识。主要内容包括客户依法用电、安全用电、节约用电等基本常识。

（11）用电技术。用电技术是指推广高端、节能用电技术的咨询。主要内容包括蓄热式电锅炉、蓄冷式空调、低谷用电的效益分析等。

（12）专业咨询。专业咨询是指专业性较强的用电咨询。主要内容包括供电方式、供电质量、经济运行、负荷分布、带电作业、安全距离、用电设备选型、变压器损耗、导线截面选择等。

（13）用电市场。用电市场是指开拓电力市场，推广电能运用等相关咨询。主要内容包括电力成本分析、电力市场扩充。

（14）能效管理。能效管理是指电能有效、合理地运用以及与其他能源的对比分析等相关咨询。主要内容包括能源能效对比、经济效益分析。

（15）其他咨询。是指以上分类中没有涵盖的其他咨询。主要内容包括供电企业服务范围、服务方式等。

2. 咨询工单填写标准

坐席人员填写《业务咨询单》时，应确保工单内容的完整性和正确性，将《业务咨询单》、电话录音、客户满意度调查结果及其他相关信息按处理时间和业务流程统一建档保存。信息完整的《业务咨询单》主要包括以下内容：

（1）咨询工单受理信息。咨询受理信息包括客户呼叫方式、工单编号、所属供电企业、户号、户名、用电地址、联系人、联系地址、联系电话、业务类别、咨询内容、受理人员和受理时间。客户来电录音与该咨询单之间建立关联。

（2）咨询工单处理信息。咨询处理信息包括处理部门、处理人员、接单时间、处理状态及步骤、处理结果和回单时间。客户来电催办录音、工作联系录音、工单督办录音与该咨询单的对应流程建立关联。

（3）咨询工单答复信息。咨询答复信息包括答复人员信息、答复方式、答复时间、答复内容、客户满意程度，答复客户录音与该咨询单之间建立关联。

如表 ZY3100404002-1 所示，为××供电公司 95598 业务咨询工单填写样本，供大家参考。

**表 ZY3100404002-1　　××供电公司 95598 业务咨询工单填写样本**

| 工单编号 | 20000922 | 呼叫方式 | 电　话 | 所属公司 | ××公司 |
|---|---|---|---|---|---|
| 户　号 | 0000123566 | 户　名 | 王晓波 | 业务类别 | 电价电费 |
| 联系人 | 王晓波 | 联系电话 | 8123456 | 紧急程度 | 一　般 |
| 联系地址 | ××市江津路一医宿舍 | | | 回复方式 | 当场答复 |
| 受理人员 | 李　红 | 受理时间 | 2009-7-20　09:15:18 | 是否有效 | 有　效 |
| 营销业务受理内容 | 客户咨询居民电价及交费方式 | | | 是否归组 | 否 |
| 工单处理: | | | | | |
| 处理步骤 | 处 理 意 见 | 处理时间 | 处理部门 | 处理人员 | 录　音 |
| 受　理 | 已告知客户居民电价的执行标准及常用的交费方式，并提醒客户按时缴费。客户表示满意 | 2009-7-20　09:15:18 | 95598 | 李　红 | 播　放 |

## 二、查询的业务类型及工单填写标准

1. 查询的业务类型

按客户查询的内容通常可以分为以下类型：

（1）客户档案。主要内容包括户号、户名、用电性质、用电容量、抄表时间、线路名称、台区编号等。

（2）电价电费。主要内容包括电价执行标准、电量电费、起止码、电费计算方法、交费方式、交费时间、预存电费账户余额、欠费金额、电费滞纳金等。

（3）计量装置。主要内容包括计量方式、计量配备、计量轮换、计量编号等。

（4）在办流程。主要内容包括业扩报装、业务变更、欠费复电及其他业务在办流程。

（5）供用电合同。主要内容包括供用电合同内容、签署时间、修订内容、修订时间、签署人员等。

（6）其他查询。主要内容包括供电企业营业网址、营业时间等。

2. 查询工单填写标准

坐席人员填写《信息查询单》时，应确保工单内容的完整性和正确性，将《信息查询单》、电话录音、客户满意度调查结果及其他相关信息按处理时间和业务流程统一建档保存。信息完整的《信息查询单》主要包括以下内容：

（1）查询工单受理信息。查询受理信息包括客户呼叫方式、工单编号、所属供电企业、户号、户名、用电地址、联系人、联系地址、联系电话、业务类别、查询内容、受理人员和受理时间。客户来电录音与该查询单之间建立关联。

（2）查询工单处理信息。查询处理信息包括处理部门、处理人员、接单时间、处理状态及步骤、处理结果和回单时间。客户来电催办录音、工作联系录音、工单督办录音与该查询单的对应流程建立关联。

（3）查询工单答复信息。查询答复信息包括答复人员信息、答复方式、答复时间、答复内容、客户满意程度。答复客户录音与该查询单之间建立关联。

如表 ZY3100404002-2 所示，为××供电公司 95598 信息查询工单填写样本，供大家参考。

**表 ZY3100404002-2　　××供电公司 95598 信息查询工单填写样本**

| 工单编号 | 20000867 | 呼叫方式 | 电 话 | 所属公司 | ××公司 |
|---|---|---|---|---|---|
| 户 号 | — | 户 名 | 陈 军 | 业务类别 | 在办流程 |
| 联系人 | 陈 军 | 联系电话 | 8123456 | 紧急程度 | 一 般 |
| 联系地址 | ××市五一路汽车修配厂 | | | 回复方式 | 电 话 |
| 受理人员 | 李 红 | 受理时间 | 2009-7-20 09:22:57 | 是否有效 | 有 效 |
| 营销业务受理内容 | 客户昨天下午到××营业厅申请安装电表，现查询办理进度 | | | 是否归组 | 否 |
| 工单处理： | | | | | |
| 处理步骤 | 处 理 意 见 | 处理时间 | 处理部门 | 处理人员 | 录 音 |
| 受 理 | 下发到××公司处理 | 2009-7-20 09:22:57 | 95598 | 李 红 | 播 放 |
| 接单确认 | 接单确认 | 2009-7-20 09:24:13 | ××公司 95598 工作站 | 张 丽 | |
| 服务处理 | 联系××营业厅经理王红，告知今天上午已派人现场勘察，勘察结束后会与客户电话联系 | 2009-7-20 09:35:37 | ××公司 95598 工作站 | 张 丽 | 播 放 |
| 答复客户 | 已告知客户办理装表业务的进展情况，请客户耐心等待，我们会主动与客户电话联系。客户对本次服务非常满意 | 2009-7-20 09:40:25 | 95598 | 李 红 | 播 放 |

【思考与练习】

1. 如何对客户的业务咨询进行分类？
2. 如何对客户的信息查询进行分类？
3.《业务咨询单》填写标准包括哪些内容？
4.《信息查询单》填写标准包括哪些内容？

# 模块 3　咨询、查询类典型案例（ZY3100404003）

【模块描述】本模块介绍咨询、查询类的典型案例及电话模拟服务回答要点。通过案例中规范的用语及专业电力知识的介绍，掌握咨询、查询类的服务通话技巧及答复顺序，提高坐席人员的通话能力及沟通技巧。

【正文】

供电服务热线 95598 在为客户提供电话服务的过程中，有 90%以上的客户来电是属于咨询、查询类别业务。为保证 95598 服务质量，坐席人员应具备服务的敏锐力、事务的判断力和综合的业务能力，确保能在较短的时间内判断出客户来电的真实意图，快速地为客户查找相关资料，并准确地答复客户。

## 一、咨询类典型案例

对于客户咨询类电话，坐席人员应首先了解客户的来电意图，判断客户着重需要了解哪些方面的电力知识点，再根据客户的需求准确答复客户。对于客户关心的业务办理流程、收费标准、办理时限等内容，要积极主动地为客户进行详细说明。对于专业性较强的业务咨询，如专变客户电费计算等，坐席人员应在讲解完毕后确认客户是否理解。若客户表示不明白，坐席人员应继续耐心细致地给予解答。若电话沟通确有困难，必要时坐席人员可以建议客户选择传真方式或请客户到营业厅开展面对面服务。对不能当即答复的咨询，应向客户致歉，并留下联系电话，经研究或请示领导后尽快答复。

**案例 1：用电业务——居民用电报装咨询**

坐席人员：您好，请问有什么可以帮您？

客　　户：我想装块电表，应该怎么办理？

坐席人员：请问您是自己家里用电吗？

客　　户：家里装。

（1）判断可以装表时，参考话述为：

坐席人员：请问您的用电地址在哪里？周围有没有客户已经报装过电表？（对是否符合装表条件做初步判断）

客　　户：××花园，别人都是在供电所装的电表。

坐席人员：您需要准备户主的身份证、房产证复印件等资料，95598 登记受理后，工作人员会在 3 个工作日内到现场勘察并提出供电方案。如果您符合装表条件，我们会通知您交纳装表费用，3 个工作日内为您装表接电。

客　　户：我不知道该装多大的电表。

坐席人员：安装电表的大小需要根据您家里电器的负荷情况来决定。单相 5（20）A 电表可以带 4.4kW，单相 10（40）A 电表带 8.8kW，三相 5（20）A 电表带 13.2kW，请问您家里的电器多不多？

客　　户：常用的电器都有，冰箱、空调什么的，大概有 6kW 的负荷。

坐席人员：我建议您安装单相 10（40）A 的电表，报装价格是×××元，或者安装三相 5（20）A 的电表，价格是×××元，这是不含空气开关的费用。（对于物价部门没有统一确定报装价格的供电企业，坐席人员可以告知客户报装价格需要现场勘察后列出预算才能确定。）

客　　户：那我就装单相 40A 的，空气开关还要另外收费吗？

坐席人员：是的，空气开关您可以自行购买安装，也可以委托供电方购买安装，单相空气开关的价格是××元，三相空气开关价格是××元。

客　　户：好的，我与家人商量后再来办理。

坐席人员：请问您还有其他问题需要咨询吗？

客　　户：没有了，谢谢。

坐席人员：不用谢，感谢您拨打 95598，请不要挂机，请对我的服务进行评价，再见！

（2）判断不能装表时，参考话述为：

坐席人员：请问您的用电地址在哪里？周围有没有客户已经报装过电表？（对是否符合装表条件

做初步判断）

客　　户：××小区，别人装没装我不知道，现在小区每度电要 8 角钱，太贵了，想自己装一块表。

坐席人员：请问您现在每月的电费是交给小区物业管理部门吗？

客　　户：是，每月都是物业上门收的。

坐席人员：如果您是小区物业统一管理的客户，就属于专用变压器下方的客户，附近没有供电方的电源点，暂时不符合单独装表的条件。

客　　户：出钱都装不成？

坐席人员：装表需要您附近有供电方电源点，也就是说附近有公用变压器，您才可以接线装表，而您所在小区是专用变压器，产权不属于供电企业，所以很抱歉，您不符合装表条件，不能在供电所装表立户。如果您确实想在供电企业装表立户，可以由小区居民联合向物业申请，再由物业管理部门统一办理相关手续，将专用变压器产权移交给供电企业，那样您就可以在供电企业装表立户了。

客　　户：好的。

坐席人员：请问您还有其他问题需要咨询吗？

客　　户：没有了，谢谢。

坐席人员：不用谢，感谢您拨打 95598，请不要挂机，请对我的服务进行评价，再见！

用电业务咨询回答要点：

1. 业扩报装类咨询

对于业扩报装类咨询电话，坐席人员可根据不同的营销业务类型告知客户需提前准备的相关资料、业务流程、办理地点、办理时限和收费标准。以下答复要点中涉及时限类的知识点均依据国家电网公司供电服务“十项承诺”规定答复客户。

（1）城乡居民客户新装电表咨询。请客户向供电营业厅递交书面用电申请书及相关用电资料，包括有效的身份证、房产证及复印件，并告知相应的一户一表收费标准。对于物价部门没有统一确定报装价格的供电企业，坐席人员可以告知客户报装价格需要现场勘察后列出预算才能确定。供电方案答复期限不超过 3 个工作日。如果符合装表条件，会通知客户到营业厅交纳装表费用，受电装置检验合格并办理相关手续后，3 个工作日内送电。

（2）低压非居民客户新装电表咨询。首先确认客户的用电性质、用电地址、用电容量，请客户向供电营业厅递交书面用电申请书及相关用电资料，包括有效的营业执照、用电设备清单、法人身份证、经办人身份证、法定代表人出具的授权委托书、房产证及相关复印件等。工作人员会到现场勘察，供电方案答复期限不超过 7 个工作日。如果符合装表条件，会通知客户到营业厅交纳装表费用，受电工程验收合格并办理相关手续后，5 个工作日内送电。

（3）高压单电源客户用电申请咨询。请客户向相关部门提出用电申请，包括有效的营业执照、法人身份证、经办人身份证及复印件、法定代表人出具的授权委托书，并提供用电工程项目批准的文件及有关的用电资料，包括用电地点、电力用途、用电性质、用电设备清单、用电负荷、保安电力、用电规划等。工作人员会到现场勘察，供电方案答复期限不超过 15 个工作日，受电工程验收合格并办理相关手续后，5 个工作日内送电。

（4）高压双电源客户用电申请咨询。请客户向相关部门提出用电申请，包括有效的营业执照、法人身份证、经办人身份证及复印件、法定代表人出具的授权委托书，并提供用电工程项目批准的文件及有关的用电资料，包括用电地点、电力用途、用电性质、用电设备清单、用电负荷、保安电力、用电规划等。工作人员会到现场勘察，供电方案答复期限不超过 30 个工作日，受电工程验收合格并办理相关手续后，5 个工作日内送电。

2. 业务变更类咨询

对于业务变更类咨询电话，坐席人员应根据不同的营销业务类型告知客户需提前准备的相关资料、业务流程、办理地点、办理时限和收费标准。以下答复要点中的知识点均依据《供电营业规则》规定答复客户。

（1）减容。告知客户供电企业根据客户申请减容的日期对设备进行加封，从加封之日起，按容量计收基本电费的客户，以工作单记录的加封日期为准，根据不同容量的实际天数按日分段计算当月基本电费减收相应容量的基本电费，减容期满后，两年内不得申办减容或暂停，如确需继续办理减容或暂停的，减少或暂停的容量基本电费应按50%计算收取。但如声明为永久性减容的或其减容后的容量又达不到实施两部制电价规定容量标准时，应改为单一制电价计费，执行单一制电价。

（2）暂停。告知客户在每一日历年内，可申请全部或部分用电容量的暂时停止用电两次，每次不得少于15天，一年累计暂停时间不得超过6个月。季节性用电或国家另有规定的客户，累计暂停时间可以另议。供电企业在受理暂停申请后，根据客户申请暂停的日期对暂停设备加封。从加封之日起，按原计费方式减收其相应容量的基本电费。每一日历年内累计暂停用电时间超过6个月者，不论客户是否申请恢复用电，供电企业需从期满之日起，按合同约定的容量计收其基本电费。暂停时间少于15天者，暂停期间基本电费照收。

（3）移表。告知客户需向供电企业提出申请，前提条件为：在用电地址、用电容量、供电点等不变的情况下，可办理移表手续，移表所需的费用由客户负担。不论何种原因，客户不得自行移动表位。对于擅自移表的客户，若属于居民客户，则承担每次500元的违约使用电费；若属其他客户，则承担每次5000元的违约使用电费。

（4）暂拆。告知客户应持有关证明向供电企业提出申请，客户办理暂拆手续后，供电企业应在5天内执行暂拆，暂拆时间最长不得超过6个月，客户要求复装接电时，需向供电企业办理接电手续并交付费用，手续完成后，供电企业应在5天内为该客户复装接电，超过暂拆规定的时间要求复装接电者，按新装手续办理。

（5）更名或过户。告知客户在用电地址、用电容量、用电类别不变的条件下，可以办理更名或过户手续。办理更名或过户应提供相关资料，譬如：新老户主身份证、房产证、户口簿等复印件。过户其前提为原户主与供电企业结清债务，才能解除原供用电关系。不申请办理过户手续而私自过户者，新客户承担原客户的所有债务，经供电企业检查发现客户私自过户时，供电企业应通知该户补办手续，必要时可终止供电。

（6）分户。告知客户在用电地址、供电点、用电容量不变，受电装置具备分装条件，并且原客户必须与供电企业结清债务。分户后的新客户应与供电企业重新建立供用电关系；原客户的用电容量由分户者自行协调分割，需要增容者，分户后另行向供电企业办理增容手续。分户引起的工程费用由分户者负担；分户后的受电装置经供电企业检验合格后由供电企业重新装表收费。

（7）并户。告知客户在同一供电点，同一用电地址的相邻2个及以上的客户允许办理并户手续，原客户应在并户前结清债务，新客户用电容量不得超过并户前各户容量总和，并户引起工程费用由并户者承担。受电装置应检验合格由供电企业重新装表接电。

（8）改类。告知客户应向供电企业提出申请，在同一受电装置内，电力用途发生变化而引起用电电价类别改变时，允许办理改类手续。擅自改变用电类别的，按实际使用日期补交其差额电费，并承担差额电费2倍的违约使用电费。使用起讫日期难以确定的，实际时间按3个月计算。

（9）销户。告知客户应向供电企业提出申请，销户必须停止全部用电容量的使用，并向供电企业结清电费；查验用电计量装置完好性后，拆除接户线和用电计量装置，即解除供用电关系。

**案例2：电价电费——电价调整咨询**

坐席人员：您好，请问有什么可以帮您？

客　　户：电价怎么又上涨了？

坐席人员：根据国家发展改革委员会和省物价局文件，从×月×日开始对电价进行了调整。

客　　户：你们怎么总是涨价？

坐席人员：为了解决煤炭价格持续上涨和发电成本日益增加的问题，国家发改委对电价进行了适当调整。（转移客户话题，以免产生矛盾）请问您是想了解自己家里的电价吗？

客　　户：是的。

坐席人员：请问您住在哪里？（及时判断客户所在地代收政府基金和附加费的标准，以及客户是

一户一表还是专变客户，以便报出准确电价）

客　　户：我住在××市××小区。

坐席人员：您的电价是每度电×××元，从×月×日的抄见电量开始执行。也就是说：×月×日以前抄表所产生的电费按原电价标准执行；×月×日及以后抄表所产生的电费按新电价标准执行。

客　　户：那你们凭什么说涨价就涨价！

坐席人员：请不要着急，您能否听我解释一下吗？

当客户情绪开始激动时，可选择多种方案进行解释：

（1）表明这是国家发改委文件规定，供电企业只能按文件执行，必要时可将电价文件进行传真；

（2）若客户质疑改电价的当月使用电量为何执行新电价时，话述为："可能您误解了涨价的政策，这次涨价是从×月×日的抄见电量开始执行，而不是从×月×日开始您所用的电量开始执行。"

（3）若客户质疑供电企业故意推后抄表时间谋取利益时，话述为："供电企业是讲诚信的国有大型企业，请相信我们不会侵占客户的合法利益。抄表例日是年初制定的，任何人不能随意更改。"

（4）若采取多种解释方式，客户仍然很激动时，如果继续解释只会让客户情绪更加激动，应将电话转给班长或同事，缓和气氛。话述为："××先生（女士），我请班长过来跟您解释一下，行吗？"征得客户同意后将电话转给其他人。若身边没有班长或同事时，话述为："××先生（女士），请您留下联系电话，我请班长打电话跟您解释一下，行吗？"

（5）经过多次解释但客户仍不满意，骚扰坐席人员时，话述为："我们刚才对电价进行了详细解释，请问您还有其他问题需要咨询吗？""如果没有其他的事情，我就不占用您宝贵的时间了。"坐席人员说完统一结束语后可主动挂断电话，并向班长说明情况。

**案例3：电价电费——电量突增咨询**

坐席人员：您好，请问有什么可以帮您？

客　　户：我家的电表走快了，这个月的电量突然翻了1倍。

（及时帮助客户分析电量突增原因：①用电负荷增加；②抄表是否正确，核对现场止码等；③邻居窃电。将这些原因排除后再建议客户校表，以免电表正常而浪费了人力、物力。）

（1）用电负荷是否增加：

坐席人员：请问您家里最近有没有购买家用电器？

若客户回答"新增了家用电器"时，则与客户分析新增负荷的容量，判断是否与电量突增有关；若客户回答"没有新增电器"时，则继续询问。

（2）抄表是否正确：

坐席人员：请问您是否核对过现场的电表止码和电费发票上的抄表止码呢？

若客户回答"没有核对"时，参考话述为：

坐席人员：您能否先核对一下电表表码，看看是否抄表有误。若抄表正确的话，我们再为您校验电表，好吗？

若客户回答"已核对止码，抄表正常"时，参考话述为：

坐席人员：如果您确实怀疑电表走快了，可以申请校验电表。

（3）邻居是否窃电：

坐席人员：您能否检查一下从电表到家里的线路，看看是否有其他人偷您家里的电。

若客户回答"没有检查"时，参考话述为：

坐席人员：您能否找有证的社会电工检查一下，看看这段线路有没有问题。

若客户回答"已检查"，并坚持要校表时，参考话述为：

坐席人员：请问您属于哪个供电营业所？

客　　户：我在×××供电所。

坐席人员：您可以带上电费发票到×××供电营业厅申请校验。请问您家里是单相电表还是三相电表？（通过询问判断客户电表类型，确认校表费用）

客　　户：单相电表。

坐席人员：您需要预先缴纳××元的校表费，我们会在7天内为您校验，并将结果通知您。

客　　户：凭什么还要我出钱!

坐席人员：请允许我解释一下，如果电表没有问题，校验费是不退的；如果电表的误差超过规定范围，我们会将校验费退还给您，并且按照检验结果退补电费。

客　　户：你们的校验结果有问题怎么办?

坐席人员：请相信我们，我们会公平、公正地进行校验。如果您对检验结果有异议的话，还可以向上级计量检定机构申请检定。

客　　户：是这样啊。

坐席人员：还要提醒您一下，在校表期间请按时交纳电费，检验结果出来以后才能退补电量。

客　　户：好的。

坐席人员：请问您还有其他问题需要咨询吗?

客　　户：没有了。

坐席人员：感谢您拨打95598，请不要挂机，请对我的服务进行评价，再见!

**电价电费咨询回答要点**：对于电价电费类咨询电话，坐席人员应根据不同的用电类别，主动告知客户电价标准、计算方法、交费方式、交费期限及注意事项等客户关注的内容，并提醒客户在规定时间内交纳电费。

1. 居民交费方式咨询

告知客户本区域供电企业开通的多种交费方式。主要有柜台交费、POS机刷卡交费、自助服务终端交费、银行实时收费、银行储蓄批扣、充值卡交费、网上交费、手机交费、超市代收、流动营业车等。重点向客户推广银行储蓄批扣业务，减轻供电营业厅收费压力。

2. 专用变压器客户电费计算咨询

请客户提供户号，从营销系统中查出该户电力信息，判断客户是否属大工业客户，了解变压器、计量装置和电价执行情况。以当月电费为例，告知客户电价结构、电价标准以及电费计算简单流程，包括两部制电价、分时电价和电费、功率因数调整电费、变压器损耗等。若电话服务过程中客户完全听不懂时，坐席人员可以请客户找专业电工直接与95598沟通，或将本月电费计算流程传真给客户。若客户还是不明白时，请客户到供电营业厅面对面进行沟通。

3. 分时电价咨询

首先询问客户的用电类别，再根据不同的用电类别告知客户分时电价的执行时段及收费标准。根据《电力与您共创和谐——国家电网公司客户手册》第二分册内容，分时电价包括水电丰枯水期差别电价、电网年用电高峰低谷季节差别电价、法定休息日与正常工作日的差别电价、每日用电高峰低谷时间差别电价等。执行分时电价，可以引导客户合理调整用电负荷，削峰填谷、缓解电力供需矛盾，降低用电成本，提高社会整体经济效益。

4. 电费违约金收取咨询

首先询问客户的用电性质，判断是居民还是其他客户。告知客户根据《供电营业规则》规定，在供电企业规定的期限内未交清电费时，应承担电费滞纳的违约责任。电费违约金从逾期之日起计算至交纳日止。居民客户每日按欠费总额的1‰计算。其他客户当年欠费每日按欠费总额的2‰计算；跨年度欠费每日按欠费总额的3‰计算。电费违约金收取总额按日累加计收，总额不足1元按1元收取。最后友情提醒客户及时缴纳电费，并主动推介交费新方式。

5. 更换电子表后电量突增咨询

帮助客户分析有无内部偷电，家用电器是否增加，抄表是否正确，核对现场止码。若无异常，向客户解释原电表老化，计费可能不准确，而新型电子表准确度高，灵敏度强，安装前都经过严格校验，误差在规定范围内属于正常情况。若客户强烈要求校验电表时，告知客户校表流程、费用、校验时间，以及结果出来后的处理。最后提醒客户仍需先交清当月电费。

**案例4：停电信息——停电信息发布方式咨询**

坐席人员：您好，请问有什么可以帮您?

客　　户：今天我家里停电了，刚才听说是你们在换变压器，要晚上6点才来电。我想提前知道停电信息，你们能不能停电前通知我一声？

坐席人员：停电给您带来不便，请您谅解。供电企业每天定期将停电信息在各大新闻媒体进行了公告，可能您比较忙，没有注意到这些信息。

客　　户：你们在哪里公告的，我怎么没看见？

坐席人员：我们每天早上×点在电视台（电台）××节目后播出停电信息，每天也在××报纸的第×版面中定期刊登停电信息，同时，您也可以登录95598客户服务网站进行查询。（坐席人员根据本公司的停电信息发布情况将发布时间、发布媒介向客户进行详细介绍。）

客　　户：我每天哪有时间看电视，反正你们停电前要电话通知我。

（1）若本公司已开通停电信息短信通知服务时，参考话述为：

坐席人员：您可以选择订阅停电信息短信服务，将您的手机号码与您的户号进行绑定，95598可以通过您所在的供电线路和台区，将与您相关的停电信息自动发送到您的手机上。

客　　户：好的，那我要订阅短信服务。

坐席人员：请将您的户号、手机号码告诉我，我来帮您订制，好吗？

客　　户：我的户号是0000××××××，手机号是139××××××××。

坐席人员：请问是家住××市××小区（地址）的×××客户吗？（坐席人员快速通过户号查出客户信息，并进行核对）

客　　户：是的。

坐席人员：我已经帮您订制了停电信息短信通知服务。请问您还有其他问题需要咨询吗？

客　　户：没有了。

坐席人员：感谢您拨打95598，请不要挂机，请对我的服务进行评价，再见！

（2）若本公司未开通停电信息短信通知服务时，参考话述为：

坐席人员：供电企业暂时只能对那些一旦停电将造成重大人身伤亡和设备损坏事故的客户进行电话或书面的通知。您不是属于这类客户，所以暂时不能满足您的要求，请您及时关注供电企业统一对外发布的停电信息，好吗？

客　　户：你们不就是跟我打个电话通知一下吗？

坐席人员：对不起，×先生，95598面对的是千家万户，您的要求已经超出了供电企业的服务范围，请您谅解。如果您要查询停电信息，可随时拨打95598查询。请问您还有其他问题需要咨询吗？

客　　户：没有了。

坐席人员：感谢您拨打95598，请不要挂机，请对我的服务进行评价，再见！

**案例5：停电信息——客户停电信息查询**

坐席人员：您好，请问有什么可以帮您？

客　　户：××（地名）怎么停电了。

坐席人员：请问您具体在什么地方呢？

客　　户：××市××路××小区。

坐席人员：请问您是一家停电还是周围全停电了？

（1）客户回答“一家停电”时，可基本排除检修或限电情况，可能是欠费停电或电力故障。

（2）客户回答“周围全停电”时，则马上查询当天的停电信息。也可能是限电、欠费停电（专变、未实施一户一表改造的地方）或电力故障。

坐席人员：好的，我帮您查询一下，稍候可能会没有声音，请不要挂机。

客　　户：好的。

坐席人员：感谢您的耐心等待。

（1）判断客户情况为计划停电，话述为：“您所在的×××（地名）属于计划检修停电，停电范围是×××，预计××点之前送电。给您带来不便，请您谅解。”

（2）判断客户情况为临时停电，话述为：“为了保证电网的安全，您所在的×××（地名）正在进行临时检修，停电范围是×××，预计××点之前送电。给您带来不便，请您谅解。”

（3）判断客户情况为拉闸限电，话述为：“您所在的×××（地名）属于拉闸限电，停电范围是×××。给您带来不便，请您谅解。”

（4）判断客户情况为欠费停电，话述为：“对不起，×先生（小姐、女士），由于您欠×月份的电费，供电公司已经按照相关规定对您进行了停电，请您尽快交清电费，再致电 95598 进行复电登记，我们会在规定时间内为您恢复供电。给您带来不便，请您谅解。”

客　　户：好的。

坐席人员：请问您还有其他问题需要咨询吗？

客　　户：没有了。

坐席人员：感谢您拨打 95598，请不要挂机，请对我的服务进行评价，再见！

**案例 6：停电信息——停电后客户的骚扰咨询**

坐席人员：您好，请问有什么可以帮您？

客　　户：你们吃了饭没事干，深更半夜为什么停电？

坐席人员：请问您贵姓，具体在什么地方呢？

客　　户：我姓王，住在××市××小区，几分钟前刚刚停电。

坐席人员：王先生，您所在的×××（地名）属于计划检修停电，停电范围是×××，预计××点之前送电。给您带来不便，请您谅解。

客　　户：我不相信你们深更半夜还在检修，你骗我。

坐席人员：请您相信我们，为了保证您白天能够正常供电，检修人员选择相对比较凉快的夜晚进行停电检修工作。

客　　户：你那里为什么不停电，这么热的天气，还叫不叫人睡啊！

坐席人员：请您不要生气，我非常理解您的心情。

客　　户：没有空调我是睡不着的，反正你上班就接个电话，也没什么事，干脆陪我唱歌。

坐席人员：对不起，王先生，您的要求已经超出了供电企业的服务范围，请您谅解！

客　　户：那我现在就要送电。

坐席人员：对不起，您的要求不在我们的服务范围内，如果您没有其他的事情，我就不占用您宝贵的时间了，请您先挂机，好吗？

客　　户：这是什么态度，小心我告你。

坐席人员：对不起，您一直占用了 95598 的通道，会影响到其他客户打进电话。

客　　户：我不管。

坐席人员：对不起，感谢您拨打 95598，请不要挂机，请对我的服务进行评价，再见！

**停电信息咨询回答要点：**客户咨询停电信息时，坐席人员应首先询问客户停电地址、停电时间和停电范围，快速在 95598 客户服务系统中查找停电信息，判断是否属于计划检修范围。查到停电信息后，及时告知客户停电原因、停电范围和预计恢复送电时间，并请客户谅解。若客户情绪激动，出口恶言时，坐席人员不能受客户的情绪影响，应平静自己的心情，耐心地向客户做好解释工作，争取客户理解。对于停电后恶意骚扰 95598 的客户，坐席人员应严厉指出其不良行为，提醒客户注意自己的行为，并可挂机。若客户在电话中告知目前停电后将造成严重后果，需紧急送电时，譬如涉及人身安全及重大政治、经济影响的，坐席人员应留下客户的联系方式，立即向领导及相关部门反映，力争特事特办，做好客户服务工作。

**案例 7：法律法规——供电设施与客户房屋相互妨碍咨询**

坐席人员：您好，请问有什么可以帮您？

客　　户：你们的线路从我的房顶上通过，我现在要在上面再建一层楼，你们要马上派人过来把线路迁走。

坐席人员：请问您所说的线路是我们供电公司的线路吗？（判断线路产权范围）

客　　户：是你们供电公司的线路。

坐席人员：请问您贵姓？

客　　户：姓王。

坐席人员：王先生，因为您修建房屋而需要迁移供电线路，我们将派人到现场进行勘察。如果符合迁移线路的条件，迁移所需要的费用将由您自己来承担。

客　　户：是你们的线路妨碍了我建房，凭什么要我出钱！

坐席人员：按照《供电营业规则》第五十条规定，当建筑物与供电设施相互妨碍，需要迁移供电设施时，应该按照建设先后的原则来确定由谁来承担迁移的费用。请您谅解。

客　　户：那让我考虑一下吧。

坐席人员：好的，请问您还有其他问题需要咨询吗？

客　　户：没有了。

坐席人员：感谢您拨打 95598，请不要挂机，请对我的服务进行评价，再见！

**法律法规咨询回答要点：**当客户咨询内容涉及电力法律法规时，坐席人员应严格按照法律法规中的知识点回答客户，重点告知客户责权范围、业务时限、处理办法等客户关心的问题，必要时将本知识点出自于何种法律法规的第几项条款也同时告知客户，增加可信度。

1. 电压质量咨询

询问客户用电的电压等级，告知客户不同电压等级的供电电压允许偏差值。根据《供电营业规则》，在电力系统正常状况下，供电企业供到用户端的供电电压允许偏差为：35kV 及以上电压供电的，电压正、负偏差的绝对值之和不超过额定值的 10%；10kV 及以下三相供电的，为额定值的±7%；220V 单相供电的，为额定值的+7%，–10%。在电力系统非正常状况下，用户受电端的电压最大允许偏差不应超过额定值的±10%。对于专变客户，还应提醒客户若功率因数达不到规定标准时，其受电端的电压偏差不受此限制。若客户怀疑电压质量问题，可请客户自行测量或由 95598 派工作人员现场测量电压值。

2. 电力线路保护区咨询

当客户来电咨询电力设施的保护范围、保护区域时，一般是由于客户对电力设施与房屋等用户资产的安全距离存在异议，致电 95598 进行咨询。坐席人员应告知客户电力设施是受国家法律保护的，并严格按照《电力设施保护条例》相关规定答复客户，请客户协助我们加强对电力设施的保护工作，并严格遵守相关规定。

当客户咨询架空线路保护区距离时，可询问客户所涉及线路的电压等级，再根据《电力设施保护条例》第十条规定答复客户。架空电力线路保护区为导线的边线延伸距离，1～10kV 为 5m，35～110kV 为 10m，154～330kV 为 15m，500kV 为 20m。地下电缆线路保护区为电缆线路地面标桩两侧各 0.75m 所形成的两平行线内的区域。

3. 建筑物与供电设施相互妨碍咨询

客户咨询新建或改建房屋，需要迁移供电设施时，坐席人员应按照《供电营业规则》第五十条规定，告知客户按照建设先后的原则，确定供用电双方应担负的责任。若供电设施建设在先，应由客户承担供电设施迁移、防护所需的费用；若客户建筑物建设在先。则由供电企业承担供电设施迁移、防护所需的费用；若不能确定建设的先后，则由双方协商解决。

4. 居民电器理赔业务咨询

首先向客户道歉，询问现场情况，判断是否属供电方责任造成的居民家用电器损坏。若是因供电企业的责任造成家用电器损坏，则详细记录客户的姓名、联系电话、详细地址、居民家用电器损坏时间，损坏原因及损坏情况，请客户保持家用电器损坏原状，我们会在 24 小时内派人到现场调查核实，并开展家用电器的修复、理赔工作。

5. 用户转供电咨询

首先应告知客户不得自行转供电。若公用供电设施已到达用户处，符合装表条件，则请客户申请报装业务。若公用供电设施未到达用户处，应由供电企业征得该地区有供电能力的直供用户同意，方可采用委托方式向其附近的用户转供电力，但不得委托重要的国防军工用户转供电。

6. 产权维护范围咨询

首先告知客户供电设施的运行维护管理范围是按照产权归属来划分的。若客户不清楚自己的维护范围时，可询问客户的电压等级，再按照《供电营业规则》第四十七条所规定的责任分界点答复客户。若客户不清楚电压等级，还可通过询问客户用电性质、用电地址或户号等信息来进行判断。

7. 电表失踪咨询

询问客户是否收到供电企业停电通知，并通过户号查询该户是否有长期未用电、欠费、违章用电及窃电行为。若没有，则说明客户电表不是供电公司拆走的，可能不幸被盗。再告知客户持电费单到辖区供电营业厅办理赔表手续，交纳赔表费用。当客户对赔表提出异议时，向客户解释根据《供电营业规则》第七十七条规定，因供电企业责任或不可抗力致使电表发生故障的，由供电企业免费换表，因其他原因引起的，客户应负担赔偿费或修理费。

**二、查询类典型案例**

对于查询类电话，坐席人员应及时了解客户需要查询的信息。在查找信息过程中，坐席人员可以采取电话通话和查找信息同时进行的方式，若需要停止通话进行查找时，应使用静音提示语。最后，坐席人员还应提醒客户可以使用 95598 自动语音系统、95598 客户服务网站进行查询，以减少客户占用电话通道，从而提高坐席人员利用率和 95598 电话接通率。

**案例 1：客户资料——客户信息查询**

坐席人员：您好，请问有什么可以帮您？

客　　户：我想查询一下这个月的电费。（或者客户要查询营销系统中的其他信息，如容量、表号、起止码、总分关系、历史电费、欠费、抄表时间、滞纳金、账户余额等）

坐席人员：我非常乐意为您服务，请问您的户号是多少？

（1）若客户马上报出户号，坐席人员立即输入营销系统中进行查询。

（2）若客户不明白或有迟疑时，坐席人员应立即解释户号在电费发票的何处。客户明白并报出户号后，坐席人员立即输入营销系统中进行查询。

（3）若客户还是不明白，或无法提供户号时，坐席人员应再请客户提供户名或表号查询，不得为求自己查询方便，让客户找到户号后再打电话，从而推诿客户。

坐席人员：请问您知道电费发票上写的是谁的名字吗？

客　　户：我知道，写的是×××。

坐席人员：请稍候，我马上通过姓名帮您查询，好吗？

客　　户：好的。

坐席人员：稍候可能会没有声音，请不要挂机。（边说边在系统中查询客户信息）

客　　户：好的。

坐席人员：感谢您的耐心等待。请问您是家住××地方的××客户吗？（向客户确认信息，防止张冠李戴）

（1）若客户回答“是的”时，立即将客户所需信息传递给客户。

坐席人员：您×月的电费是××元，请您在本月××日之前交清电费，谢谢!

客　　户：哦，知道了。

（2）若客户回答“不是”时，再次向客户确认户名。若还是查询不到时，则向客户道歉，说明客户提供户名有误，请核实后再来电。

坐席人员：请问您还有其他问题需要咨询吗？

客　　户：没有了。

坐席人员：感谢您拨打 95598，请不要挂机，请对我的服务进行评价，再见!

**客户资料查询回答要点：**客户需查询营销用电基础信息时，坐席人员应首先询问客户的户号等关键信息，通过营销系统进行查询，并对系统中显示的户名和地址向客户进行确认，判断查询信息准确后再答复客户。

**案例2：电价电费——客户电价查询**

坐席人员：您好，请问有什么可以帮您？

客　　户：我想查一下电价是多少钱一度。

坐席人员：请问您是想查哪种用电性质的电价？（判断客户用电性质）

客　　户：是我自己家里用电。

坐席人员：请问您是在供电企业单独安装的一户一表吗？（判断客户属于公用变压器还是专用变压器）

客　　户：我家里是单独装的电表，每月在营业厅交电费。

坐席人员：请问您的户号是多少？（通过户号查询客户信息，判断客户是否安装分时电表）

客　　户：0000××××××。

坐席人员：0000××××××，我帮您查询一下，稍候可能会没有声音，请不要挂机。（边说边在系统中查询客户信息）

客　　户：好的。

坐席人员：感谢您的耐心等待。请问是家住×××的×××客户吗？（向客户确认信息）

客　　户：是的。

坐席人员：您属于居民生活用电，每度电×××元。

客　　户：好的。

坐席人员：请问您还有其他问题需要咨询吗？

客　　户：没有了。

坐席人员：感谢您拨打95598，请不要挂机，请对我的服务进行评价，再见！

**电价电费查询回答要点：**客户查询电价时，首先了解客户用电地址、用电类别和电压等级，判断电度电价的执行标准。对于专用变压器客户需询问变压器的总容量，从而判断是执行单一制电价还是两部制电价等。客户需查询电量电费时，最好请客户提供户号，再通过营销系统查询电量电费信息。告知客户电费信息时语速要适当放慢，必要时重复确认，请客户及时交纳电费，并主动推介新型交费方式。

**案例3：在办流程——客户业扩报装流程查询**

坐席人员：您好，请问有什么可以帮您？

客　　户：我开了一个小型加工厂，前几天到供电所申请安装1台100kVA的变压器，怎么你们工作人员到现场勘察后就没和我联系？

坐席人员：您在供电所申请安装变压器时，业务受理员会给您一个十位数的户号，请问户号是多少呢？

客　　户：0000××××××。

坐席人员：0000××××××，我帮您查询一下，稍后可能会没有声音，请不要挂机。（迅速通过营销系统查询客户报装流程）

坐席人员：感谢您的耐心等待。请问是×××公司吗？（确认查询信息是否准确）

客　　户：是的。

坐席人员：您是在×月×日申请安装变压器的。对于高压单电源客户，供电方案答复期限不超过15个工作日。因此，我们会在×月×日之前给您答复。

客　　户：那你能不能帮我催办一下，我急着用电。

坐席人员：好的，我会帮您催办的，并让相关工作人员及时与您联系，好吗？

客　　户：好的。

坐席人员：请问您还有其他问题需要咨询吗？

客　　户：没有了。

坐席人员：感谢您拨打95598，请不要挂机，请对我的服务进行评价，再见！

**在办流程查询回答要点：**客户查询在办流程时，首先请客户提供户号，再在营销系统中查询工作进度。若客户无法提供户号或准确户名时，应详细询问客户办理业务的时间、地点及类型，咨询相关部门后再在规定的时间内答复客户。

【思考与练习】

1. 对于客户电量突增的咨询电话，坐席人员应如何帮助客户进行电话分析？

2. 接到客户停电咨询时，坐席人员应该如何与客户沟通？

## 模块 4　咨询、查询类典型案例分析（ZY3100404004）

【模块描述】本模块介绍咨询、查询类的正反典型案例。通过案例分析，掌握咨询、查询类案例分析的重点内容，提高管理人员的录音质检能力和服务调度能力。

【正文】

客户致电 95598 咨询、查询用电方面的问题，总是希望能够得到快速、准确的答复。而咨询、查询服务质量的好坏主要取决于两个方面，一是坐席人员的个人能力，二是相关信息的准确性、时效性。因此，管理人员在对咨询、查询类案例进行分析时，主要从坐席人员的语言能力、判断能力、业务能力、主动能力等方面进行综合分析。另外，及时通过 95598 工单来分析信息在收集整理过程中出现的薄弱环节，并加以整改。下面分别列举出 95598 咨询、查询类典型案例，并对服务过程进行简单分析，帮助管理人员掌握基本的案例分析技巧。

### 一、咨询类典型案例分析

1. 正面案例分析

**案例 1：客户咨询交费时间**

李先生致电 95598 咨询每月到营业厅交电费时间，坐席人员查出客户每月 12 日抄表，于是建议李先生每月 15 日至 25 日交清电费，并主动向客户推介银行自动划拨的新型交费方式。

案例分析：

（1）业务能力：坐席人员业务熟练，能在营销系统中迅速查出相对固定的抄表时间，回答李先生的交费时间是在抄表时间的基础上向后推移两天，便于开展电费计算与审核提交工作，也确保了客户来交费时有当月交费的信息，以免客户空跑一趟。

（2）主动能力：坐席人员主动服务意识强，不是告知客户交费时间后就终止本次电话服务，而是考虑到今后客户交费的方便性和电费回收的快捷性，建议李先生到银行办理电费划拨业务，实现双赢局面。另外，坐席人员能够考虑到催费人员的辛苦，告知客户 25 日之前交清当月电费，是考虑到月底电费要结零，一般催费人员从 25 日开始就要对欠费户催费了，提醒客户在这个时间之前交清电费，从而减少催费人员工作量。

**案例 2：客户新装咨询**

坐席人员：您好，请问有什么可以帮您？

客　　户：我想报装 1 块电表，怎么办理？

坐席人员：请问您是自己家中居民生活用电装表还是其他用电装表？

客　　户：自己家里生活用电。

坐席人员：请问您的地址在哪里，周围有没有其他客户报装过呢？

客　　户：我住××花园，别人都在你们这里装的表。

坐席人员：请您带上户主身份证、房产证复印件和邻居电费发票到辖区供电营业厅申请新装，工作人员会在 3 个工作日内现场勘察，如您符合装表条件，我们会通知您到供电营业厅交纳装表费用后，3 个工作日内为您装表接电。

客　　户：装表要多少钱？

坐席人员：对于不同型号的电表装表价格是不同的，要根据您家里负荷的大小决定，请问您家里的电器多吗？

客　　户：大概 6kW 左右。

坐席人员：根据您家里的负荷情况，您可以安装单相10（40）A电表，可以带8.8kW负荷，价格是×××元，或者安装三相5（20）A电表，可以带13.2kW负荷，价格是×××元。以上价格均不包含空气开关价格，空气开关您可以自行购买，也可以委托供电方购买安装。单相空气开关××元，三相空气开关××元。

客　　户：我已经清楚了，谢谢你。

坐席人员：不用谢，感谢您拨打95598，请不要挂机，请对我的服务进行评价，再见！

**案例分析：**

（1）业务能力：坐席人员业务熟练，对新装办理流程及报装价格熟悉。

（2）判断能力：坐席人员服务过程清晰，通过正确的引导提问，判断客户的用电信息，并给予正确答复。

（3）主动能力：坐席人员主动服务意识强，不只是简单地告知客户到供电营业厅办理业务，而是在掌握客户的用电信息后能主动答复办理流程及办理时限，帮助客户分析家中实际用电情况，让客户通过此次咨询，真正达到了需要咨询的目的。

**案例3：客户移表咨询**

坐席人员：您好，请问有什么可以帮您？

客　　户：我搬家了，想把现在用的电表移过去，要怎么办？

坐席人员：请问您的新旧地址分别在哪里呢？

客　　户：以前在东区，现在搬到西区去了。

坐席人员：因为您的新旧用电地址不在同一供电点，也就是不在同一台变压器下供电，新址用电只能按照新装用电办理，原址按销户办理。

客　　户：那我原来的电表岂不是没用了？

坐席人员：如果原址您不想销户的话，您可以将原址的电表过户给其他客户。

客　　户：过户要怎么办呢？

坐席人员：请带上新老户主身份证原件及复印件、房产证原件及复印件和电费发票，到辖区营业厅结清电费，就可以办理了。过户是不收取费用的。

客　　户：好的，明白了，谢谢！

坐席人员：不用谢，感谢您拨打95598，请不要挂机，请对我的服务进行评价，再见！

**案例分析：**

（1）业务能力：坐席人员业务熟练，能正确答复业务变更流程和办理程序。

（2）判断能力：坐席人员思路清晰，通过正确的引导提问，判断客户的重要信息，从而给予正确答复。

（3）主动能力：坐席人员主动服务意识强，不只是简单地按章答复流程，能主动地为客户着想，站在客户的立场考虑问题并解决问题，最终令客户满意。

2. 反面案例分析

**案例1：客户咨询居民电价政策**

坐席人员：您好，请讲？

客　　户：你们现在居民用电多少钱一度？

坐席人员：现在居民电价每度电×××元。

客　　户：好的。

坐席人员：感谢您拨打95598，请不要挂机，请对我的服务进行评价，再见！

**案例分析：**

（1）语言能力：没有使用标准首问语："您好，请问有什么可以帮您？"

（2）业务能力：业务能力欠缺，没有询问客户是否属于供电企业的一户一表客户。若属于专用变压器下方的居民用电，则执行的电价与一户一表的居民销售电价不同。坐席人员没有问清客户具体情况，就有可能告知客户错误的电价，使得此次电话服务发生致命性错误，给客户带来不便。

**案例2：客户咨询大工业电费计算方法**

某工厂变压器容量为400kVA，觉得功率因数调整电费偏高，致电95598想了解电费计算方法。坐席人员对较为复杂的电费计算方法不了解，答非所问，只好挂断电话，向坐席班长了解大工业客户的电费计算方法后再致电告知客户。可客户还是不满意，觉得功率因数调整电费太高，导致企业电费成本增加。

**案例分析：**

（1）判断能力：坐席人员没有摸清客户的真实意图。客户来电的重点在于如何降低功率因数调整电费，而不是电费计算方法，最终客户没有得到想要的答案，因此对95598的服务不满意。应告知客户采用电容补偿器等方法来提高功率因数，降低电费成本，同时也有助于提高供电质量，实现供用电双赢局面。

（2）业务能力：坐席人员基本业务不熟悉，能够一次性解决的问题没有当场解决，降低服务效率，增加服务成本。今后95598管理人员需加强业务知识的培训工作。

**案例3：客户新装咨询**

坐席人员：您好，请问有什么可以帮您？

客　　户：我想报装一块电表，怎么办理？

坐席人员：新装到辖区供电营业厅办就可以了。

客　　户：我要带哪些资料过去。

坐席人员：带上户主身份证、房产证复印件和邻居电费发票。

客　　户：好的。

坐席人员：感谢您拨打95598，请不要挂机，请对我的服务进行评价，再见！

**案例分析：**

（1）语言能力：坐席人员服务过程中缺少十字礼貌用语“请”。语言平淡，过于公式化，没有让客户感到亲切。

（2）判断能力：坐席人员未主动判断客户是否具备报装条件，便直接要客户到供电营业厅申请业务。若客户不具备装表条件，不能受理客户新装申请时，可能造成客户对95598整体服务质量产生怀疑。

（3）主动能力：坐席人员没有主动服务意识，没有真正做到首问负责制，最终客户没有得到想要的答案。应主动告知客户报装条件、办理流程，收费标准等相关信息。

**案例4：客户咨询电价调整**

坐席人员：您好，请讲。

客　　户：你们电价怎么又涨了，你们真是电老虎，想涨价就涨价。

坐席人员：我们是按照省公司的文件规定调整的电价，不是乱涨价。

客　　户：你们涨价的文件是多少号，你告诉我！

坐席人员：对不起，我们的内部文件是不对外透露的。

客　　户：你们真是太不讲理了。（气愤地挂断电话）

**案例分析：**

（1）语言能力：首问语不规范，服务过程中缺少十字礼貌用语，语气生硬。

（2）业务能力：电价的调整是由国家统一制定批准执行，并不是由省公司制定的，坐席人员业务知识不熟，给客户错误的答复。

（3）主动能力：不能针对电价调整政策给予客户合理的解释，未主动安抚客户的不满情绪，拒绝客户的合理要求（提供电价调整文件号），让客户更加误解供电公司随意乱涨电价，导致客户不满情绪升级，对供电企业在公共中树立良好的企业形象更加不利。应告知客户，电价是国家发改委统一制定和调整的，应主动向客户解释电价调整政策，并向客户提供发改委关于电价调整的相关文件内容，以便让客户更加信服95598，从而降低客户对供电企业产生的不满情绪。

## 二、查询类典型案例分析

1. 正面案例分析

**案例：拉闸限电停电信息查询**

坐席人员：您好，请问有什么可以帮您？

客　　户：江津路洗衣机厂怎么停电了？

坐席人员：您所在的江津路属于拉闸限电范围，预计晚上 11 点之前送电。给您带来不便，请您谅解。

客　　户：好的。

坐席人员：请稍候，我帮您查一下限电序位表，看看近期还有没有其他停电信息，好吗？

客　　户：好的。

坐席人员：稍候可能会没有声音，请不要挂机。（查到信息后）感谢您的耐心等待，限电序位表中洗衣机厂每周二和周五处于限电范围，一旦负荷紧张就有可能被限电，请您提前做好准备工作。

客　　户：我正在发愁人员怎么安排呢，太谢谢你了。

坐席人员：不用谢，感谢您拨打 95598，请不要挂机，请对我的服务进行评价，再见！

**案例分析：**

（1）语言能力：服务用语规范，首问语、静音提示语和结束语表述准确，并能够主动对停电给客户带来的不便进行道歉。

（2）判断能力：服务过程流畅，清晰，地理位置熟悉，快速了解客户的来电意图。

（3）主动能力：服务主动性强，了解到客户是一个工厂，需要根据来电情况提前安排生产，于是主动帮助客户查询预计限电时间，超越了客户的满意度，使客户感到惊喜。另外，减少客户再次拨打 95598 查询限电信息的次数，缓解话务高峰时的电话压力。

2. 反面案例分析

**案例 1：客户查询停电信息**

坐席人员：您好，请问有什么可以帮您？

客　　户：北京路怎么停电了？

坐席人员：您所在的北京路属于计划检修停电，停电范围是北京路一带，预计晚上 6 点之前送电。

（晚上 6 点到了，客户再次致电 95598。）

客　　户：我是北京路的，你们说晚上 6 点来电，怎么到现在都还没有来电，我们怎么吃饭啊！

坐席人员：请稍候，我帮您咨询一下。

客　　户：好的。

坐席人员：（询问现场检修人员说延迟到晚上 8 点来电）由于检修开关的工作没有完成，预计要在晚上 8 点才能来电。

（晚上 8 点到了，客户再次致电 95598。）

客　　户：我是北京路的，你们 95598 是怎么回事，一会儿说 6 点来电，一会儿说 8 点来电，现在 8 点到了，你们还没来电，天气这么热，这怎么受得了！

坐席人员：检修人员说现在开关还没有修好，不能送电，您找我也没有用。

客　　户：我不找你找谁去，你们太不讲诚信了，我要投诉！

坐席人员：您要投诉我们也没有办法，感谢您拨打 95598，请不要挂机，请对我的服务进行评价，再见！

**案例分析：**

（1）语言能力：坐席人员在电话中推诿客户，认为推迟送电是生产部门的事，与 95598 无关，事不关己的态度造成客户不满。95598 的一言一行代表供电企业形象，电话服务中要采取负责任的态度，认真对待客户的合理需求。

（2）业务能力：生产部门安排计划检修时，停送电时间随意性大，没有按照检修工作量准确判断预计恢复送电时间，造成停电信息发布有误。另外，计划检修需要延期时没有主动通知 95598，造成信息传递不及时，向客户提供了错误信息，最终导致客户多次致电 95598，指责 95598 不讲诚信，对供电企业信任度降低。95598 坐席人员需加强信息发布管理工作。

（3）主动能力：服务意识不强，没有为停电给客户带来的不便进行道歉，主动平息客户的怒气，让客户谅解。

**案例 2：客户查询电量电费**

坐席人员：您好，请问有什么可以帮您？

客　　户：帮我查一下这个月的电费。

坐席人员：您的户号是多少？

客　　户：户号不记得了。

坐席人员：在您的电费发票上有，您去查一下。

客　　户：好，你等下，我去拿电费发票。（客户找电费发票用了 2 分钟的时间）

坐席人员：好的。（一直等待客户找电费发票）

客　　户：我的户号是××××××××××。

坐席人员：您这个月的电费是××元。

客　　户：我这个月电费怎么那么高？你们是不是搞错了。

坐席人员：电费都是系统上自动生成的，不会算错的。

客　　户：会不会是你们把电表抄错了。

坐席人员：请您放心，我们电费都是经过审核过的，不会弄错。

客　　户：你们肯定是弄错了，我要到供电营业厅问个清楚。

坐席人员：好吧，请问您还有其他问题吗？

客户：没有了。

坐席人员：感谢您拨打 95598，请不要挂机，请对我的服务进行评价，再见！

**案例分析：**

（1）语言能力：服务用语不规范，询问客户时没有用“请”字。

（2）主动能力：服务主动性不高，在客户不能提供户号时，未主动通过户名查询客户信息，而是长时间等待，未主动控制服务时间。通过户号查询到客户信息后，未主动与客户核对户名和用电地址，便直接报出电费。当客户对当月电费有疑问时，未主动帮助客户分析电量突增原因：① 用电负荷是否增加；② 抄表是否正确，核对现场止码；③ 邻居窃电等，坐席人员主动分析问题和解决问题能力不足。

**案例 3：客户查询公司领导电话号码**

坐席人员：您好，请问有什么可以帮您？

客　　户：请问，你们公司总经理的手机号码是多少？

坐席人员：对不起，领导电话不对外提供。

客　　户：我是国家电监会的，有一个会议通知要通知到你们总经理本人。

坐席人员：好的，您等下。

客　　户：好。

坐席人员：总经理手机号码是×××××××××××。

客　　户：谢谢！

坐席人员：不用谢，感谢您拨打 95598，请不要挂机，请对我的服务进行评价，再见！

**案例分析：**

（1）语言能力：让客户等待时，未使用等待规范用语。

（2）判断能力：未对客户的真实来电意图和真实身份加以正确的判断。若真是国家电监会人员，会通过正常的办公途径通知，不会直接与领导私人联系，很明显该客户的身份不真实。坐席人员直接将公司领导私人电话告知客户，泄露了领导个人信息。

（3）业务能力：坐席人员的服务技巧性欠缺，未通过技巧性的语言，了解客户的来电真实意图，从而有针对性地开展服务。如对于明显属于推销类查询电话，可用一些技巧性语言加以拒绝。对确实有需要联系领导私人电话号码的客户，应征得公司领导同意后，再由公司领导本人决定是否与查询人取得联系。

**案例4：客户查询抢修值班电话**

坐席人员：您好。

客　　户：我想查询一下你们值班室的电话。

坐席人员：哪里的值班室电话？

客　　户：就是你们那个城区抢修的值班电话，我家里停电了。

坐席人员：好的，我来帮您查一查。

客　　户：好的。

坐席人员：电话号码是×××××××。

客　　户：谢谢。

坐席人员：感谢您拨打95598，请不要挂机，请对我的服务进行评价，再见！

**案例分析：**

（1）语言能力：服务用语不规范，没有使用首问语，询问客户时没有用“请”字，客户表示感谢时没有回答“不用谢”。

（2）判断能力：坐席人员的敏感性不高，当客户咨询抢修值班电话时，应立即想到客户需要进行报修，而不是单纯的查询电话号码，最终导致工单类型填写错误。

（3）业务能力：由于坐席人员电话服务中的致命性错误，导致本次电话服务失败，从而影响客户报修，延误抢修时间。

（4）主动能力：服务主动性不高，没有向客户宣传95598是全国统一的供电服务热线，直接受理故障报修等各种用电业务。提醒客户今后不用找值班电话，直接拨打95598即可。

**【思考与练习】**

1. 95598管理人员开展咨询、查询类案例分析的流程是什么？

2. 请根据实际的咨询、查询电话录音按照案例分析步骤查找存在的问题。



# 模块5　咨询、查询数据统计分析（ZY3100404005）

**【模块描述】**本模块介绍咨询、查询数据统计和分析方法。通过列表说明和案例介绍，掌握咨询、查询业务类型和绩效指标数据的统计及分析办法。

**【正文】**

为了解用电客户近期关注的重点、焦点和难点问题，95598应定期对咨询、查询类的数据进行统计分析，从中发现各类数据的走向趋势，画出曲线规律，从中分析数据波动的真实原因，以便于95598进行排班管理、流程再造、信息发布渠道拓展等工作，更好地为客户提供方便、快捷、准确的信息咨询、查询服务。

## 一、咨询、查询数据的统计

咨询、查询数据的统计可以按照业务类型和绩效指标等方式分别进行统计。

1. 咨询、查询业务类型的统计

按国家电网公司统一分类标准，95598咨询、查询类服务可分别进行如下分类：

（1）根据客户来电咨询业务内容，业务咨询类电话服务可分为计量装置、停电信息、用电业务、收费标准、电价电费、法律法规、公司文件、服务规范、企业信息、用电常识、用电技术、专业咨询、用电市场、能效管理和其他电力信息的业务咨询服务。可通过统计表的方式对业务咨询受理及处理情况进行统计与对比，如表ZY3100404005-1所示，为××供电公司95598业务咨询受理情况统计表，供大家参考。

表 ZY3100404005-1　　××供电公司 95598 业务咨询受理情况统计表

填报单位：　　　　　　　　　　　　　　　　　　统计期限：　　年　月　日至　　年　月　日

| 序号 | 业务分类 | 受理总数 | 完成数量 | 未完成数 | 按时完成数 | 本年累计受理数 | 同期数 | 同比增长（%） | 备注 |
|---|---|---|---|---|---|---|---|---|---|
| 1 | 计量装置 | | | | | | | | |
| 2 | 停电信息 | | | | | | | | |
| 3 | 用电业务 | | | | | | | | |
| 4 | 收费标准 | | | | | | | | |
| 5 | 电价电费 | | | | | | | | |
| 6 | 法律法规 | | | | | | | | |
| 7 | 公司文件 | | | | | | | | |
| 8 | 服务规范 | | | | | | | | |
| 9 | 企业信息 | | | | | | | | |
| 10 | 用电常识 | | | | | | | | |
| 11 | 用电技术 | | | | | | | | |
| 12 | 专业咨询 | | | | | | | | |
| 13 | 用电市场 | | | | | | | | |
| 14 | 能效管理 | | | | | | | | |
| 15 | 其　他 | | | | | | | | |
| 合　计 | | | | | | | | | |

审核人：　　　　　　　　　　填表人：　　　　　　　　　　填表日期：　　年　月　日

（2）根据客户来电查询信息内容，信息查询类电话服务可分为客户档案、电价电费、停电信息、计量装置、在办流程、供用电合同和其他电力信息查询服务。可通过统计表的方式对信息查询受理及处理情况进行统计与对比，如表 ZY3100404005-2 所示，为××供电公司 95598 信息查询受理情况统计表，供大家参考。

表 ZY3100404005-2　　××供电公司 95598 信息查询受理情况统计表

填报单位：　　　　　　　　　　　　　　　　　　统计期限：　　年　月　日至　　年　月　日

| 序号 | 类　型 | 受理总数 | 完成数量 | 未完成数 | 按时完成数 | 本年累计受理数 | 同期数 | 同比增长（%） | 备注 |
|---|---|---|---|---|---|---|---|---|---|
| 1 | 客户档案 | | | | | | | | |
| 2 | 电价电费 | | | | | | | | |
| 3 | 停电信息 | | | | | | | | |
| 4 | 计量装置 | | | | | | | | |
| 5 | 在办流程 | | | | | | | | |
| 6 | 供用电合同 | | | | | | | | |
| 7 | 其　他 | | | | | | | | |
| 合　计 | | | | | | | | | |

审核人：　　　　　　　　　　填表人：　　　　　　　　　　填表日期：　　年　月　日

2. 咨询、查询绩效指标的统计

为了解咨询、查询的服务水平，95598 管理人员可以定期从 95598 绩效指标中抽取与咨询、查询相关联的指标进行统计。如表 ZY3100404005-3 所示，为××供电公司 95598 咨询、查询绩效指标统计表，供大家参考。

表 ZY3100404005-3　　　××供电公司 95598 咨询、查询绩效指标统计表

填报单位：　　　　　　　　　　　　　　　　　　　　统计期限：　　年　月　日至　　年　月　日

| 序号 | KPI 指标 | 绩效目标参考值 | 本期完成值 | 同期完成值 | 本年累计完成值 | 同期累计完成值 | 备注 |
|---|---|---|---|---|---|---|---|
| 1 | 受理总数 | — | | | | | |
| 2 | 受理工单正确率 | ≥95% | | | | | |
| 3 | 致命错误率 | ≤2% | | | | | |
| 4 | 非致命错误率 | ≤10% | | | | | |
| 5 | 呼叫转接率 | ≤3% | | | | | |
| 6 | 一次性解决问题的答复率 | ≥85% | | | | | |
| 7 | 工单处理及时率 | 100% | | | | | |
| 8 | 客户回访率 | 100% | | | | | |
| 9 | 客户满意率 | ≥85% | | | | | |
| | …… | | | | | | |

审核人：　　　　　　　　　　　　填表人：　　　　　　　　　　　　填表日期：　　年　月　日

## 二、咨询、查询数据的分析

1. 咨询、查询业务类型的分析

95598 需要定期对各种类型的咨询、查询受理总数、处理情况、同期比值进行统计分析，分析业务数量变化的原因，查找近期客户关心的焦点、难点问题，或发生的突发性事件。譬如居民客户咨询电价上涨政策、拉闸限电咨询停电政策、轮换电表咨询换表原因等。遇到类似情况，坐席人员要积极寻求政府、新闻媒体等外界单位、部门的帮助和支持，对热点问题进行宣传、解释和引导，也可通过电力短信、95598 客户服务网站等方式告知客户，增加热点信息的透明度、公开度，逐步转移客户的视线，缓解人工坐席压力，帮助供电企业树立公信为民的良好形象。

2. 咨询、查询绩效指标的分析

咨询、查询类服务质量的好坏主要取决于坐席人员的服务能力、后台人员的响应速度和电力信息的准确收集。在服务质量的统计分析中，首先需要确定咨询、查询类有哪些主要服务指标，再按月对这些服务指标数据进行统计分析，查漏补缺，不断提升咨询、查询类服务质量。

首先，需要从 95598 关键绩效指标中提取与咨询、查询类相关的主要服务指标，譬如：受理工单正确率、致命性错误率、非致命性错误率、转接呼叫率、一次性解决问题的答复率、非当场答复回访率、客户满意率等。这些关键指标确定后，由管理人员定期跟踪指标的完成情况，并与标准值进行对比，找出近期出现问题的指标进行分析，并提出解决方案加以改善，使之达到预期水平。

如图 ZY3100404005-1 所示，为××供电公司 95598 一次性解决问题的答复率统计图。

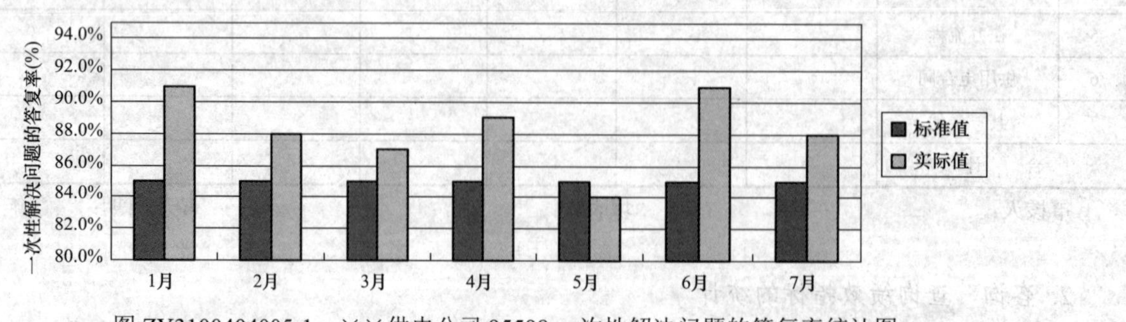


图 ZY3100404005-1　××供电公司 95598 一次性解决问题的答复率统计图

从图 ZY3100404005-1 中可以发现，该供电企业 1 月、6 月的一次性解决问题的电话所占比例较高，

通过分析，其主要原因是 1 月的拉闸限电，造成客户咨询来电时间的电话突增。6 月城区范围开展迎峰度夏前的大范围计划检修工作，也造成咨询电话增多。由于此类电话绝大部分都是可以在电话中一次性解决，所以这两个月的一次性解决问题的答复率明显提高。而在 5 月此指标却低于标准值，通过工单排查与分析，发现许多客户咨询临时性检修后的来电时间时，坐席人员无法当场答复客户，只能联系调度人员问清情况后再回呼答复客户，造成一次性解决问题的答复率降低。针对这一情况，95598 需立即与生产部门联系，确保临时性检修停电信息的准确、及时发布，方便坐席人员及时查询信息并当场答复客户。

3. 自动语音与转人工咨询、查询话务量数据分析

为提高 95598 服务效率，减少人工成本，供电服务热线设立了 IVR 自动语音服务，此项服务的重心在于自动为客户提供电力信息的查询类服务。为了充分运用 IVR 服务功能，95598 管理人员要定期对自动查询电话量进行分析，对不同时期的客户自动查询电话的数量、类别以及与转人工电话的比值进行对比分析。

若自动查询比例明显偏少，自动查询电话与转人工电话的平均比值小于 60%，说明 95598 的 IVR 服务系统没有充分发挥其功能，需要进一步开发和改善。客户不使用 IVR 服务功能的主要原因有以下三个方面：

（1）由于 95598 的宣传不到位，造成客户不了解 IVR 自动语音服务系统的功能和使用方法。

（2）IVR 系统的服务流程设计复杂，提示语言模糊，需要不停的重复选择按键，让客户觉得自动查询系统使用繁琐，还是直接转人工服务更方便。

（3）IVR 系统中的知识库内容没有及时更新和发布，譬如新的电价表没有及时修正，停电信息发布不全，造成客户通过 IVR 语音系统了解不到真实准确的信息，只有转人工寻求帮助。

当然，客户不使用 IVR 服务功能可能还会有其他的原因，譬如在 IVR 服务循环中容易断线、一个查询流程走完后要继续查询时却没有返回提示音等。为改变这一局面，则需要 95598 分别对使用或不使用 IVR 查询信息的客户进行抽样调查，了解客户不愿使用 IVR 自动服务的真实原因和想法，并根据回访中客户的意见和建议对自动语音流程进行优化，提高 IVR 使用比率，降低用工成本，缓解人工坐席工作压力。

**【思考与练习】**

1. 咨询、查询类数据统计工作从哪两个方面进行？主要包括哪些内容？
2. 影响咨询、查询类服务质量的主要因素有哪些？
3. 客户不使用 95598 自动语音服务系统的主要原因是什么？

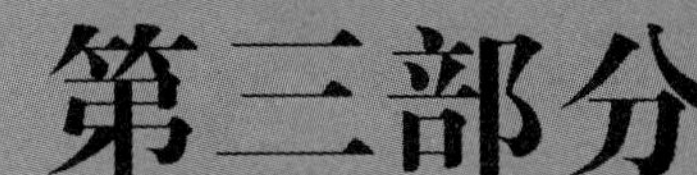

# 第三部分

# 服务管理

# 第六章 信息发布

## 模块1 信息发布业务流程（ZY3100501001）

【模块描述】本模块介绍信息发布的业务流程及要求。通过流程介绍和要点归纳，掌握及时对客户发布企业公告、停电信息、服务承诺、电价信息、政策法规及其他信息的基本方法和流程。

【正文】

随着95598服务功能的不断拓展，供电企业的生产与营销环节逐步向无缝隙链接趋势发展，95598借助与外界的良好沟通，已经逐渐成为了供电企业面向广大客户的信息发布中心。通过供电企业规范化的内部信息流转程序，95598可以迅速收集、整理各种供电常规信息、停电限电信息和最新电力资讯，高效、快捷、准确地传递给用电客户，做到信息发布工作的公开化、透明化。

### 一、信息发布描述

为满足供用电双方需求，95598通过电话、网络、短信、传真、户外广告以及各大新闻媒体等方式，向客户发布企业简介、事务公告及曝光信息、文件信息、停电信息、电力法律法规、优质服务承诺、营业收费、电价政策、服务指南及其他信息。

### 二、信息发布的流程

如图ZY3100501001-1所示，为信息发布业务流程图。

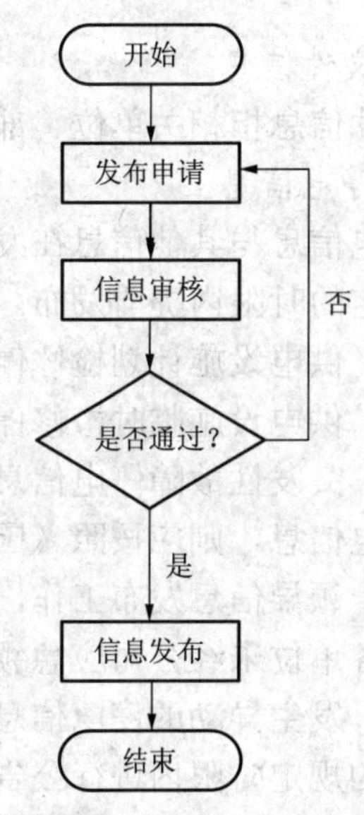

图ZY3100501001-1 信息发布业务流程图

### 三、信息发布业务的流程要求

1. 发布申请

为提高优质服务水平，满足客户需求，并争取社会各界的理解和支持，供电企业需要主动向社会发布各类电力信息，譬如：最新电价政策、有序用电政策、计划检修停电信息、企业最新资讯等。供电企业的发布信息收集人员应及时收集信息内容，并报发布信息审核人员进行审核，只有审核通过的信息95598才能对外发布。

2. 信息审核

在信息发布之前，必须审核信息的准确性、完整性和时效性。由发布信息审核人员确认信息内容的及时性、真实性、准确性，做到语言精简，不含歧义，判断是否符合国家法律、法规和有关政策规定，符合公司的规章制度和有关保密规定。通过网站发布的信息需要审核是否符合国家关于信息网络安全的有关规定和要求。审核人员应在规定的时限内审核信息，对于未审核通过的发布信息申请，应写明审核未通过的原因和意见，并通知信息发布申请人。

3. 信息发布

对于审核通过的信息，信息发布人员应在规定时限内根据申请的发布方式进行发布，做到内部衔接流畅，不推诿搪塞。并将信息发布时间、发布人员、发布方式和发布内容记录存档，避免出现迟发、漏发和错发的现象。因人为责任造成信息发布拖延、遗漏、错误的，由信息发布相关责任人承担责任。信息发布后，95598要定期对信息接收方做抽样回访，了解信息发布情况，征询接收方意见和建议，及时发现问题、整改问题，使信息发布工作成为供电企业与用电客户之间切实有效的沟通渠道。

【思考与练习】

1. 什么是信息发布？

2. 请绘制出信息发布的流程图，并对各个节点进行简单描述。

## 模块2 信息发布业务分类（ZY3100501002）

【模块描述】本模块介绍发布信息的业务分类及各类信息发布工单的填写标准。通过要点归纳和案例介绍，掌握信息发布的分类方法和工单填写内容。

【正文】

一、信息发布的业务类型

按信息发布的内容通常可以分为以下10种类型：

1. 企业简介

主要内容包括电力企业发展、经营状况和目标、营业区域划分、业务管辖范围、业务查询电话和电力服务场所等信息。

2. 事务公告及曝光信息

事务公告是指与客户服务密切关系的，需要向社会进行公告的信息。譬如，《国家电网公司年度社会责任报告》、服务监督等。另外，为促进社会的和谐稳定发展，供电企业努力超越，追求卓越，不断开拓创新，勇于承担社会责任，开展了一系列新项目、新活动，从而提升国家电网的服务品质。譬如，建设特高压电网、开展节能宣传、运用可再生能源促进环境保护、组织优质服务系列活动、积极参与奥运会保电工作、关爱弱势群体等公益性活动等。供电企业对这些电力资讯进行正面的报道和发布，可以让客户及时掌握供电企业的最新动态，增强对企业的认知度，有效提升企业优良形象。

3. 文件信息

文件信息指相关单位、部门颁布的与客户密切相关并需要向社会进行公示的文件。

4. 停电信息

停电信息与其他信息在发布时间上有所区别。其他信息只需要实时更新发布即可，而停电信息需要在规定的时限内提前发布。

（1）供电设施计划检修停电信息，应提前7天通知客户或进行公告。

（2）供电设施临时检修停电信息，应提前24小时通知重要客户或进行公告。

（3）突发性故障停电信息，应在故障发生后的规定时限内进行公告。但是对于涉及面广、影响面大的停电信息，则应按照《国家电网公司处置电网大面积停电事件应急预案》处理，由公司应急领导小组统一领导信息发布工作，及时将事故情况通报主要公共媒体，使公众对停电情况有客观的认识和了解。各单位未经公司应急领导小组同意，不得擅自发布大面积停电信息。

（4）发生异动的停电信息，对于那些停电因故延期或取消，以及需要延期送电的信息，应在信息变动前的规定时限内进行公告。

（5）有序用电预警信息，应按照《国家电网公司有序用电管理办法（试行）》，主动配合政府通过电视、报纸、广播、网络等渠道开展有序用电预警信息发布工作。限电序位应事前公告客户，并根据负荷值按确定的限电序位进行停电或限电。

5. 电力法律法规

主要内容包括《中华人民共和国电力法》《电力供应与使用条例》《电力设施保护条例》《供电营业规则》《居民用户家用电器损坏处理办法》《电力监管条例》《供电服务监管办法》以及供电企业能够对外发布的电力相关政策等。

6. 优质服务承诺

优质服务承诺是指国家电网公司为提升服务品牌，勇于接受社会各界监督而对外发布的承诺，包括投诉热线、社会服务承诺、示范窗口规范、文明用语、职工服务守则等内容。

7. 营业收费

主要内容包括收费项目、收费标准、适用范围、电量电费结算方式、交费方式、欠费处理办法、电费违约金及其收费原则。

8. 电价政策

主要内容包括电价分类、电价执行范围、销售电价表及相关的电价政策。

9. 服务指南

主要内容包括用电常识、营业网点、业务流程、服务内容、办理各种业务所需手续等。

10. 其他信息

主要内容包括客户用电信息和专业信息。客户用电信息是指营销信息系统中与客户服务密切相关，可以面向客户公布的用电信息。包括电量电费、电费余额、欠费金额、计量方式、电表编号、办理业务进程、所属台区名称等。专业信息包括配网结构图、线路编号及名称、负荷分布图、变压器损耗、导线截面选择、安全距离以及安全节约用电等。

**二、信息发布的填写标准**

1. 信息发布内容填写标准

（1）企业简介：标题、主要内容、信息来源、发布时间。

（2）事务公告及曝光信息：公告编号、公告类型、公告内容、公告来源、公告时间。

（3）文件信息：文件编号、文件名称、文号、文件内容、颁布单位、颁布日期。

（4）停电信息：停电编号、停电类别、停电区域、停电原因、处理单位部门、停电开始和结束时间。

停电类别需用填写计划检修、临时检修、故障停电、限电等。停电区域需填写负荷所在变电站编号、变电站名称、线路编号、线路名称、公用变压器编号、公用变压器名称、重要企事业单位、党政机关、居民小区、行政区域所含的村、组、街道等。停电原因需填写主要的工作内容及目的。处理单位部门需填写检修施工及大面积故障抢修单位、部门名称。停电开始和结束时间严格按照工作票的开工前停电、完工后送电时间填写。送电时间填写准确，前后时差不超过完成检修施工或抢修各类故障的规定时间。停电信息发生异动时应及时更新，保证信息内容实时、准确。

（5）电力法律法规：法律法规名称、法律法规内容、法律法规来源、法律法规颁布时间。

（6）优质服务承诺：承诺名称、承诺内容、承诺来源、承诺发布时间。

（7）营业收费：营业收费信息名称、营业收费信息内容、营业收费信息来源、营业收费信息发布时间。

（8）电价政策：电价政策名称、电价政策内容、电价政策来源、电价政策发布时间。

（9）服务指南：服务指南类型、服务指南名称、服务指南内容、服务指南来源、服务指南发布时间。

（10）其他信息：信息类别、信息内容、信息来源、信息发布时间。

2. 信息发布申请填写标准

信息发布申请时需填写申请单位、申请人、申请人联系方式、申请时间、发布时效、申请发布信息、申请发布方式等，并在规定时效内发送审核。

3. 信息发布审核填写标准

信息发布审核时需填写审核单位、审核人、审核人联系方式、审核时间、是否通过审核、审核意见。对于未审核通过的发布信息申请，应写明审核未通过的原因，并通知发布申请人。

4. 信息发布填写标准

信息通过审核进行发布时，需填写发布单位、发布人、发布人联系方式、发布内容、发布时间、发布方式、发布状态，并将所有信息记录存档。

如表 ZY3100501002-1 所示，为××供电公司 95598 停电信息发布工单填写样本。

表 ZY3100501002-1　　　××供电公司 95598 停电信息发布工单填写样本

| 工单编号 | 20000922 | 所属公司 | ××公司 | 处理单位部门 | ××工程公司 |
|---|---|---|---|---|---|
| 线路编号 | 航 18 | 线路名称 | 三棉线 | 停电类别 | 计划检修 |
| 停电区域 | 红星路三棉、长港路荆江化工、塑二宿舍、工商行政管理局、江陵生资公司、毛纺宿舍、景湖房地产、银海实业、豪达花园、长港小区、城市建设工程公司、毛纺小区、蓄电池厂、活力佳兴小区、民富冷冻厂、电池厂、日光灯宿舍东等 | | | | |
| 停电原因 | 10kV 开关停电检修 | | | | |
| 开始时间 | 2009-8-5　07:00:00 | | 结束时间 | 2009-8-5　18:30:00 | |
| 工单处理： | | | | | |
| 处理步骤 | 单位部门 | 姓　名 | 联系电话 | 时　间 | 处理意见 |
| 申　请 | ××工程公司 | 李　军 | ×××××× | 2009-7-27　09:45:28 | 申请发布 |
| 审　核 | ××公司 | 王　兵 | ×××××× | 2009-7-27 10:35:12 | 审核通过 |
| 发　布 | 95598 | 朱小辉 | ×××××× | 2009-7-28　09:05:15 | 信息已发布 |

【思考与练习】

1. 信息发布内容可分为哪几种类型？
2. 停电信息在发布时限上有何要求？
3. 发布停电信息时需要填写哪些内容？填写的具体要求是什么？



# 模块 3　电力知识库管理（ZY3100501003）

【模块描述】本模块介绍电力知识库管理的业务流程以及各个环节的工作要点和具体要求。通过流程介绍和要点归纳，掌握电力知识从收集到发布的流程和各环节的管理。

【正文】

95598 坐席人员开始电话服务工作时，身后需要有强大的电力知识库支撑，这样才能为客户提供方便、快捷、准确的咨询、查询服务。如果电力知识库的内容不全面，则会造成坐席人员无法当场答复客户，降低一次性解决问题的答复率。而知识库内容发生变更后没有及时修改，坐席人员就会将错误的答案告知客户，从而使电话服务中的致命错误和非致命错误增加，影响服务质量。因此，95598 要加强电力知识库的管理工作，确保信息准确、完整，具有时效性。

## 一、电力知识库管理描述

95598 开展与客户服务相关的所有知识和信息的收集整理工作，并不断完善和更新知识库，加大知识收集和发布的考核监管力度，使电力知识库的内容规范、流转顺畅，及时汇集到 95598，为坐席人员提供强有力的知识库支撑。电力知识库主要内容包括企业简介、电力法律法规、优质服务承诺、营业收费、电价政策、服务指南等知识及日常工作中积累的工作技巧和经验。

## 二、电力知识库管理的流程

如图 ZY3100501003-1 所示，为电力知识库管理流程图。

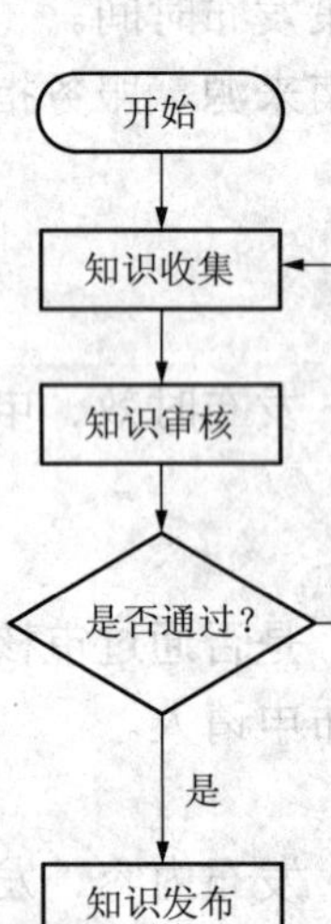

开始
知识收集
知识审核
是否通过？
否
是
知识发布
结束

图 ZY3100501003-1　电力知识库管理流程图

## 三、电力知识库管理的流程要求

1. 知识收集

95598 应派专人负责电力知识的收集整理工作。知识收集人员与营销、生产及其他相关单位部门建立长期合作关系，确保需要变更的信息和新业务知识点能够实时传递至 95598。譬如，××省公司最新推出 POS 机自助交费业务，营销部门应在新业务推广运用前将知识内容传递给信息收集人员，内容包括新业务简介、使用方法、涉及范围、推出时间等，以便 95598 在知识库中及时增添新的业务知识，并组织坐席人员提前开展新业务培训工作，以应对即将来临的客户咨询。另外，还有涉及生产部门的知识点也需要及时收集。随着经济的发展和人民生活水平的提高，电网负荷也同时发生变化。为保证供电质量，生产部门会有计划地对负荷所在的线路、台区进行调整。此时，生产部门应定期将配网线路和负荷分布的最新动态传递给信息收集人员，方便坐席人员准确判断故障停电范围，及时安排抢修工作。

电力知识库的收集渠道主要有以下 5 种：① 从现有的政策法律法规、技术标准、地方政策等文档资料中提取；② 从公共信息获取电力法律法规、业务指南；③ 从业务咨询获取专家解答案例信息；④ 从客户的咨询问题中提炼出客户关心的问题；⑤ 从有序用电措施管理获取有序用电方案。信息类型可以为文字、图片、语音、视频等。

知识收集人员按照单位、部门、知识类别等建立知识库目录，记录单位名称、部门名称、知识类别、目录从属关系、建立人、建立时间、知识来源等内容，建立完善的知识库目录信息，并通过树型结构列出知识库的所有目录，理顺各目录间的从属关系。

知识收集人员需要及时向知识审核人员列出知识收集信息、知识修改信息、知识停用信息、知识库目录更改信息。知识内容需经审核通过后才能进入电力知识库。

2. 知识审核

知识审核人员应对上报的知识信息进行审核，确定知识内容的准确性、完整性和时效性，判断是否符合国家法律、法规和有关政策规定，符合公司的规章制度和有关保密规定。审核人员应在规定的时限内审核电力知识内容，对于未审核通过的电力知识，应及时与知识收集人员取得联系，积极沟通，提出修改意见或建议。知识收集人员在接到修改意见或建议后，应进一步完善电力知识内容，提供可靠的支撑材料，并将修改后的知识发至知识审核人员再次审核。例如对于近期电价标准进行调整的知识点，则需要知识收集人员在提供最新电价表的同时，还要提供国家发展改革委员会的文件，以及省公司对于本次电价调整所作的正式文字说明书，从而了解电价政策来源、调价原因、执行时间、执行范围等，将新旧电价表进行对比分析，并校对新电价政策的内容。这样操作可以帮助坐席人员更深入地了解电力知识变动的前因后果，在遇到“刨根问底”型客户的提问时回答更加透彻，服务更加自信。

若最终判断此电力知识违反相关规定，无法进入 95598 电力知识库时，知识审核人员应将审核未通过的原因和意见反馈知识收集人员，拒绝其修改、增加和撤销电力知识库相关内容的申请。

3. 知识发布

对于审核通过的知识，知识发布人员在规定时限内按照分类将知识发布到知识库中，供相关人员使用。知识发布工作做到内部衔接流畅，不推诿搪塞。并将知识发布时间、发布人员、发布方式和发布内容记录存档，避免出现迟发、漏发和错发的现象。因人为责任造成知识发布拖延、遗漏、错误的，由相关责任人承担责任。对于电力知识库的应用情况，95598 要定期回访坐席人员及相关使用人员，了解知识库使用情况，征询意见和建议，及时发现问题、整改问题，从而进一步规范电力知识库管理工作。

**【思考与练习】**

1. 什么是电力知识库管理？
2. 请绘制出电力知识库管理的流程图，并对各个节点进行简单描述。
3. 如何建立和完善电力知识库？

## 模块 4 信息发布数据统计分析（ZY3100501004）

**【模块描述】**本模块介绍信息发布数据统计和分析方法。通过列表说明和案例介绍，掌握信息发布业务类型和绩效指标数据的统计及分析办法。

【正文】

为及时掌握 95598 的信息发布情况，了解信息发布人员的服务状态，分析客户对信息发布工作的满意度情况，需要定期对信息发布数据进行统计分析，掌握信息发布的有效途径，判断信息来源是否准确，信息发布人是否及时发布各类信息，以及信息发布数据的走向。并通过电话回访，了解客户对 95598 信息发布工作的意见和建议，找出问题所在，提出整改方案，使 95598 真正成为供电企业客户服务信息发布的中心。

## 一、信息发布数据的统计

信息发布的数据统计工作可以按发布方式进行统计，也可以按信息内容进行分类统计。按发布方式可分为电话、网络、短信、传真、新闻媒体等，按信息内容可分为企业简介、事务公告及曝光信息、文件信息、停电信息、电力法律法规、优质服务承诺、营业收费、电价政策、服务指南及其他信息等。

统计信息发布数据的过程中应注意统计口径的一致性。提取同一类发布数据时，应首先界定好统计的范围，方便不同的统计人员实际操作。另外，还需要保持数据统计工作的连贯性，使不同阶段的数据具有可比性，为后一步数据分析工作打下牢固的基础。

1. 信息发布业务类型的统计

按信息发布方式、发布时间和信息类别统计信息发布数量。对于停电信息还可以进一步细分，它可以按照电压等级划分，再按各个电压等级所涉及停电的设备元件进行二次划分，分析各设备元件停电的频率是否正常。如表 ZY3100501004-1 所示，为××供电公司 95598 信息发布情况统计表，供大家参考。

表 ZY3100501004-1　　　××供电公司 95598 信息发布情况统计表

填报单位：　　　　　　　　　　　　　　　　统计期限：　　年　月　日至　　年　月　日

| 发布方式 / 信息类型 | 电话 | | 网上营业厅 | | 短信 | | 传真 | | 新闻媒体 | | 合计 | | 发布数同比增长（%） | 客户满意率 |
|---|---|---|---|---|---|---|---|---|---|---|---|---|---|---|
| | 发布数 | 准确发布数 | 发布数 | 准确发布数 | 发布数 | 准确发布数 | 发布数 | 准确发布数 | 发布数 | 准确发布数 | 发布数 | 准确发布数 | | |
| 企业简介 | | | | | | | | | | | | | | |
| 事务公告及曝光信息 | | | | | | | | | | | | | | |
| 文件信息 | | | | | | | | | | | | | | |
| 停电信息 | | | | | | | | | | | | | | |
| 电力法律法规 | | | | | | | | | | | | | | |
| … | | | | | | | | | | | | | | |
| 其他信息 | | | | | | | | | | | | | | |
| 合　计 | | | | | | | | | | | | | | |

审核人：　　　　　　　　　　　　填表人：　　　　　　　　　　　　填表日期：　　年　月　日

2. 信息发布绩效指标的统计

为了解信息发布的服务水平，95598 管理人员可以定期从 95598 绩效指标中抽取与信息发布相关联的指标进行统计。首先，可以按信息发布的及时准确性统计。对未及时准确发布停电信息所涉及的单位部门进行二次划分，掌握信息发布工作症结与人为因素的关联，并为后一步的信息发布绩效考核提供可靠依据。如表 ZY3100501004-2 所示，为××供电公司 95598 信息发布绩效指标统计表，供大家参考。

## 二、信息发布数据的分析

信息发布的数据统计完成后，95598 需要定期对相关数据开展分析工作，对各种类型的信息发布数量、发布质量、同期比值进行分析，并通过电话外呼、现场走访等方式了解客户对不同信息接收方式的认可度、满意度，分析内在原因，不断完善信息发布工作，减少信息发布成本。

表 ZY3100501004-2 ××供电公司 95598 信息发布绩效指标统计表

填报单位： 统计期限： 年 月 日至 年 月 日

| 序号 | KPI 指标 | 绩效目标参考值 | 本期完成值 | 同期完成值 | 本年累计完成值 | 同期累计完成值 | 备注 |
|---|---|---|---|---|---|---|---|
| 1 | 信息发布及时准确率 | ≥98% | | | | | |
| 2 | 审核处理及时率 | ≥98% | | | | | |
| 3 | 停电信息发布准确率 | ≥98% | | | | | |
| | …… | | | | | | |

审核人： 填表人： 填表日期： 年 月 日

1. 信息发布业务类型的分析

在统计分析前，首先应将信息发布的统计口径和范围进行界定。停电信息发布中，电话类是指在 95598 客户服务系统中发布的信息条数；短信类是指通过短信向客户发布信息的数量。如果是通过短信群发同一条停电信息，则只按发布一条信息进行计算；传真类是指向通过传真向客户发布信息的数量；网上营业厅类是指在网上营业厅发布的信息条数；新闻媒体类是指通过电视、电台、报纸、外部网站等方式发布的信息条数。同一停电信息通过不同新闻媒体对外发布时，只按发布一条信息进行计算，不重复计入。如图 ZY3100501004-1 所示，为××供电公司 95598 停电信息发布统计分析图。

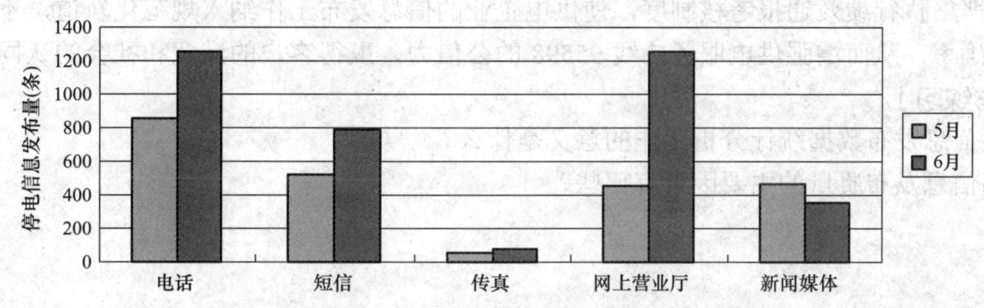


图 ZY3100501004-1 ××供电公司 95598 停电信息发布统计分析图

由于网上营业厅的停电信息直接从 95598 客户服务系统中自动提取，因此，一般情况下通过电话、网上营业厅发布的停电信息数量是一致的。而图 ZY3100501004-1 中，5 月的网上营业厅信息发布数据明显小于电话发布数据，这说明客服系统中的停电信息没有及时在网上营业厅中发布，其原因可能是自动提取功能出现问题，而人工发布信息工作又没有到位造成的。另外，从图中可以发现，6 月客服系统中发布的停电信息远大于 5 月，但同期新闻媒体的发布数有所下降，说明 6 月的新闻媒体发布信息渠道存在问题。95598 管理人员需要分析真实原因，如果是因为坐席人员每天没有按时将停电信息准确地发至各新闻媒体，则应加强 95598 的信息发布管理，理顺发布流程，明确责任范围，加强考核监督，确保信息及时传送到各新闻媒体。如果是因为电视台、电台的节目发生调整，报纸的版面发生变化等因素造成信息没有发布，95598 应及时联系公司新闻中心，共同与相关媒体进行沟通和协商，提出解决方案。

停电信息发布工作的好坏，不仅影响到客户的知情权和满意度，而且还可以为生产部门提供停电的数据参考，及时了解计划检修、临时检修的安排是否合理，突发故障是否有效防范、拉闸限电是否有序进行等，从中查找问题，改进工作。只有这样，才能使停电信息发布工作既惠及客户，又提升供电企业的工作质量，获得双赢的局面。

2. 信息发布绩效指标的分析

信息发布工作的质量是衡量 95598 诚信度的重要指标，一个错误的信息发布，将会降低客户对供电企业和 95598 的认知度和信任度，容易引起客户的不满，增加电话服务的成本。因此，95598 管理人员应对信息发布过程中的质量问题认真记录，查找原因，进行整改和绩效考核，确保及时准确地开展信息发布工作。如图 ZY3100501004-2 所示，为××供电公司 95598 信息发布质量统计图。

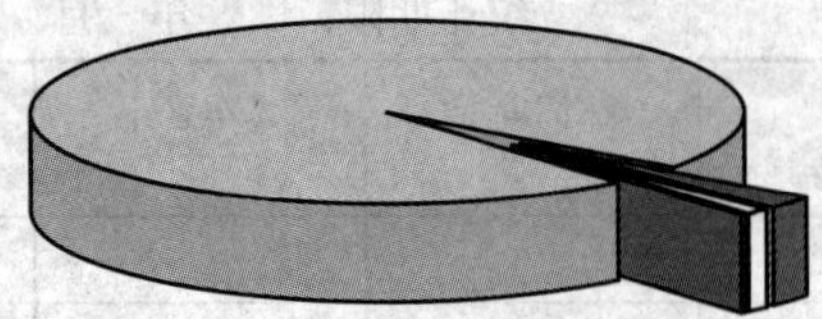


图 ZY3100501004-2 ××供电公司 95598 信息发布质量统计图

从图 ZY3100501004-2 中可以看到，本月的信息发布及时准确率达到 96.3%，低于 98%的绩效目标值。另外，未按时发布的信息数占 2.3%，漏发信息数占 1.1%，错发信息数占 0.3%。根据统计数据，95598 管理人员需要从信息发布的各个环节查找问题，尤其要对发布难度较大的停电信息进行重点分析。影响信息发布工作质量的主要原因有以下 5 种：

（1）信息发布的业务流程和工作职责没有界定清晰，管理考核不到位；

（2）营销、生产等部门未按信息发布流程及时向信息收集人员提供信息；

（3）信息收集人员责任心不强，没有及时、主动、全面地向相关部门收集整理信息；

（4）信息审核人员没有按时审核信息，或审核不严，使错误信息或内容不全的信息进入发布程序；

（5）信息发布人员没有按时通过多种发布途径对外发布信息。

通过信息发布的数据与案例分析，95598 管理人员可以从反面案件中找出问题的症结，了解影响本公司信息发布绩效指标的主要因素是管理不严还是执行不力，最终通过加强各单位、部门之间的协调与沟通，严格执行绩效通报考核制度，使供电企业的信息发布工作纳入规范化轨道，不断提升信息发布及时准确率，从而增强供电服务热线 95598 的公信力，赢得客户的满意和社会的认同。

【思考与练习】

1. 开展信息发布数据统计分析工作的意义是什么？

2. 影响信息发布质量的主要因素有哪些？

# 第七章 主 动 服 务

## 模块 1 主动服务业务流程（ZY3100502001）

【模块描述】本模块介绍主动服务的业务流程及要求。通过流程介绍和要点归纳，掌握主动为客户提供客户满意度调查、客户需求调查、最新电力业务推介等服务的方法。

【正文】

随着我国电力行业的深化改革和市场经济体系的不断完善，供电企业面临的形势和外部环境发生了重大变化，社会和电力客户对供电服务的要求越来越高，与此同时，来自煤、油、燃气等替代能源以及地方电厂和客户自备电厂的竞争，致使供电企业面临更严峻的挑战。我们只有通过优质、高效的主动服务，才能够不断提高企业竞争力和客户忠诚度。

一、主动服务描述

通过电话、网络等方式，95598 按照不同的客户群体制定相应的服务策略，主动为客户提供客户满意度调查、客户需求调查、最新电力业务推介等服务。

二、主动服务的流程

如图 ZY3100502001-1 所示，为主动服务流程图。

开始 → 服务策略制定 → 服务对象分配 → 服务策略执行 → 结束

图 ZY3100502001-1 主动服务流程图

三、主动服务的流程要求

1. 服务策略制定

根据客户不同的用电性质和重要程度，分析客户群体的特征和需求，制定主动服务策略。服务策略的内容包括服务对象、服务方式、服务项目、服务内容、服务时间、坐席人员和服务要求等。

2. 服务对象分配

按照营业区域、行业类别、电压等级、信用等级、负荷性质等因素制定服务对象分配规则，建立坐席人员与服务对象的对应关系。按照坐席人员的工作强度合理分配服务对象数量。

3. 服务策略执行

对于确定实施的服务策略，坐席人员首先应收集服务对象的相关信息，按照服务内容为不同的客户群体提供主动服务，并将主动服务的人员、时间、内容、反馈意见以及所达到的效果记录存档，以便于开展统计分析工作，真实了解客户服务的亮点及存在的问题，并及时整改，不断创新主动服务方式，提升服务品质。在主动服务中，如果坐席人员发现客户有用电方面的问题或困难时，应及时填写相关业务工作单并按正常的工作流程进行处理。

【思考与练习】

1. 什么是主动服务？
2. 请绘制出主动服务的流程图，并对各个节点进行简单描述。

## 模块 2 主动服务业务分类（ZY3100502002）

【模块描述】本模块介绍主动服务的业务分类及各类主动服务工单的填写标准。通过要点归纳和案例介绍，掌握主动服务的分类方法和工单填写内容。

【正文】

一、主动服务的业务类型

按主动服务的内容通常可以分为以下三种类型：客户满意度调查、客户需求调查、最新电力业务推介等业务类型。

1. 客户满意度调查主要内容

针对满意度调查目的的不同，从企业形象、客户期望、客户对供电服务品质的感知、客户对价值的感知、客户满意度、客户抱怨和客户忠诚等方面考虑。通过对客户满意度的调查，准确把握客户需求及期望，了解供电服务的服务质量和 95598 服务调度中心的运营效率，促进 95598 服务策略的改进及整体服务质量的提高。客户满意度调查主要内容包括：

（1）营业厅服务：业务办理准确性、业务办理受理时限情况、服务人员态度情况、服务过程规范程度、业务办理等待情况、服务人员服务主动性、初次办理业务的方便程度。

（2）95598 服务：业务受理等候时间、问题解决能力、语音系统提示是否容易理解、语音系统提示操作是否方便、语音系统是否容易接通、是否 24 小时全天候服务、服务人员服务态度情况、服务人员服务水平情况、服务人员服务主动性、客户回访情况、客户对不同服务项目（至少包括用电申请、抄表、收费、抢修、投诉服务）的满意程度。

（3）新装增容及变更用电服务：低压电力客户新装供电方案答复是否及时、高压单电源客户新装供电方案答复是否及时、高压双电源客户新装供电方案答复是否及时、客户送审的高压供电受电工程设计文件和有关资料答复是否及时、客户送审的低压供电受电工程设计文件和有关资料答复是否及时、一般居民用户装表接电的期限是否及时、低压电力用户装表接电的期限是否及时、高压电力用户装表接电的期限是否及时、业务流程规范程度、服务人员服务主动性。

（4）抄表收费服务：抄表是否能够按规定期限时间、抄表准确性、各项计费准确性、抄表数据透明情况、收费准确性、收费规范程度、缴费方便程度、电费通知单送达服务是否满意、电费电价查询方式是否便捷、电费电价查询清单及其计费内容是否容易理解、电费发票索要是否方便、欠费后复电时间是否满意、服务人员服务主动性。

（5）故障报修服务：农村故障报修到达现场时间是否及时、城市故障报修到达现场时间是否及时、边远地区故障报修到达现场时间是否及时、抢修结果是否满意、故障报修受理是否满意、服务过程规范程度、服务人员服务主动性。

（6）停限电服务：计划检修停电情况、计划检修停电时是否提前通知客户详细情况、临时检修停电时是否提前通知客户详细情况、有序用电执行方案实施是否提前通知客户的详细情况。

（7）客户满意程度：客户对网省公司电力供应/服务品质的总体评价、满足客户期望的程度、与同区域其他公用事业（水、气、交通、电信等）相比较的差异、与上年电力供应/服务品质水平相比较的差异。

2. 客户需求调查主要内容

根据客户的重要性可分为一般客户、重要客户和 VIP 客户，95598 可按照不同客户群体的主要需求进行有效调查，找准供电企业需改善或新增服务方式的薄弱环节，从而不断提高供电企业的服务水平。

（1）一般客户：主要调查内容包括业扩报装、业务变更、咨询查询、故障报修、投诉、举报与建议、抄表服务、电费交纳、电费通知、欠费停电、停电信息发布、弱势群体服务等方面的客户需求。

（2）重要客户：重要客户一般是指政府、医院、新闻机构以及其他一、二类负荷，除一般客户的需求调查内容外，还包括最新的用电政策宣传、停电通知、安全节约用电指导等。

（3）VIP 客户：VIP 客户由各供电企业自行设定标准，一般是用电量较大、客户信用等级高的客户。除重要客户的需求调查内容外，还包括业扩报装绿色通道、VIP 服务卡、VIP 活动室等增值服务的需求调查。

3. 最新电力业务推介主要内容

随着科技的发展，客户对供电企业的服务方式和服务项目不断提出新的要求，供电企业及时根据客户的需求不断推出新的服务方式和服务项目，做到服务方式多样化，服务项目齐全化。最新电力业务推介主要包括市场开拓、优质服务、服务手段几方面内容：

（1）市场开拓：推荐节能产品、新产品、新技术，例如电动汽车、节能灯、热泵、冰蓄冷等。

（2）优质服务：电力企业开展的各种服务活动及服务宣传，比如2008年国家电网“金牌服务迎奥运”等服务活动。

（3）服务手段：不断推举新型电费交费方式、现代化个性化新型缴费手段等，例如：通过电力客服网站实现网上电费交费服务、在银行的储蓄网点设置24小时售电机、充值卡等。提供短信服务、传真服务、网站服务、95598 增值服务等内容。向有订阅需求的客户提供电量电费通知、欠费提醒、故障停电告知、计划停电安排、节日祝福等服务。

**二、主动服务的工单填写标准**

按主动服务的业务类型，《主动服务单》可分为客户满意度调查、客户需求调查和最新电力业务推介三种工单。坐席人员填写《主动服务单》时，应确保工单内容的完整性和正确性，将《主动服务单》、外呼电话录音、客户满意度调查结果及其他相关信息按处理时间和业务流程统一建档保存。信息完整的《主动服务单》主要包括服务方式、工单编号、所属供电企业、户号、户名、用电地址、业务类别、服务内容、服务结果、服务人员和服务时间。外呼录音与该主动服务单之间建立关联。

如表 ZY3100502002-1 所示，为××供电公司 95598 主动服务工单填写样本，供大家参考。

**表 ZY3100502002-1　　××供电公司 95598 主动服务工单填写样本**

| 工单编号 | 20000231 | 服务方式 | 电　话 | 所属公司 | ××公司 |
|---|---|---|---|---|---|
| 户　号 | 0000123478 | 户　名 | 王　军 | 业务类别 | 最新业务推介 |
| 用电地址 | ××市北京路和平小区3栋1单元201号 | | | 联系电话 | 8123456 |
| 服务人员 | 李　红 | 服务时间 | 2009-7-22　09:26:45 | 是否有效 | 有　效 |
| 服务内容 | 通过外呼方式向客户推介银行储蓄划拨电费业务 | | | 录　音 | 播　放 |
| 服务结果 | 客户对该项业务感兴趣，表示下次交费时到银行去办理相关手续 | | | | |

**【思考与练习】**

1. 如何对主动服务进行分类？
2.《主动服务单》填写标准包括哪些内容？

## 模块 3　主动服务数据统计分析（ZY3100502003）

**【模块描述】**本模块介绍主动服务数据统计和分析方法。通过列表说明和案例介绍，掌握客户满意度及需求调查数据的统计及分析办法。

**【正文】**

为及时掌握客户的需求，了解客户关注的热点、难点问题，95598 坐席人员能够通过主动服务了解客户的需求和满意信息，再将信息转化为统计数据，通过数据分析来了解供电企业的改进方向和发展途径。

**一、主动服务数据的统计**

主动服务的数据统计工作可以按主动服务分类进行统计，分为满意度指标统计、需求调查数据统计等。主动服务数据的统计过程中应注意统计口径的一致性。提取同一类数据时，应首先界定好统计的范围，方便不同的统计人员实际操作。另外，还需要保持数据统计工作的连贯性，使不同阶段的数据具有可比性，为后一步数据分析工作打下牢固的基础。

1. 满意度指标统计

可以将客户满意程度分为非常满意、满意、一般、不满意、很不满意等五个级别，根据不同的调查重点，由 95598 坐席人员通过电话对客户进行满意度调查，并计算客户满意率。客户满意率计算公式如下：

客户满意率 = (非常满意数量 + 满意数量) / 调查数量×100%

如表 ZY3100502003-1 所示，为××供电公司 95598 服务满意度调查统计表，供大家参考。

**表 ZY3100502003-1　　××供电公司 95598 服务满意度调查统计表**

填报单位：　　　　　　　　统计期限：　年　月　日至　年　月　日

| 调查内容 | | 调查数 | 客户放弃数 | 调查结果 | | | | | 客户满意率 | 备注 |
|---|---|---|---|---|---|---|---|---|---|---|
| | | | | 非常满意 | 满意 | 一般 | 不满意 | 很不满意 | | |
| 人工服务 | 人工服务是否容易接通 | | | | | | | | | |
| | 服务用语 | | | | | | | | | |
| | 服务态度 | | | | | | | | | |
| | 业务技能 | | | | | | | | | |
| | 工作效率 | | | | | | | | | |
| 人工服务满意率 | | | | | | | | | | |
| 自动语音服务 | 语音系统提示是否容易理解 | | | | | | | | | |
| | 语音系统提示操作是否方便 | | | | | | | | | |
| | 语音系统播报内容是否完整 | | | | | | | | | |
| 自动语音服务满意率 | | | | | | | | | | |
| 95598 服务满意率 | | | | | | | | | | |

审核人：　　　　　　　填表人：　　　　　　　填表日期：　年　月　日

2. 需求调查的统计

由 95598 坐席人员按照客户性质，通过电话进行需求调查，以满足、基本满足、不能满足三级对调查的需求内容进行分类统计。譬如，以下是××供电公司 95598 坐席人员对 100 名居民及 50 个单位的供电质量进行的需求调查。如表 ZY3100502003-2 所示，为××供电公司供电质量需求调查统计表，供大家参考。

**表 ZY3100502003-2　　××供电公司供电质量需求调查统计表**

填报单位：　　　　　　　　统计期限：　年　月　日至　年　月　日

| 客户类型 | 满　足 | 基本满足 | 不能满足 |
|---|---|---|---|
| 居民 | 62 | 33 | 5 |
| 单位 | 30 | 18 | 2 |
| 客户类型 | 需求调查反馈内容 | | |
| 单位客户 | 1. 减少非计划的停电，停送电时间严格按计划执行；<br>2. 尽快进行城区低压线路改造；<br>3. 加强用电安全方面的宣传力度；<br>4. 商业客户的电压有时不稳定 | | |
| 居民客户 | 1. 农村电压不稳，电压时高时低；<br>2. 希望得知准确的停电信息；<br>3. 安全用电方面的知识需要加强；<br>4. 加快农村电网的改造速度，提高供电可靠性 | | |

审核人：　　　　　　　填表人：　　　　　　　填表日期：　年　月　日

## 二、主动服务数据的分析

95598 管理人员依据客户满意度及需求调查的统计结果，分析目前客户不满意或不能满足客户需求的原因，提出改进措施，不断完善，为公司管理层及相关部门提供准确的信息依据。譬如，在对满意度的数据进行分析前，应汇总满意度及计算结果，找出满意度指数较低和满意度指数较高的服务项目。对满意度指数较低的项目，应分析原因，结合改进成本及客户对该项指标的关注程度提出改进建议；对满意度指数较高的，总结推广。如图 ZY3100502003-1 所示，为××供电公司 95598 服务满意度调查统计图。

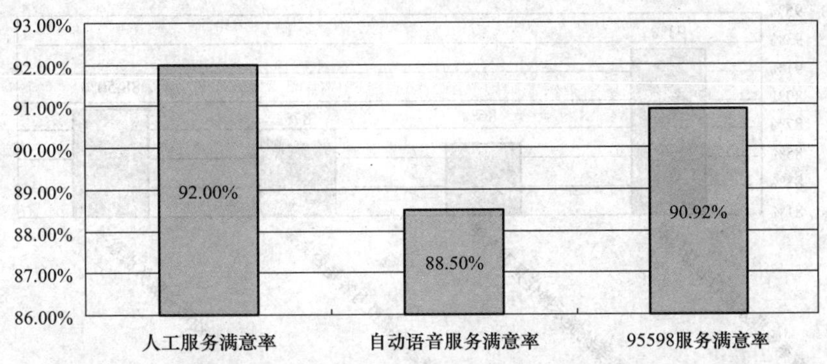


图 ZY3100502003-1 ××供电公司 95598 服务满意度调查统计图

××供电公司 95598 上半年受理话务量为 128760 次，其中人工服务数量占 69%，自动语音服务占 31%，通过开展满意度调查，人工服务满意度为 92%，自动语音服务满意率为 88.5%，95598 服务满意率计算公式如下：

95598 服务满意率=人工服务满意率×话务量权重+自动语音服务满意率×话务量权重

经过计算，上半年 95598 服务满意率为 90.92%，该指标完成情况良好。人工服务满意率对 95598 整体服务指标影响系数较大，而本次调查中自动语音服务满意率低于 95598 服务满意率，因此，95598 管理人员应通过调查了解客户真实的不满意因素，从 95598 系统、现场管理、人员培训等方面寻找解决方案。以下针对人工服务及自动语音服务的不满意因素进行详细的分析，并制定对应的整改措施。

（1）95598 人工服务满意率分析。如图 ZY3100502003-2 所示，为××供电公司 95598 人工服务满意度统计图。

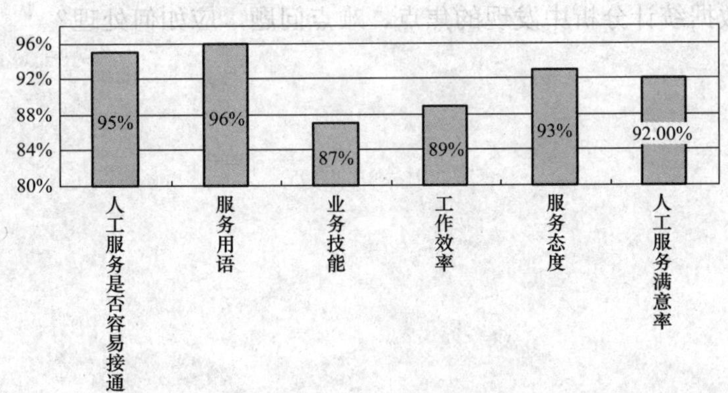


图 ZY3100502003-2 ××供电公司 95598 人工服务满意度统计图

调查数据显示，“业务技能”和“工作效率”两项调查内容的满意率均低于人工服务满意率，应作为 95598 管理人员重点关注的对象。建议 95598 管理人员对坐席人员进行专业服务理念和技能培训，建立典型案例知识库等措施来提升坐席人员的业务技能。譬如，针对坐席人员在业务技能和工作效率中存在的问题，组织坐席人员跟随电力抢修、装表接电人员到生产现场培训学习，加强对设备和生产现场的感性认识，还可以通过听取《服务礼仪》讲座，增强坐席人员在情感管理、沟通技巧、服务礼仪等方面的技能。除此以外，班组内部要建立业务培训制度，定期组织考问和考试，抽查工作单及服务录音，统一进行点评及打分，及时弥补差距和不足。并通过开展“服务明星”的竞赛和评选，促进坐席人员业务水平的提高。针对“服务态度”存在的问题，重点要做好服务认识、服务理念的培训，因为只有对本职工作有更深的理解，才能担当更多的责任，才能更主动地去解决问题。95598 可以通过开展“假如我是电力客户”的换位思考大讨论活动，加强电力职业道德教育，不断强化坐席人员敬业爱岗意识和以客户需求为导向的服务意识。

（2）自动语音服务满意度分析。如图 ZY3100502003-3 所示，为××供电公司 95598 自动语音服务满意度统计图。

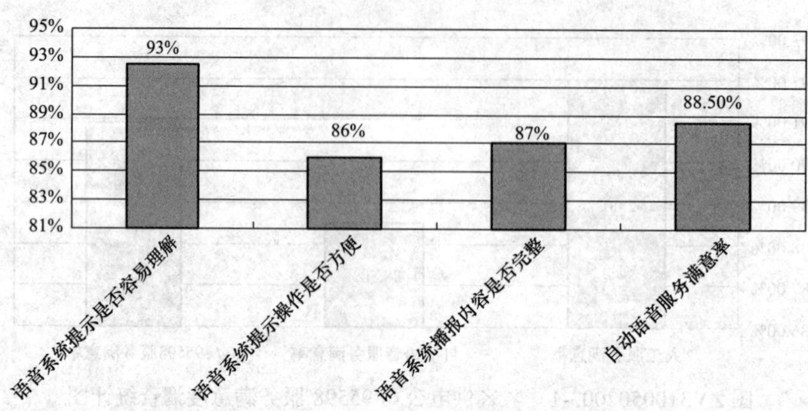


图 ZY3100502003-3 ××供电公司 95598 自动语音服务满意度统计图

图中显示，“语音系统提示操作是否方便”和“语音系统播报内容是否完整”的满意率低于自动语音服务满意率，应作为进一步改进提升的关注重点。95598 管理人员可将客户反映的自动服务操作不方便的情况进行认真分析，通过内部拨打 95598 试用或做专项调查，若最终判确实属于自动语言提示操作不合理，急需改进时，应及时上报相关领导和部门汇报，安排系统维护管理部门从客户的需求出发，调整语音流程，方便客户使用。关于语音系统播报内容不完整的情况，需向客户了解是系统中已有的信息不全，还是自动服务系统中缺少客户所需要的信息，需要人工进行补充。努力做到自动语音播报内容全面、准确、及时、有效，不仅方便客户自助查询，而且还能缓解坐席人员人工服务的工作压力。

【思考与练习】

1. 开展主动服务数据统计分析工作的意义是什么？

2. 对于主动服务数据统计分析中发现的焦点、难点问题，应如何处理？

# 第八章 服务调度

## 模块 1 服务调度业务流程（ZY3100503001）

**【模块描述】**本模块介绍服务调度的业务流程及要求。通过流程介绍和要点归纳，掌握向各相关单位发送服务调度指令，并对服务调度指令的执行情况进行全过程闭环管理的方法。

**【正文】**

95598 作为供电企业的服务受理中心和调度中心，及时地将客户需求形成各类服务调度指令派送责任部门，促使各相关人员按照规范的业务流程和工作要求开展服务工作，确保指令执行畅通无阻，充分发挥 95598 对内监督管理作用，达到提高服务效率的目的。

### 一、服务调度的概念

通过电话、网络等方式，受理客户的营销业务、咨询查询、故障报修、投诉、举报与建议等业务以及开展信息发布、主动服务等工作，95598 坐席人员按相关业务流程规范处理，向各相关单位发送服务调度指令，并对服务调度指令的执行情况进行全过程的调度、督办、回访、统计、分析与考核，完成服务调度指令的闭环管理。

### 二、服务调度的工作流程

如图 ZY3100503001-1 所示，为服务调度流程图。

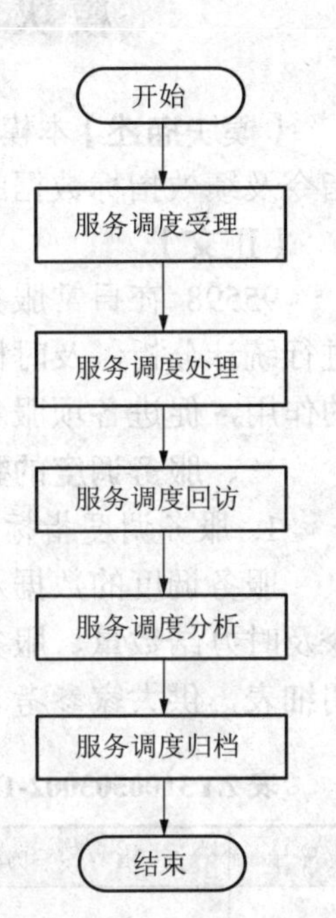


图 ZY3100503001-1 服务调度流程图

### 三、服务调度的流程要求

1. 服务调度受理

（1）受理客户服务请求。

（2）坐席人员详细询问客户来电具体情况，引导客户说出关键内容，判断业务类型。

（3）坐席人员根据客户反映情况，生成各类服务调度工单，下发到处理责任部门。

2. 服务调度业务处理

（1）接单。处理责任部门在规定时限内接收 95598 下发到本单位的服务调度工单，记录接单时间、接单人员等信息。

（2）确认。服务调度工单处理责任单位对工单内容进行确认，判断是否属于本单位职责范围的业务。对于不属于本单位职责范围的业务，应将工作单退回到上一环节，记录退单时间、退单原因等信息。

（3）处理。工作人员在规定时限内按职责、流程处理各类业务，并将业务处理情况及时反馈 95598。反馈内容包括处理结果、处理完成时间、处理负责人、处理部门、联系电话等。

（4）督办。在服务调度工单下发后，95598 通过查询各类工单的状态进行跟踪，通过电话、短信或督办工单等方式与处理责任单位联系进行督办，并记录督办过程。

3. 服务调度回访

（1）对于已完成的服务调度工单，坐席人员应在规定的时限内回访客户，核实业务处理结果。

（2）电话回访时，坐席人员还需向客户做满意度调查，了解服务人员的工作质量、服务质量、到达现场时间、业务办理时间及客户满意度等。

（3）因客户电话关机、停机或拒绝接听电话，造成无法联系上客户时，建议至少相隔 2 小时后再进行回访，连续3次回访均无法与客户取得联系，95598可不再回访，并在工单中写明回访时间、回访内容、失败原因等。

4. 服务调度分析

坐席人员根据相关部门工作回单，按照“服务调度发送准确率”、“服务调度指令及时执行率”等指标进行统计分析，管理人员按月、季、年分单位或业务统计并提交分析报告，报供电公司分管领导对服务调度工作进行评价和考核。

5. 服务调度归档

坐席人员检查服务调度工单的完整性和正确性，将服务调度工单、电话录音、客户满意度调查结果及其他相关信息按处理时间和业务流程统一建档保存。电话录音包括客户来电、工作联系和答复客户的相关录音文件。

**【思考与练习】**

1. 什么是服务调度？
2. 请绘制出服务调度的流程图，并对各个节点进行简单描述。

## 模块2 服务调度数据统计分析（ZY3100503002）

**【模块描述】**本模块介绍服务调度数据统计和分析方法。通过列表说明和案例介绍，掌握服务调度指令及绩效指标数据的统计及分析办法。

**【正文】**

95598在日常服务工作中，需要调度、协调责任部门完成客户的用电需求，定期对服务调度数据进行统计分析，及时梳理供电公司内部流程及工作中存在的管理漏洞，充分发挥95598对内监督管理的作用，促进各项服务工作的持续改善，达到提升服务水平的目的。

### 一、服务调度的数据统计

1. 服务调度指标

服务调度的数据及指标主要包括服务调度指令数量、服务调度指令未及时办结数量、服务调度指令及时办结数量、服务调度指令及时执行率等。如表ZY3100503002-1所示，为95598服务调度指标明细表，供大家参考。

表ZY3100503002-1　　95598服务调度指标明细表

| 序号 | 指标内容 | 指标定义 |
|---|---|---|
| 1 | 服务调度指令数量 | 指95598受理客户的需求后，按相关业务流程规范要求，向各相关服务责任单位发送的服务调度工单数量 |
| 2 | 服务调度指令未及时办结数量 | 指服务调度指令发送到相关处理部门后，处理部门未按照调度指令时限办结的服务调度工单数量 |
| 3 | 服务调度指令及时办结数量 | 指服务调度指令发送到相关处理部门后，处理部门按照调度指令时限办结的服务调度工单数量 |
| 4 | 服务调度指令及时执行率 | 服务调度指令及时执行率=（服务调度指令及时办结数量／服务调度指令数量）×100% |

2. 服务调度指令完成时限

服务调度指令时限按业务分为营销业务受理、咨询查询、故障报修、投诉、举报与建议等，不同业务均有不同的指令时限要求，如表ZY3100503002-2所示，为95598服务调度指令规定完成时限明细表，供大家参考。

表ZY3100503002-2　　95598服务调度指令规定完成时限明细表

| 序号 | 业务类别 | 规定完成时限 | 备注 |
|---|---|---|---|
| 1 | 营销业务受理 | | |
| 2 | 咨询、查询 | | |

续表

| 序号 | 业务类别 | | 规定完成时限 | 备注 |
|---|---|---|---|---|
| 3 | 故障报修 | 城网 | | |
| | | 农网 | | |
| 4 | 投诉 | | | |
| 5 | 举报 | | | |
| 6 | 建议 | | | |
| 7 | 其他业务 | | | |

3. 服务调度指令数据及绩效指标统计

95598 坐席人员根据受理的客户信息，形成各类业务服务指令，派发相关责任单位或部门，对各单位部门的服务调度执行情况进行统计分析。如表 ZY3100503002-3 所示，为××供电公司 95598 服务调度绩效指标统计表，供大家参考。

**表 ZY3100503002-3　　××供电公司 95598 服务调度绩效指标统计表**

填报单位：　　　　　　　　　　　　　　统计期限：　　年　月　日至　　年　月　日

| 序号 | 单位 | 服务调度绩效指标 | 业务类别 | | | | | | | 合计 |
|---|---|---|---|---|---|---|---|---|---|---|
| | | | 营销业务受理 | 咨询查询 | 故障报修 | 投诉 | 举报 | 建议 | 其他 | |
| 1 | ××供电公司 | 服务调度指令数量 | | | | | | | | |
| | | 指令未及时办结数量 | | | | | | | | |
| | | 指令及时办结数量 | | | | | | | | |
| | | 指令及时执行率 | | | | | | | | |
| 2 | ××供电公司 | 服务调度指令数量 | | | | | | | | |
| | | 指令未及时办结数量 | | | | | | | | |
| | | 指令及时办结数量 | | | | | | | | |
| | | 指令及时执行率 | | | | | | | | |
| 3 | ××供电公司 | 服务调度指令数量 | | | | | | | | |
| | | 指令未及时办结数量 | | | | | | | | |
| | | 指令及时办结数量 | | | | | | | | |
| | | 指令及时执行率 | | | | | | | | |
| 4 | | …… | | | | | | | | |
| 合计 | | | | | | | | | | |

## 二、服务调度的数据分析

服务调度指令的执行情况主要取决于相关单位、部门与 95598 之间的配合协调能力。只有双方按照已有的规章制度和业务流程，规范地开展各项服务工作，才能做指令畅通无阻，服务高效有序。为提高供电企业内部的服务调度能力，95598 管理人员应定期对服务调度数据及指标进行统计，分析指令数量变化的原因，梳理公司内部流程及工作中存在的管理漏洞，充分发挥 95598 对内监督管理的作用，促进企业相关各项服务工作的持续改善。

如图 ZY3100503002-1 所示，为××供电公司 95598 服务调度月度绩效指标统计图。

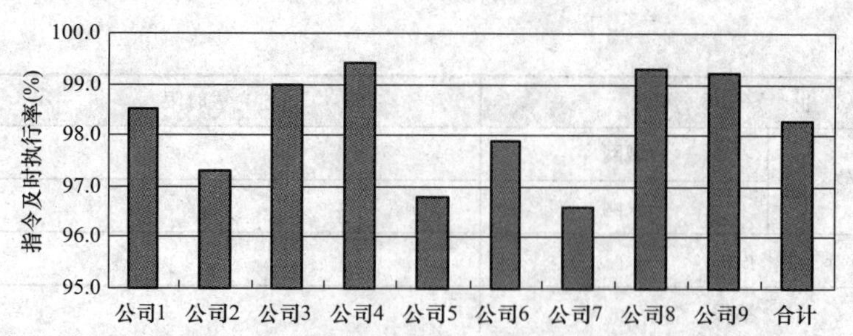


图 ZY3100503002-1 ××供电公司 95598 服务调度月度绩效指标统计图

从图 ZY3100503002-1 中可以发现，该供电企业的 95598 服务调度指令及时执行率为 98.3%，整体情况良好。然而，按下属各二级单位统计数据显示，有公司 2、5、6、7 四家二级单位指令及时执行率均在平均值以下，分别为 97.3%、96.8%、97.9%、96.6%，需要重点关注。95598 管理人员可以按业务类别进行细分。通过统计发现，四家单位本月的指令未及时办结工单总数为 53 笔，其中，咨询查询类 4 笔，故障报修 47 笔，举报 2 笔。未及时办结工单数主要集中在故障报修类。

95598 管理人员通过查找工单内容，分析未及时办结工单的业务流程、超时原因，涉及部门和人员等信息，发现咨询查询类工单超时主要是因为工单下发时间是在周五晚上和周休日，该时段属于相关人员的休息时间，待周一处理时容易造成超时。举报类工单超时主要是因为工作人员接到 95598 举报单后到现场检查，却没有发现窃电行为，与举报人联系后，举报人又再次确认现场有窃电行为，工作人员告知 95598，只能等一段时间后再到现场检查，造成工单处理超时。

由于指令未及时办结工单中，故障报修类超时工单为 47 笔，占总超时工单的 88.7%，需重点进行分析。如图 ZY3100503002-2 所示，为××供电公司 95598 故障报修服务调度实效原因统计图。

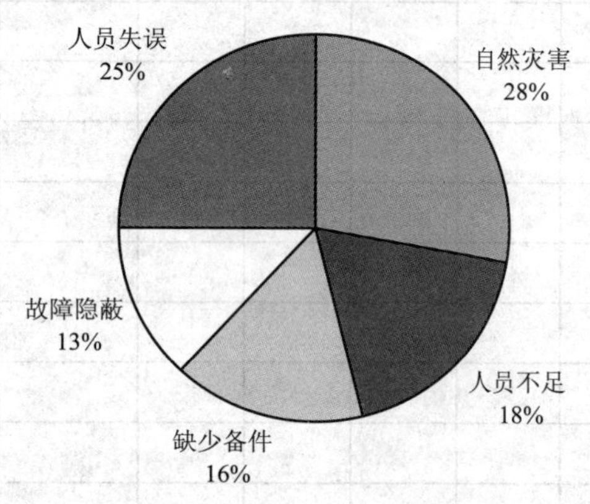


图 ZY3100503002-2 ××供电公司 95598 故障报修服务调度实效原因统计图

故障报修类工单服务调度实效的主要原因有 5 个方面：

（1）自然灾害：恶劣天气等不可抗力因素造成无法当场处理故障；

（2）人员不足：同一时间段内故障突增，造成抢修队伍人力不足；

（3）缺少备件：变压器等用电设备损坏需更换时，备品备件不足；

（4）故障隐蔽：低压电缆故障、线路接地跳闸等故障隐蔽性强，一时难以找到故障点；

（5）人员失误：抢修人员故障处理完成后未及时回复 95598。

通过以上分析，95598 管理人员能够从中查找出工单超时原因。95598 应定期向相关单位部报送工单完成情况数据及指标完成情况，并提出整改建议供处理部门参考。必要时，相关数据及指标完成情况应予以通报考核，从而提高 95598 的服务调度能力，使 95598 真正成为供电企业的服务调度中心。

【思考与练习】

1. 服务调度指标主要有哪些？

2. 如何对服务调度指令完成情况进行统计分析？

# 第九章　95598绩效及指标管理

## 模块1　坐席人员绩效管理（ZY3100201006）

**【模块描述】**本模块介绍95598坐席人员绩效管理的基本概念以及实施的意义。通过要点归纳和案例介绍，掌握坐席人员绩效管理体系建立的方法、绩效管理的程序、评估方案、沟通方法以及提升手段。

**【正文】**

### 一、坐席人员绩效管理的概念及意义

1. 坐席人员绩效管理的定义

坐席人员绩效管理是95598人力资源管理中的核心内容，是供电企业与95598坐席人员持续不断的沟通过程，是一个完整的循环管理系统。通过制定目标、员工培训、现场管理、客观评价、信息反馈、奖惩考核、绩效面谈和持续改善等环节，注重坐席人员能力的培养和职业生涯的规划，建立上下级之间的绩效合作伙伴关系，从而有效规划95598电话服务的未来发展，使之更具有全局性和前瞻性。

2. 坐席人员绩效管理的意义

供电服务热线95598作为电话服务的一线窗口，一直在内部致力于绩效考核工作，每月通过坐席人员的话务量、电话服务质量、客户满意度等指标对其进行业绩考核，并与实际收入挂钩。然而，管理人员发现在相同条件的绩效考核面前，表现优异的坐席人员服务质量不断提升，而表现一般甚至较差的坐席人员进步不大，消极行事，工作没有动力。

如今，越来越多的供电企业将对员工的绩效考核转变成绩效管理，引入企业的绩效管理理念，逐步建立起切实有效的绩效管理系统，减轻坐席人员的“短板效应”，使95598的人力资源管理更上新台阶。

（1）弥补考核不足。电话服务工作繁琐而细微，往往一些绩效考核的项目是凭借考核员的经验来记录的，不同的考核员评判的标准是不同的，在判断绩效成绩时通常会带有主观性、武断性，凭借个人印象进行打分，可比性不高。通过绩效管理，可以激励坐席人员开发自身的潜能，帮助95598持续发展。

（2）避免上下级冲突。绩效管理能使95598管理人员与坐席人员相互交流，了解存在的困难和问题，鼓励他们进行自我评价，并帮助他们提升能力。当坐席人员认识到绩效管理是一种帮助而不是单纯的责备和扣罚时，会非常乐于与管理人员进行沟通，说出自己对绩效管理真实的想法，积极改进自己的服务工作。

（3）节约管理成本。绩效管理可以使坐席人员明确自己的工作任务和目标，让他们知道应该做什么，怎么做，做到什么程度，是否需要指导等。通过培训赋予他们必要的知识，减少坐席人员之间因职责不明而产生的误解，避免95598管理人员过多、过细地介入到坐席人员的具体事务当中去，大大节省了管理成本。

（4）促进员工发展。通过绩效管理，使坐席人员知道了工作前进的方向，同时也了解到了业绩的好坏将会得到怎样的奖惩。因此，他们会努力提高自身的素质和技能，提升自己胜任工作的能力，想尽办法去争取更好的绩效，绩效管理中良性的循环不断促进了坐席人员自身的发展。

### 二、绩效管理体系

1. 绩效管理体系的建立

建立一套完整的95598绩效管理的体系，可以帮助95598管理人员针对运营管理的各个环节，在服务速度、业务流程、服务质量、关键运营绩效、客户满意度和员工利用率等方面得到持续的

提升和改善，从而有效地开展 95598 人员招聘、人员培训、现场管理、质量监控、服务提升等工作。

要建立有效的 95598 绩效管理体系，必须在确保 95598 相关人员足够重视并全员参与的前提下，从众多 95598 绩效指标中选择出简单易懂、重要程度高、便于统计分析的关键绩效指标，再根据上级要求及现状设定出合理的绩效目标值，定目标值时要将先进性与积极性相结合，适当超前于现状，但又能对坐席人员起到激励作用。之后，制订出容易熟悉、理解的绩效管理方法，开展普及培训，使新的绩效管理体系深入人心，从而减轻执行过程中的阻力。最后，在绩效管理体系的封闭循环中通过连续不断的反馈，对绩效管理体系进行修正和完善。

2. 绩效管理的程序

绩效管理的过程主要包括绩效方案、绩效控制、绩效评价、绩效面谈、绩效激励和绩效改善六个部分，通过六个步骤的不断循环，带来 95598 整体绩效的不断提升。

（1）绩效方案。绩效管理的计划和方案是程序中的第一个环节，是实施绩效管理的关键和基础所在。绩效方案的科学合理性将直接影响到整个绩效管理的实施效果。要结合公司要求、客户需求和坐席人员期望，选定正确的、可量化的、合理的绩效指标，制订一套行之有效的绩效方案。

（2）绩效控制。采取员工培训的方式提升服务技能，并加强 95598 的现场管理工作，参照已确定的关键绩效指标内容，对坐席人员及 95598 相关人员的行为进行过程控制，了解掌握被评估者绩效表现的数据和事实。

（3）绩效分析。根据现场掌握的数据和事实，客观评价服务现状，提交工作结果和行为评估，分析电话服务过程中的薄弱环节。

（4）绩效面谈。通过多次绩效面谈和信息反馈，使坐席人员掌握自己在团队中的绩效水平，了解 95598 管理人员对自己的期望，认识绩效管理中自身存在的有待改进的问题，上、下级间共同分析改进措施，提升方案。

（5）绩效激励。为有效调动坐席人员的工作积极性和创造性，绩效结果应与绩效工资挂钩，对持续表现优秀或表现较差的坐席人员还应与绩效工资的系数挂钩，以体现对他们的长期激励。将考核结果用于即时奖励，评选出月度优秀坐席人员，除在绩效工资上体现外，还应及时给予另外的奖励。

（6）绩效改善。通过绩效面谈和激励机制，促使坐席人员不断找出问题根源，改善工作能力，缩小负面差异，并对绩效管理的体系加以改善，建立新的基准。

3. 绩效评估方案

为不断加强 95598 服务质量管理，持续规范和优化坐席人员的服务行为，提升供电企业服务水平，建议各供电企业根据实际情况制订 95598 绩效方案，实施对坐席人员的绩效评估。下面是××供电公司坐席人员的绩效评估方案，可供大家参考与借鉴。

**绩效评估案例：**

坐席人员绩效方案的评估总分值为 100 分，分为五个部分。

（1）录音质检，占 30 分。对坐席人员不同业务类型的录音进行抽样质检，考核坐席人员的语言能力、判断能力、业务能力、主动能力和操作系统能力。根据《95598 关键绩效指标》（模块编号 ZY3100201007）中的《95598 坐席人员录音质检参考标准》酌情评分。将抽检的录音得分相加后，再换算为 30 分制的最终得分。

（2）提单质检，占 20 分。对坐席人员不同业务类型的工单进行抽样质检，考核坐席人员处理和督办工单流程的正确性、完整性和规范性。根据《95598 关键绩效指标》（模块编号 ZY3100201007）中的《95598 坐席人员工单质检参考标准》酌情评分。将抽检的工单得分相加后，再换算为 20 分制的最终得分。

（3）指标评估，占 20 分。对坐席人员的个人关键绩效指标进行评估。根据《95598 关键绩效指标》（模块编号 ZY3100201007）中的指标定义和参考值，对话务量、平均应答时长、按时接听率、平均通话时长、转接呼叫率、平均事后处理时长、受理工单正确率、致命错误率和非致命错误率等能细化到个人的关键绩效指标进行评估，酌情评分。

（4）技能评估，占 20 分。对坐席人员通过电话模拟服务口试、业务知识笔试、文字输入速度和准确率、普通话标准度的测试，考核坐席人员的专业能力和服务技能。

电话模拟服务口试应根据本教材中各类业务的典型案例和电话模拟服务回答要点进行口试，并评分；业务知识的笔试应根据本教材中的若干业务知识点闭卷笔试，并评分；文字输入速度和准确率应提前准备一段200字以内的专业性文字，测试坐席人员 1 分钟内的文字输入速度和准确率，并换算为分值；普通话标准度的测试应以本教材中《普通话训练》（模块编号 ZY3100401002）中的要求进行测试，并评分。将四项测试分数相加，换算为 20 分制的最终得分。

（5）现场评估，占 10 分。对坐席人员现场服务表现进行评估，考核坐席人员的仪容仪表、形体仪态、表情神态、工作态度和劳动纪律。根据《电话服务礼仪规范》（模块编号 ZY3100402001）中的相关要求酌情评分。

4. 绩效管理沟通方法

绩效管理中上下级的沟通非常重要，管理人员常常会面临这样的问题，有时与表现欠佳的员工进行沟通时，会发现交谈了一段时间后，坐席人员还是不明白意思，结果以一肚子气来结束沟通。这就是绩效管理中缺乏沟通的技巧。

**沟通案例：**

值班长：“小李，你的这通电话有问题，客户问你收不收复电费，你却不停地问客户住在哪里。”

小　李：“我当然要问清楚地址，我要填工单呢。”

值班长：“客户重复问了你几次收不收复电费，你应该及时回答供电企业不收复电费。”

小　李：“我就是想问清楚客户的地址，我以为他要复电呢!”

值班长：“你每次都是这样，搞不清楚客户的来电意图。”

小　李：“谁说我每次都是这样，这几天我有很大进步了。”

值班长：“你看你这个月的考核，又排在最后一名。”

小　李：“排最后一名怎么呢，你就是有偏见，每次我的录音质检你都打最低分!”

……

以上案例中，正是因为没有进行良好的沟通，才使得上下级间的言语慢慢地走向了对立。因此，95598 管理人员应掌握适当的沟通技巧。

（1）清除上、下级间的心理障碍。来自上级的自以为是、独断专行、爱听好话等障碍，来自下级的多说多做多错、畏惧心态、拒绝沟通等障碍。

（2）持有正面的沟通态度，不要用有色眼镜看人。

（3）提前计划好沟通的步骤，谈话内容主题清晰、明确。

（4）学会倾听，听出坐席人员的异议、抱怨、倾诉和潜在的、没有表达出来的意思。

（5）在沟通过程中，首先对坐席人员进行赞美，进入沟通的暖场环节。再对客观事实和行为进行公正的评断，并分析解决方案和提升办法。最后表达对坐席人员的期待与支持。

5. 绩效激励策略与提升分析

（1）绩效激励的策略方法。绩效激励应采取物质奖励与精神鼓励，定期激励与即时激励相结合的方式进行，以达到最佳激励效果。一般可以采取以下 7 种方式综合运用：

1）口头表扬：在进行 95598 现场管理时，要善于发现坐席人员的优点，对一通服务完美的电话、一个快速的业务联系、一个完整的工单流程、一次满意的客户回访，在适当的时候及时给予口头表扬和鼓舞，增加坐席人员的自信心。

2）及时奖励。对某个方面表现优异的坐席人员在 95598 工作例会中当众表扬，及时给予适当的物质奖励，提升优秀坐席人员的自豪感，鼓励他们再接再厉，更上一层楼。

3）薪酬激励。建立常态化的绩效考核体系，实现绩效工资与考核结果挂钩。确定绩效工资时，既要保持整体工资水平的稳定，又要推动坐席人员之间的合理竞争，从而推动整体工作绩效的持续改善。

4）信任授权。对持续表现优异的坐席人员，可以安排本职工作以外和富有一定挑战性的工作，如参与户外宣传活动的策划和运作，充当兼职内训师，撰写专业论文等，相信员工能出色地完成任务，并开拓自己的视野，发挥他们的潜在能力。

5）培训机会。为优秀坐席人员提供更多的培训机会，使他们成长得更快，职业发展生涯规划得越远。

6）带薪休假。对表现优异的坐席人员可根据工作情况合理安排带薪休假，让他们感受到精神上的愉悦，放松心情，以更好的态度迎接未来的挑战。

7）反面激励。对于坐席人员在工作过程中出现的失误或错误，除了通过绩效面谈帮助他们改进外，还要给予相应的惩罚。譬如在交接班例会或月度例会上进行通报批评，扣除部分绩效工资等。

（2）绩效激励的提升分析。对于95598绩效激励的提升分析主要从两个方面进行：① 对坐席人员综合能力的分析与提升；② 对95598关键绩效指标（KPI）的分析与提升。95598关键绩效指标（KPI）的分析与提升的相关内容会在“95598关键绩效指标（KPI）”的培训模块（模块编号：ZY3100201007）中进行详细讲解，在这里不再一一描述。下面主要讲述坐席人员综合能力的分析与提升方法。

要想提升坐席人员的工作效率和服务质量，首先要分析有哪些因素影响到了他们的业绩。一般影响坐席人员业绩的因素，除了工作环境、同事关系、领导者水平等次要因素外，其主要因素在于坐席人员的能力和对工作的态度。

坐席人员绩效公式：

绩效 = 能力 × 态度

能力 → 知识、技能；态度 → 动机、士气

技能 → 技巧、经验

坐席人员的能力可分为知识和技能，知识是指坐席人员完成本职工作所必须掌握的一些基础知识，包括企业文化、法律法规、电力基本知识等。技能是指通过系统培训使坐席人员掌握语言能力、沟通技巧、行为规范、情绪控制等方面的技巧，以及长期从事电话服务，在实践中通过归纳总结而积累的工作经验。

坐席人员的态度可分为动机和士气。动机是促使坐席人员前进的力量，是一种需求，一般通过短期激励来实现。士气是坐席人员为客户服务的快乐来源，优秀的管理人员会通过长期的激励方式，努力建设和谐的、有凝聚力和向心力的95598团队，鼓舞坐席人员士气，提高坐席人员业绩。

有的坐席人员能力很强，但对工作却没有激情。有的坐席人员态度很端正，虽然十分努力但服务水平总是差强人意，遇到问题不能独立处理，或处理后漏洞百出，让客户和管理人员不满意。因此，对于不同类型的坐席人员要分析薄弱环节，找准缺项，采取不同的方式来提升坐席人员的业绩。

根据坐席人员的表现一般可分为以下四种类型：

（1）对于能力和态度均表现很好的坐席人员，应给予坐席人员更大的发展空间。适当授权，安排一些具有挑战性的工作，开拓视野，发挥坐席人员的潜在能力。并按职业生涯规划给予相应的岗位提升机会。

（2）对于态度较好的坐席人员，组织开展知识技能的培训，找准知识的漏项、缺项、弱项，有针对性地进行个体培训，力争短时间内提高能力。

（3）对于能力较强的坐席人员，此类坐席人员一般比较聪明，但有时聪明反被聪明误，过于在乎个人的得失，不注重团队精神的培养。对于这类坐席人员重点在于改变心态的问题，通过面谈和激励机制使其跟上整体的步伐。

（4）对于能力和态度均不佳的坐席人员，组织开展知识技能的培训，并通过绩效面谈与激励，鼓励他们融入95598团队。若通过一段时期培训后仍没有较大改观，继续影响团队业绩，证明此类坐席人员不适应从事电力呼叫行业工作，建议作转岗或淘汰处理。

【思考与练习】

1. 绩效管理与绩效考核的区别何在？

2. 如何建立绩效管理体系？绩效管理包括哪几个步骤？
3. 绩效面谈的沟通方法是什么？
4. 95598 管理人员可以采取哪些方法来对坐席人员进行绩效激励？
5. 衡量坐席人员的综合能力，应从哪些方面进行分析？
6. 对于不同类型的坐席人员，如何帮助他们提升业绩？

## 模块 2　95598 关键业绩指标（KPI）（ZY3100201007）

**【模块描述】**本模块介绍 95598 关键业绩指标的基本概念、评定原则、主要内容、评定参考值以及分析方法。通过要点归纳、列表说明和案例介绍，掌握关键业绩指标的概述、数据来源、关键程度和监控分析方法。

**【正文】**

KPI 是 Key Performance Indicators 的英文缩写，中文翻译为“关键绩效指标”，是用于评价被考核对象关键绩效的可量化或可行为化的系统考核体系。KPI 是对公司的战略目标进行分解，重点反映关键的经营行为，选择重要的指标进行监测，而不是对所有的操作过程和指标数据进行全面的跟踪反映。通过 KPI 指标体系，可以使高层领导清晰地了解公司价值关键的经营操作情况，及时诊断出经营过程中出现的问题并采取行动。与此同时，管理层将所需要达到的目标值通过 KPI 指标体系迅速传递给每一位员工，使之成为指引员工前进方向、并达到预期目标的有效工具。

### 一、95598 关键绩效指标的定义与功能

1. 95598 关键绩效指标定义

95598 关键绩效指标，是指为了衡量供电服务热线 95598 的运营效果，通过对岗位职责和服务流程中的关键参数进行设置、取样、计算、分析，从中找出的能够有效反映 95598 工作质量和经营水平的关键参数值。

2. 95598 关键绩效指标功能

95598 关键绩效指标的确定，可以使所有与 95598 服务相关联的各级主管明确各级部门的主要责任和所需要达到的预期值，从而建立目标统一、沟通便捷、资源共享、持续改善的绩效评价体系。

95598 关键绩效指标的功能主要体现在以下四个方面：

（1）95598 关键绩效指标反映的是最主要的运营活动效果，能够帮助管理人员统计分析 95598 服务过程中最关键的绩效情况，做出客观地评估，及时诊断并采取行动。

（2）95598 关键绩效指标能够有效激励和约束员工的行为，使个人目标与 95598 工作目标保持一致，从而不断提升员工责任感和 95598 服务水平。

（3）95598 关键绩效指标是管理人员与员工沟通的桥梁。管理人员以关键绩效指标的完成数据为基础，对员工的当期行为进行沟通与分析，帮助员工提升服务能力。

（4）95598 关键绩效指标能够帮助供电企业合理掌控电话服务运作成本，实现效益最大化。

### 二、95598 关键绩效指标评定

1. 95598 关键绩效指标评定原则

评定 95598 关键绩效指标时，可以从不同角度来进行分类，按性质可分为定性和定量两方面，按属性可分为数量、质量、成本和时限，按业务类型可分为咨询查询、故障报修、投诉举报与建议、营销业务受理、信息发布、主动服务等。但是，无论隶属于何种类型的关键绩效指标，在确定指标时都需要遵循以下原则。

（1）目标导向性。95598 关键绩效指标必须与 95598 的关键服务业绩相结合，为电力呼叫行业的运作发展提供远景目标，成为指引 95598 未来发展方向的有效工具。没有导向性的指标会让 95598 服务偏离正常航向，增加管理成本，降低服务效率。

（2）可衡量性。在绩效指标没有量化之前来评价一通服务电话的好与坏，是选择非常好、比较好、一般、还是比较差呢？选择中往往是凭借评价者的业务水平和管理经验来进行评判的，不同的评价者

心中有着不同的评价标准，评定的结果自然会有所不同。因此，在设定 95598 关键绩效指标时，要确保这个指标是可以量化的，并且其定义和计算方法容易理解、明确和统一。对于一些操作性不强，难以统计准确数据，或者需要花费大量的人工成本来统计的指标，建议不要列入 KPI 体系中。

（3）重要性。95598 关键绩效指标并不是将所有与 95598 相关的指标都罗列出来，要做到少而精，剔除次要的、细微的因素，将能够真实反映 95598 电话服务中最重要的因素纳入体系中。过多的 KPI 指标只会分散员工的注意力，降低关键指标的影响力，同时给管理人员的数据统计分析工作带来不便。

（4）可操作性。95598 关键绩效指标必须是可以控制的。执行者可以通过努力使业绩指标不断得到优化，并最终达到目标值。另外，指标的预期目标不能定得太高，也不能定得太低，而是要在员工付出辛勤劳动后能够实现的。否则，会因为指标制订的不合理而使之失去持续改善的动力和存在的价值。

（5）平衡性。部分 95598 关键绩效指标是相互关联的，在服务成本与服务质量之间，在短期成果与长期发展之间都存在着取舍关系。譬如，员工利用率的提升会降低人工成本，带来服务效率的提升，但同时有可能使员工的服务水平和客户满意度下降。因此，在确定 95598 关键绩效指标时，要注重单个指标的权重，对整个指标体系加以平衡，这样有利于 95598 的绩效管理工作。

2. 95598 关键绩效指标主要内容

如今的呼叫中心也可以称之为数字化的呼叫中心，绝大多数的工作业绩和服务行为都可以通过数字来加以衡量。国内外许多先进的呼叫中心都根据自身的行业特点，先后引入了绩效管理，使管理人员和员工在关键绩效指标上达成一致，结合呼叫中心的战略目标和核心流程，初步拟定出 KPI 指标体系，并在工作实践中不断检验、完善 KPI 指标值，为实现共同目标而努力奋斗。

对于整个呼叫行业而言，供电服务热线 95598 起步不算太早，在 95598 关键绩效指标的管理方面还处于摸索与实践阶段。国家电网公司在开展 95598 客户服务系统实用化评价过程中，曾列举出与 95598 绩效管理相关联的一系列指标。通过近几年的运行与发展，95598 关键绩效指标不断得到完善。现结合其他先进呼叫行业中较为成熟的 KPI 指标体系，列举出适用于供电企业 95598 日常管理的关键绩效指标，并进行简要介绍。如表 ZY3100201007-1 所示，可作为 95598 及相关岗位的工作效率和服务水平的评价依据，供大家在实际工作中参考运用。



**表 ZY3100201007-1　　95598 关键绩效指标（KPI）明细表**

| 序号 | 类别 | KPI 指标内容 | | KPI 指标定义 | 绩效目标参考值 |
|---|---|---|---|---|---|
| 一 | 系统运营 | 1. 95598 知晓率 | 城市 | 抽样调查客户知晓数与抽样调查客户总数的比值 | ≥85% |
| | | | 农村 | | ≥60% |
| | | 2. 总话务量 | | 95598 呼入与呼出的电话总数 | — |
| | | 3. 人工坐席接通率 | | 转人工坐席成功接通电话数与客户转人工坐席总电话数的比值 | ≥85% |
| | | 4. 平均应答时长 | 振铃次数 | 接听电话之前电话振铃的次数或时间 | ≤4 次 |
| | | | 振铃时间 | | ≤12（s） |
| | | 5. 按时接听率 | | 规定时间内接起的电话数与接听电话总数的比值 | 100% |
| | | 6. 平均通话时长 | | 客户与坐席人员电话接通后交谈的时间长度 | ≤150（s） |
| | | 7. 转接呼叫率 | | 坐席人员转给其他专家坐席或坐席班长接听的电话数与接听电话总数的比值 | ≤3% |
| | | 8. 平均事后处理时长 | | 一次呼叫电话接听后，坐席人员完成与此呼叫有关的整理工作所需要的时间长度 | ≤60（s） |
| | | 9. 受理工单正确率 | 咨询查询类 | 内容（姓名、地址、联系方式、类别、呼叫内容）填写正确的受理工单数与受理工单总数的比值 | ≥95% |
| | | | 非咨询查询类 | | ≥99% |
| | | 10. 致命错误率 | | 录音质检中存在服务致命错误的录音数与录音质检总电话数的比值 | ≤2% |
| | | 11. 非致命错误率 | | 录音质检中存在服务非致命错误的录音数与录音质检总电话数的比值 | ≤10% |

续表

| 序号 | 类别 | KPI 指标内容 | | KPI 指标定义 | 绩效目标参考值 |
|---|---|---|---|---|---|
| 一 | 系统运营 | 12. 工单处理及时率 | | 工单按时处理完成数与工单受理总数的比值 | 100% |
| | | 13. 客户回访率 | | 有效回访客户工单数（包括同一工单 3 次回访客户拒听）与应回访客户工单总数的比值 | 100% |
| | | 14. 客户满意率 | 客户投诉满意率 | 回访客户满意数与成功回访客户总数的比值 | ≥80% |
| | | | 非投诉客户满意率 | | ≥85% |
| | | 15. 系统运行可靠率 | | 95598 客服系统正常运行的时间与运行总时间的比值。或者按公式计算：1–（故障累计时间/运行时间） | ≥99% |
| 二 | 咨询查询 | 16. 一次性解决问题的答复率 | | 咨询查询类当场答复工单与咨询查询类工单总数的比值 | ≥85% |
| 三 | 故障报修 | 17. 故障报修按时到达兑现率 | 城区 | 故障报修按时到达现场工单数与故障报修工单总数的比值 | 100% |
| | | | 农村 | | 100% |
| | | | 特殊边远地区 | | 100% |
| 四 | 投诉举报与建议 | 18. 有效投诉次数 | | 经查证属实的有效客户投诉次数 | — |
| 五 | 营销业务受理 | 19. 供电方案按时答复率 | 居民客户 | 供电方案按时答复客户工单数与报装受理工单总数的比值 | 100% |
| | | | 低压电力客户 | | 100% |
| | | | 高压单电源客户 | | 100% |
| | | | 高压双电源客户 | | 100% |
| | | 20. 欠费复电时长 | | 客户致电 95598 登记复电到客户恢复用电的时间长度 | ≤24（h） |
| 六 | 信息发布 | 21. 停电信息发布准确率 | | 准确及时发布停电信息总数与应发布的停电信息总数的比值 | ≥98% |

上述关键绩效指标主要是针对 95598 的服务质量和业务流程而提炼得来的，有些指标虽然比较关键，但由于不符合确定为关键绩效指标的原则，因此没有列入 KPI 指标中。各供电服务热线 95598 在日常运用中除了上述 KPI 指标外，还可以结合原有的岗位职责、运营制度、绩效管理、成本收益等内容，整理出符合自身实际情况的 95598 关键绩效指标。譬如，可以在评定中加入话务量、出勤率、职责履行情况、平均培训成本、员工流失率等因素，从而确定更加合理、公平、符合实际的 KPI 指标。

**三、95598 关键绩效指标的管理**

通常在 KPI 指标设定之后要相对固化，在一定时期内具有稳定性，尽可能的不轻易更改。否则，将影响到 KPI 体系的连续性和可比较性。当然，95598 的 KPI 体系并不是设定之后就一成不变了，事实上，随着国家电网公司服务战略的调整以及 95598 的不断发展，其阶段性的目标和工作的重点会有所转移，各项指标的标准和权重也随之要进行修订。因此，95598 关键绩效指标是一种静态与动态相结合的管理过程，在保持相对稳定的情况下，适当调整 KPI 指标也是相当必要的。

下面将重点对 KPI 体系中的部分指标进行分析，掌握 95598 关键绩效指标的定义、数据来源、关键度及监控的具体措施，从而不断优化指标体系，提升整体电话服务水平。

1. 95598 知晓率

（1）定义：指抽样调查客户知晓数与抽样调查客户总数的比值。考虑到城市与农村的人口密集程度、信息传递速度、经济发展状况等因素，建议将该指标分解为城市和农村 95598 知晓率分别开展绩效管理。

（2）数据来源：从调查问卷、抽样现场走访、95598 外呼调查中提取城市和农村 95598 知晓情况的数据。

（3）关键度：真实反映了95598的服务范围，根据95598知晓率可以了解95598在当地的知名度，适时开展宣传推广工作，使供电服务热线深入人心，更大限度地发挥其服务功效。

（4）监控方法：可以由供电企业或第三方调查公司通过调查问卷、抽样现场走访、不定期暗访、95598外呼调查等方式，定期了解本区域内的95598知晓率，分析该指标是否呈稳步上升趋势。若指标值小于绩效目标值时，供电企业应采取相应措施开展95598推广工作。譬如，组织抄表员逐户发放95598宣传名片；在电费发票上增加95598的VI标识；每天定期在媒体上同时发布停电信息及供电服务热线95598；在电视、电台等媒体上发布95598广告等。若指标值波动较大时，其主要原因是：① 抽样提取的被调查客户不具有代表性，需重新抽样调查；② 由于供电企业近期组织开展了一系列有关95598及其服务功能的宣传推广活动，短时期内使95598知晓率不断提升。

如图ZY3100201007-1所示，为××供电公司近3年来的95598知晓率趋势图。

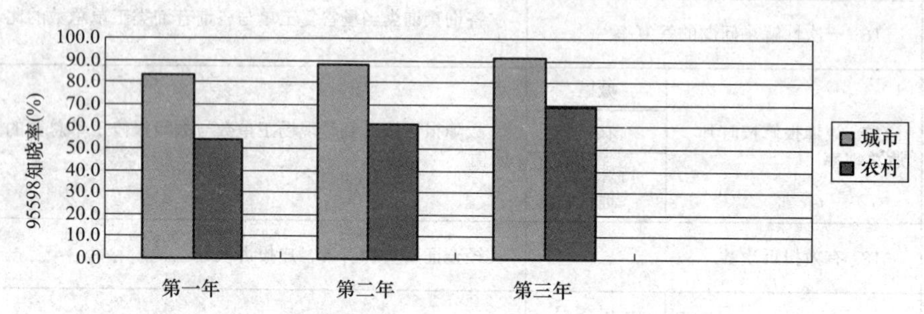


图ZY3100201007-1　95598知晓率趋势图

2. 总话务量

（1）定义：指供电服务热线95598呼入与呼出的电话总数。

（2）数据来源：从95598客户服务系统中自动提取每小时、每天、每周、每月及全年的阶段性话务量数据。

（3）关键度：真实反映了95598的服务规模，根据总话务量可以进行人员配置、排班管理，并分析话务的高峰期和低谷期，合理预测未来的电话趋势。

（4）监控方法：

1）按总话务量、小时转人工量、阻塞的电话数等方面分别绘制日、周、月、年话务量的曲线图，真实反映95598的电话情况。

2）分析话务量波动的原因，主要有季节、恶劣天气、大面积故障停电、拉闸限电、交费高峰等因素，及时预测、跟踪话务情况，并采取相应措施。如图ZY3100201007-2所示，可以清楚地了解近3年来××供电公司95598的话务量趋势。

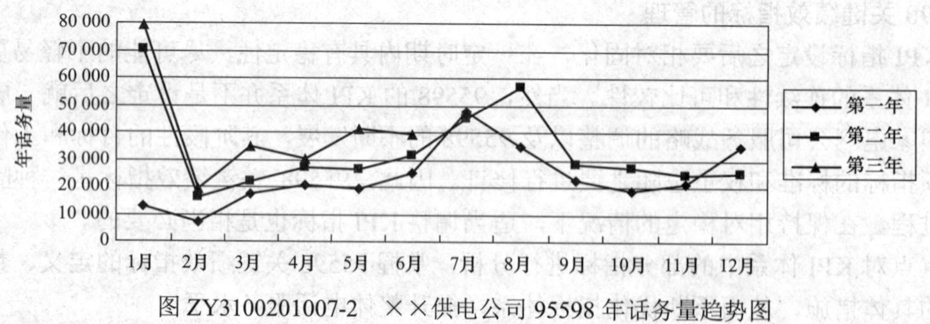


图ZY3100201007-2　××供电公司95598年话务量趋势图

该供电企业在第一年的12月、第二年的1月和第三年的1月均属于迎峰度冬期间拉闸限电的高峰时期，话务量是正常话务量的2～3倍。连续3年中，每年的2月是话务量的低谷期，其主要原因是因为此阶段属于春节期间，受供电企业的保电工作以及各单位停产放假的影响，造成95598呼入量明显下降。迎峰度夏期间，第一年的话务高峰在7月，第二年的话务高峰在8月，因此，根据天气、负荷等因素，可以预测第三年的话务高峰将出现在8月。通过以上分析，95598管理人员可以根据话务量的曲线调整班次和人员，适当增加季节性用工。

3）无特殊原因造成电话突增时，要电话回访了解呼入者的使用情况，是否存在系统忙音、线路不畅等故障，造成客户重复拨打。

3. 人工坐席接通率

（1）定义：指转人工坐席成功接通电话数与客户转人工坐席总电话数的比值。

（2）数据来源：从95598客户服务系统中自动提取每小时、每天、每周、每月及全年的阶段性人工坐席接通率数据。

（3）关键度：人工坐席接通率是衡量95598服务能力的重要指标，是与客户满意度和95598运营成本有着密切联系的关键指标。在制定这个指标时，需要衡量客户满意率和供电企业成本之间关系。如果指标定得过低，会造成大量客户电话无法接入，影响到客户满意度。但如果定得过高，会增加坐席代表的人工成本，降低员工利用率，消耗供电企业的资源。

（4）监控方法：

1）按人工坐席接通率绘制日、周、月、年话务量的曲线图，真实反映95598的电话服务水平。

2）将人工坐席接通率实际值与计划值相比较，若服务水平高于标准目标，说明电话量比预期值要少，上岗坐席人员过多，需要合理调整班次和人数。若服务水平低于标准目标，主要有以下几方面原因：① 电话量预测不准确；② 排班人员安排不合理，未适当增加坐席人员；③ 坐席人员工作效率不高；④ 现场管理不到位，譬如进餐时间过长、交接班不迅速等。

3）如图ZY3100201007-3所示，为××供电公司近3年来的95598人工坐席接通率趋势图。

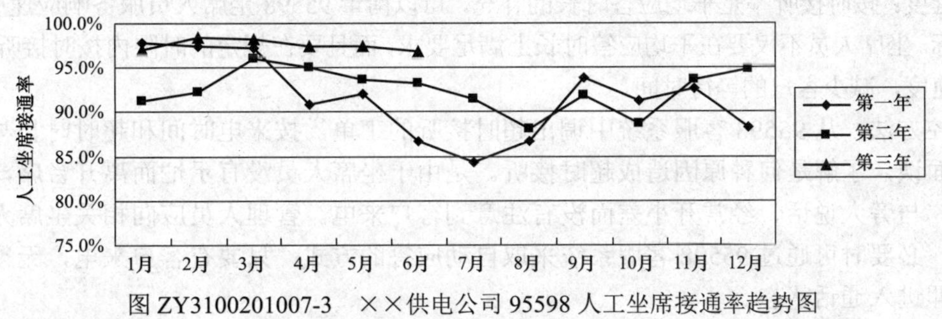

图ZY3100201007-3 ××供电公司95598人工坐席接通率趋势图

通过计算，该公司第一年的呼入总量为282471次，人工坐席接通率平均值为88.5%，而第二年的呼入总量为401120次，人工坐席接通率平均值为91.9%。数据显示，第二年的呼入量比第一年增加118649次，增幅高达42%。虽然呼入量增加较多，但第二年人工坐席接通率波动值明显低于第一年，第一年月度最高接通率97.8%，最低接通率84.4%，差值13.4%。而第二年月度最高接通率96.1%，最低接通率88.1%，差值8.0%。在排班管理中，该公司根据话务量增长适当增加了坐席人员。第一年坐席人员9人，每班次3人；第二年坐席人员12人，每班次4人。除此之外，在1月、7月、8月3个月中迅速启动应急预案，抽调相关营销人员加入临时坐席人员队伍，并加强现场管理，最终使第二年在话务量大幅增长的同时，保持了话务高峰期人工坐席接通率的稳定性。因此，在95598关键绩效指标管理中，对总话务量和人工坐席接通率要进行关联分析，根据预定的KPI指标值把握现场管理的尺度，使服务与成本达到基本平衡。

4. 平均应答时长

（1）定义：指接听电话之前电话振铃的次数或时间。

（2）数据来源：从95598客服系统中自动提取每位坐席人员的阶段性平均应答时长数据。

（3）关键度：平均应答时长是衡量95598坐席人员服务响应速度和客户满意度的重要指标。提高应答速度，可以减少客户的等待时长，提高95598线路的使用率，节省服务成本。

（4）监控方法：

1）按坐席人员的平均应答时长绘制出XY散点图、折线图或曲线图，真实反映每一位坐席人员的工作效率。

2）对平均应答时长高于标准值的坐席人员服务行为进行分析，了解是何种原因导致应答速度缓慢。是由于服务态度不端正，工作期间经常开小差，还是因为做其他事情或离开座位时没有示忙，导致应答超时等。

3）在 95598 值班管理中，管理人员应对坐席人员的应答速度进行监控。对应答速度慢的坐席人员应重点监控，如图 ZY3100201007-4 所示，坐席人员乙的平均应答时长明显高于坐席人员甲，则需要管理人员在现场管理中重点观察坐席人员乙的接听电话过程，了解应答速度慢的真实原因，及时纠正其错误行为。

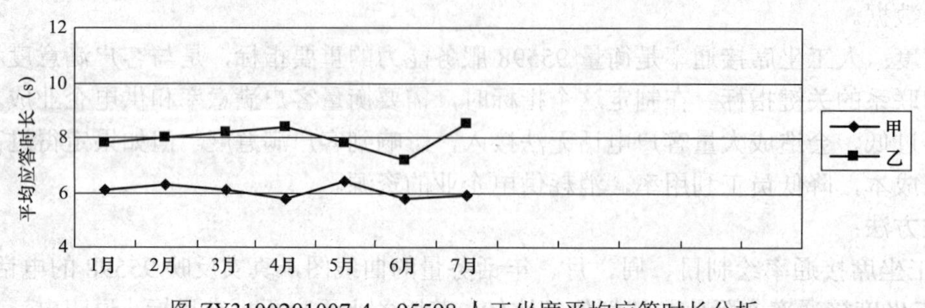

图 ZY3100201007-4　95598 人工坐席平均应答时长分析

5. 按时接听率

（1）定义：指规定时间内接起的电话数与接听电话总数的比值。

（2）数据来源：从 95598 客服系统中自动提取每位坐席人员的阶段性按时接听率数据。

（3）关键度：按时接听率是平均应答时长的补充，可以衡量 95598 坐席人员服务响应速度和客户满意度的重要指标。坐席人员不仅要在平均应答时长上满足要求，而且要在规定的时限内按时接听每一个电话，以提高应答速度，减少客户的等待时间。

（4）监控方法：从 95598 客服系统中调出超时接听的工单，按来电时间和超时时长与相关坐席人员进行绩效面谈，了解是何种原因造成超时接听。是由于坐席人员没有示忙而离开台席，还是因为做其他的工作、与旁人说话、经常开小差而没有注意到客户来电。管理人员应向相关坐席人员重申接听电话的纪律，必要时可通过 95598 客服系统采取自动应答的方式，只要有客户来电，无须坐席人员点击来电提示即进入通话状态。

6. 平均通话时长

（1）定义：指客户与坐席人员电话接通后交谈的时间长度。

（2）数据来源：从 95598 客服系统中自动提取每位坐席人员的阶段性平均通话时长数据。

（3）关键度：平均通话时长是衡量 95598 坐席人员业务技能和服务水平的重要指标，与客户满意度有着一定的关联。平均通话时长低于标准值，说明坐席人员业务能力强，工作效率高，但也有可能因为片面地强调该指标而导致服务低劣。因此，如果适当增加通话时长来提高客户满意度，并提升坐席人员的谈话技巧，合理控制通话时长，在 KPI 指标管理中也是有必要的。

（4）监控方法：

1）按坐席人员的平均通话时长绘制出 XY 散点图、折线图或曲线图，真实反映每一位坐席人员的服务效率。

2）随机抽取平均通话时长大大低于或高于平均值的坐席人员录音进行监听，了解平均通话时长与指标值差距较大的真实原因。如图 ZY3100201007-5 所示，可以清楚地了解到坐席人员乙的平均通话时长高于标准值，而坐席人员丙的指标完成值低于标准值。

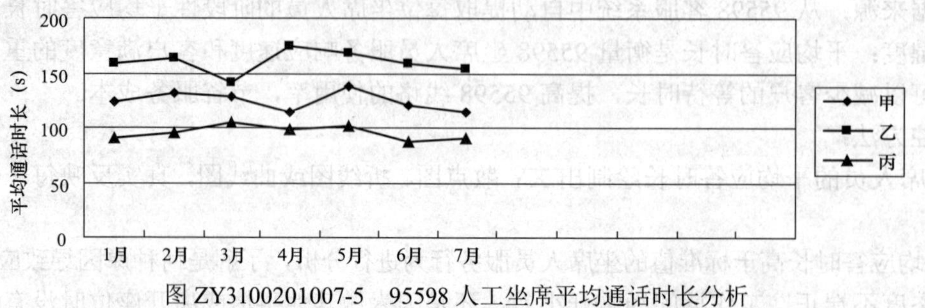

图 ZY3100201007-5　95598 人工坐席平均通话时长分析

模块 2

ZY3100201007

3）对于平均通话时长较短的坐席人员，重点了解是由于业务技能和服务能力强使指标优化，还是因为服务态度不端正，敷衍了事，匆匆结束电话服务造成的。对于平均通话时长较长的坐席人员，重点了解以下方面：一是语速是否正常、思维是否清晰明了；二是能否在短时间内抓住客户的来电意图；三是能否清楚、简要地表述问题和解决方法，让客户能够听懂，不用重复描述；四是对待难缠客户是否运用了相应的服务技巧结束通话；五是知识库及相关停电信息是否准确发布、营销系统客户信息能否快速查找等。

7. 转接呼叫率

（1）定义：指坐席人员转给其他专家坐席或坐席班长接听的电话数与总接听电话数的比值。

（2）数据来源：从 95598 客服系统中自动提取阶段性的转接话务量，并附带坐席班长的日常记录和反馈的信息。

（3）关键度：转接呼叫率是衡量 95598 坐席人员业务技能的重要指标。电话转接，意味着服务时间增长，服务成本增加。而在电话中更换坐席人员，导致客户向 95598 重复说明需求，会使客户满意度下降。

（4）监控方法：

1）对坐席人员转接的客户需求进行记录，确定是何种原因造成电话转接。

2）转接呼叫率低于标准值，说明坐席人员业务能力强。转接呼叫率高于标准值，说明坐席人员服务技能较差，独立处理客户需求的能力有待加强。通过分析，了解坐席人员在哪一方面的业务能力欠缺，再针对性地加强培训工作，使坐席人员有能力回答和处理客户的问题。

3）对于必须转接的电话，坐席人员要通知客户后方可转接，在转接时要提前向下一位坐席人员重复客户的需求信息，以免客户重复自己的需求，造成不满。

8. 平均事后处理时长

（1）定义：指一次呼叫电话接听后，坐席人员完成与此呼叫有关的整理工作所需要的平均时间长度。

（2）数据来源：从 95598 客服系统中自动提取每位坐席人员的阶段性事后处理时长数据。

（3）关键度：平均事后处理时长是衡量 95598 坐席人员工作效率的重要指标。减少事后处理时长可以提高人工坐席接通率、工单处理速度、客户满意率和 95598 接入线路的有效使用率，降低服务成本。

（4）监控方法：

1）按坐席人员的事后处理时长绘制出 XY 散点图、折线图或曲线图，真实反映每一位坐席人员的工作效率。

2）分析事后处理时间过长的原因，提出解决方案。其主要原因有：① 坐席人员文字输入速度慢；② 服务思维不清晰、业务能力较弱，不能做到边说、边听、边打字做工单；③ 客服、营销系统运行较慢，影响信息输入速度；④ 电脑键盘操作不灵敏；⑤ 现场管理不严，员工服务意识不强，导致工作效率较低。

3）对事后处理时长高于标准值的坐席人员，加强培训、督导工作，训练坐席人员边与客户说话边输入资料的能力，帮助坐席人员养成在谈话过程中同步做好信息处理的良好习惯，减少事后处理时间。

9. 受理工单正确率

（1）定义：指内容（姓名、地址、联系方式、类别、呼叫内容）填写正确的受理工单数与受理工单总数的比值。

（2）数据来源：从每月的录音质检记录中提取坐席人员的服务数据。

（3）关键度：受理工单正确率是衡量 95598 坐席人员工作质量的重要指标。

（4）监控方法：

1）结合本公司 95598 工作实际，制定公平公正，便于质检人员操作的《95598 坐席人员工单质检标准》。并将此评分标准发放给坐席人员，让他们牢记于心，便于电话服务中持之以恒地执行。如表 ZY3100201007-2 所示，为××供电公司 95598 坐席人员工单质检参考标准。

表 ZY3100201007-2　　××供电公司95598坐席人员工单质检参考标准

| 序号 | 项目名称 | 总分值（10分） | 评分细则 | 各项分值 |
|---|---|---|---|---|
| 一 | 工单填写 | 3 | 准确记录客户的重要信息和反映情况 | 2 |
| | | | 快速完整录入工单，正确选择工单类型 | 1 |
| 二 | 工单派发 | 2 | 工单在1分钟内下发到正确的工作站或部门。若错发，需及时发现并纠正，5分钟内改发到正确部门 | 1 |
| | | | 督办相关工作站或部门5分钟内签单 | 1 |
| 三 | 工单督办 | 3 | 对于客户的合理催办，及时督办相关工作站或部门处理 | 0.5 |
| | | | 对工单及时、主动地联系工作进度，并记入工单 | 1 |
| | | | 对相关工作站或部门无力处理的工单，主动联系上一级部门处理 | 0.5 |
| | | | 投诉举报工单全过程跟踪督办，投诉工单5天内、举报工单10天内答复客户 | 0.5 |
| | | | 相关工作站或部门工单内容回复不清的，需及时指出并退单。需转派的工单，需及时转派到正确的部门 | 0.5 |
| 四 | 工单回访 | 2 | 及时、准确地对已完成的工单进行客户回访，并开展客户满意度调查 | 1 |
| | | | 按客户满意度调查的实际结果填写工单，并按相关规定记入绩效考核中 | 1 |

2）对坐席人员不同类别的工单进行抽样质检，写出月度分析报告。

3）从95598客户服务系统中调出漏填、错填关键内容、派发错误部门、督办不力的工单，与相关坐席人员进行绩效面谈，了解是何种原因造成工单填写有误。受理工单正确率低于标准值，可能是因为坐席人员电脑文字输入的准确率低、归纳总结能力不强、部门职责情况不了解、工作责任心不高等原因造成的，需要95598进一步开展培训工作，提高工作技能，以便于能够通过95598工单准确地传递相关信息，避免给工单的后期处理工作造成不必要的麻烦。

10. 致命错误率和非致命错误率

（1）定义：指录音质检中存在服务致命错误（或非致命错误）的录音数与录音质检总电话数的比值。

（2）数据来源：从每月的录音质检记录中提取坐席人员的服务数据。

（3）关键度：致命错误率和非致命错误率是衡量95598坐席人员服务质量的重要指标。一通电话中如果存在致命错误，则说明本次电话服务是完全失败的，需要95598另行回访客户告知客户准确的信息，或重新处理工单，这样造成服务成本增加的同时，客户对95598产生不信任感。另外，一通电话中存在一个或多个非致命错误，会使客户拨打95598的服务感受存在差异。因为坐席人员们没有为客户提供基调一致的服务，导致客户满意度明显降低。

（4）监控方法：

1）结合本公司95598工作实际，制定公平公正，便于质检人员操作的《95598坐席人员录音质检标准》。如表ZY3100201007-3所示，为××供电公司95598坐席人员录音质检参考标准。

表 ZY3100201007-3　　××供电公司95598坐席人员录音质检参考标准

| 序号 | 项目名称 | 总分值（10分） | 评分细则 | 各项分值 | 是否致命错误 |
|---|---|---|---|---|---|
| 一 | 语言能力 | 2.5 | 普通话标准，语音清晰，语速适中，语调平和，真诚热情 | 1 | 否 |
| | | | 正确使用首问语、结束语和十字礼貌用语 | 0.5 | 否 |
| | | | 无故打断客户讲话 | 0.5 | 否 |
| | | | 在需要客户等待及等待结束后使用礼貌用语并告知等待原因 | 0.5 | 否 |
| | | | 与客户发生争执 | | 是 |
| 二 | 判断能力 | 2 | 不恰当地反复询问同一问题或询问不需要的问题 | 1 | 否 |
| | | | 引导客户说出关键信息，判断客户真实需求 | 1 | 否 |
| | | | 无法理解客户的来电意图，答非所问 | | 是 |

续表

| 序号 | 项目名称 | 总分值（10分） | 评 分 细 则 | 各项分值 | 是否致命错误 |
|---|---|---|---|---|---|
| 三 | 业务能力 | 3 | 为客户提供正确的解决方案 | 1 | 否 |
| | | | 有针对性地全面回答客户问题 | 1 | 否 |
| | | | 一次性可解决的问题是否当场解决 | 1 | 否 |
| | | | 向客户提供错误答案 | | 是 |
| 四 | 主动能力 | 1.5 | 对重要信息是否重复确认 | 0.5 | 否 |
| | | | 主动帮助客户分析问题 | 0.5 | 否 |
| | | | 无法当场解决的问题是否主动及时处理 | 0.5 | 否 |
| | | | 无故推诿客户需求 | | 是 |
| 五 | 操作系统能力 | 1 | 准确记录客户的重要信息 | 0.5 | 否 |
| | | | 快速准确地填单与派单 | 0.5 | 否 |
| 备注 | 录音中若出现一条致命错误，则本录音得分为零 | | | | |

2）对坐席人员不同类别的电话录音进行抽样质检，写出月度分析报告。

3）针对不同的质检结果开展绩效面谈、召开分析例会，帮助坐席人员克服自身服务过程中的致命错误，尽量减少非致命错误，提升通话质量和服务水平。

11. 工单处理及时率

（1）定义：工单按时处理完成数与工单受理总数的比值。

（2）数据来源：从95598客服系统中自动提取阶段性的工单处理及时率数据。

（3）关键度：工单处理及时率是衡量95598履行服务调度职能和后台处理人员响应速度的重要指标。

（4）监控方法：按95598的业务分类统计工单的完成情况，从客服系统中分别提取未完成的工单，查看工单内容，了解即将超时时间，分析即将超时原因。若因供电企业原因造成工单没有及时处理完成，坐席班长应及时与相关责任部门联系催办，必要时记入通报考核中。若因客户提出不合理要求，或反复提出新的要求，造成工单没有及时处理完毕，应安排经验丰富的坐席班长或管理人员跟踪该工单的进程，确保工单及时准确处理完成。

12. 客户回访率

（1）定义：指有效回访客户工单数（包括同一工单3次回访客户拒听）与应回访客户工单总数的比值。

（2）数据来源：从95598客服系统中自动提取阶段性客户回访率数据。

（3）关键度：客户回访率是衡量95598服务水平的重要指标。95598的客户回访率达到目标值，则证明该供电企业重视客户意见和建议，具备自我认知、敢于接受不同观念并愿意积极改进的能力。

（4）监控方法：每周、每月定期在95598客服系统中统计客户回访率数据，当数据值小于100%时，则管理人员需要及时调出未回访的工单，掌握未回访的原因。通常有以下六种情况：① 工单内容刚刚回复到95598，坐席人员还没有来得及做回访；② 因回访工作量大，造成坐席人员没有来得及做回访；③ 坐席人员曾经回访，但回访失败，等待下一次回访期间；④ 工单完成内容有疑义，需重新处理的工单；⑤ 因工单内容复杂，或来电客户特殊，坐席人员担心回访时被客户辱骂而故意没有回访；⑥ 坐席人员及班长均没有及时刷单，遗漏了需回访的历史工单。

前三种未回访工单属于正常情况，只需要安排足够的坐席人员在规定的时限内回访即可。对第四种未回访工单，坐席人员应立即写明工单内容中存在疑义的部分，重新发回相关部门处理。对第五种未回访工单，可以安排对本工单处理流程熟悉的、有经验的坐席班长或管理人员回访客户，向客户说明情况，争取理解和谅解。对第六种未回访工单，应马上安排坐席人员按时间的先后顺序回访，并对相关责任人进行考核。

13. 客户满意率

（1）定义：指客户满意数与成功调查客户总数的比值。

（2）数据来源：从95598客服系统中自动提取阶段性的客户满意率数据。

（3）关键度：客户满意率直接反映供电服务热线95598运营质量的优劣。在呼叫中心的质量管理体系中，建立客户满意度调查及反馈机制是非常关键的环节。通过调查的过程以及最终客户满意率的结果，可以客观评价过去及现在的运营效果，不断提高95598服务品质，并树立良好的企业形象。

（4）监控方法：

1）客户满意度调查除通过问卷模型、第三方调研公司进行外，主要是通过95598的IVR自动语音调查或人工回访方式进行调查。客户对95598服务的真实感受，只有通过及时的调查才能捕捉到。因此，对于需要人工回访的客户满意度调查必须在规定的工作日内完成。

2）客户的选择通过客服系统记录下来后，95598管理人员要进行后期的分析。如图ZY3100201007-6所示，为××供电公司的95598客户满意率调查结果。通过分析，可以发现咨询查询的客户满意率最高，故障报修次之，投诉举报与建议最低。这就需要重点对后两项业务中客户不满意的工单进行监听，必要时由坐席班长或管理人员进行回呼，了解、分析客户的不满意因素，并为客户及时解决问题。

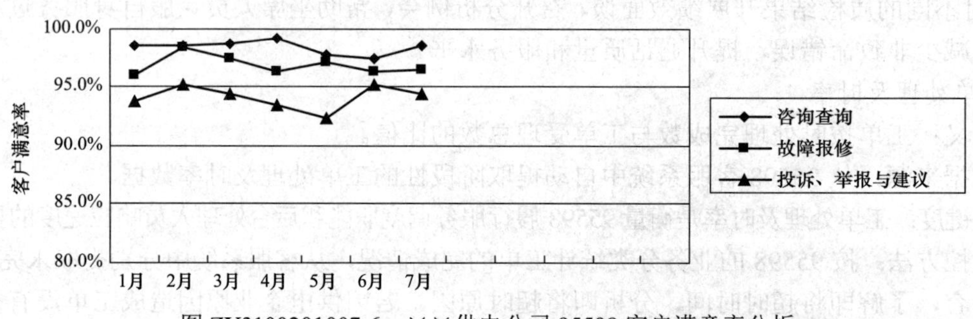


图ZY3100201007-6 ××供电公司95598客户满意率分析

3）对于95598来说，测评客户满意度是为了使管理人员做出正确的决策。但客户满意率不是一个孤立的概念，它既与客户的事前对95598的期望有关，又与95598及相关工作人员的服务行为相关联。所以，客户满意率的分析与测定，不仅要集中于客户满意本身，还应调查与客户满意相关的变量，在维护供用电双方合法权益的前提下界定，从而在整体上认识、分析、提升客户的满意程度。

14. 系统运行可靠率

（1）定义：指95598客服系统正常运行的时间与运行总时间的比值。

（2）数据来源：从95598客服系统运行日志和系统故障处理情况记录中提取阶段性的系统运行可靠率数据。

（3）关键度：系统运行可靠率是衡量95598客服系统安全、稳定运行程度的重要指标。当系统出现故障时，应有处理预案和故障恢复策略，并提供备用通道保证客户电话依然可以成功呼入。

（4）监控方法：管理人员提前制定《95598客服系统应急预案》，根据客服系统的运行情况以及坐席人员反映的系统运行问题，维护人员认真填写《95598客服系统运行日志》，详细记录故障处理的类型、处理方式和处理时间，并定期计算出系统运行可靠率。若该指标低于绩效目标值，则需要从系统稳定性、系统处理能力、系统接入能力、系统服务能力、系统容错能力等方面对系统平台的运行性能进行综合评价分析，了解存在的问题，并提出整改方案进行系统升级改造。

15. 一次性解决问题的答复率

（1）定义：指咨询查询类当场答复工单与咨询查询类工单总数的比值。当场答复工单是指不需要95598回呼，也不需要客户再次呼入，就可以解决问题的电话工单。

（2）数据来源：从95598客服系统中自动提取咨询查询类当场答复与电话答复工单数据。

（3）关键度：一次性解决问题的答复率是影响客户满意度的重要指标。如果一个简单的咨询查询，客户需要多次致电95598，或请客户等候，再由95598答复才能解决问题时，客户就会对95598的工作能力和效率产生怀疑，认为坐席人员的业务能力有限，不能快速地为其解决问题。另外，大量的电话回呼会增加95598的人工成本和服务成本。

（4）监控方法：

1）分析一次性解决问题的答复率偏低的原因，是否因为知识库内容未及时更新，还是坐席人员业务欠缺等，并根据情况作出相应改进措施。

2）对于客户要求95598回呼的需求，应授予坐席人员能够决定是否回呼的权限，准确判断是否需要95598回呼。对于不合理的回呼要求应向客户说明拒绝的原因，请客户谅解。

3）对于客户对同一事件重复拨打95598的现象，需要向管理人员反映，调查确定客户为何要这样做的原因。若属于供电企业的问题则立即处理，直至客户满意。若属于客户提出不合理要求，则向客户解释清楚，请客户理解。

16. 故障报修按时到达兑现率

（1）定义：指在服务承诺规定时限内到达现场的故障报修工单数与故障报修工单总数的比值。

（2）数据来源：从95598客服系统中自动提取阶段性的故障报修按时到达兑现率数据。

（3）关键度：故障报修按时到达兑现率是衡量95598履行服务调度职能和故障抢修人员响应速度的重要指标。

（4）监控方法：从客服系统故障报修报表中提取未按时到达现场的工单，查看超时时间，分析超时原因。若是因为同时出现的故障数量较多，抢修队伍有限，造成无法按时到达现场时，管理人员应及时通过生产部门，建议根据实际情况调配更多的抢修人员参与抢修工作。若是因为故障抢修人员主观原因，或抢修调配不当导致故障抢修超时到达现场，坐席人员应记录相关事件的工单号、工单内容和涉及的责任人，适时予以通报考核。

17. 有效投诉次数

（1）定义：指经查证属实的客户投诉事件数量。

（2）数据来源：从95598客服系统中自动提取阶段性的客户有效投诉数据。

（3）关键度：有效投诉次数是衡量供电企业整体服务品质的重要指标。

（4）监控方法：各供电企业根据管辖区域和营业户数，以及历史有效投诉次数等因素制订出绩效目标值。定期从客服系统投诉、举报与建议报表中提取有效投诉工单进行分析，对涉及面广、情节严重的投诉内容重点关注。譬如违规收费、抄表质量等问题，接到客户投诉后应认真对待，严肃调查事件真相，并力争在第一时间内处理。必要时记入通报考核，并向客户做好解释工作，努力控制事态发展，缩小影响面，避免客户二次投诉或其他客户重复投诉。通过以上措施，95598可以做到防患于未然，减少客户对供电企业服务工作的有效投诉次数。

18. 供电方案按时答复率

（1）定义：指供电方案按时答复客户工单数与报装受理工单总数的比值。

（2）数据来源：从营销信息系统和95598客服系统中自动提取阶段性的供电方案按时答复率数据。

（3）关键度：供电方案按时答复率是衡量95598履行服务调度职能和业扩报装人员响应速度的重要指标。

（4）监控方法：从营销信息系统和95598客服系统中提取供电方案按时答复期限统计报表，了解超时答复供电方案的工单，按电压等级、报装管理权限分析超时的原因。若因供电企业原因造成答复超时，则应及时与相关责任部门联系催办，必要时记入通报考核中。若因客户有意推延勘察时间，或提出不合理要求造成答复超时，则95598应及时与客户进行沟通，了解客户需求和意见，向客户给予解释，并将未按时答复方案的原因计入工单备查。

19. 欠费复电时长

（1）定义：指客户致电95598登记复电到客户恢复用电的时间长度。

（2）数据来源：从95598客服系统中自动提取阶段性的欠费复电时长数据。

（3）关键度：欠费复电时长是衡量95598履行服务调度职能和欠费复电人员响应速度的重要指标。

（4）监控方法：从95598客服系统中提取欠费复电时长统计报表，了解分析未按时复电的工单情况。通常情况下，对经常欠费的客户或非工作时间的复电申请，抄表员不愿及时复电，唯恐滋长了客户仍不按时交费的习惯，而且认为占用了自己的休息时间。另外，95598 登记复电后与抄表员联系不上也是造成复电超时的原因之一。因此，对于这些因供电企业原因造成的复电超时工单，坐席人员应及时记录工单号、主要内容、超时原因及责任人，适时开展通报考核工作。

20. 停电信息发布准确率

（1）定义：指准确及时发布停电信息总数与应发布的停电信息总数的比值。

（2）数据来源：从95598客服系统和停电信息发布异常情况统计表中提取停电信息发布准确率数据。

（3）关键度：停电信息发布准确率是衡量95598履行服务调度职能和生产调度人员响应速度的重要指标。少数单位部门安排计划检修时，停送电时间随意性大，常常出现推迟送电现象，且需延长停电时间时也不提前通知95598。甚至出现“报了不停、停了不报”的现象，导致95598通过媒体、短信、电话等方式发布错误停电信息，严重影响到供电企业的诚信度。

（4）监控方法：停电信息发布准确率关系到营销与生产部门的密切配合问题。凡是涉及整条线路、整个台区客户停电的信息，95598 都要从生产部门收集信息后在客服系统中准确、及时地进行发布。另外，95598还应定期收集更新后的10kV配网及台区负荷信息资料，以便于在客服系统中开展停电信息发布工作。对于没有按时发布的停电信息、停电信息内容发布不准确、停电信息异动后未及时通知95598的行为，坐席人员应及时在停电信息发布异常情况统计表中记录，并了解涉及责任部门和人员，适时开展通报考核工作。

【思考与练习】

1. 什么是95598关键绩效指标？建立关键绩效指标的意义是什么？

2. 95598关键绩效指标主要包括哪些方面的内容？

3. 什么是人工坐席接通率？如何结合实际统计数据对人工坐席接通率进行分析与控制？

4. 什么是平均通话时长？造成平均通话时长高于绩效目标值的主要原因有哪些？

5. 造成坐席人员平均事后处理时间过长的主要原因有哪些？如何优化平均事后处理时长指标？

6. 什么是致命错误率和非致命错误率？坐席人员在电话服务过程中，哪些行为属于致命性错误？95598应如何处理包含有致命性错误的工单？

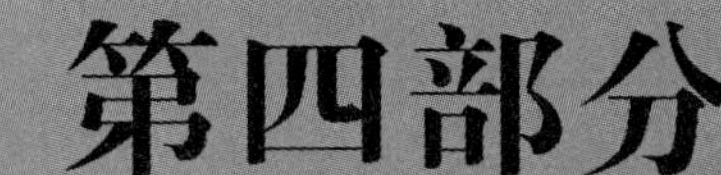

# 第四部分

# 相关业务知识

# 第十章 业 扩 报 装

## 模块 1 业扩报装概况（ZY3100102001）

【模块描述】本模块介绍业扩报装基本概念和相关术语。通过概念描述和要点归纳，掌握业扩报装主要内容和相关术语。

【正文】

业扩报装简称业扩，是供电企业客户服务的第一个环节，也是供电企业售前服务行为。此时，供电企业和客户之间电能的交易还未发生，业扩报装工作质量的好坏不仅影响着当前的客户，还会影响潜在的客户。所以供电部门要一改过去坐等客户上门的“守株待兔”的方式，主动地、经常地调查市场，分析市场，不断的开发市场。一方面要在电能的量和质上最大限度地满足客户对电力的需求；另一方面要在电力企业内部协调好规划、生产、基建等部门，使企业在为客户的服务中不断发展。

### 一、业扩报装基本概念

1. 业扩报装的含义

其主要含义是接受客户用电申请，根据电网实际情况，办理供电与用电不断扩充的有关业务工作，以满足客户的用电需要，是从受理客户用电申请开始到向客户正式供电为止的全过程。

2. 业扩报装的主要内容

业扩报装的主要内容包括客户用电业务受理，收集客户用电需求的有关信息资料，并深入客户用电现场了解客户现场情况、用电规模、用电性质以及该区域电网的结构，进行供电可能性和供电合理性调查，然后根据客户的用电要求和现场调查情况以及电网运行情况制定供电方案。根据确定的供电方案，一方面组织因业务扩充引起的供电设施新建、扩建工程的设计、施工、验收、启动，另一方面组织客户内部工程的设计、施工审查，以及针对隐蔽工程进行施工中间检查，最后组织客户内部工程的竣工验收。竣工验收后负责与客户签订供用电合同，组织装表接电。装表接电后立即将客户有关资料传递相关部门建立抄表、核算等卡账。最后建立客户户务档案，进行日常营业管理。

### 二、业扩报装相关术语

1. 供电方案

电力供应的具体实施计划。供电方案包括：供电电源位置、出线方式、供电线路敷设、供电回路数、走径、跨越、客户进线方式、客户受（送）电装置容量、主接线、继电保护方式、电能计量方式、运行方式、调度通信等内容。并根据客户的用电容量、电压等级、用电性质、用电类别等明确客户执行的电价标准。

2. 供电方式

电力供应的方法与形式。供电方式包括供电电源的参数，如频率、相数、电压、供电电源的地点、数量、受电装置位置、容量、进线方式、主接线及运行方式，供用电之间的合同关系以及供电时间的时限等。

3. 配置系数

配置系数是综合考虑了同时率、功率因数、设备负载率等因素影响后，得出的数值。如：住宅小区的配置系数的计算方法可简化为配置变压器的容量（kVA）与住宅小区用电负荷（kW）之比值。

4. 双电源

由 2 个独立的供电线路向 1 个用电负荷实施的供电。这两条线路是由 2 个电源供电。即由 2 个变电站或 1 个有多台变压器单独运行的变电站中的 2 段母线分别提供的电源。其中 1 个电源故障时，不会因此而导致另 1 电源同时损坏。

5. 保安电源

供给客户保安负荷的电源。保安电源必须是与其他电源无联系而能独立存在的电源，或与其他电源有较弱的联系，当其中一个电源故障断电时，不会导致另一个电源同时损坏的电源。保安电源与其他电源之间必须设置可靠的机械式或电气式联锁装置。

6. 应急电源

在正常电源发生故障情况下，为确保一级负荷中特别重要负荷的供电电源。

7. 电能计量方式

根据计量电能的不同对象，以及确定的供电方式及电费管理制度要求，确定电能计量点及电能计量装置的种类、结构及接线等方法。

8. 电能质量

供应到客户受电端的电能品质的优劣程度。通常以电压允许偏差、电压允许波动和闪变、电压正弦形畸变率、三相电压不平衡度、频率允许偏差等指标来衡量。

9. 谐波源

向公用电网注入谐波电流或在公用电网中产生谐波电压的电气设备。如电气机车、电弧炉、整流器、逆变器、变频器、相控的调速和调压装置、弧焊机、感应加热设备、气体放电灯以及有磁饱和现象的机电设备。

10. 大容量非线性负荷

接入 110kV 及以上电压等级电力系统的电弧炉、轧钢、地铁、电气化铁路，以及单台 4000kVA 及以上整流设备等具有波动性、冲击性、不对称性的负荷。

**【思考与练习】**

1. 业扩报装的含义是什么？
2. 业扩报装的主要内容包括什么？
3. 供电方案包括什么？



## 模块2 业扩报装基本知识（ZY3100102002）

**【模块描述】**本模块介绍供电方案的确定原则、用电负荷、电压等级、供电电源、运行方式、电能计量、电能质量及继电保护等相关知识。通过要点归纳，掌握确定业扩供电方案的基本原则、方案包含的内容及相关技术要求。

**【正文】**

正确的供电方案是确保安全、稳定、经济、合理供电和用电重要环节，也为正确执行电价分类，正确安装电能计量装置，合理收费等工作创造必要的条件。通过以下业扩报装基本知识的介绍，95598坐席人员重点掌握确定业扩供电方案的基本原则及方案包含的内容，明确用电负荷分类，以及确定供电方式、电能计量方式、继电保护及自动装置配置的相关技术要求。

### 一、确定供电方案的基本原则及要求

1. 基本原则

（1）满足供用电安全、可靠、经济、运行灵活、管理方便的要求，并留有发展余度。

（2）符合电网建设、改造和发展规则的要求；满足客户近期、远期对电力的需求，具有最佳的综合经济效益。

（3）具有满足客户需求的供电可靠性及合格的电能质量。

（4）符合相关国家标准、电力行业技术标准和规程，以及技术装备先进要求，并应对多种供电方案进行技术经济比较，确定最佳方案。

2. 基本要求

（1）根据客户的用电容量、用电性质、用电时间，以及用电负荷的重要程度，确定高压供电、低压供电、临时供电等供电方式。

（2）根据用电负荷的重要程度确定多电源供电方式，提出保安电源、自备应急电源、非电性质的应急措施的配置要求。

（3）客户的自备应急电源、非电性质的应急措施、谐波治理措施应与供用电工程同步设计、同步建设、同步投运、同步管理。

## 二、用电负荷分级

### 1. 分级原则

用电负荷应根据对供电可靠性的要求，以及中断供电将危害人身安全和公共安全，在政治或经济上造成损失或影响的程度等因素进行分级。

### 2. 一级负荷

中断供电将产生下列后果之一的，为一级负荷：

（1）引发人身伤亡的。

（2）造成环境严重污染的。

（3）发生中毒、爆炸和火灾的。

（4）造成重大政治影响、经济损失的。

（5）造成社会公共秩序严重混乱的。

### 3. 二级负荷

中断供电将产生下列后果之一的，为二级负荷：

（1）造成较大政治影响、经济损失的。

（2）造成社会公共秩序混乱的。

### 4. 三级负荷

不属于一级负荷和二级负荷的为三级负荷。

### 5. 重要客户

具有一级负荷兼或二级负荷的客户统称为重要客户。如：国家重要广播电台、电视台、通信中心；重要国防、军事、政治工作及活动场所；重要交通枢纽；国家信息中心信息网络、电力调度中心、金融中心、证券交易中心；重要宾馆、饭店、医院、学校；大型商场、影剧院等人员密集的公共场所；煤矿、金属非金属矿山、石油、化工、冶金等高危行业的客户。

根据管理需要，可依据负荷分级对重要客户进行细化分类或分级。

## 三、供电电压等级的确定

### 1. 供电额定电压

（1）低压供电：单相为220V、三相为380V。

（2）高压供电：为10、35（66）、110、220、330、500kV。

客户需要的供电电压等级在110kV及以上时，其受电装置应作为终端变电站设计。

### 2. 确定供电电压等级的一般原则

（1）客户的供电电压等级应根据用电最大需量、用电设备容量或受电设备总容量确定。除有特殊需要，供电电压等级一般可参照表ZY3100102002-1确定。

**表 ZY3100102002-1　　客户供电电压等级的确定**

| 供电电压等级 | 用电设备容量 | 受电变压器总容量 |
|---|---|---|
| 220V | 10kW及以下单相设备 | |
| 380V | 100kW及以下 | 50kVA及以下 |
| 10kV | | 100～8000kVA（含8000kVA） |
| 35kV | | 5～40MVA |
| 66kV | | 15～40MVA |
| 110kV | | 20～100MVA |
| 220kV | | 100MVA及以上 |

**注**　无35kV电压等级的，10kV电压等级受电变压器总容量为100～15 000kVA；供电半径超过本级电压规定时，可按高一级电压供电。

（2）具有冲击负荷、波动负荷、非对称负荷的客户，宜采用由系统变电站新建线路或提高电压等级供电的供电方式。

3. 低压供电

（1）客户单相用电设备总容量在10kW及以下时可采用低压220V供电。在经济发达地区用电设备总容量可扩大到16kW。

（2）客户用电设备总容量在100kW及以下或受电变压器容量在50kVA及以下者，可采用低压380V供电。在用电负荷密度较高的地区，经过技术经济比较，采用低压供电的技术经济性明显优于高压供电时，低压供电的容量可适当提高。

（3）农村地区低压供电容量，应根据当地农村电网综合配电小容量、多布点的配置特点确定。

4. 高压供电

（1）客户用电设备总容量在100～8000kVA时（含8000kVA），宜采用10kV供电。无35kV电压等级的地区，10kV电压等级的供电容量可扩大到15 000kVA。

（2）客户用电设备总容量在5～40MVA时，宜采用35kV供电。

（3）有66kV电压等级的电网，客户用电设备总容量在15～40MVA时，宜采用66kV供电。

（4）客户用电设备总容量在20～100MVA时，宜采用110kV及以上电压等级供电。

（5）客户用电设备总容量在100MVA及以上，宜采用220kV及以上电压等级供电。

（6）10kV及以上电压等级供电的客户，当单回路电源线路容量不满足负荷需求且附近无上一级电压等级供电时，可合理地增加供电回路数，采用多回路供电。

5. 临时供电

基建施工、市政建设、抗旱打井、防汛排涝、抢险救灾、集会演出等非永久性用电，可实施临时供电。具体供电电压等级取决于用电容量和当地的供电条件。

6. 居住区住宅用电容量配置

（1）居住区住宅以及公共服务设施用电容量的确定应综合考虑所在城市的性质、社会经济、气候、民族、习俗及家庭能源使用的种类。

（2）建筑面积在$50m^2$及以下的住宅用电每户容量宜不小于4kW；大于$50m^2$的住宅用电每户容量宜不小于8kW。

（3）配电变压器容量的配置系数，应根据住宅户数和各地区用电水平，由各省（自治区、直辖市）电力公司确定。



## 四、供电电源及自备应急电源配置

1. 配置的一般原则

供电电源应依据客户的负荷等级、用电性质、用电容量、当地供电条件等因素进行技术经济比较，与客户协商确定。

（1）对具有一、二级负荷的客户应采用双电源或多电源供电，其保安电源应符合独立电源的条件。该类客户应自备应急电源，同时应配备非电性质的应急措施；对三级负荷的客户可采用单电源供电。

（2）双电源、多电源供电时宜采用同一电压等级电源供电。

（3）应根据客户的负荷性质及对用电可靠性要求和城乡发展规划，选择采用架空线路、电缆线路或架空—电缆线路供电。

2. 一、二级负荷供电电源的配置规定

（1）一级负荷的供电电源应符合下列规定：

1）一级负荷的供电除由双电源供电外，应增设保安电源，并严禁将其他负荷接入应急供电系统。

2）一级负荷的设备的供电电源应在设备的控制箱内实现自动切换，切换时间应满足设备允许中断供电的要求。

（2）二级负荷的供电电源应符合下列规定：

1）二级负荷的供电应由双电源供电，当一路电源发生故障时，另一路电源不应同时受到损坏。

2）二级负荷的设备供电应根据电源条件及负荷的重要程度采用下列供电方式之一：① 双电源供

电，在最末一级配电装置内切换；② 双电源供电到适当的配电点互投装置后，采用专线送到用电设备或其控制装置上；③ 小容量负荷可以用一路电源加不间断电源装置，或一路电源加设备自带的蓄电池组在末端实现切换。

3. 供电电源点确定的一般原则

（1）电源点应具备足够的供电能力，能提供合格的电能质量，以满足客户的用电需求；在选择电源点时应充分考虑各种相关因素，确保电网和客户端变电站的安全运行。

（2）多个可选的电源点，应进行技术经济比较后确定。

（3）根据客户的负荷性质和用电需求，确定电源点的回路数和种类。

（4）根据城市地形、地貌和城市道路规划要求，就近选择电源点。路径应短捷顺直，减少与道路交叉，避免近电远供、迂回供电。

4. 自备应急电源配置的一般原则

（1）自备应急电源配置容量标准必须达到保安负荷的 120%。

（2）启动时间满足安全要求。

（3）客户的自备应急电源与电网电源之间应装设可靠的电气或机械闭锁装置，防止倒送电。

5. 自备应急电源及选择

（1）自备应急电源的种类：① 独立于正常电源的发电机组；② 供电网络中独立于正常电源的专用馈电线路；③ UPS 不间断供电电源（或其他新型电源）；④ 蓄电池；⑤ 干电池；⑥ 其他新型自备应急电源技术（设备）。

（2）自备应急电源的选择：

1）允许中断供电时间为 15s 以上的供电，可选用快速自启动的发电机组。

2）自投装置的动作时间能满足允许中断供电时间的，可选用带有自动投入装置的独立于正常电源的专用馈电线路。

3）允许中断供电时间为毫秒级的供电，可选用蓄电池静止型不间断供电装置、蓄电池机械储能电机型不间断供电装置或柴油机不间断供电装置。

6. 应急电源工作时间

应急电源工作的时间应按客户生产技术上要求的停车时间考虑。当与自动启动的发电机组配合使用时，不宜少于 10 分钟。

## 五、电气主接线及运行方式的确定

1. 确定电气主接线的一般原则

（1）根据进出线回路数、设备特点及负荷性质等条件确定。

（2）满足供电可靠、运行灵活、操作检修方便、节约投资和便于扩建等要求。

（3）在满足可靠性要求的条件下，宜减少电压等级和简化接线。

2. 电气主接线的主要形式

桥形接线、单母线、单母线分段、双母线、线路变压器组。

3. 客户电气主接线

（1）具有 2 回线路供电的一级负荷客户，其电气主接线的确定应符合下列要求：

1）35kV 及以上电压等级应采用单母线分段接线或双母线接线。装设 2 台及以上主变压器。6～10kV 侧应采用单母线分段接线。

2）10kV 电压等级应采用单母线分段接线。装设 2 台及以上变压器。0.4kV 侧应采用单母线分段接线。

（2）具有 2 回线路的二级负荷客户，其电气主接线的确定应符合下列要求：

1）35kV 及以上电压等级宜采用桥形、单母线分段、线路变压器组接线。装设 2 台及以上主变压器。中压侧应采用单母线分段接线。

2）10kV 电压等级宜采用单母线分段、线路变压器组接线。装设 2 台及以上变压器。0.4kV 侧应采用单母线分段接线。

模块2 ZY3100102002

3）单回线路供电的三级负荷客户，其电气主接线采用单母线或线路变压器组接线。

4. 一、二级负荷的客户运行方式

（1）一级负荷客户可采用以下运行方式：

1）2回及以上进线同时运行互为备用。

2）1回进线主供、另1回路热备用。

（2）二级负荷客户可采用以下运行方式：

1）2回及以上进线同时运行。

2）1回进线主供、另1回路冷备用。

3）不允许出现高压侧合环运行的方式。

## 六、电能计量

1. 电能计量点

电能计量点应设定在设施与受电设施的产权分界处。如产权分界处不适宜的，对专线供电的高压客户，可在供电变电站的出线侧出口装表计量；对公用线路供电的高压客户，可在客户受电装置的低压侧计量。

2. 电能计量方式

（1）低压供电的客户，负荷电流为60A及以下时，电能计量装置接线宜采用直接接入式；负荷电流为60A以上时，宜采用经电流互感器接入式。

（2）高压供电的客户，宜在高压侧计量，但对10kV供电且容量在315kVA以及下、35kV供电且容量在500kVA及以下的，高压侧计量确在困难时，可在低压侧计量，即采用高供低计方式。

（3）有2路及以上线路分别来自不同供电点或有多个受电点的客户，应分别装设电能计量装置。

（4）客户一个受电点内不同电价类别的用电，应分别装设计费电能计量装置。

（5）有送、受电量的地方电网和有自备电厂的客户，应在并网点上装设送、受电电能计量装置。

3. 电能计量装置的接线方式

接入中性点绝缘系统的电能计量装置，宜采用三相三线接线方式；接入中性点非绝缘系统的电能计量装置，应采用三相四线接线方式。

4. 电能计量装置的配置

各类电能计量装置配置的电能表、互感器的准确度等级应不低于表ZY3100102002-2所示值。

**表ZY3100102002-2　　电能表、互感器准确度等级**

| 容量范围 | 电能计量装置类别 | 准确度等级 | | | |
|---|---|---|---|---|---|
| | | 有功电能表 | 无功电能表 | 电压互感器 | 电流互感器 |
| $S\geqslant$10 000kVA | Ⅰ | 0.2S或0.5S | 2 | 0.2 | 0.2S或0.2* |
| 10 000kVA$>S\geqslant$2000kVA | Ⅱ | 0.5S或0.5 | 2 | 0.2 | 0.2S或0.2* |
| 2000kVA$>S\geqslant$315kVA | Ⅲ | 1 | 2 | 0.5 | 0.5S |
| $S<$315kVA | Ⅳ | 2 | 3 | 0.5 | 0.5S |
| 单相供电（$P<$10kW） | Ⅴ | 2 | — | — | 0.5S |

注　电能计量装置的分类见附件B。

*　0.2级电流互感器仅指发电机出口电能计量装置中配用。

5. 电能计量装置设计及技术要求

应依据《国家电网公司输变电工程典型设计电能计量装置分册》。

6. 电能信息采集

容量大于50kVA的客户应在计量点安装电能量信息采集系统，实现电能信息实时采集与监控。

## 七、电能质量及无功补偿

1. 供电电压允许偏差

在电力系统正常状况下，供电公司供到客户受电端的供电电压允许偏差为：

（1）35kV 及以上电压供电的，电压正、负偏差的绝对值之和不超过额定值的 10%。

（2）10kV 及以下三相供电的，为额定值的±7%。

（3）220V 单相供电的，为额定值的+7%，−10%。

2. 非线性负荷设备接入电网

（1）非线性负荷设备的主要种类：

1）换流和整流装置，包括电气化铁路、电车整流装置、动力蓄电池用的充电设备等。

2）冶金部门的轧钢机、感应炉和电弧炉。

3）电解槽和电解化工设备。

4）大容量电弧焊机。

5）变频装置。

6）其他大容量冲击设备的非线性负荷。

（2）客户应委托有资质的专业机构出具非线性负荷设备接入电网的电能质量评估报告（其中大容量非线性客户，须提供省级及以上专业机构出具的电能质量评估报告）。

（3）按照“谁污染、谁治理”、“同步设计、同步施工、同步投运、同步达标”的原则，在供电方案中，明确客户治理污染电能质量的具体措施。

3. 谐波限值

客户负荷注入公用电网连接点的谐波电压限值及谐波电流允许值应符合《电能质量　公用电网谐波》（GB/T 14549）的限值。

4. 电压波动和闪变的允许值

客户的冲击性负荷产生的电压波动允许值，应符合《电能质量　电压波动和闪变》（GB 12326）的限值。

5. 无功补偿装置的配置原则

（1）无功电力应分层分区、就地平衡。客户应在提高自然功率因数的基础上，按有关标准设计并安装无功补偿设备。

（2）并联电容器装置，其容量和分组应根据就地补偿、便于调整电压及不发生谐振的原则进行配置。

（3）无功补偿装置宜采用成套装置，并应装设在变压器低压侧。

6. 功率因数

100kVA 及以上高压供电的电力客户，在高峰负荷时的功率因数不宜低于 0.95；其他电力客户和大、中型电力排灌站、趸购转售电企业，功率因数不宜低于 0.90；农业用电功率因数不宜低于 0.85。

7. 无功补偿容量计算

（1）电容器的安装容量，应根据客户的自然功率因数计算后确定。

（2）当不具备设计计算条件时，电容器安装容量的确定应符合下列规定：

1）35kV 及以上变电所可按变压器容量的 10%～30%确定；

2）10kV 变电所可按变压器容量的 20%～30%确定。

**八、继电保护及调度通信自动化**

1. 继电保护设置的基本原则

（1）客户变电站中的电力设备和线路，应装设反映短路故障和异常运行的继电保护和安全自动装置，满足可靠性、选择性、灵敏性和速动性的要求。

（2）客户变电站中的电力设备和线路的继电保护应有主保护、后备保护和异常运行保护，必要时可增设辅助保护。

（3）10kV 及以上变电站宜采用数字式继电保护装置。

2. 保护方式配置

（1）继电保护和自动装置的设置应符合《电力装置的继电保护和自动装置设计规范》（GB 50062）、《继电保护和安全自动装置技术规程》（GB 14285）的规定。

（2）进线保护的配置应符合下列规定：

1）110kV及以上的进线保护的配置，应根据经评审后的二次接入系统设计确定。

2）35kV进线应装设延时速断及过电流保护；对于有自备电源的客户也可采用阻抗保护。

3）10kV进线装设速断或延时速断、过电流保护。对小电阻接地系统，宜装设零序保护。

（3）主变压器保护的配置应符合下列规定：

1）容量在0.4MVA及以上车间内油浸变压器和0.8MVA及以上油浸变压器，均应装设瓦斯保护。其余非电量保护按照变压器厂家要求配置。

2）电压在10kV及以下、容量在10MVA及以下的变压器，采用电流速断保护和过电流保护分别作为变压器主保护和后备保护。

3）电压在10kV及以上、容量在10MVA及以上的变压器，采用纵差保护和过电流保护（或复压过电流）分别作为变压器主保护和后备保护。对于电压为10kV的重要变压器，当电流速断保护灵敏度不符合要求时也可采用纵差保护作为变压器主保护。

4）220kV主变压器除非电量保护外，应采用两套完整、独立的主保护和后备保护。

（4）220kV母线及110kV双母线宜配置专用母线保护。

3. 备用电源自动投入装置

（1）备用电源自动投入装置，应具有保护动作闭锁的功能。

（2）10～220kV侧进线断路器处，不宜装设自动投入装置。

（3）0.4kV侧，采用具有故障闭锁的“自投不自复”“手投手复”的切换方式，不宜采用“自投自复”的切换方式。

（4）一级负荷客户，宜在变压器低压侧的分段开关处，装设自动投入装置。其他负荷性质客户，不宜装设自动投入装置。

4. 需要实行电力调度管理的客户

（1）受电电压在10kV及以上的专线供电客户。

（2）有多电源供电、受电装置的容量较大且内部接线复杂的客户。

（3）有2回路及以上线路供电，并有并路倒闸操作的客户。

（4）有自备电厂并网的客户。

（5）重要客户对供电质量有特殊要求的客户等。

5. 通信和自动化

（1）35kV及以下供电、用电容量不足8000kVA且有调度关系的客户，可利用电能量采集系统采集客户端的电流、电压及负荷等相关信息，配置专用通信市话与调度部门进行联络。

（2）35kV供电、用电容量在8000kVA及以上或110kV及以上的客户宜采用专用光纤通道或其他通信方式，通过远动设备上传客户端的遥测、遥信信息，同时应配置专用通信市话或系统调度电话与调度部门进行联络。

（3）其他客户应配置专用通信市话与当地供电公司进行联系联络。

【思考与练习】

1. 确定供电方案的基本原则是什么？

2. 电能计量方式有哪些？

3. 继电保护设置的基本原则是什么？

# 第十一章 配电网管理

## 模块 1 配电管理基本知识（ZY3100202001）

【模块描述】本模块介绍供配电系统结构、常见供电方式、接线方式、典型配网故障等知识。通过要点归纳，掌握配电网运行管理常用知识点，提高对配电网常见故障的处理及分析能力。

【正文】

### 一、电力系统概述

电力系统是由发电、输电、配电和用电等设备及其辅助系统（继电保护、安全自动、测量、调度自动化和通信等装置）按规定的技术和要求组成的，负责将一次能源转为电能并输送和分配到用户使用的系统的总称。其根本任务是向用户提供充足、可靠、合格的电能。图 ZY3100202001-1 所示，为动力系统、电力系统、电力网示意图。图 ZY3100202001-2 所示，为电力输送过程示意图。

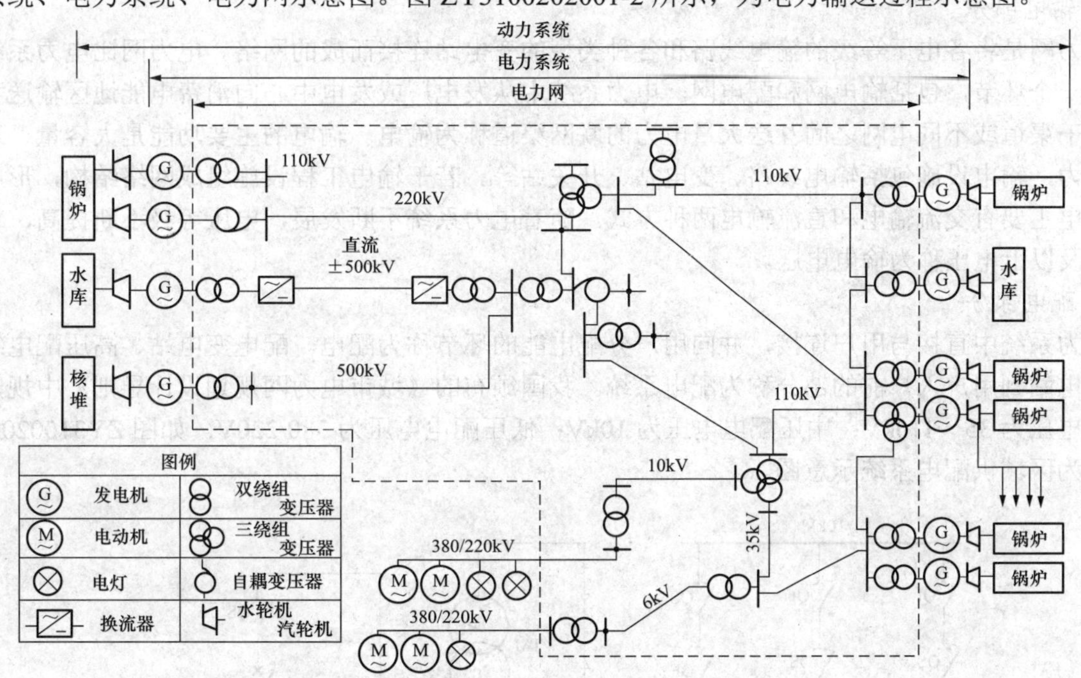


图 ZY3100202001-1 动力系统、电力系统、电力网示意图

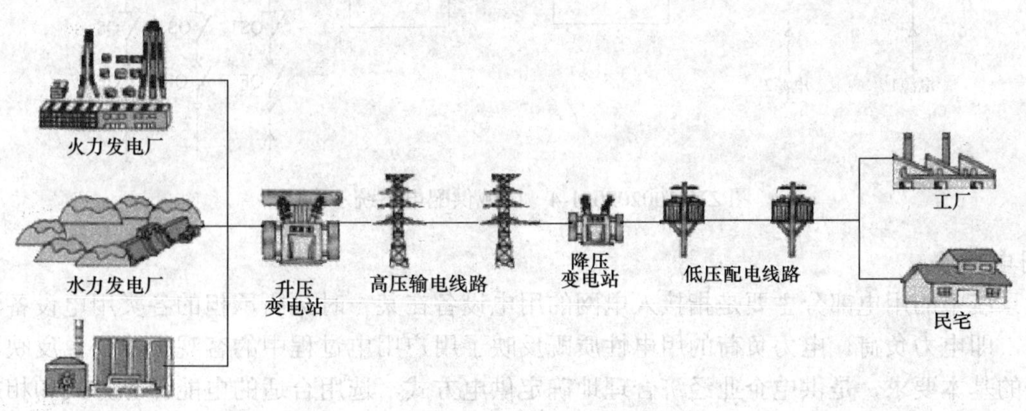


图 ZY3100202001-2 电力输送过程示意图

1. 发电部分

利用电能生产设备将其他形式的能源转变为电能的过程即为发电。目前用于发电的能源主要有煤、石油、天然气、核能、水能、风能等。图ZY3100202001-3所示为某火力发电厂工作基本原理图。

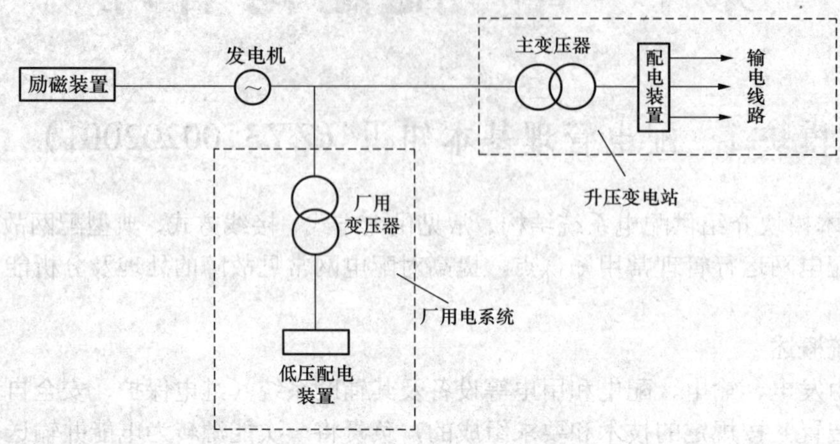


图ZY3100202001-3 某火力发电厂工作基本原理图

2. 输电部分

电力网是将各电压等级的输电线路和各种类型的变电站连接而成的网络。电力网比电力系统少发电设备一个环节，包括输电网和配电网。电力系统中从发电厂或发电中心向消费电能地区输送大量电力的主干渠道或不同电网之间互送大量电力的联网渠道称为输电。输电的主要功能是大容量、远距离输送电力，输电设施包括输电线路、变电站、开关站等。若干输电工程设施组成网络结构，形成输电网。输电主要有交流输电和直流输电两种方式。随着电力系统不断发展，电压等级不断提高，目前将200kV及以上电压称为输电电压。

3. 配电部分

电力系统中直接与用户连接，并向用户分配电能的环节称为配电。配电变电站、高压配电线路、配电变电站到用户入户前的部分称为配电系统。我国颁布的《城市电力网规划设计导则》中规定：高压配电电压为35～110kV；中压配电电压为10kV；低压配电电压为380/220V。如图ZY3100202001-4所示，为区域供配电系统示意图。

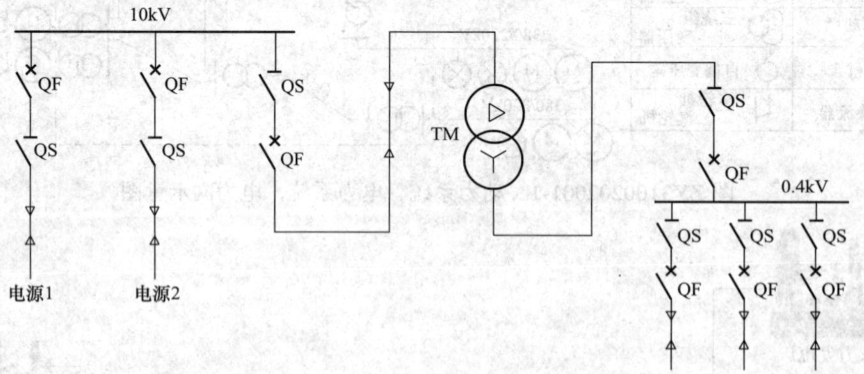


图ZY3100202001-4 区域供配电系统示意图

4. 用电部分

电力系统中的用电部分主要是指接入电网的用电设备在某一时刻所承担的各类用电设备消费电功率的总和，即电力负荷。电力负荷的用电性质既反映了用户用电过程中的客观规律，也反映了用户用电对供电的基本要求，是供电企业经济合理地确定供电方式，选用合适的电能计算方式和相应电价以及进行用电负荷管理，改善供电质量，提供服务水平的依据。

## 二、常用电力设备及设施

1. 发电机

将机械能转换为电能的一组设备称为发电机，其容量计算单位为kW（千瓦）。

2. 电力线路

电力线路是对电能传输或分配的、具有绝缘体和附属设备的一组导体的通称。电力线路按结构可分为架空线路和电缆线路两类。架空线路的导线和避雷架设在露天的线路杆塔上；电缆线路一般直接埋在地下或敷设在电缆沟中。

（1）架空线路的组成及作用。架空线路主要由导线、避雷线、杆塔、横担、绝缘子、金具等组成。

1）导线：用来传输电能、担任传输电能的作用。

2）避雷线：用来将雷电流引入大地，保护线路免遭直击雷的破坏。

3）杆塔：用来支撑导线和避雷线，使导线间、导线与大地间保持一定的安全距离。

4）绝缘子：用来使导线与杆塔之间绝缘并保持一定的绝缘距离，需要有足够的耐电气和机械强度，同时要有足够的耐化学腐蚀能力及表现抗尘附着性能，还能适应气候条件的变化。

5）金具：用电连接导线，使导线固定在绝缘子上，并将护线条和绝缘子固定在杆塔上。

（2）电缆线路的组成及作用。电缆线路主要由电缆的导体、电缆绝缘层和电缆保护层三个部分组成。

1）电缆的导体：用于传输电流，由铝或铜的多股胶线制成。

2）电缆绝缘层：用来使各导体之间以及导体与保护层之间绝缘。

3）电缆保护层：用来保护绝缘层，使具在运输、敷设和运行过程不受外力损伤，并防止水分浸入。

3. 变压器

变压器是借助于电磁感应，以相同的频率在2个或多个相互耦合的绕组回路之间传输功率的静止电器。它由铁芯、绕组、油箱与变压器油、绝缘套管、冷却装置、净油器、储油柜（油枕）和呼吸器组成。电力变压器按铁芯形式可分为芯式和壳式两种；按绕组耦合方式可分为普通和自耦式；按相数可分为单相和三相；按绕组数可分为双绕组和三绕组。

目前，变压器发展方向是：无油化、低损耗、防灾型。主要有干式变压器、非晶合金变压器、空气及浸绝缘变压器、填充式绝缘干式变压器、端封绝缘干式变压器、气体绝缘变压器、不燃液变压器、难燃液变压器、$SF_6$气体变压器等。

4. 断路器

高压断路器是电力系统中最重要的控制和保护设备。它在电网中的作用有两个方面：① 控制作用，即根据电网运行需要投入或切除部分电力设备和线路；② 保护作用，即在电力设备或线路发生故障时，通过继电保护及自动装置作用于断路器，将故障部分从电网中迅速切除，以保证电网非故障部分的正常运行。

断路器的发展方向是：无油化、小型化。油断路器基本上已淘汰完毕，取而代之的是中压部分采用真空断路器，高压部分采用$SF_6$断路器。

5. 电力电容器

电力电容器主要用于频率为50Hz或60Hz的电网中。广泛用来进行无功补偿，以减少电网输送的无功功率，提高功率因数，改善电压质量，增加发供电能力，降低线路损耗。

6. 氧化锌避雷器

氧化锌避雷器由非线性“*V—A*”特性较好的氧化锌电阻片组装而成。在正常工作电压下，具有极高的电阻，在雷电过电压的作用下，则呈现低电阻状态，泄放雷电流。与避雷器并联的电气设备的残压，被抑制在设备绝缘安全值以下，待过电压消失后，迅速恢复高电阻而呈绝缘状态。从而有效地保护了被保护电气设备的绝缘，免受过电压的侵害。

7. 隔离开关

隔离开关又称隔离刀闸（简称刀闸）。它没有专用的灭弧装置，不能用来切断负荷电流和短路电流，其作用是使需要停电工作的设备与带电部分实现可靠隔离（有明显断开点），以确保工作人员的安全。

8. 互感器

互感器是电力系统中测量和保护用的重要设备，可分为电流互感器和电压互感器两大类。在供配电系统中，大电流、高电压不能直接用电流表和电压表来测量，必须通过互感器按比例减小后测量。前者将高压系统中的电流或低压系统中的大电流，变成低压的、标准的小电流；后者将系统中的高电压变成标准的低电压，用以给测量仪表和继电器供电。因此，互感器运行状态的好坏对仪表指示的正确、继电保护和自动装置的正确动作有着至关重要的作用。

互感器的内部结构就是变压器，按照变压器的原理运行。电流互感器的工作原理相当于二次侧短路的变压器，用来变流，在二次侧接入电流表测量电流（可以串联多个电流表）。电流互感器的二次侧不能开路。电压互感器的工作原理相当于二次侧开路的变压器，用来变压，在二次侧接入电压表测量电压（可以并联多个电压表）。电压互感器的二次侧不能短路。

9. 电力电缆线路

电力电缆线路起到输送和分配电能的作用。电力电缆线路与架空线路相比，具有受外界干扰小、安全可靠、隐蔽、维护工作量小、占地少、可在各种场合下敷设应用等优点。目前在配电线路中特别是城市建设中电缆已经被广泛应用。

**三、电力负荷及其分类**

1. 电力负荷

所谓电力负荷，是指发电厂或电力系统中，在某一时刻所承担的各类用电设备消耗功率的总和，单位用 kW 表示。其中，用户的用电设备在某一时刻实际取得的总功率称为用电负荷。用电负荷与同一时刻的线路损失负荷之和，即发电厂对外所承担的全部负荷，称为供电负荷。电网对外负担的供电负荷，加上同一时刻各发电厂的厂用电负荷，构成电网的全部负荷，称为发电负荷。



2. 电力负荷的分类

（1）按负荷发生的时间分类：

1）高峰负荷。又称最大负荷，是指电网或用户在一天时间内所发生的最大负荷值。高峰负荷常以小时用电量作为负荷值。高峰负荷又分为日高峰负荷和晚高峰负荷。

2）低谷负荷。又称最小负荷，是指电网或用户在一天时间内用电量最低值的小时平均电量。对于电力系统来说，峰、谷负荷差越小，代表发电成本越低，用电越趋经济、合理。

3）平均负荷。是指电网或某用户在统计时间内的平均小时用电量。一般情况下，常用的有日平均负荷、月平均负荷等。

（2）按突然中断供电所造成的损失程度分类：

1）一类负荷。是指突然中断供电将会造成人身伤亡或会引起对周围环境严重污染；经济上产生巨大损失；社会秩序严重混乱或产生政治上严重影响的用电负荷。

2）二类负荷。是指突然中断供电会造成较大经济损失；社会秩序混乱或在政治上产生较大影响的用电负荷。

3）三类负荷。不属于一、二类负荷，突然中断供电不会造成较大损失的用电负荷。

**四、供电质量指标**

供电质量是指供电频率质量、电压质量和供电可靠性的三项指标。

1. 频率

频率（周波）质量以频率允许偏差来衡量。我国电网交流的额定频率是 50Hz。在电力系统正常状况下，供电频率的允许偏差为：电网装机容量在 300 万 kW 及以上的，为±0.2Hz；电网装机容量在 300 万 kW 以下的，为±0.5Hz。在电力系统非正常状况下，供电频率允许偏差不应超过±0.1Hz。

2. 电压

电压质量以电压偏差、电压波动与闪变、电压正弦波畸变率、负序电压系数（三相电压不平衡度）等指标来衡量。由于电网中存在电压损耗，通常是线路首端电压高，末端电压低。在电力系统正常状况下，供电企业供到用户受电端的供电电压允许偏差为：

（1）35kV 及以上电压供电的，电压正、负偏差的绝对值之和不超过额定值的10%。

（2）10kV 及以下三相供电的，为额定值的±7%。

（3）220V 单相供电的，额定值的+7%，−10%。在电力系统非正常状况下，用户受电端的电压最大允许偏差不应超过额定值±10%。

用户用电功率因数达不到《供电营业规则》第四十一条规定的，其受电端电压偏差不受此限制。

3. 供电可靠性

供电可靠性是指对客户每年停电的持续时间和次数。不同性质的用电负荷对供电可靠性的要求不一样。供电企业应不断改善供是可靠性，减少设备检修和电力系统事故主对用户的停电次数及每次停电持续时间。供用电设备计划检修应做到统一安排。供用电设备计划检修时，对 35kV 及以上电压供电用户的停电次数，每年不应超过 1 次；对 10kV 供电的用户，每年不应超过 3 次。

## 五、供电方式

供电方式是指供电单位向用户提供电源的方式。供电方式的确定，应遵从供电安全、可靠、合理和便于管理的原则。供电方式按电压等级可分为高压和低压供电方式；按相数可分为单相和三相供电方式；按供电可靠程度可分为单回路和多回路供电方式；按供电时间长短可分为临时和长期供电方式；按管理方式可分为直供和转供电方式等。

下面，着重介绍几种常见的供电方式。

（1）高压供电方式。供电电压 1kV 及以上的属高压供电。

（2）低压供电方式。供电电压为 0.4kV 及以下的属低压供电。可分为单相与三相供电。用户单相用电设备总容量不足 10kW 的可采用低压单相供电。用户用电设备容量在 100kW 及以下或需用变压器容量在 50kVA 及以下者，可采用低压三相四线制供电，特殊情况也可采用高压供电。

（3）趸售供电方式。是趸购转售电单位将供电企业的电能转卖给其营业区域内其他用户的一种经营方式。供电企业一般不采用趸售方式供电，以减少中间环节。特殊情况需开放趸售供电时，应由省级电网经营企业报国务院电力管理批准。趸购转售是单位应服从电网的统一调度，按国家规定的电价向用户售电，不得再向乡、村层层趸售。

（4）转供电方式。公用供电设施能力不足或公用配电网未到达的地区，为解决该地区用户的用电，供电企业委托该地区有供电能力的直供高压用户，代理向其他用户实施的供电。委托代理供电可发挥现有的供电设备的闲置能力，缓解投资紧缺，及时解决用户用电急需，但不利于安全、经济、合理用电管理。

（5）多电源供电方式。由 2 个及以上独立电源向 1 个用户实施的供电。多电源供电方式具有较高的供电可靠性，适用于有保安负荷的用户。

（6）临时供电方式。对基建工地、农田水利、市政建设等非永久性用电，可供给临时电源。临时用电期限除经供电企业准许外，一般不得超过 6 个月，逾期不办理延期或永久性正式用电手续的，供电企业应终止供电。使用临时电源的用户不得向外供电，也不得转让给其他用户，从电企业也不受理其变更用电事宜。如需改为正式用电，应按新装用电办理。

## 六、停电类型

停电类型可分为计划检修停电、临时检修停电、突发故障停电、停限电和中止供电。

1. 计划检修停电

计划检修停电是为了确保电网及设备完好率，提高供电能力和供电可靠性，供电企业对供电设施有计划地安排检修停电。因供电设施计划检修需要停电时，应提前 7 天通知用户并进行公告。

2. 临时检修停电

临时检修停电是供电设备在运行过程中出现故障或遇到影响安全运行的其他事件，若不及时停电抢修，可能会造成设备损坏或更长时间、更大范围的停电，供电企业对供电设施临时安排的检修停电。因供电设施临时检修需要停止供电时，应当提前 24 小时通知重要用户或进行公告。

3. 突发故障停电

突发故障停电是因为突发的、不可预知的事件，如自然灾害、恶劣天气、负荷突增、线路短路、人为因素等，造成供电设施受损，影响电网正常用电的现象。

4. 停限电

停限电是指当电力供应不足时，为确保电网的安全稳定运行，供电企业按照上级政府部门事先确定的限电序位实施停电工作。限电序位表应提前 7 天通知用户并进行公告。

5. 中止供电

中止供电是指对有窃电、违章用电、欠电费等行为的客户依法停止供电。《供电营业规则》第六十六条规定：在发供电系统正常情况下，供电企业应连续向用户供应电力。但是，有下列情形之一的，须经批准方可中止供电：

（1）对危害供用电安全，扰乱用电秩序，拒绝检查者；

（2）拖欠电费经通知催交仍不交者；

（3）受电装置经检验不合格，在指定期间未改善者；

（4）用户注入电网的谐波电流超过标准，以及冲击负荷、非对称负荷等对电能质量产生干扰与妨碍，在规定限期内不采取措施者；

（5）拒不在限期内拆除私增用电容量者；

（6）拒不在限期交付违约用电引起的费用者；

（7）违反安全用电、计划用电有关规定，拒不改正者；

（8）私自向外转供电力者。

出现不可抗力和紧急避险，或确有窃电行时，不经批准即可中止供电，但事后应报告本单位负责人。

**七、用电常见故障分析**

用电过程中，除发生供电设备故障外，常见的故障有断路、短路和接地故障。

1. 断路故障

（1）断路故障原因。产生断路故障的主要原因有：

1）负荷电流过大使熔丝（保险丝）熔断；

2）开关触点接触不良；

3）导线触点接触不良；

4）接头未接牢固出现松脱现象；

5）接头处腐蚀严重；

6）安装导线与电器的接线端子螺丝未拧紧；

7）接地电阻过大，使接触处长期过热，造成导线及接线端子处氧化变质；

8）施工人员技术不熟练，导线被电工刀割伤，也有出现线芯折断现象。

（2）断路故障处理方法：

1）检查熔断丝（保险丝）是否熔断；

2）如熔断丝未熔断，则用电笔测试熔断器上接线桩头有无电压，如查没电，应查总开关电的熔断，是否熔断；

3）如不是隔离开关，而是采用断路器或漏电保护器，则应观看一下是否自动跳闸，应仔细检查照明电路中有无短路，过载和漏电现象，故障排除后方可合闸；

4）如果总开关没有问题，则可用试电笔测下总开关的上接线桩头有没有电压；

5）若是总开关的上接线桩头无电，则很可能是进户线断线（大风刮断、树枝砸断或外力原因），也有可能是供电系统的开关断电等，应通知抢修单位检修。

2. 短路故障

（1）短路故障现象。短路故障现象主要有电能质量差，电流急剧增大，熔断器熔丝烧断，短路点有明显的烧痕，绝缘层（塑料、橡皮）炭化，焦味严重，严重的导致烧断，甚至会使导线噼啪着火，常出现电弧起火现象，引发火灾。

（2）短路故障原因。产生短路的主要原因是由于导线绝缘外皮受外力损伤或发热老化损坏，并在相线和中性线的绝缘损坏处碰线。有时电气元件内接线处理不好，造成接头碰在一起等。

（3）短路故障处理方法。首先断开中性线，在开关或熔丝两端并联一支 100W 校验灯，合上开关或接上熔丝，如校验灯亮（这时跳闸或熔丝熔断）则说明相线有碰接地装置的故障，可缩短相线，缩小范围再试，最后找到故障点加以修复。

3. 接地故障

（1）接地故障原因。造成接地故障的主要原因有：导线断线落地或搭在横担上；导线与建筑物距离过近；配电变压器高压绕组单相绝缘击穿或接地；配电变压器台上的避雷器或熔断器绝缘击穿；绝缘子击穿；线路与树木互碰短接等。

（2）接地故障处理方法。发生接地故障后，抢修人员需巡视线路，查找故障点，在查找过程中采取分片、分段、分设备的“排除法”，并与绝缘摇测、蹬杆检查等办法相结合，尽快找到故障点并消除故障。如果上述办法未查找到故障点，可请求上级调度对故障线路试送电一次，如成功，则可能是其他不明偶然原因造成；不成功，则用“排除法”继续查找，直到查找到并消除故障为止。

**【思考与练习】**

1. 什么是电力系统？它包括哪几部分？
2. 常用电气设备及设施有哪些？
3. 什么是电力负荷？请简要说明如何界定一类、二类和三类电力负荷。
4. 停电类型包括哪些？
5. 产生接地故障的主要原因有哪些？需如何处理？

# 第十二章 抄 表 异 常

## 模块1 电量异常处理（GYKH00101001）

【模块描述】本模块介绍电量出现异常情况的分类及处理；通过要点归纳和定性分析，掌握电量异常的分类及处理方法。

【正文】

在营业抄核收工作中，经常会出现客户的用电量突增、突减等异常状况，因此，抄核收人员应熟悉电量异常情况的分析判断和处理方法。

### 一、电量异常情况的分类

根据引起电量异常情况原因的不同，电量异常情况有以下几种：

（1）电能计量装置故障（电能计量装置接线错误，过负荷等造成电能表或互感器损坏，电压互感器一、二次熔丝熔断，外力破坏造成电能表损坏等）引起电量异常。

（2）倍率不符（如乘错、漏乘倍率）引起电量异常。

（3）抄表核算的错误（表抄错、错算电能表指数、错抄电能表位数、抄表不到位胡乱估算指数电量、将不同客户电能表错位抄计、错算漏算定比定量、错算漏算变线损电量等）引起电量异常。

（4）客户违约用电或窃电引起电量异常。

（5）在抄表周期客户电量为零。由于客户在某个抄表周期不用电，同时客户未到供电企业办理中止供电手续，造成抄表人员按抄表周期抄表形成零电量。电能表烧坏、停走，无法记录电量，使得抄见电量为零，抄表人员漏抄。

### 二、电量异常情况的处理

（1）计量装置故障引起电量异常的处理。根据《电力供应与使用条例》和《供电营业规则》的规定，用电计量装置接线错误、熔丝熔断等原因使电能计量或计算出现差错时，供电企业应按以下规定退补相应的电量电费。

1）计费计量装置接线错误的，以其实际记录的电量为基数，按正确与错误接线的差额率退补电量，退补时间从上次校验或换装投入之日起至接线错误更正之日止。

2）电压互感器熔丝熔断的，按规定的计算方法值补收相应的电量电费；无法计算的，以用户正常月份用电量为基准，按正常月与故障月的差额补收相应的电量的电费，补收时间按抄表记录或失压自动记录仪记录确定。

抄表时，发现电能计量装置故障后，首先现场分析了解故障发生的时间和原因，如客户的值班记录，客户上次抄表后至今的生产情况。其次，将电能表的故障情况及相关数据做好记录，如电能表当前的示数、负荷情况、客户生产班次及休息情况等。如果是计费计量装置接线错误时应按规定退补电量，如果是电能表跳字、卡字，应按照有关规定进行电量退补。计量装置故障需退补电量时，为不影响电费的核算和回收，对当月电量可暂时按上月电量计算电费，同时将计量装置的故障情况及时通报计量部门，按照规定的程序办理电量退补手续。

（2）倍率不符引起电量异常的处理。根据《电力供应与使用条例》和《供电营业规则》的规定，计算电量的倍率或铭牌倍率与实际不符的，以实际倍率为准，按正确与错误倍率的差值退补电量，退补时间以抄表记录为准。退补电量未正式确定前，用户应按正常月电量交付电费。现场抄表时，应认真核对客户户名、地址、电能表的厂名、表号、电能表铭牌上标注的电流、电压互感器的变比及计度器倍率与电能表连接的电流、电压互感器的变比的等记载与现场是否一致，按正确的计量倍率计算电量电费。

（3）抄表核算错误引起电量异常的处理。抄表时应认真检查电能表的铭牌、表号、倍率、底度，防止误抄、误算。按固定抄表日期抄表，做到不漏抄、不错抄、不估抄，严禁电话抄表及代抄。发现电量异常时应立即核对抄表数据，及时补抄，对两次抄表数据进行比对，根据比对结果进行判断。

（4）客户违约用电和窃电引起电量异常的处理。抄表时发现客户违约用电和窃电，现场应填写调查报告书，保护现场并及时报告，按照违约用电和窃电的相关规定处理。

（5）抄表时，如果客户电量为零，根据《供电营业规则》的规定，由于用户的原因未能如期抄录计费电能表读数时，可通知用户待期补抄或暂按前次用电量计收电费。待下次抄表时一并结清。因用户原因连续 6 个月不能如期抄到计费电能表读数时，供电企业应通知用户终止供电。抄表人员抄表时发现电能表电量为零时，应了解客户的实际用电情况，查明客户确实未用电或计量装置故障导致的电量为零。抄表人员漏抄，形成的电量为零，应积极和客户沟通协调在下一个抄表周期追补上次电量，同时加强抄表考核和管理。

【思考与练习】

1. 常见的电量异常状况有哪几种？

2. 在抄表过程中，如果客户电量为零怎么处理？

## 模块 2　电能表异常处理（GYKH00101002）

【模块描述】本模块介绍电能表异常分类及处理方法。通过计算说明和举例分析，了解电能表异常分类及处理方法。

【正文】

因电能计量装置、失压计时仪、电量采集终端的异常导致电能计量失准，向客户退补电量和电费是营业工作中常见的问题。因此，抄表人员应熟悉电能表异常情况的判断和处理方法。

### 一、电能表异常情况的分类

根据电能表异常情况的表现形式，电能表异常情况主要有以下几种。

1. 电能表潜动

当电能表的电流线圈无电流，而电压线圈上的电压为正常值时，电能表圆盘转动不应超过一圈。如果电能表圆盘不停地转动，说明电能表潜动。

2. 计度器故障

（1）卡字。即圆盘转而计度器不走字。

（2）跳字。即个位数应走 1 个字而跳走几个字或十位数和个位数同时走字。

3. 电能表失压

电能表失压，会使计量失准。

4. 电能表误差超出允许范围

5. 电能表其他故障

（1）电能表内电压线圈由于过电压烧坏或断线，电流线圈由于过负荷烧坏、短路或断线。

（2）电能表由于使用年限过长，表内出现轴承零件的磨损、润滑油的凝固、永久磁铁的磁性随时间逐渐衰退，以及检修质量等。

（3）电能表及与其连接的电流、电压互感器或二次回路接线错误。

（4）三相电能表接用单相设备造成三相负荷不平衡。

（5）电能表容量大，常用负荷在电能表额定值 10%以下，或电能表容量过小，长期过负荷运行。

（6）在运输和安装中受到强烈震动，以及安装在潮湿或有害气体的场所，使电能表内个别零件生锈。

电能表由于以上原因将导致计量失准。

### 二、电能表异常情况的处理

抄表人员发现电能表的异常情况后，要保护现场，及时通知计量部门和客户到达现场予以确认，填写工作单，在工作单中要填写电能表异常原因，以及计算电量退补的详细过程，经客户现场确认并双方签字认可。电量退补完结后，存在故障的电能表要按计量装置管理规定更换。

根据电能表异常情况的分类，下面介绍判断和处理方法。

1. 电能表潜动

当客户反映电能表潜动时，可将电能表后面的控制负荷的总隔离开关断开，圆盘继续转 1 圈后，继续慢慢转动，则证实电能表潜动。发现电能表潜动应及时对电能表进行校验调整，并核算电能表潜动的电量，向客户退还电量。电能表潜动应退电量计算公式

$$A=\frac{60T}{Cv}\times \text{天数} \quad \text{（GYKH00101002-1）}$$

式中 $A$——电能表潜动的电量值，kWh；

$T$——电能表每天停电小时数，h；

$C$——电能表常数，r/kWh；

$v$——转 1 圈的时间，min/r。

**例** 某客户电能表潜动，发现潜动时间为 20 天，每天不用电时间为 10h，圆盘转动一圈的时间为 0.2min/r，已知电能表常数为 1000r/kWh，求潜动电量。

解：根据电能表潜动应退电量计算公式，得

$$A=\frac{60T}{Cv}\times \text{天数}=\frac{60\times 10}{1000\times 0.2}\times 20=60\ \text{（kWh）}$$

该电能表潜动电量为 60 kWh，应向客户退电量 60 kWh。

2. 计度器故障

电能表出现计度器卡字、跳字，可根据电能表常数进行判断，假设电能表常数 $C$ 为 1000r/kWh，如果只有 1 位小数，圆盘转 100r，红框内数字走 1 个字；如果有 2 位数，转盘转动 10r，最后一位小数应走 1 个字。还可以轻拍电能表外壳，观察计度器齿轮及数字变动情况。当发现电能表计度器卡字、跳字后，应及时更换电能表，并补收电量电费。

电子式电能表发生跳字、不显示等故障时，应按照客户的实际用电情况、生产运行记录，本着实是求事的原则进行处理。

（1）电能表计度器卡字时，追补电量的计算。以客户正常月份的电量为基准，退补电量，退补时间按抄表记录确定。

（2）电能表计度器跳字时，应退电量的计算。应退电量=已收电量−1/2（原正常月的日均电量+换表后至抄表日的日均电量）×30（天）（隔月抄表按 60 天计算）。

3. 电能表失压

电能表失压（电压线圈不通、电压互感器熔丝熔断等），可检查电压互感器熔丝是否熔断，以及二次回路接线是否松脱或断线。或请客户配电值班人员操作切换三相电压，观察电能表柜上的电压表指示，某一相电压是否无电压指示。当发现电能表失压应立即处理，及时恢复电能表的正常运行，同时应计算追补电量。

电能表失压时，计算追补电量以用电客户正常月份用电量为准，按正常月与故障月的差额补相应的电量，追补的时间应按抄表记录或失压自动记录仪记录确定。

4. 电能表误差超差

如果电能表的误差超出允许范围，应以实际误差退补电量，根据《供电营业规则》的规定，电能表误差超过允许范围值时，以“0”误差为基准，按检定后的误差值计算退补电量。退补时间从上次检定或换装后投入运行之日起至误差更正之日止的 1 / 2 时间计算。退补电量计算式为

$$\Delta W=\frac{\gamma W}{1+\gamma}\times\frac{1}{2} \quad \text{（GYKH00101002-2）}$$

式中 $\Delta W$——退补电量，kWh；

$\gamma$——实际误差，正差为退电量，负差为应补电量；

$W$——抄见电量，kWh。

5. 电能表其他故障

电能表其他故障，抄表人员可请客户配合启动用电设备，测定电能表圆盘转动一定所需的时间，与标定标准时间相比较，即可初步确定电能表运行的相对误差。对三相电能表，还可以用断中相电压的方法，判断电能表接线是否正确。即将中相电压断开后进行比较，如果电能表圆盘转向均为正转，且断中相电压后电能表圆盘转动慢 1 倍，则电能表接线正确；如果断中相后，电能表圆盘发生发转、停转或转动速度变化相差很大等异常情况，则电能表接线错误。发现电能表以上异常情况后要立即进行更正错误接线或更换电能表，同时应退补电量。

**【思考与练习】**

1. 常见的电能表异常有哪几种？
2. 如何判断电能表潜动？
3. 某客户电能表经检定误差为–6%，抄表电量 47 000kWh，问应追补电量为多少？实际电量为多少？

# 第十三章 窃电和违约用电的处理

## 模块1 窃电处理（GYKH00201001）



【模块描述】本模块介绍窃电的概念、类型及窃电的处理规定。通过条文解释和定性分析，掌握窃电处理业务知识。

【正文】

一、窃电的概念

窃电指以非法占用电能，以不交或者少交电费为目的，采用秘密手段不计量或少计量用电的行为。

窃电属于盗窃公私财物的非法行为。

二、窃电的类型

窃电行为包括：

（1）在供电企业的供电设施上，擅自接线用电；

（2）绕越供电企业的用电计量装置用电；

（3）伪造或者开启法定的或者授权的计量检定机构加的用电计量装置封印用电；

（4）故意损坏供电企业用电计量装置；

（5）故意使供电企业的用电计量装置计量不准或者失效；

（6）采用其他方法窃电。

三、窃电的处理

（1）根据《供电营业规则》第一百零二条规定：供电企业对查获的窃电者，应予以制止并可当场中止供电。窃电者应承担补交电费3倍的违约使用电费。窃电数额较大或情节严重的，依照《中华人民共和国刑法》第二百六十四条的规定追究刑事责任。

（2）在供电企业的供电设施上，擅自接线用电的，所窃电量按私接设备额定容量（千伏安视同千瓦）乘以实际使用时间计算确定。

（3）窃电时间无法查清时，窃电日数至少以180天计算，每日窃电时间：电力用户按12h计算；照明用户按6h计算。

（4）窃电时间和窃电容量无法查明时，可参照以下方法确定：

1）按同属性单位正常用电的单位产品耗电量和窃电单位的产品产量相乘计算用电量，加上其他辅助用电量后与抄见电量对比的差额。

2）在总表上窃电、按分表电量及正常损耗之和与总表抄见电量的差额计算。

3）按历史上正常月份用电量与窃电后抄见电量的差额，并根据实际用电变化。

4）教唆他人窃电，构成犯罪的依照《中华人民共和国刑法》第二十九条的规定追究刑事责任。

**例** 在营业普查中发现，某低压动力客户绕越供电企业的用电计量装置用电，用电容量为2.5kW，接用的时间不清，该客户执行电价为0.65元/kWh。问按规定该客户应补交电费多少元？违约使用电费多少元？

解：根据《供电营业规则》，该客户的行为为窃电行为，其窃电时间应按180天、每天按12h计算。

$$该客户应补交电费=2.5\times180\times12\times0.65=3510（元）$$

$$违约使用电费=3510\times3=10\,530（元）$$

答：该客户应补交电费 3510 元，违约使用电费 10 530 元。

【思考与练习】

1. 窃电行为有哪几种？

2. 窃电时间和窃电的电量如何确定？

3. 某居民户绕越供电企业的用电计量装置，私自接一台 1500W 的电磁炉用电，且时间无法查明，该客户执行电价为 0.5 元/kWh。问该居民客户应补交电费多少元？违约使用电费多少元？

## 模块 2　违约用电处理（GYKH00201002）

【模块描述】本模块介绍违约用电的概念、类型及处理规定。通过条文解释和定性分析，掌握违约用电处理业务知识。

【正文】

### 一、违约用电的概念

违约用电是指危害供用电安全、扰乱正常供电秩序的行为。供电企业对查获的违约用电行为应及时予以制止。违约用电行为者，应承担其相应的违约责任。

### 二、违约用电的类型

违约用电行为包括：

（1）在电价低的供电线路上，擅自接用电价高的用电设备或私自改变用电类别的；

（2）私自超过合同约定的容量用电的；

（3）擅自超过计划分配的用电指标的；

（4）擅自使用已在供电企业办理暂停手续的电力设备或启用供电企业封存的电力设备的；

（5）私自迁移、更动和擅自操作供电企业的用电计量装置、电力负荷管理装置、供电设施以及约定有供电企业调度的客户受电设备者；

（6）未经供电企业同意，擅自引入（供出）电源或将备用电源和其他电源私自并网的。

### 三、违约用电的处理

（1）在电价低的供电线路上，擅自接用电价高的用电设备或私自改变用电类别的，应按实际使用日期补交其差额电费，并承担两倍差额电费的违约使用电费，使用起讫日期难以确定的，实际使用时间按 3 个月计算。

（2）私自超过合同约定的容量用电的，除应拆除私增容设备外，属于两部制电价的客户，应补交私增设备容量使用月数的基本电费，并承担 3 倍私增容量基本电费的违约使用电费；其他用户承担私增容量每千瓦（千伏安）50 元的违约使用电费。如客户要求继续使用者，按新装增容办理手续。

（3）擅自超过计划分配的用电指标的，应承担高峰超用电力每次每千瓦 1 元和超用电量与现行电价电费 5 倍的违约使用电费。

（4）擅自使用已在供电企业办理暂停手续的电力设备或启用供电企业封存的电力设备的，应停用违约使用的设备。属于两部制电价的客户，应补交擅自使用或启用封存设备容量和使用月数的基本电费，并承担两倍补交基本电费的违约使用电费；其他客户应承担擅自使用或启用封存设备容量每次每千瓦（千伏安）30 元的违约使用电费。启用属于私增容被封存的设备的，违约使用者还应承担本条第（2）项规定的违约责任。

（5）私自迁移、更动和擅自操作供电企业的用电计量装置、电力负荷管理装置、供电设施以及约定有供电企业调度的客户受电设备者，属于居民客户的，应承担每次 500 元的违约使用电费。属于其他客户的，应承担每次 5000 元的违约使用费。

（6）未经供电企业同意，擅自引入（供出）电源或将备用电源和其他电源私自并网的，除当即拆除接线外，应承担其引入（供出）或并网电源容量每千瓦（千伏安）500 元的违约使用电费。

**例**　某 10kV 大工业客户，合同约定用电容量为 2000kVA，供电企业 8 月抄表时发现该客户在高压计量后，接用 10kV 变压器一台，容量为 200kVA，实际用电容量为 2200kVA，从开始使用至发现之

日止，已使用 2 个月，供电企业该如何处理？［基本电费计收标准为 24 元/（月·kVA）］

解：根据《供电营业规则》，该客户的行为为私自增容的违约用电行为，应作如下处理：

（1）补收 2 个月基本电费　200×24×2=9600（元）

（2）加收违约使用电费　　9600×3=28 800（元）

（3）拆除私自接的 200kVA 变压器，如果客户要求继续使用，则按增容办理手续。

【思考与练习】

1. 违约用电行为有哪几种？

2. 客户私自迁移、更动和擅自操作供电企业的用电计量装置、电力负荷管理装置、供电设施以及约定有供电企业调度的客户受电设备者，应怎么处理？

3. 在营业普查中发现，某低压居民客户，私自接用租赁经营小超市照明 1500W，实际使用期限不明，该居民客户应补的差额电费和违约使用电费为多少元？（商业电价为 0.78 元/kWh）

# 第十四章　电能计量装置常见故障及错误接线

## 模块1　电能计量装置常见故障判断（GYKH00301001）

【模块描述】本模块介绍计量装置常见故障以及故障原因分析等内容。通过要点归纳和原理讲解，掌握计量装置的常见故障的分类和判断方法。

本模块还简要介绍了电能计量装置的分类。

【正文】

由于电能表、电流互感器、电压互感器以及电压互感器一、二次侧熔断器在运行中出现故障造成多计、少计电量的这种现象，统称为电能计量装置故障。电能计量装置的故障不但影响正确计量，损害供用双方权益，而且有的故障还危及设备及人身安全，因此应采取一定的预防措施，出现计量装置故障应及时处理。

一、电能表的分类及故障原因分析

（一）电能表的分类

（1）电能表按其测量不同的电流种类可分为直流电能表和交流电能表。交流电能表按其使用电路可分为单相电能表、三相三线电能表、三相四线电能表。

（2）电能表按其用途分为有功电能表、无功电能表、最大需量表、标准电能表、复费率分时电能表、预付费电能表、损耗电能表和多功能电能表等。

（3）电能表按其安装和接入方式可分为直接接入式和通过互感器接入式。

（4）电能表按其结构和其工作原理可分为机械式电能表、机电式电能表和电子式电能表（静止式）。

（5）电能表按其准确等级可分为普通安装式电能表（0.2、0.5、1.0、2.0、3.0级等）和携带式精密电能表（0.01、0.02、0.05、0.1、0.2级等）。

（二）电能表的常见故障及原因分析

1. 机械式电能表的常见故障及原因分析

（1）潜动。在电能表电流线圈中无电流的情况下，电能表铝盘还能连续转动1整圈以上。

1）现场使用电压超过额定电压的110%。应重新拆回试验室调整。

2）补偿力矩调整不当，过大时有正向潜动，过小时有反向潜动。

3）电压或电流元件松动倾斜，导致工作间隙不均匀。必须加强装配工艺，固定螺钉须紧固。

4）各相平衡调整装置2根螺钉调整不一致，产生电压潜动。

（2）卡字。在电能表通电的情况下（带有负荷），铝盘转动而计度器不走字；或是铝盘不转，计度器也不走字。

1）计度器内有杂物。

2）字轮及传动齿轴杆与轴转动配合过紧或过松。

3）生产、设计本身存在问题。

（3）电能表通电后圆盘不转：

1）电能表电压元件无电压，检查电压回路引线、连接片是否压紧。

2）电压元件烧坏断路。

3）电流线圈烧断。

4）电能表无中性线进入。

5）计度器横轴锈蚀，字轮、进字轮工作间隙有杂物堵塞。

6）计度器蜗轮与蜗杆连接不好，蜗轮与蜗杆有断齿、歪斜、毛刺。

7）表内部元件的位置移动或铁芯生锈造成圆盘卡住。

8）圆盘变形。

（4）转盘明显转快：

1）永久磁铁有退磁现象。

2）满负荷调整装置失灵。

3）电能表的电压线圈有匝间短路现象。

（5）电能表通电后有异常现象：

1）电能表有嗡嗡响声。

2）转盘转动时有吱吱响声和抖动现象。

3）电压铁芯固定螺钉、计度器固定螺钉或是调整装置零部件有松动。

4）制动元件固定不紧。

5）上下轴承孔不同心。

6）下轴承孔眼或宝石倾斜；上下轴承少油摩擦力矩大；上轴承孔眼大，导致顶针或轴帽松动等。

（6）电能表误差变化大、时快时慢：

1）计度器处于两位以上字轮在进位状态。

2）各部分工作气隙中有铁屑等微粒。

3）计度器、轴承有缺陷。如上轴承孔眼太大，导致顶针或轴帽松动；下轴承宝石与钢珠之间松动。

2. 机电式电能表的常见故障及原因分析

机电式电能表的常见故障主要表现在机械计度器的显示数与电子计度器的显示数不一致，其主要原因如下：

（1）单片机死机。机械计度器仍在计量，电子计度器由于单片机死机而停止了计量。

（2）机械计度器传动比不对。若计度器实际传动比小于额定传动比，机械计度器计量的电量将比实际得多。

（3）光电采样部分抗干扰能力差，整机抗干扰能力差都会导致误差。电子数据存储单元因受到外来干扰，数据、参数会改变，造成电子计度器计量的电量可能变小。

（4）光电采样部分发生故障。光电头坏了；光电头灵敏度不够，转盘转速过快或反射标志颜色不深，光电头会丢失某些采样，导致电子计度器少计电量；光电传感器安装位置松动，使光反射信号无法接收。

（5）光电采样电路至单片机线路断线或插件接触不良。这样光电采样电路所发的脉冲没有传输到单片机中，因此单片机就没有计数。

3. 电子式电能表的常见故障及原因分析

（1）黑屏：电能表在通电情况下显示器没有任何显示。电源电路经变压器降压方式供电时，液晶显示屏黑屏的主要原因有：

1）由于是单相变压器供电，因而外部电路TV一次侧熔断件或低压小熔断件熔断，而且断的相为电子式电能表工作电源相时，将造成液晶显示屏黑屏。

2）因变压器绕组出现断线或匝间短路或变压器烧坏，造成液晶显示屏黑屏。

3）变压器插头未与主要线路印刷板连通，或者工作电源的连线断。

4）当电源电路经阻容降压方式供电时，电容击穿可造成液晶显示屏黑屏。

5）当电源电路通过开关电源的降压方式供电时，稳压管损坏也会造成液晶显示屏黑屏。

（2）电能表工作不正常，具体表现有以下几种：① 回路中加电压电流，电能表上显示电压、电流、功率值为零，且无脉冲输出；② 实际无失压现象，但电能表却显示某相失压，不能正确计量；③ 电能表时间时段都正确，但分时计量不正确；④ 电能表显示功率为非实际功率，不能正确计量。

主要原因有：① 产品质量存在问题；② 电子式电能表内部的中断服务程序异常；③ 受外界的干扰引起。

（3）电能表死机：电能表加电压电流后电能表无脉冲输出。

如果单片机的抗电磁干扰性能较差，则会引起系统功能失常。电磁干扰的形式有多种多样，通常有静电放电引起的干扰、雷电或开关动作引起的脉冲干扰、继电器或接触器等在切换感性负载或跳动时产生的瞬时干扰，还有电子通信设备引起的辐射干扰等。这些干扰对单片机系统的影响，主要表现为使电子式电能表计量单元突然锁死，显示停滞或乱跳，数据和程序运行异常，处于死机状态。

## 二、互感器的分类及故障原因分析

### （一）互感器的分类

互感器按其用途可分为电流互感器和电压互感器。电流互感器将一次侧大电流变为二次侧小电流，二次侧额定电流一般规定为5A或1A，供给电能表等仪表、仪器回路用；电压互感器将一次侧高电压变为二次侧低电压，二次侧额定电压一般规定100V，供给电能表等仪表、仪器回路用。

电流互感器按准确等级有0.01级、0.02级、0.05级、0.1级、0.5级、1.0级。电压互感器按准确等级有0.01级、0.02级、0.05级、0.1级、0.5级、1.0级。

电流互感器按接线分为单变比、双变比和多抽头的电流互感器三种。多抽头的电流互感器使用方便，当客户负荷改变时可不用更换电流互感器，只需调整抽头，以减少由于电能表低负荷时提高计量的准确度。

电压互感器按接线分为单相电压互感器和三相电压互感器，接在三相电源上时可采用2只单相电压互感器接成V形接线，即Vv接线，也可用3只单相电压互感器接成星形接线，即Yy接线，也可用1台三相电压互感器的星形接线，变为三相100V供电能表等仪表、仪器用。

#### 1. 电流互感器

目前，电力系统常用的电流互感器一般为电磁式。电流互感器是由2个相互绝缘的绕组（一次绕组和二次绕组）绕制在闭合铁芯上，一次绕组和二次绕组分别为 $N_1$ 和 $N_2$。在电力系统中用于将大电流 $I_1$ 变为小电流 $I_2$ 进行测量，所以二次绕组 $N_2$ 大于一次绕组 $N_1$。其原理结构如图GYKH00301001-1所示。

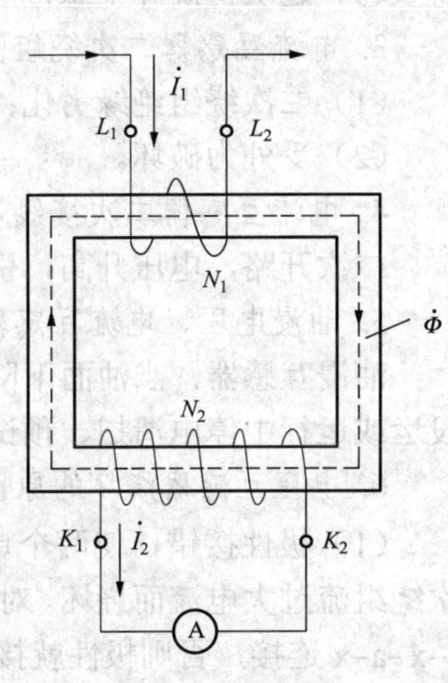

图GYKH00301001-1　电流互感器原理结构

#### 2. 电压互感器

电压互感器又可以分为电磁式电压互感器和电容式电压互感器。

（1）电磁式电压互感器。电压互感器的工作原理、结构和接线方式与电力变压器相似，同样是由相互绝缘的一、二次绕组绕在公共的闭合铁芯上组成的，其主要区别是容量不同，它将高电压变为低电压供给仪表，所以它的一次绕组匝数多，二次绕组匝数少。其原理结构如图GYKH00301001-2所示。

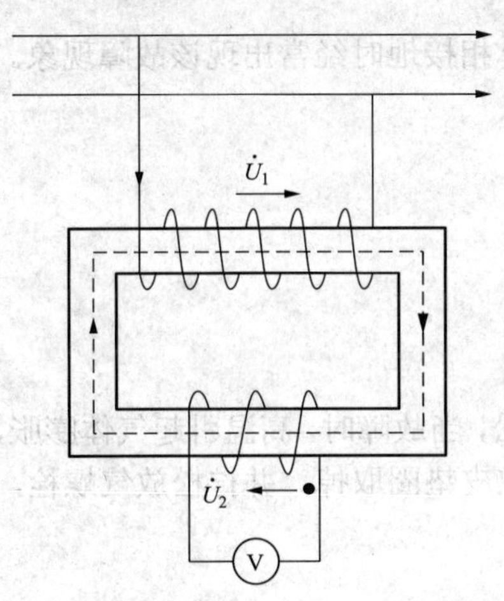

图GYKH00301001-2　电磁式电压互感器原理结构

（2）电容式电压互感器。目前在35kV以上的电力系统中运用比较广泛。GB 4703《电容式电压互感器》对电容式电压互感器的定义是："一种由电容分压器和电磁单元组成的电压互感器，其设计和相互连接使电磁单元的二次电压与加到电容分压器上的一次电压基本上成正比且相角差接近于零"。

### （二）互感器常见故障及原因分析

（1）电流互感器发响；

（2）电流互感器一次绕组短路及一次接线端子烧坏；

（3）电流互感器二次绕组匝间短路；

（4）电流互感器二次接线端子烧坏；
（5）油浸电压、电流互感器受潮；
（6）电压互感器烧坏；
（7）电压互感器运行正常，但高压熔丝经常熔断；
（8）电压互感器接线柱引线断落；
（9）电压互感器壳体爆炸。

（三）互感器故障分析及处理

1. 电流互感器发响的原因

（1）磁套半导体漆配方不佳，涂层不匀或部分脱落，出现电晕放电，应重涂半导体漆；
（2）铁芯穿心螺钉松动，硅钢片间或磁路片振动发声，应紧固螺钉；
（3）外壳内衬垫物松落，外壳受电动力作用振动发响，应夹紧衬垫物。

2. 电流互感器一次绕组短路及一次接线端子烧坏的原因

（1）一次绕组铜铝接触发热，烧坏线间绝缘而造成短路或接头烧坏，可加铜铝过渡片，防止发热；
（2）雷击过电流烧坏绝缘，造成短路，应加强防雷保护；
（3）过负荷烧坏绝缘，应防止电流互感器严重过负荷运行。

3. 电流互感器二次绕组匝间短路的原因

（1）二次绕组绝缘劣化；
（2）受外力破坏。

4. 电流互感器二次接线端子烧坏的原因

二次开路，电压升高，引线接触不良处烧坏。应加强维护管理，防止二次开路。

5. 油浸电压、电流互感器受潮的原因

油浸互感器，当油面下降到正常油位以下时，器身、引线已露出油面，停运后会受潮。因此，新投运或运行中停电清扫、预试时要检查油面高度，不够应补充油，受潮时要进行干燥处理。

6. 电压互感器烧坏的原因

（1）极性接错，使两个单相电压互感器中一相长期在$\sqrt{3}$倍额定电压下过电压运行，引起一、二次绕组流过大电流而烧坏。对 2 台单相电压互感器接成 V 形（即不完全三角形），一定要按 A–X–A–X，a–x–a–x 连接，否则极性就接错。

（2）将线电压接入带$\sqrt{3}$变压比的单相电压互感器，凡带$\sqrt{3}$变压比的单相电压互感器不能接成 V 形。

（3）大气过电压、操作过电压，系统长期单相接地，绝缘劣化变质，高压未用合格熔丝等。对于高压侧严禁乱挂铜丝、铅锡熔丝等。

7. 电压互感器运行正常，但高压熔丝经常熔断的原因

（1）三相五柱电压互感器高压侧中性点直接接地，当系统发生单相接地时经常出现该故障现象。若高压侧中性点经电阻或击穿熔断器接地，即可防止。

（2）母线未带负荷时即投入高压电力电容器，也易发生该故障。

8. 电压互感器接线柱引线断落的原因

（1）接线柱接线接触不良，引起引线发热烧断。
（2）紧螺母时，螺杆转动，拉断引线。

9. 电压互感器壳体爆炸的原因

10kV 及以下的油浸式电压互感器，由于运行前未将放气螺栓拧松，当故障时，高温引起气体膨胀，因无法逸出而炸裂箱底。因此，运行前必须将箱盖上放气螺栓下的橡皮垫圈取掉，并拧松放气螺栓，可让气体自由逸出。

【思考与练习】

1. 电能表按其用途分为哪几类？
2. 电流互感器、电压互感器按接线分为哪几类？

3. 试分析电能表常见故障中，电能表通电后圆盘不转的常见原因有哪些？

4. 三相三线电能计量装置中电压互感器烧坏的原因有哪些？

## 模块 2　电能计量装置常见错误接线（GYKH00301002）

【模块描述】本模块介绍电能计量装置正确接线、常见错误接线种类以及原因分析等内容。通过原理讲解和计算分析说明，掌握电能计量装置常见错误接线对电能计量的影响。

【正文】

如果不能把电能表按正确要求接入被测电路，不仅不能达到正确计量的目的，而且，还可能造成电能表的损坏或人身事故。可能出现的错误接线的种类有很多。下面就电能表的正确接线和常见的错误接线引起的后果及分析方法举例做一些介绍。

### 一、单相有功电能表接线

#### （一）单相有功电能表正确接线

1. 直接接入式

直接接入式接线，就是将电能表端子盒内的接线端子直接接入被测电路，将电源的相线（俗称火线）接入接线盒第 1 孔接线端子上，其出线接在接线盒第 2 孔接线端子上；电源的中性线（俗称零线）接入接线盒第 3 孔接线端子上，其出线接在接线盒第 4 孔接线端子上。如图 GYKH00301002-1 所示。

2. 经互感器接入式

当电能表电流或电压量限不能满足被测电路电流或电压的要求时，便需经互感器接入。经互感器接入有如下几种方式：经电流互感器，经电压互感器，需同时经电流、电压互感器。经电流互感器接入的如图 GYKH00301002-2 所示。

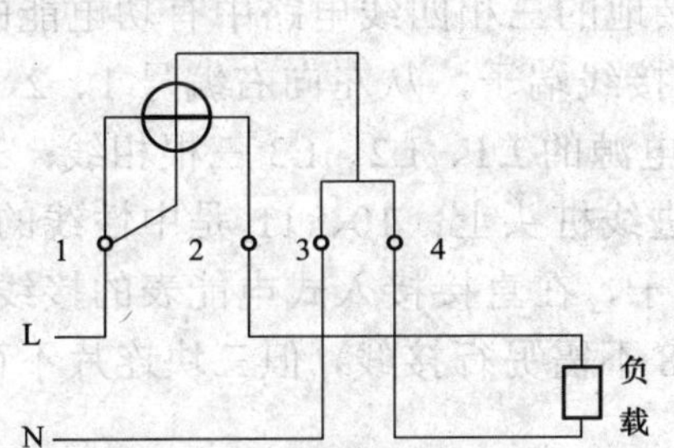


图 GYKH00301002-1　单相有功电能表直接接入式接线

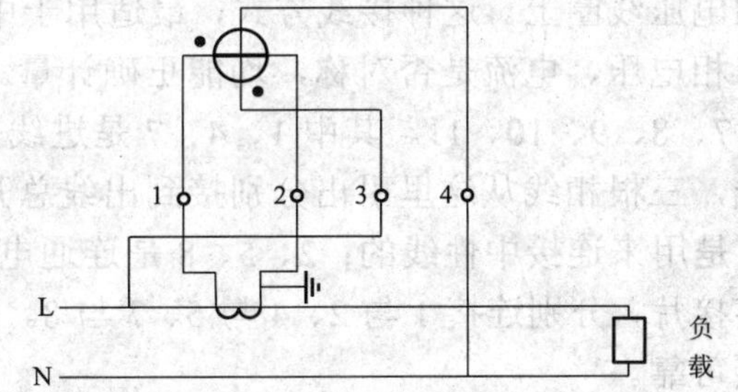


图 GYKH00301002-2　单相有功电能表经电流互感器接入式接线

#### （二）单相有功电能表错误接线

1. 相线进出接反

即相线首先进入电能表接线盒 2 接线孔，负荷相线由 1 孔出线到负荷，这样的错误接线使得电能表有负荷时转盘反转，错误计量。如图 GYKH00301002-3 所示。

2. 相线与中性线接反

单相电能表由于相线与中性线接反，即相线接电能表接线盒 3 接线孔，中性线接 1 孔。这样的错误接线，虽能正确计量，但当电源和负载同时接地时会漏计电量。如图 GYKH00301002-4 所示。

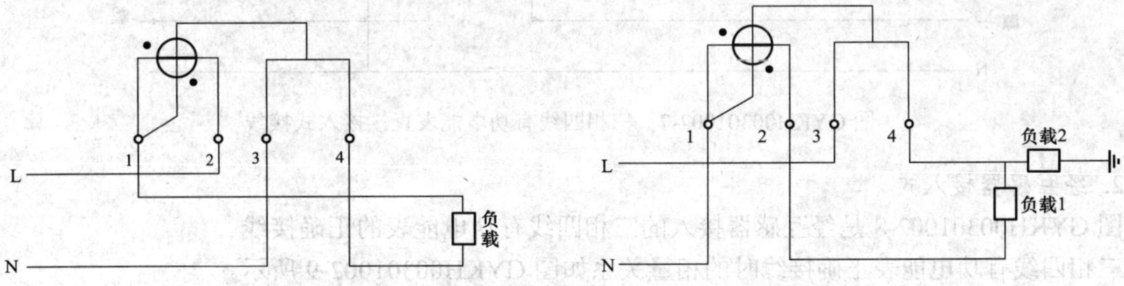


图 GYKH00301002-3　相线进出接反的错误接线方式　图 GYKH00301002-4　相线与中性线接反的错误接线方式

3. 未接通电压回路

由于未接通电压回路，电压元件失去电压，导致功率 $P = UI\cos\varphi = 0$，表不转。如图 GYKH00301002-5 所示。

4. 电流线圈与电源短路

相线 1 进，中性线 2 进。相线、中性线被电流元件短接，由于电流线圈阻抗很小，当合上电源开关时，会使熔丝熔断，甚至烧毁电能表。如图 GYKH00301002-6 所示。

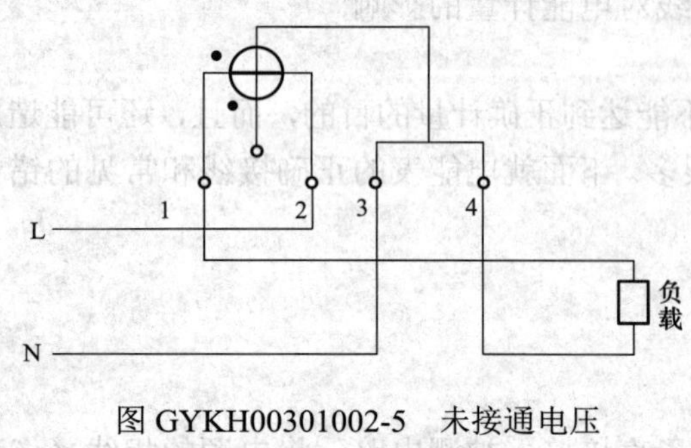


图 GYKH00301002-5　未接通电压回路的错误接线方式

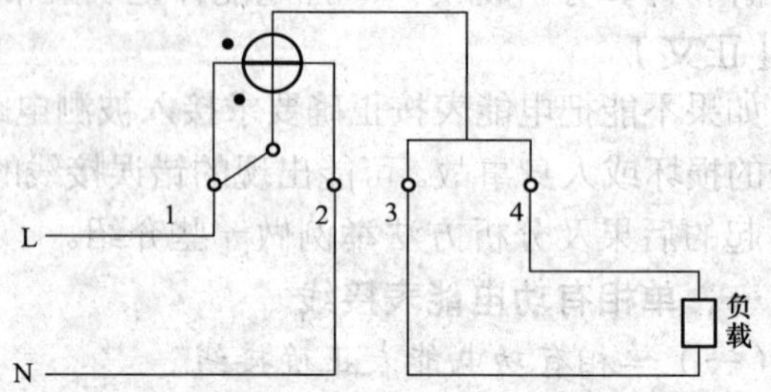


图 GYKH00301002-6　电流线圈与电源短路的错误接线方式

## 二、三相四线有功电能表接线

### （一）三相四线有功电能表正确接线

1. 直接接入式

图 GYKH00301002-7 是三元件三相四线有功电能表的一种标准接线方式。电流 $I_A$、$I_B$、$I_C$ 分别通过元件一、元件二、元件三的电流线圈，电压 $U_A$、$U_B$、$U_C$ 分别并接于元件一、元件二、元件三的电压线圈上。这种接线方式，最适用于中性点直接接地的三相四线电路中有功电能的计量，不论三相电压、电流是否对称，均能正确计量。共有 11 个接线端子，从左向右编号 1、2、3、4、5、6、7、8、9、10、11。其中 1、4、7 是进线，用来连接电源的 L1、L2、L3 三根相线；3、6、9 是出线，三根相线从这里引出分别接到出线总开关的三个进线桩头上；10、11 是中性线的进线和出线，是用来连接中性线的；2、5、8 是连通电压线圈的端子，在直接接入式电能表的接线盒内有三块连接片，分别连接 1 与 2、4 与 5、7 与 8。因此 2、5、8 不需另行接线，但三块连片不可拆下，应连接可靠。

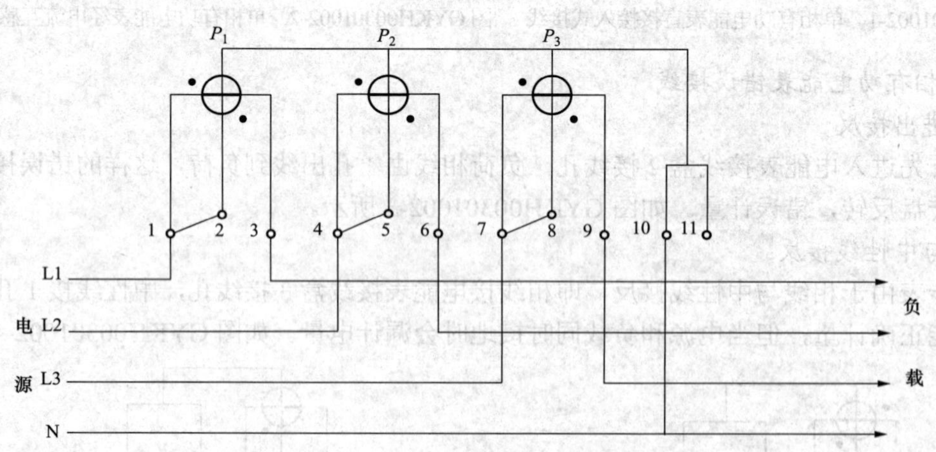


图 GYKH00301002-7　三相四线有功电能表直接接入式接线

2. 经互感器接入式

图 GYKH00301002-8 是经互感器接入的三相四线有功电能表的正确接线。

三相四线有功电能表正确接线时的相量关系如图 GYKH00301002-9 所示。

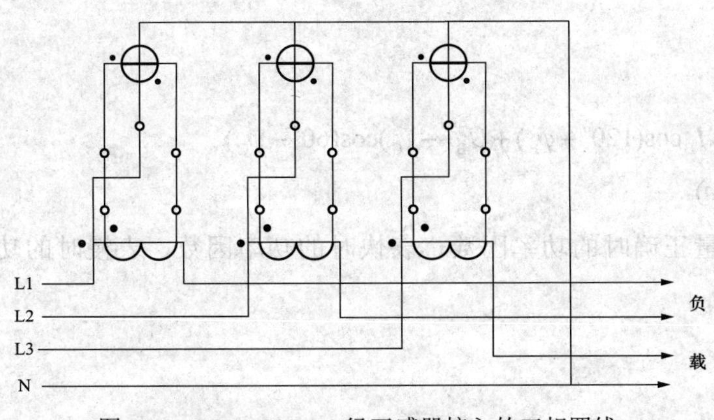


图 GYKH00301002-8　经互感器接入的三相四线有功电能表的接线方式

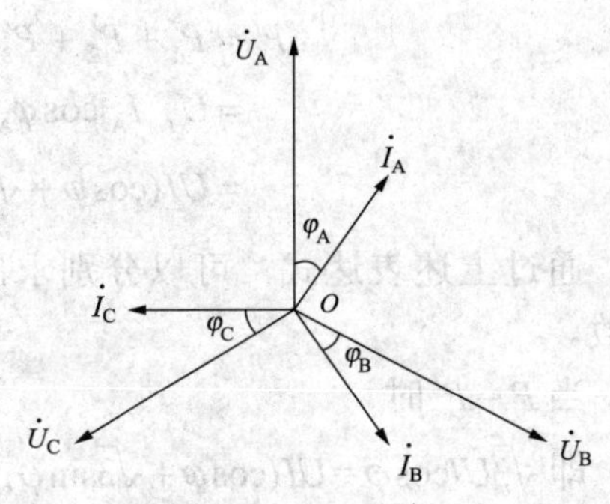


图 GYKH00301002-9　三相四线有功电能表正确接线时的相量关系

从相量图可看出，在感性负载时，元件一电压$\dot{U}_A$与电流$\dot{I}_A$夹角为$\varphi_A$，元件二电压$\dot{U}_B$与电流$\dot{I}_B$夹角为$\varphi_B$，元件三电压$\dot{U}_C$与电流$\dot{I}_C$夹角为$\varphi_C$，因此，三相四线有功电能表在正确接线时三个元件反映的功率分别为

$$P_1=U_A I_A\cos\varphi_A$$
$$P_2=U_B I_B\cos\varphi_B$$
$$P_3=U_C I_C\cos\varphi_C$$

在三相电压和电流系统对称时，则$U_A=U_B=U_C=U$，$I_A=I_B=I_C=I$。电能表计量的总功率为

$$P=P_1+P_2+P_3=3UI\cos\varphi$$

（二）三相四线有功电能表错误接线方式

三相四线有功电能表主要用于低压三相四线制电路及中性点接地的高压电力系统中。其错误接线的主要表现形式是二次电流极性接反、二次电流接错相、二次电压接错或是上述几种情况同时出现。

三相四线有功电能表错误接线分析可以采取如下分析步骤：

（1）确定各元件所接电流、电压；

（2）画各元件所接电流、电压相量图；

（3）根据相量图，写出电能表在对称负载时，各元件的功率表达式及总功率表达式并化简；

（4）由化简后的总功率表达式判断计量是否正确。

下面，以 C 相电流互感器二次极性接反，B、C 相电压元件接错为例进行分析说明。

如图 GYKH00301002-10 所示，其电压$U_A$、$U_B$和$U_C$分别接于第一元件、第三元件和第二元件的电压线圈上；电流$I_A$、$I_B$和$I_C$分别接入第一元件、第二元件和第三元件的电流线圈中。因 C 相电流互感器二次极性接反，故 C 相电流表示为$-I_C$，错误接线的相应相量关系如图 GYKH00301002-11 所示。

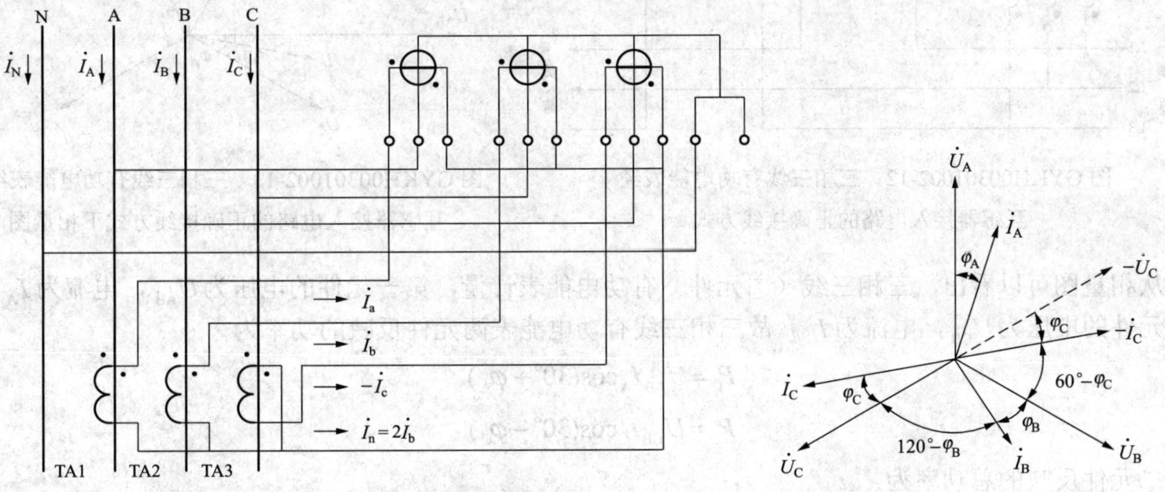


图 GYKH00301002-10　B、C 相电压元件接反的错误接线方式　　图 GYKH00301002-11　错误接线方式下的相量图

模块 2
GYKH00301002

通过相量图，可以求出功率表达式为

$$
\begin{aligned}
P' &= P_1' + P_2' + P_3' \\
&= U_A\ I_A \cos\varphi_A + U_C I_B \cos(120° - \varphi_B) + U_B(-I_C)\cos(60° - \varphi_C) \\
&= UI(\cos\varphi + \sqrt{3}\sin\varphi)
\end{aligned}
$$

通过上述表达式，可以分别求出计量正确时的功率因数、表快时的功率因数、表慢时的功率因数。

当 $P = P'$ 时

即 $\sqrt{3}UI\cos\varphi = UI(\cos\varphi + \sqrt{3}\sin\varphi)$

通过计算，可以求出当 $\cos\varphi$=0.65 时，表计计量基本与正确接线时相同。

当 $P < P'$ 时

即 $\sqrt{3}UI\cos\varphi < UI(\cos\varphi + \sqrt{3}\sin\varphi)$

通过计算，可以求出当 $\cos\varphi$＜0.65 时，表计计量偏快。

当 $P > P'$ 时

即 $\sqrt{3}UI\cos\varphi > UI(\cos\varphi + \sqrt{3}\sin\varphi)$

通过计算，可以求出当 $\cos\varphi$＞0.65 时，表计计量偏慢。

**三、三相三线有功电能表接线**

（一）三相三线有功电能表正确接线

图 GYKH00301002-12、图 GYKH00301002-13 分别为三相三线有功电能表经互感器接入电路的正确接线及其相量分析图。三相三线有功电能表这种计量方式广泛用于电力系统和电力客户的电能计量。



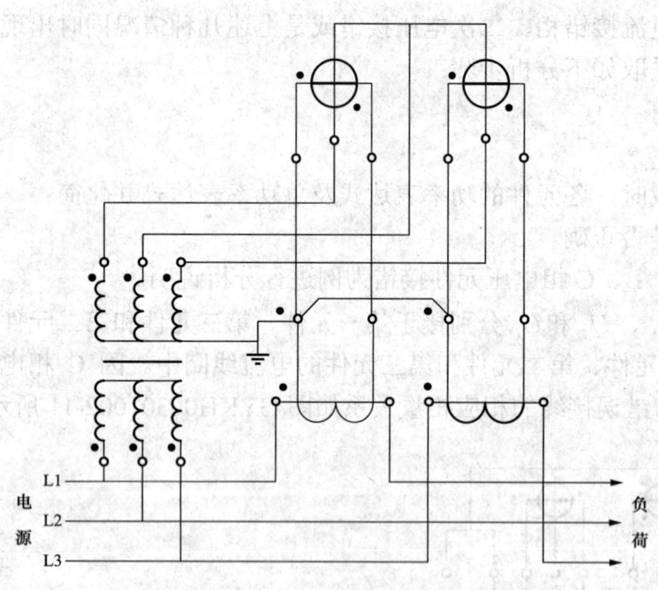


图 GYKH00301002-12　三相三线有功电能表经互感器接入电路的正确接线方式

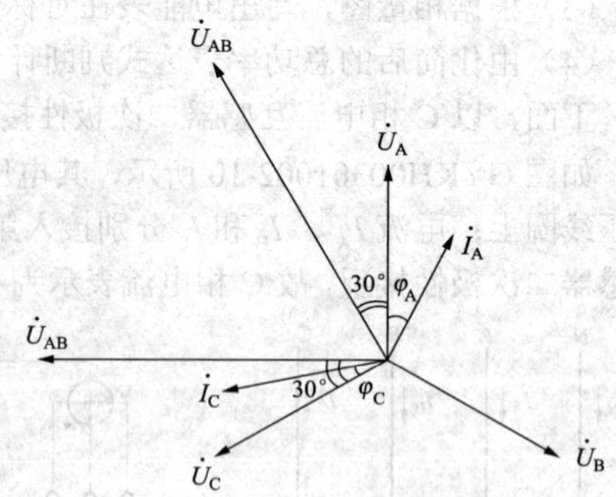


图 GYKH00301002-13　三相三线有功电能表经互感器接入电路的正确接线方式下相量图

从相量图可以看出，三相三线（二元件）有功电能表计量，第一元件的电压为 $U_{AB}$，电流为 $I_A$，第二元件的电压为 $U_{CB}$，电流为 $I_C$。故三相三线有功电能表两元件反映的功率为

$$P_1 = U_{AB} I_A \cos(30° + \varphi_A)$$

$$P_2 = U_{CB} I_C \cos(30° - \varphi_C)$$

二元件反映的总功率为

$$P=U_{AB}I_A\cos(30^\circ+\varphi_A)+U_{CB}I_C\cos(30^\circ-\varphi_C)$$

在三相电压及三相负载对称时，$U_{AB}=U_{CB}=U$；$I_A=I_C=I$；$\varphi_A=\varphi_C=\varphi$。上式可变为

$$P=\sqrt{3}UI\cos\varphi$$

（二）三相三线有功电能表错误接线方式

三相三线有功电能表错误接线分析步骤：

（1）确定各元件所接电流、电压；

（2）画各元件所接电流、电压相量图；

（3）根据相量图，写出电能表在对称负载时，各元件的功率表达式及总功率表达式并化简；

（4）由化简后的总功率表达式判断计量是否正确。

1. C 相电流互感器二次极性接反，AC 电压相互换相

从图 GYKH00301002-14 中可以看出，第一元件为$U_{CB}$、$I_A$，第二元件为$U_{AB}$、$-I_C$。错误接线的相量关系如图 GYKH00301002-15 所示。

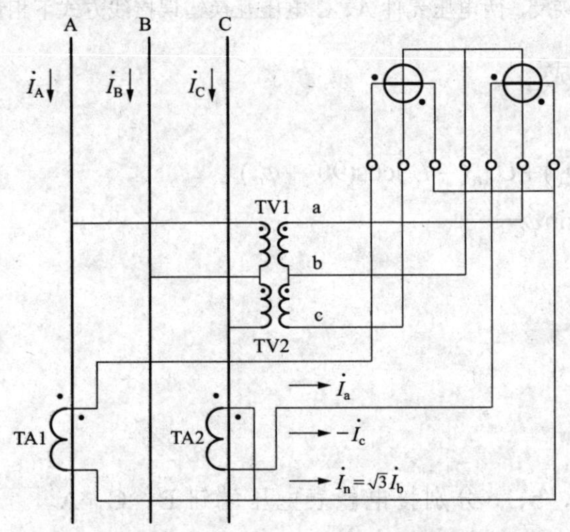


图 GYKH00301002-14　C 相电流互感器二次极性接反，AC 电压相互换相错误接线方式

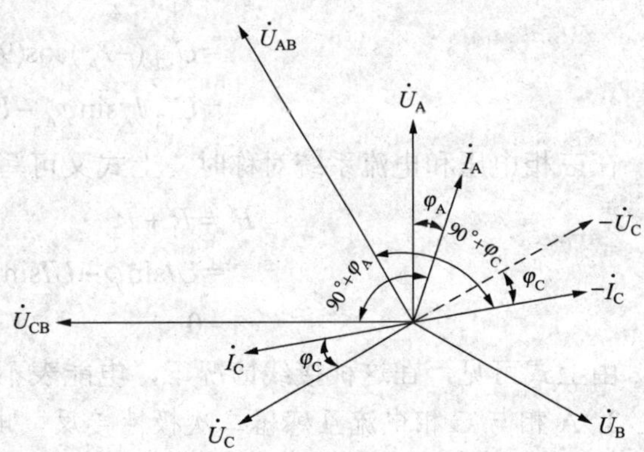


图 GYKH00301002-15　C 相电流互感器二次极性接反，AC 电压相互换相错误接线方式下相量图

根据相量图，电能表错误接线的功率表达式可写成

$$\begin{aligned}P'&=P_1'+P_2'\\&=U_{CB}I_A\cos(90^\circ+\varphi_A)+U_{AB}(-I_C)\cos(90^\circ+\varphi_C)\\&=-U_{CB}I_A\sin\varphi_A-U_{AB}(-I_C)\sin\varphi_C\end{aligned}$$

在三相电压和电流系统对称时，上式又可写成

$$\begin{aligned}P'&=P_1'+P_2'\\&=-UI\sin\varphi-UI\sin\varphi\\&=-2UI\sin\varphi\end{aligned}$$

图 GYKH00301002-14 接线方式，在负载为感性时电能表反转，负载为容性时电能表正转。只有当功率因数角$\varphi=40.89^\circ$时计量结果才正确。当$\varphi<40.89^\circ$时表慢；当$\varphi>40.89^\circ$时表快。

2. A 相与 C 相电流互感器二次极性接反，两电压元件 A、C 电压互换

从图 GYKH00301002-16 中可以看出，其电能表第一元件为$U_{CB}$、$-I_A$，第二元件为$U_{AB}$、$-I_C$，分别接电压$U_{CB}$和$U_{AB}$。其错误接线的相量关系如图 GYKH00301002-17 所示。

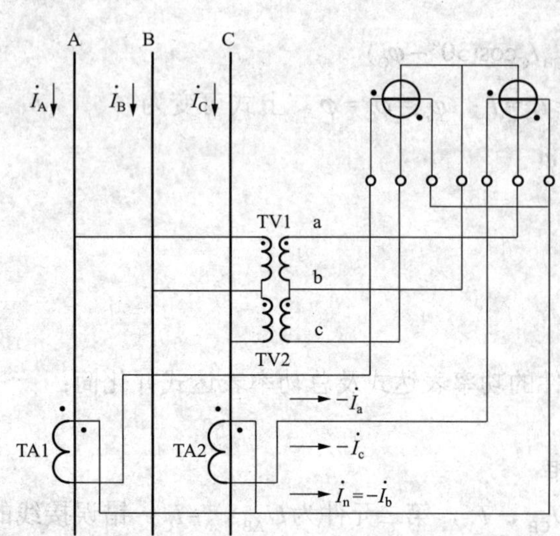


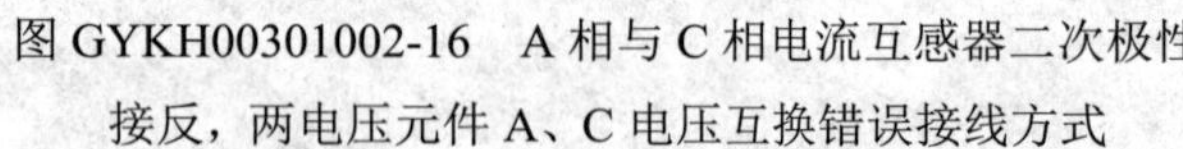

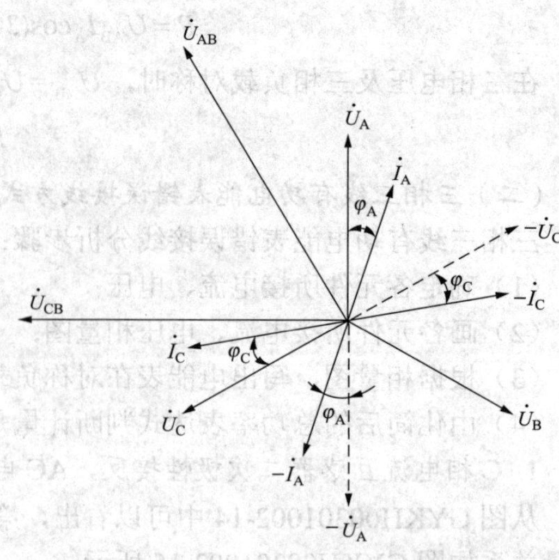

图 GYKH00301002-16 A 相与 C 相电流互感器二次极性接反，两电压元件 A、C 电压互换错误接线方式

图 GYKH00301002-17 A 相与 C 相电流互感器二次极性接反，两电压元件 A、C 电压互换错误接线方式下相量图

根据相量图，电能表错误接线的功率表达式可写成

$$
\begin{aligned}
P' &= P_1' + P_2' \\
&= U_{CB}(-I_A)\cos(90^\circ - \varphi_A) + U_{AB}(-I_C)\cos(90^\circ + \varphi_C) \\
&= U_{CB}I_A\sin\varphi_A - U_{AB}I_C\sin\varphi_C
\end{aligned}
$$

在三相电压和电流系统对称时，上式又可写成

$$
\begin{aligned}
P' &= P_1' + P_2' \\
&= UI\sin\varphi - UI\sin\varphi \\
&= 0
\end{aligned}
$$

由上式可见，在这种接线情况下，电能表不转。

3. A 相与 C 相电流互感器二次极性接反，电压 a、b、c 分别接电能表电压端钮 B、C、A

接线图如图 GYKH00301002-18 所示。其第一元件和第二元件电压线圈分别接电压 $U_{CA}$ 和 $U_{BA}$；电流 $I_A$ 与 $I_C$ 分别接入第一元件和第二元件电流线圈中，因 A、C 相上电流互感器二次极性接反，使电流 $I_A$ 和 $I_C$ 反相。根据错误接线可作出相量关系见图 GYKH00301002-19。

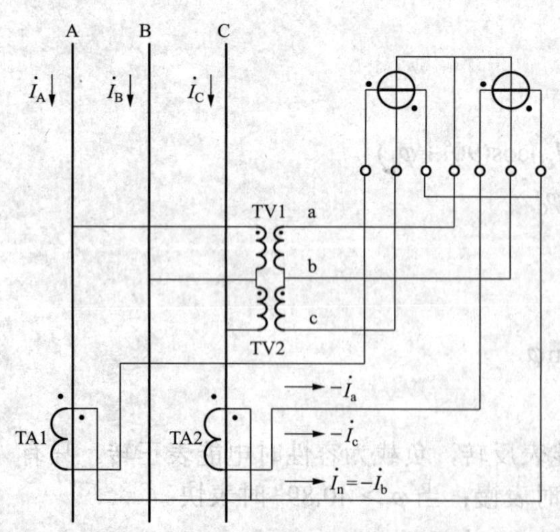


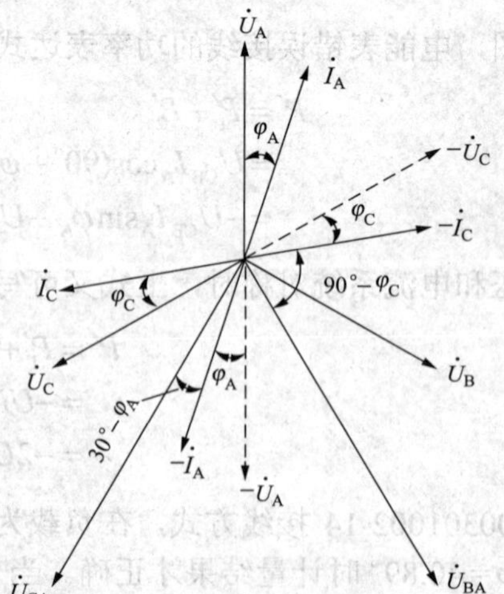


图 GYKH00301002-18 A、C 相电流互感器二次极性接反，电压 a、b、c 接电能表 B、C、A 的错误接线方式

图 GYKH00301002-19 A、C 相电流互感器二次极性接反，电压 a、b、c 接电能表 B、C、A 错误接线方式下的相量图

从相量图中可见，电压 $\dot{U}_{CA}$ 与电流 $-\dot{I}_A$ 间的夹角为 $30^\circ - \varphi_A$；电压 $\dot{U}_{BA}$ 与电流 $-\dot{I}_C$ 的夹角为 $90^\circ - \varphi_C$。由此可见此种接线下的功率表达式为

$$
\begin{aligned}
P' &= P_1' + P_2' \\
&= U_{CA}(-I_A)\cos(30^\circ - \varphi_A) + U_{BA}(-I_C)\cos(90^\circ - \varphi_C) \\
&= \sqrt{3}UI\left(\frac{1}{2}\cos\varphi + \frac{\sqrt{3}}{2}\sin\varphi\right)
\end{aligned}
$$

通过上述表达式，可以分别求出计量正确时的功率因数、表快时的功率因数、表慢时的功率因数。

当 $P = P'$ 时

即
$$\sqrt{3}UI\cos\varphi = \sqrt{3}UI\left(\frac{1}{2}\cos\varphi + \frac{\sqrt{3}}{2}\sin\varphi\right)$$

通过计算，可以求出当 $\cos\varphi = \frac{\sqrt{3}}{2}$ 时，表计计量正确。

当 $P < P'$ 时

即
$$\sqrt{3}UI\cos\varphi < \sqrt{3}UI\left(\frac{1}{2}\cos\varphi + \frac{\sqrt{3}}{2}\sin\varphi\right)$$

通过计算，可以求出当 $\cos\varphi < \frac{\sqrt{3}}{2}$ 时，表计计量偏快。

当 $P > P'$ 时

即
$$\sqrt{3}UI\cos\varphi > \sqrt{3}UI\left(\frac{1}{2}\cos\varphi + \frac{\sqrt{3}}{2}\sin\varphi\right)$$

通过计算，可以求出当 $\cos\varphi > \frac{\sqrt{3}}{2}$ 时，表计计量偏慢。

## 四、三相三线无功电能表接线

### （一）三相三线无功电能表正确接线

60°型无功电能表是我国目前所普遍采用的一种无功电能表。两元件 60°型无功电能表的正确接线和相量关系见图 GYKH00301002-20、图 GYKH00301002-21。

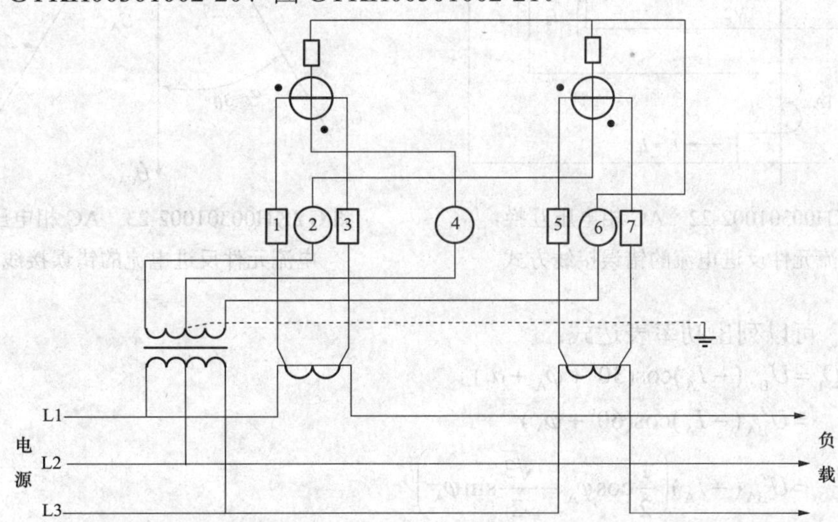


图 GYKH00301002-20　两元件 60°型无功电能表的正确接线

两个元件计量的功率如下

$$
\begin{aligned}
Q_1 &= U_{BC}I_A\cos(60^\circ - \varphi_A) \\
Q_2 &= U_{AC}I_C\cos(120^\circ - \varphi_C)
\end{aligned}
$$

电能表计量的总功率为

$$
\begin{aligned}
Q &= Q_1 + Q_2 \\
&= U_{BC}I_A\cos(60^\circ - \varphi_A) + U_{AC}I_C\cos(120^\circ - \varphi_C)
\end{aligned}
$$

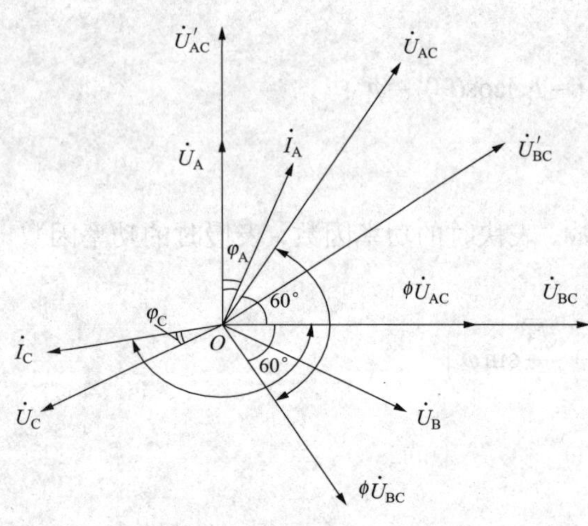


图 GYKH00301002-21 两元件 60°型无功电能表正确接线方式下的相量图

在三相电压和电流系统对称时，$U_{BC}=U_{AC}=U$；$I_A=I_C=I$；$\varphi_A=\varphi_C=\varphi$，则

$$Q=\sqrt{3}UI[\cos(60°-\varphi)+\cos(120°-\varphi)]$$
$$=3UI\sin\varphi$$

具有60°相角差的三相无功电能表用在三相三线电路计量无功电能时，只要电压对称，无论三相电流是否对称，都可以正确计量，但应指出，它不能计量三相四线电路中的无功电能。

（二）三相三线电路无功电能表的错误接线形式

错误接线形式：AC 相电压互换，A 相电流元件反进电流。

错误接线见图 GYKH00301002-22。由图可见其第一元件和第二元件电压线圈首尾两端分别跨接在 B–A 相与 C–A 相上；电流 $I_A$ 与 $I_C$ 分别从 A 相电流线圈的尾端和 C 相电流元件的进线端进入，错误接线的相量关系如图 GYKH00301002-23 所示。

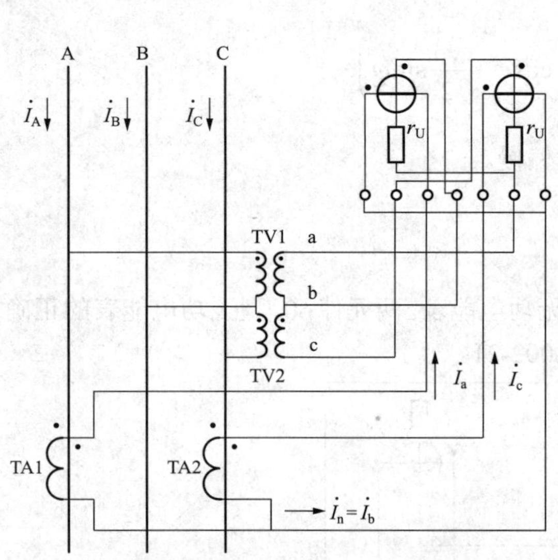


图 GYKH00301002-22 AC 相电压互换，A 相电流元件反进电流的错误接线方式

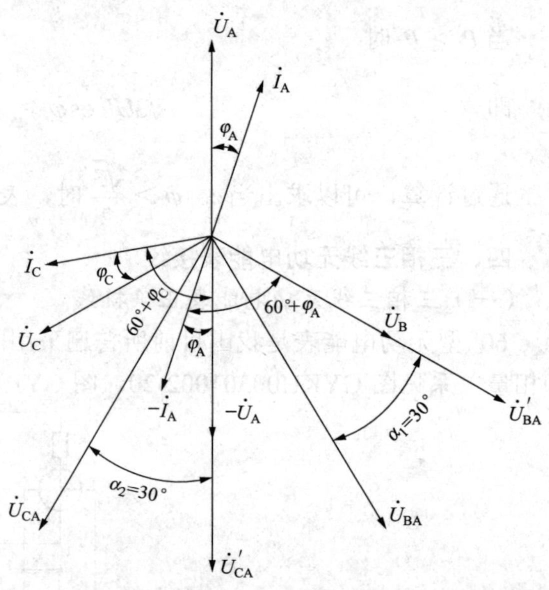


图 GYKH00301002-23 AC 相电压互换，A 相电流元件反进电流的错误接线方式相量图

根据相量图，可以列出功率表达式：

第一元件：
$$Q_1=U_{BA}(-I_A)\cos(30°+\varphi_A+\alpha_1)$$
$$=U'_{BA}(-I_A)\cos(60°+\varphi_A)$$
$$=U'_{BA}(-I_A)\left(\frac{1}{2}\cos\varphi_A-\frac{\sqrt{3}}{2}\sin\varphi_A\right)$$

第二元件：
$$Q_2=U_{CA}I_C\cos(30°+\varphi_C+\alpha_2)$$
$$=U'_{CA}I_C\cos(60°+\varphi_C)$$
$$=U'_{CA}I_C\left(\frac{1}{2}\cos\varphi_C-\frac{\sqrt{3}}{2}\sin\varphi_C\right)$$

在三相电压和电流系统对称时，两个元件所测量的总功率为

$$Q=Q_1+Q_2$$
$$=UI\left(\frac{1}{2}\cos\varphi-\frac{\sqrt{3}}{2}\sin\varphi\right)+UI\left(\frac{1}{2}\cos\varphi-\frac{\sqrt{3}}{2}\sin\varphi\right)$$

$$=2UI\left(\frac{1}{2}\cos\varphi-\frac{\sqrt{3}}{2}\sin\varphi\right)$$

$$=UI(\cos\varphi-\sqrt{3}\sin\varphi)$$

上述这种错误接线，当无功功率因数 $\sin\varphi=1$ 时，计量结果正确。也就是说此种无功电能表如若用于计量电容器的无功电能，图 GYKH00301002-22 所测得的无功电能值与正确接线时相等。

**【思考与练习】**

1. 单相有功电能表的错误接线有哪些？会产生什么后果？

2. 请绘出三相两元件有功电能表 A、C 两电流元件互换电流的错误接线图及相量图。

3. 请绘出内相角为 60° 的无功电能表在 A、C 相电压互换，A 相电流元件电流反进的情况下的错误接线图及相量图。

国家电网公司
生产技能人员职业能力培训专用教材

# 第十五章 电能计量装置差错更正电量计算

## 模块 1 错误接线电量更正（GYKH00302001）

【模块描述】本模块介绍电能计量装置各种错误接线的更正系数和电量补（退）计算方法。通过案例分析和计算举例，掌握电能计量装置错误接线情况时的电量更正方法。

【正文】

电能表错误接线时，将造成电能表少计或多计电量，而电量电费结算影响供用电双方的经济利益，因此，经检查发现电能表错误接线后，除改正错误接线外，在进行电费结算时必须进行电量的更正。

### 一、更正系数计算

更正系数是指正确电量与错误电量（错误接线期间的抄见电量）的比值。电能表的电量与它的功率成正比，所以更正系数可以表示为正确接线下电能表反映的功率与错误接线下反映的功率比值。即

$$K=\frac{W_0}{W}=\frac{P_0}{P} \qquad \text{(GYKH00302001-1)}$$

式中 $K$——电量更正系数；

$W_0$——正确接线时计量的电量，kWh；

$W$——错误接线时计量的电量，kWh；

$P_0$——正确接线时的功率（对于三相三线电能表，$P_0=\sqrt{3}\,UI\cos\varphi$）；

$P$——错误接线时的功率（对于三相三线电能表，为两元件错误功率表达式之和，$\cos\varphi$ 取平均功率因数）。

（1）若 $P_0=P$，$K=1$，则电量正确，不退不补；

（2）若 $P_0>P$，$K>1$，则电量少计，应补电量；

（3）若 $P_0<P$，$K<1$，则电量多计，应退电量；

（4）若 $P=0$，则说明错接线造成表计停走，此时应按客户的平均功率、平均功率因数、用电时间计算客户的用电量或按客户的同期电量参照计算应补电量。

**例 1** 已知三相三线有功表接线错误，其接线形式为：一元件 $U_{BC}$、$-I_C$，二元件 $U_{AC}$、$I_A$，请写出两元件的功率表达式和总功率表达式并确定更正系数。

解：根据题意，两元件的功率表达式为

$$P_A=U_{BC}(-I_C)\cos(30^\circ-\varphi)$$
$$P_C=U_{AC}I_A\cos(30^\circ-\varphi)$$

在对称的三相电路中，$U_{BC}=U_{AC}=U \quad I_A=I_C=I$

$$P=P_A+P_C=UI[\cos(30^\circ-\varphi)+\cos(30^\circ-\varphi)]$$
$$=2UI\cos(30^\circ-\varphi)$$

更正系数

$$K=\frac{P_0}{P}=\frac{\sqrt{3}UI\cos\varphi}{2UI\cos(30^\circ-\varphi)}$$

模块1 GYKH00302001

$$=\frac{\sqrt{3}}{\sqrt{3}+\tan\varphi}$$

**例 2**　已知三相三线有功表接线错，其接线形式为：一元件$U_{CA}$、$-I_A$，二元件$U_{BA}$、$-I_C$，请写出两元件功率表达式和总功率表达式，并确定出更正系数。

解：根据题意，两元件功率表达式为

$$P_A=U_{CA}(-I_A)\cos(30°-\varphi)$$
$$P_C=U_{BA}(-I_C)\cos(90°-\varphi)$$

在对称的三相电路中：$U_{CA}=U_{BA}=U\quad I_A=I_C=I$

$$P=P_A+P_C=UI\left[\cos\varphi(30°-\varphi)+\cos(90°-\varphi)\right]$$
$$=\sqrt{3}UI\cos(60°-\varphi)$$

更正系数

$$K=\frac{P_0}{P}=\frac{\sqrt{3}UI\cos\varphi}{\sqrt{3}UI\cos(60°-\varphi)}$$
$$=\frac{2}{1+\sqrt{3}\tan\varphi}$$

## 二、电量退补计算

1. 利用更正系数计算退补电量

根据退补电量公式

$$K=\frac{W_0}{W}$$

则$W_0=KW$

不考虑相对误差时的差错电量退补

$$\Delta W=(K-1)W \qquad \text{(GYKH00302001-2)}$$

若同时考虑电能表在错接线下的相对误差$\gamma\%$，$\left(\gamma=\frac{W-W_0}{W_0}\times100\%\text{和}W_0=KW\right)$

则

$$W_0=W\times K(1-\gamma\%)$$

应退补电量为

$$\Delta W=W_0-W=[K(1-\gamma\%)-1]\times W \qquad \text{(GYKH00302001-3)}$$

若$\Delta W>0$，则电量少计，应补电量；若$\Delta W<0$，则电量多计，应退电量。

**例 3**　某 110kV 供电的客户，在计量装置安装过程中，误将 B 相电流引入接到了电能表的负 C 相，已知故障期间平均功率因数为 0.9，抄收电量为 20 万 kWh，试求应追补的电量。

解：110kV 系统 TA、TV 均采用 Y 形接线，故有 B 相电流，先求更正系数$K$

$$K=\frac{\sqrt{3}UI\cos\varphi}{UI\cos(30°+\varphi)+UI\cos(30°+\varphi)}$$
$$=1.389$$

故应追补电量为$\Delta W$=(1.389–1)×20=7.78（万 kWh）

答：该客户应补电量 7.78 万 kWh。

**例 4**　现场检验发现一客户的错误接线属$p=\sqrt{3}UI\cos(60°-\varphi)$已运行 2 个月，共计电量 8500kWh，负载的平均功率因数角$\varphi=35°$，并证明$\varphi$角始终大于 30°，电能表的相对误差$\gamma$=3.6%，试计算 2 个月应追退的电量（取 tan35° =0.7）。

解：求更正系数

$$K=\frac{P_0}{P}=\frac{\sqrt{3}UI\cos\varphi}{\sqrt{3}UI\cos(60°-\varphi)}=\frac{2}{1+\sqrt{3}\tan\varphi}$$

$$=\frac{2}{1+0.7\sqrt{3}}\approx 0.904$$

应追退的电量为

$$\Delta W=\left[0.904\times\left(1-\frac{3.6}{100}\right)-1\right]\times 8500=-1092.6\text{（kWh）}$$

答：2 个月应退给该客户电量 1092.6kWh。

2. 测定相对误差退补电量

将标准表按正确接线方式接入电路，在现场直接测定被试电能表在错误接线下计量相对误差，然后根据错误接线电能表对标准表计量的相对误差求退补电量。由相对误差的定义

$$\gamma=\frac{W-W_0}{W_0}\times 100\%$$

则

$$W_0=\frac{W}{1+\gamma}$$

则退补电量为

$$\Delta W=\frac{\gamma}{1+\gamma}W \qquad \text{（GYKH00302001-4）}$$

式中 $\gamma$——错误接线下电能表对正确接线下标准表的计量相对误差，%；

$W$——错误接线电量，kWh。

（1）$\gamma>0$，则$\Delta W>0$，说明错误接线下电能表快，多计电量，应退电量；

（2）$\gamma<0$，则$\Delta W<0$，说明错误接线下电能表慢，少计电量，应补电量。

**例 5** 某客户月用电量为 97 500kWh，经校验该客户电能表误差$\gamma=-5.2\%$，求应退补的电量是多少？

解：已知 $W$=97 500，$\gamma$=–5.2%代入退补电量公式

$$\Delta W=\frac{\gamma}{1+\gamma}W=\frac{-5.2\%}{1-5.2\%}\times 97\,500$$

$$=-5348\text{（kWh）}$$

答：该客户应补电量 5348kWh。

3. 估算法退补电量

当电能表错误接线，且发生圆盘停转或反转；或由于负载功率因数的变化使圆盘时而正转，时而反转；或者三相负载很不对称；或者由于发生错误接线的时间不明，因而无法确定错误接线期间的抄见电量。如果出现以上各种情况均无法确定更正系数，因此无法计算退补电量。所以，只有估算了。估算的方法：按照电气设备的容量、设备的利用率、设备运行小时数计算电量。

**【思考与练习】**

1. 计量装置错误接线后更正系数有哪几种计算方法？电量退补有哪几种计算方法？

2. 已知三相三线有功电能表接线错误，其接线方式为：一元件$U_{AB}$、$-I_C$，二元件$U_{CB}$、$-I_A$，请写出两元件的功率表达式和总功率比表达式，并计算出更正系数。

3. 某 10kV 供电的工业客户，三相负荷平衡，该客户计量装置电压互感器变比为 10 000/100，电流互感器变比为 200/5。对其电能表周期更换时，误将 C 相电流接入电能表 A，A 相电流反接入电能表 C 相。已知错误接线期间平均功率因数为 0.93，错误接线期间电能表走了 100 个字。求电能表错误接线期间应退补的电量。

## 模块 2 倍率不符电量更正（GYKH00302002）

**【模块描述】**本模块介绍电能计量装置倍率不符的电量更正计算方法。通过典型案例分析和计算举

例，熟悉倍率不符电量更正方法。

【正文】

一、计量倍率的计算

电能计量倍率包括两部分：① 电能表本身的倍率；② 电能表经互感器接入电路后产生的倍率。根据用户的用电性质和用电容量的不同，采取不同的计量方式，有的用户用电能表直接计量，有的用户电能表经电流互感器接入电路计量，有的用户电能表经电流互感器和电压互感器接入电路计量。无计量倍率的电能表计量的电量就是该电能表本月读数和上月读数之差；电能表经电流互感器接入电路计量的电量应是电能表记录的电量乘以电流互感器变比的比值数；电能表经电流互感器和电压互感器接入电路计量的电量应是电能表记录的电量乘以电流互感器变比的比值数和电压互感器变比的比值数；如果电能表本身有倍率而又经互感器接入电路时的计量倍率应该考虑两部分的倍率。

如果电能表按照铭牌上注明的电压、电流及规定的接线方式接入电路，则电能表的读数为实际用电量。也就是说，电能表的计量倍率为1，但应注意计度器上小数点的位数。

如果电能表为扩大范围和消除小数位，在铭牌上注明计度器倍率，用来说明轮上一个字代表以“千瓦时”为单位的电量数，如注明：“×10，×100”等，电能表的读数乘以计度器倍率才是实际用电量。

如果电能表经电流、电压互感器接入电路，则实际的用电量是电能表的读数乘以电流、电压互感器的变比。若与电能表连接电流、电压互感器变比与电能表铭牌上注明的电流、电压变比不同，则将电能表的读数乘以计量倍率才是实际用电量，计量倍率按下式计算

$$B=\frac{K_L'K_Y'}{K_LK_Y}b \qquad \text{(GYKH00302002-1)}$$

式中　$K_L'K_Y'$——与电能表连接的电流、电压互感器的额定变比；

$K_LK_Y$——电能表铭牌上标注电流、电压互感器的额定变比；

$b$——计度器倍率，kWh/字；

$B$——计量倍率。

直接接入式的电能表或经互感器接入的电能表，其铭牌上未注明电流、电压互感器的额定变比，则 $K_L=K_Y=1$。未标注明计度器倍率的电能表，则 $b=1$。

在某一时段内电能表测得的电量的计算式为

$$W=(W_2-W_1)B \qquad \text{(GYKH00302002-2)}$$

式中　$W$——电能表测得的电量；

$W_1$——前一次抄见读数；

$W_2$——后一次抄见读数；

$B$——计量倍率。

如果发现后一次抄表读数小于前一次抄表读数（电能表反转除外），则说明电能表的计度器的各位字轮均翻转一次，这时测得的电量为

$$W=[(10^m+W_2)-W_1]B \qquad \text{(GYKH00302002-3)}$$

式中　$m$——计度器整数位窗口的位数。

若电能表反转，且后一次抄表读数小于前一次抄表读数。则电能表的抄见电量应记为负值。

**例1**　若电能表铭牌标示为3×100V，5A时，当将电能表接在电压互感器变比为35 000/100V，电流互感器变比为400/5A的电路时，求计量倍率。

解：已知 $b=1$，$K_L=K_Y=1$，$K_L'=400/5=80$，$K_Y'=35\,000/100=350$，所以求得计量倍率为

$$B=K_L'K_Y'=80\times350=28\,000$$

答：计量倍率为28 000。

**例2**　某三相有功电能表，其计度器整数位数窗口为4位，小数位数为2位，铭牌上标有×100，3×10 000/100V，3×100/5A，该表实际是经额定变比为35 000/100V和200/5A的电流互感器接入电路的，电能表圆盘始终正转，前一次抄表示数为9920.68，后一次前一次抄表示数为0035.96。试求在

模块2

GYKH00302002

此期间电能表计量的电量是多少？

解：$b=100$，$K_L=100/5=20$，$K_Y=10\,000/100=100$，$K'_L=200/5=40$

$K'_Y=35\,000/100=350$，所以求得计量倍率为

$$B=\frac{K'_L K'_Y}{K_L K_Y}b=\frac{40\times350}{20\times100}\times100=700$$

由题意，计度器字轮已反转，所以电能表计量的电量应为

$$W=[(10^m+W_2)-W_1]B=[(10^4+35.96)-9920.68]\times700=80\,696\text{（kWh）}$$

答：此期间电能表计量的电量是80 696kWh。

**二、倍率不符类型**

倍率不符是指电能表经互感器连接的电路中，现场实际运行的电流、电压互感器变比与登记在册计算用的互感器变比不一致；现场运行的电能表铭牌上标注电流、电压互感器的额定变比及电能表计度器倍率与登记在册计算用的互感器变比及计度器倍率不一致。倍率不符将造成计量错误，应进行更正。

**三、电量更正**

计算电量的倍率（与电能表连接的电流、电压互感器变比；电能表铭牌上标注电流、电压互感器的变比、电能表计度器倍率）与现场实际不符的，以实际变比和计度器倍率为基准，按正确与错误倍率计算电量的差值退补电量，退补时间以抄表记录为准。

**例3** 某10kV电力客户，安装的电能表规格为3×100V，5A，该表是经额定变比为10 000/100V的电压互感器和150/5A的电流互感器接入电路运行，而登记在册计算电量的计量倍率的电流互感器变比为100/5A，在此期间共计算用电量100 000kWh，试求该客户应退补的电量。

解：实际的电流互感器变比为150/5，而计算电量的电流互感器变比为100/5，故更正系数

$$K=\frac{P_0}{P}=\frac{30\times\sqrt{3}UI\cos\varphi}{20\times\sqrt{3}UI\cos\varphi}=1.5$$

$$\Delta W=(K-1)W=(1.5-1)\times100\,000=50\,000\text{（kWh）}$$

答：该客户应补电量50 000kWh。

**例4** 某客户安装1只三相四线有功电能表，3×380/220V，5A，安装3只变比为200/5电流互感器，有1只过负荷烧毁，客户自行更换1只电流互感器，供电企业因故未到现场。1个月后发现，后换这只电流互感器变比为400/5，在此期间电能表走字为100字，求应追补多少电量？

解：原电流互感器变比为200/5，现一相电流互感器变比400/5，即一相二次电流缩小0.5倍。故更正系数

$$K=\frac{3UI\cos\varphi}{2UI\cos\varphi+0.5UI\cos\varphi}=1.2$$

$$W=100\times\frac{200}{5}=4000\text{（kWh）}$$

$$\Delta W=(K-1)W=(1.2-1)\times4000=800\text{（kWh）}$$

答：应追补电量800kWh。

**【思考与练习】**

1. 怎么计算计量倍率？

2. 某客户安装1只三相四线有功电能表，3×380/220V，5A，私自将计量低压电流互感器更换，原计量电流互感器的变比为100/5，后经计量人员检测发现A相电流互感实为200/5，B相电流互感实为400/5，C相电流互感实为300/5，在此期间电能表走了200个字，求应追补多少电量？

# 模块3 计量装置误差电量更正（GYKH00302003）

【模块描述】本模块介绍计量装置综合误差的电量更正计算方法。通过原理推导和计算举例，熟悉计量装置综合误差的计算及电量更正方法。

【正文】

## 一、计量装置综合误差

用电量大的低压用电客户的电能表需要经电流互感器接入；大型发电机、高压变压器，以及上下网电量和高压供电客户所配置的电能表则需经电压、电流互感器接入，以计量发、供、用电量。此类电能计量装置的误差除了电能表外，还包括互感器的合成误差及电压互感器二次导线压降引起的误差。

电能计量装置综合误差是指电能表误差、互感器的合成误差以及电压互感器二次回路电压降引起的误差。

电能计量装置综合误差计算公式为

$$r=r_1+r_2+r_3 \quad \text{(GYKH00302003-1)}$$

式中 $r$——电能计量装置综合误差，%；

$r_1$——电能表误差，%；

$r_2$——互感器的合成误差，%；

$r_3$——电压互感器二次回路压降引起的误差，%。

电能表的误差值可通过检定得到，下面主要介绍互感器的合成误差和互感器的合成误差的计算。

1. 互感器的合成误差

当电能表通过互感器接入计量回路时，由互感器的角差和比差引起的误差称为互感器的合成误差。在计量装置的综合误差中，互感器的合成误差的影响是主要的，它可按照以下公式计算

$$\gamma_2=\frac{P_2K_IK_U-P_1}{P_1}\times 100\% \quad \text{(GYKH00302003-2)}$$

式中 $\gamma_2$——互感器的合成误差，%；

$K_I$——电流互感器的额定变比；

$K_U$——电流互感器的额定变比；

$P_1$——互感器的一次侧功率；

$P_2$——互感器的二次侧功率。

现将各公式中符号含义说明如下：

$f_I$——电流互感器比差；

$f_U$——电压互感器比差；

$\delta_I$——电流互感器角差；

$\delta_U$——电压互感器角差；

$I_1$——电流互感器一次电流；

$I_2$——电流互感器二次电流；

$U_1$——电流互感器一次电压；

$U_2$——电流互感器二次电压。

（1）单相有功电能表经电流、电压互感器接入时。单相有功电能表经电流、电压互感器的接线图和相量图，如图GYKH00302003-1所示。

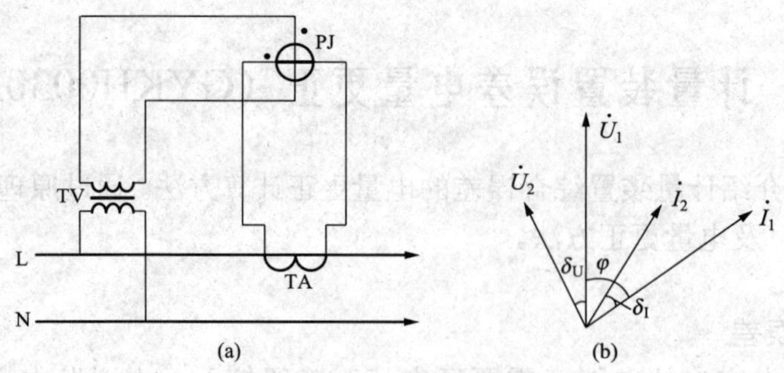


图 GYKH00302003-1 单相有功电能表经电流、电压互感器接入

（a）接线图；（b）相量图

互感器的一次侧功率为

$$P_1=U_1I_1\cos\varphi \qquad \text{(GYKH00302003-3)}$$

互感器的二次侧功率为

$$P_2=U_2I_2\cos(\varphi-\delta_I+\delta_U) \qquad \text{(GYKH00302003-4)}$$

根据电流互感器比差定义，$f_I=\dfrac{K_II_2-I_1}{I_1}\times100\%$，则

$$I_2=\frac{I_1}{K_I}=\left(1+\frac{f_I}{100}\right) \qquad \text{(GYKH00302003-5)}$$

根据电压互感器比差定义，$f_U=\dfrac{K_UU_2-U_1}{U_1}\times100\%$，则

$$U_2=\frac{U_1}{K_U}\left(1+\frac{f_U}{100}\right) \qquad \text{(GYKH00302003-6)}$$

将式（GYKH00302003-3）～式（GYKH00302003-6）代入式（GYKH00302003-2）中，互感器的合成误差为

$$\gamma_2=\frac{K_IK_UU_2I_2\cos(\varphi-\delta_I+\delta_U)-U_1I_1\cos\varphi}{U_1I_1\cos\varphi}\times100\%$$

$$=\left[\frac{\left(1+\dfrac{f_U}{100}\right)\left(1+\dfrac{f_U}{100}\right)\cos(\varphi-\delta_I+\delta_U)}{\cos\varphi}-1\right]\times100\%$$

由于$\delta_I$、$\delta_U$、$f_I$、$f_U$均很小，故可以认为$\dfrac{f_If_U}{10\,000}\approx0$，cos（$\delta_I-\delta_U$）≈1，sin（$\delta_I-\delta_U$）≈$\delta_I-\delta_U$，将上式简化后，可得

$$\gamma_2=[f_U+f_I+(\varphi_I-\varphi_U)\tan\varphi]\times100\% \qquad \text{(GYKH00302003-7)}$$

式中：$\delta_I$、$\delta_U$单位是弧度，实际测试时$\delta_I$、$\delta_U$是用“分”表示的，分和弧度的关系是：1分$=\dfrac{2\pi}{360\times60}$弧度=0.000 291 弧度。则式（GYKH00302003-7）变为

$$\gamma_2=[(f_U+f_I)+0.0291(\delta_I-\delta_U)\tan\varphi] \qquad \text{(GYKH00302003-8)}$$

当负荷为容性时，按上述方法同样可以求出互感器的合成误差为

$$\gamma_2=[(f_U+f_I)+0.0291(\delta_U-\delta_I)\tan\varphi] \qquad \text{(GYKH00302003-9)}$$

这里应指出，$\delta_I$、$\delta_U$、$f_I$、$f_U$可能为正，也可能为负，与式（GYKH00302003-9）、式（GYKH00302003-10）中的符号无关。

当单相电能表只经过电流互感器接入，负荷为感性时，互感器的综合误差为

$$\gamma_2=f_I+0.0291\delta_I\tan\varphi \qquad \text{(GYKH00302003-10)}$$

当负荷为容性时，互感器的综合误差为

$$\gamma_2 = f_{\mathrm{I}} - 0.029\ 1\delta_{\mathrm{I}} \tan\varphi \qquad \text{(GYKH00302003-11)}$$

（2）带电流、电压互感器的三相三线电路：

1）V 形接线互感器合成误差的计算。通常一次三相电压是基本对称的。现讨论一次三相电压对称系统中 V 形接线互感器的合成误差。

三相一次侧电压对称时 V 形接线的电流、电压互感器的接线图和相量图，如图 GYKH00302003-2 所示。

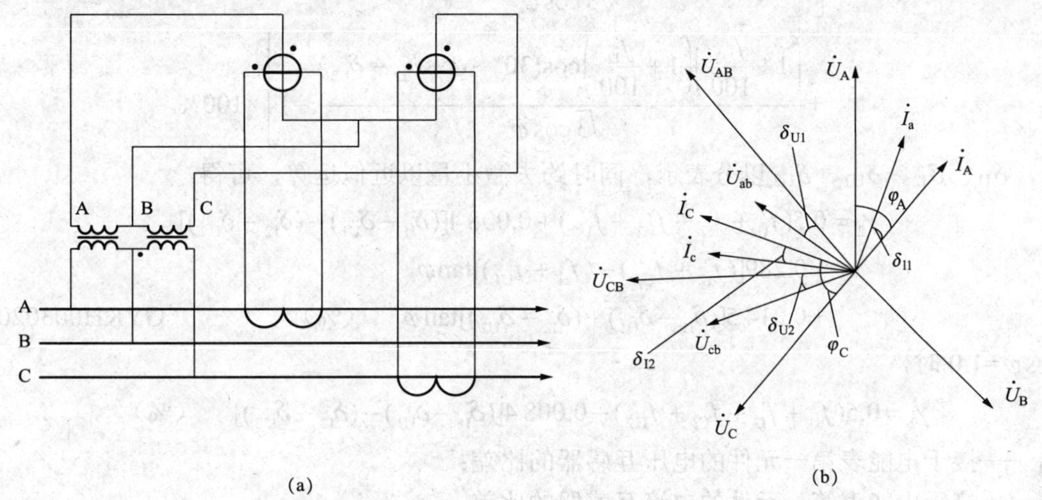


图 GYKH00302003-2　三相一次侧电压对称时 V 形接线

（a）接线图；（b）相量图

相量图中，$\dot{U}_A$、$\dot{U}_B$、$\dot{U}_C$、$\dot{U}_{AB}$、$\dot{U}_{CB}$ 为一次侧电压；$\dot{I}_A$、$\dot{I}_C$ 为电流互感器一次侧电流；$\dot{U}_{ab}$、$\dot{U}_{cb}$ 为电压互感器二次侧电压；$\dot{I}_a$、$\dot{I}_c$ 为电流互感器二次侧电流；$\varphi_A$、$\varphi_C$ 为一次侧 A、C 功率因数角；$\delta_{U1}$ 为 AB 相电压互感器角差；$\delta_{U2}$ 为 CB 相电压互感器角差；$\delta_{I1}$ 为 A 相电流互感器角差；$\delta_{I2}$ 为 C 相电流互感器角差。

互感器一次侧功率为

$$P_1 = U_{AB}I_A\cos(30^\circ+\varphi) + U_{CB}I_C\cos(30^\circ-\varphi) = \sqrt{3}\,U_1I_1\cos\varphi$$

互感器二次侧功率为

$$\begin{aligned} P_2 &= U_{ab}I_a\cos(30^\circ+\varphi-\delta_{I1}+\delta_{U1}) + U_{cb}I_c\cos(30^\circ-\varphi+\delta_{I2}-\delta_{U2}) \\ &= U_2I_2\cos(30^\circ+\varphi-\delta_{I1}+\delta_{U1}) + U_2I_2\cos(30^\circ-\varphi-\delta_{I2}+\delta_{U2}) \end{aligned}$$

将二次侧功率换算到一次侧

$$P_2' = K_{U1}K_{I1}U_2I_2\cos(30^\circ+\varphi-\delta_{I1}+\delta_{U1}) + K_{U2}K_{I2}U_2I_2\cos(30^\circ+\varphi+\delta_{I2}-\delta_{U2})$$

式中，$K_{U1}$、$K_{U2}$、$K_{I1}$、$K_{I2}$ 分别为第一、第二元件所用互感器的额定电压比、电流比。

将式（GYKH00302003-6）、式（GYKH00302003-7）代入可得

$$\begin{aligned} P_2' = &U_1I_1\left(1+\frac{f_{U1}}{100}\right)\left(1+\frac{f_{I1}}{100}\right)\cos(30^\circ+\varphi-\delta_{I1}+\delta_{U1}) \\ &+U_1I_1\left(1+\frac{f_{U2}}{100}\right)\left(1+\frac{f_{I2}}{100}\right)\cos(30^\circ-\varphi+\delta_{I2}-\delta_{U2}) \end{aligned}$$

故合成误差为

$$\begin{aligned} \gamma_2 &= \frac{P_2'-P_1}{P_1}\times 100\% \\ &= \left[\frac{U_1I_1\left(1+\frac{f_{U1}}{100}\right)\left(1+\frac{f_{I1}}{100}\right)\cos(30^\circ+\varphi-\delta_{I1}+\delta_{U1})}{\sqrt{3}U_1I_1\cos\varphi}\right. \end{aligned}$$

$$+\frac{U_1I_1\left(1+\frac{f_{U2}}{100}\right)\left(1+\frac{f_{I2}}{100}\right)\cos(30^\circ-\varphi+\delta_{I2}-\delta_{U2})}{\sqrt{3}U_1I_1\cos\varphi}-1\Bigg]\times100\%$$

$$=\left[\frac{\left(1+\frac{f_{U1}}{100}\right)\left(1+\frac{f_{I1}}{100}\right)\cos(30^\circ+\varphi-\delta_{I1}+\delta_{U1})}{\sqrt{3}\cos\varphi}+\frac{\left(1+\frac{f_{U2}}{100}\right)\left(1+\frac{f_{I2}}{100}\right)\cos(30^\circ-\varphi+\delta_{I2}-\delta_{U2})}{\sqrt{3}\cos\varphi}-1\right]\times100\%$$

同样，$\delta_{I1}$、$\delta_{I2}$、$\delta_{U1}$、$\delta_{U2}$以分表示，同时约去微小量以近似运算，可得

$$\begin{aligned}\gamma_2=&0.5(f_{I1}+f_{I2}+f_{U1}+f_{U2})+0.008\,4[(\delta_{I1}-\delta_{U1})-(\delta_{I2}-\delta_{U2})]\\&+0.289[(f_{I2}+f_{U2})-(f_{I1}+f_{U1})]\tan\varphi\\&+0.014\,5[(\delta_{I1}-\delta_{U1})+(\delta_{I2}-\delta_{U2})]\tan\varphi\quad(\%)\end{aligned}\qquad\text{(GYKH00302003-12)}$$

当$\cos\varphi$=1.0 时，

$$\gamma_2=0.5(f_{I1}+f_{I2}+f_{U1}+f_{U2})+0.008\,4[(\delta_{I1}-\delta_{U1})-(\delta_{I2}-\delta_{U2})]\quad(\%)$$

式中　$f_{U1}$——接于电能表第一元件的电压互感器的比差；

$f_{I1}$——接于电能表第一元件的电流互感器的比差；

$f_{U2}$——接于电能表第二元件的电压互感器的比差；

$f_{I2}$——接于电能表第二元件的电流互感器的比差。

2）星形接线时互感器合成误差的计算。如电压互感器是星形接线，测得的是每相比差和角差，则可根据如下计算式换算成电压的比差和角差

$$f_{U1}=\frac{1}{2}(f_{AA}+f_{AB})+0.008\,4(\delta_{AA}-\delta_{AB})\quad(\%)$$

$$\delta_{U1}=\frac{1}{2}(\delta_{AA}+\delta_{AB})+9.924(f_{AA}-f_{AB})\quad(分)$$

$$f_{U2}=\frac{1}{2}(f_{AC}+f_{AB})+0.008\,4(\delta_{AC}-\delta_{AB})\quad(\%)$$

$$\delta_{U2}=\frac{1}{2}(\delta_{AC}+\delta_{AB})+9.924(f_{AC}-f_{AB})\quad(分)$$

式中　$f_{AA}$、$f_{AB}$、$f_{AC}$——A、B、C 各相电压互感器的比差；

$\delta_{AA}$、$\delta_{AB}$、$\delta_{AC}$——A、B、C 各相电压互感器的角差；

$f_{U1}$、$f_{U2}$及$\delta_{U1}$、$\delta_{U2}$——分别是 AB 相和 CB 相电压互感器的比差和角差。

将以上折算公式代入式（GYKH00302003-12），便可计算合成误差。

（3）带电流、电压互感器的三相四线电路。三相四线电路有功电能的计量，通常采用三元件三相四线有功电能表，相当于 3 只单相电能表同时计量，因此，互感器的合成误差可用下面方法求出。

设负载为感性，三组元件的合成误差分别为

$$\gamma_{21}=(f_{U1}+f_{I1})+0.029\,1(\delta_{I1}-\delta_{U1})\tan\varphi_1=f_1+0.029\,1\delta_1\tan\varphi_1$$

$$\gamma_{22}=(f_{U2}+f_{I2})+0.029\,1(\delta_{I2}-\delta_{U2})\tan\varphi_2=f_2+0.029\,1\delta_2\tan\varphi_2$$

$$\gamma_{23}=(f_{U3}+f_{I3})+0.029\,1(\delta_{I3}-\delta_{U3})\tan\varphi_3=f_3+0.029\,1\delta_3\tan\varphi_3$$

当三相电路完全对称时

$$\begin{aligned}\gamma_2&=\frac{1}{3}(\gamma_{21}+\gamma_{22}+\gamma_{23})\\&=\frac{1}{3}[(f_1+f_2+f_3)+0.029\,1(\delta_1+\delta_2+\delta_3)\tan\varphi]\end{aligned}\qquad\text{(GYKH00302003-13)}$$

若电能表每组元件的误差分别为$\gamma_{o1}$、$\gamma_{o2}$和$\gamma_{o3}$，则电能计量装置的综合误差为

$$\gamma=\frac{1}{3}(\gamma_{o1}+\gamma_{o2}+\gamma_{o3})+\gamma_2+\gamma_3 \qquad \text{(GYKH00302003-14)}$$

2. 电压互感器二次回路压降引起的误差

电压互感器二次回路压降引起的计量误差往往较大，会造成少计电量。根据《电能计量装置技术管理规程》规定：Ⅰ、Ⅱ类贸易结算的电能计量装置（Ⅰ类电能计量装置包括：用于计量平均月用电量为 500 万 kWh 及以上的计费客户的计量装置；用于计量变压器容量为 10 000kVA 及以上的计费客户的计量装置；用于计量 200MW 及以上发电机发电量的计量装置；用于计量发。电企业上网电量的计量装置；用于计量电网经营企业之间的电量交换的计量装置；用于计量省级电网经营企业与其供电企业供电量的计量装置。Ⅱ类电能计量装置包括：用于计量平均月用电量为 100 万 kWh 及以上、500 万 kW 以下的计费客户的计量装置；用于计量变压器容量为 2000kVA 及以上、10 000 万 kVA 以下的计费客户的计量装置；用于计量 100MW 及以上、200MW 以下发电机发电量的计量装置；用于计量供电企业之间的电量交换的计量装置）中电压互感器二次回路电压将应不大于其额定二次压降的 0.2%；其他电能计量装置中电压互感器二次回路电压将应不大于其额定二次压降的 0.5%。否则应采取改进措施。

三相三线电路压降引起的电能计量误差为

$$\gamma_3=0.5(f_1+f_2)+0.008\,4(\delta_2-\delta_1)+0.289(f_2-f_1)\tan\varphi-0.014\,5(\delta_1+\delta_2)\tan\varphi \ (\%) \qquad \text{(GYKH00302003-15)}$$

从上式可以看出，电压互感器二次回路压降引起的误差公式和电压互感器在忽落电流互感器误差后的计算公式相同。一般情况，可测得二次压降比差、角差，计算电压互感器二次回路压降引起的误差。

**例**　某 10kV 高压客户一个月抄见有功电量为 1186.6 万 kWh，无功电量为 771.3 万 varh。现用互感器试验法测得电能表用电压互感器二次压降引起的比差和角差为：$f_1=-1.46\%, \delta_1=24.6'$；$f_2=-0.53\%, \delta_2=48.9'$。计算出二次回路压降的误差，使电能计量发生的变化。

解：$\tan\varphi=\dfrac{W_Q}{W_P}=\dfrac{771.3}{1186.6}=0.65$

$$\begin{aligned}\gamma_3&=0.5(f_1+f_2)+0.008\,4(\delta_2-\delta_1)+0.289(f_2-f_1)\tan\varphi-0.014\,5(\delta_1+\delta_2)\tan\varphi\\&=0.5(-1.46-0.53)+0.008\,4(48.9-24.6)+0.289(-0.53+1.46)\times0.65-0.014\,5(24.6+48.9)\times0.65\\&=-0.995+0.204\,1+0.174\,7-0.692\,7\\&=-1.31\%\end{aligned}$$

答：由于电压互感器二次压降的影响，使电能计量慢 1.31%。

## 二、电量的更正计算

根据《供电营业规则》的规定，当贸易结算用电能计量装置的互感器、电能表超差，电能计量装置二次回路压降超出允许范围，或其他非人为因素造成计量不准时，供电企业应按下列规定计算退补电量。

（1）互感器或电能表误差超过允许范围值时，以“0”误差为基准，按检定后的误差值计算退补电量。退补时间从上次检定或换装后投入运行之日起至误差更正之日止的 1/2 时间计算。

（2）二次回路电压降超出允许范围时，以允许电压降为基准，按检验后实际值与允许值之差计算补收电量。补收时间从二回路投入或负荷增加之日起至电压降更正之日止。

（3）其他非人为原因致使电能计量不准时，应以用户正常月份的用电量为基准退补电量。

（4）退补期间，客户应先按抄见电量如期交纳电费，误差确定后，再行退补。

电能表误差严重超差需退补电量。退补电量大小为

$$\Delta W=\frac{\gamma}{1+\gamma}W \qquad \text{(GYKH00302003-16)}$$

其中$\gamma$为电能表的百分比误差值，误差数据有正有负。为正时，应退还电量；为负时，客户应补

电量。$W$ 为电能表抄见电量。

**例**　某客户电能表经计量检定部门现场校验，发现慢 8%（非人为因素）所致。已知该电能表自换装之日起至发现之日止，电能表计量的电量为 92 000kWh，求客户应补的电量是多少？

解：已知 $W$=92 000，$\gamma$=−8%代入根据退补电量公式

$$\Delta W = \frac{\gamma}{1+\gamma}W = \frac{-8\%}{1-8\%}\times 92\,000$$

$$= -8000\text{（kWh）}$$

根据《供用电营业规则》第八十条第 1 款规定："电能表超差或非人为因素致计量不准，按投入之日起至误差更正之日止的 1/2 时间计算退补电量"，则

$$\text{应补电量}=0.5\times\Delta W=0.5\times 8000=4000\text{（kWh）}$$

答：该客户应补电量 4000kWh。

**【思考与练习】**

1. 计量装置的综合误差由哪几部分组成？
2. 互感器的合成误差怎么计算？
3. 三相三线电路压降引起的电能计量误差怎么计算？

# 第五部分

# 服 务 规 范

# 第十六章　供电服务规范

## 模块 1　通用服务规范（ZY3100301001）

【模块描述】本模块介绍供电企业相关人员的行为举止、仪容仪表、道德标准、业务技能等综合素质以及供电电压、供电可靠率等供电质量指标等内容。通过要点归纳，掌握通用服务规范内容。

【正文】

通用服务规范是对电网经营企业和供电企业相关人员综合素质的总体要求，是所有供电营业职工的基本行为准则，是其他服务规范的基础。

### 一、基本道德和技能规范

（1）严格遵守国家法律、法规，诚实守信、恪守承诺、爱岗敬业、乐于奉献、廉洁自律、秉公办事。

（2）真心实意为客户着想，尽量满足客户的合理要求。对客户的咨询、投诉等不推诿、不拒绝、不搪塞，及时、耐心、准确地给予解答。

（3）遵守国家的保密原则，尊重客户的保密要求，不对外泄漏客户的保密资料。

（4）工作期间精神饱满，注意力集中；使用规范化文明用语，提倡使用普通话。

（5）熟知本岗位的业务知识和相关技能，岗位操作规范、熟练，具有合格的专业技术水平。

### 二、诚信服务规范

（1）公布服务承诺、服务项目、服务范围、服务程序、收费标准和收费依据，接受社会与客户的监督。

（2）从方便客户出发，合理设置供电服务营业网点或满足基本业务需要的代办点，并保证服务质量。

（3）根据国家有关法律法规，本着平等、自愿、诚实信用的原则，以合同形式明确供电公司与客户双方的权利和义务，明确产权责任分界点，维护双方的合法权益。

（4）严格执行国家规定的电费电价政策及业务收费标准。严禁利用各种方式和手段变相扩大收费范围或提高收费标准。

（5）聘请供电服务质量监督员，定期召开客户座谈会并走访客户，听取客户意见，改进供电服务工作。

（6）经常开展安全供用电宣传。

（7）以实现全社会电力资源优化配置为目标，开展电力需求侧管理和服务活动，减少客户用电成本，提高用电负荷率。

### 三、行为举止规范

（1）行为举止应做到自然、文雅、端庄、大方。站立时，抬头、挺胸、收腹，双手下垂置于身体两侧或双手交叠自然下垂，双脚并拢，脚跟相靠，脚尖微开，不得双手抱胸、叉腰。坐下时，上身自然挺直，两肩平衡放松，后背与椅背保持一定间隙，不用手托腮或趴在工作台上，不抖动腿和跷二郎腿。走路时，步幅适当，节奏适宜，不奔跑追逐，不边走边大声谈笑喧哗。尽量避免在客户面前打哈欠、打喷嚏，难以控制时，应侧面回避，并向对方致歉。

（2）为客户提供服务时，应礼貌、谦和、热情。接待客户时，应面带微笑，目光专注，做到来有迎声，去有送声。与客户会话时，应亲切、诚恳，有问必答。工作发生差错时，应及时更正并向客户道歉。

（3）当客户的要求与政策、法律、法规及本企业制度相悖时，应向客户耐心解释，争取客户理解，做到有理有节。遇有客户提出不合理要求时，应向客户委婉说明。不得与客户发生争吵。

（4）为行动不便的客户提供服务时，应主动给予特别照顾和帮助。对听力不好的客户，应适当提高语音，放慢语速。

（5）与客户交接钱物时，应唱收唱付，轻拿轻放，不抛不丢。

**四、仪容仪表规范**

（1）供电服务人员上岗必须统一着装，并佩戴工号牌。

（2）保持仪容仪表美观大方，不得浓妆艳抹，不得敞怀、将长裤卷起，不得戴墨镜。

**五、电压质量标准**

（1）在电力系统正常状况下，客户售电端的供电电压允许偏差为：

1）35kV 及以上电压供电的，电压正、负偏差的绝对值之和不超过额定值的 10%。

2）10kV 及以下三相供电电压允许偏差为额定值的±7%。

3）220V 单相供电电压允许偏差为额定值的+7%，−10%。

（2）在电力系统非正常状况下，客户受电端的电压最大允许偏差不应超过额定值的±10%。

（3）当客户用电功率因数达不到《供电营业规则》规定的要求时，其受电端的电压偏差不受上述限制。

（4）根据国家电网公司供电服务“十项承诺”规定（下简称“十项承诺”），城市居民客户端电压合格率不低于 96%；农村地区居民客户端电压合格率经国家电网公司核定后，由各省（自治区、直辖市）电力公司公布承诺指标。

**六、供电可靠率指标**

（1）根据“十项承诺”规定，城市地区供电可靠率不低于 99.90%，农村地区供电可靠率经国家电网公司核定后，由各省（自治区、直辖市）电力公司公布承诺指标。

（2）减少因供电设备计划检修和电力系统事故对客户的停电次数及每次停电的持续时间。供电设备计划检修时，对 35kV 及以上电压等级供电的客户的停电次数，每年不应超过 1 次；对 10kV 电压等级供电的客户，每年不应超过 3 次。

（3）供电设施因计划检修需要停电时，应提前 7 天将停电区域、线路、停电时间和恢复供电的时间进行公告，并通知重要客户。供电设施因临时检修需要停电的，应提前 24 小时通知重要客户或进行公告。

注：重要客户是指中断供电将造成人身伤亡、环境污染、重要设备损坏连续生产过程长期不能恢复、在政治上造成有重大影响的，并与供电企业在供用电合同中明确重要客户的性质及约定有关事项的客户。

（4）对紧急情况下的停电或限电，客户询问时，应向客户做好解释工作，并尽快恢复正常供电。

（5）客户欠电费需依法采取停电措施的，提前 7 天送达停电通知书。

**【思考与练习】**

1. 通用服务规范中对基本道德和技能规范有哪些规定？
2. 通用服务规范中对诚信服务规范有哪些规定？
3. 通用服务规范中对行为举止规范有哪些规定？
4. 通用服务规范中对仪容仪表规范有哪些规定？
5. 通用服务规范中对电压质量标准有哪些规定？
6. 通用服务规范中对供电可靠率指标有哪些规定？

## 模块 2　营业场所服务规范（ZY3100301002）

**【模块描述】**本模块介绍供电营业场所的服务内容、服务标准、服务环境等服务质量标准。通过要点归纳，掌握供电营业场所相关人员的行为规范以及服务环境的规范化要求。

**【正文】**

营业场所服务承担着向客户展示良好礼仪素质和最佳企业形象的重要责任，热情周到细致的服务、布局合理整洁舒适的营业环境会使客户有宾至如归的感觉。

一、服务内容

（1）受理电力客户新装或增加用电容量、变更用电、业务咨询与查询、交纳电费、报修、投诉等。

（2）设置值班主任、领导接待日。

（3）县以上供电营业场所无周休日制度。

二、服务规范

（1）营业人员必须准点上岗，做好营业前的各项准备工作。

（2）实行首问负责制。无论办理业务是否对口，接待人员都要认真倾听，热心引导，快速衔接，并为客户提供准确的联系人、联系电话和地址。

（3）实行限时办结制。办理居民客户收费业务的时间一般每件不超过 5 分钟，办理客户用电业务的时间一般每件不超过 20 分钟。

（4）受理用电业务时，应主动向客户说明该项业务需客户提供的相关资料、办理的基本流程、相关的收费项目和标准，并提供业务咨询和投诉电话号码。

（5）客户填写业务登记表时，营业人员应给予热情的指导和帮助，并认真审核，如发现填写有误，应及时向客户指出。

（6）客户来办理业务时，应主动接待，不因遇见熟人或接听电话而怠慢客户。如前一位客户业务办理时间过长，应礼貌地向下一位客户致歉。

（7）因计算机系统出现故障而影响业务办理时，如短时间内可以恢复，应请客户稍候并致歉；若需长时间才能恢复，除向客户说明并道歉外，应请客户留下电话，以便另约服务时间。

（8）当有特殊情况必须暂时停办业务时，应列示“暂停营业”标牌。

（9）临下班时，对于正在处理中的业务应照常办理完毕后方可下班。下班时如仍有等候办理业务的客户，应继续办理。

（10）值班主任应对业务受理中的疑难问题及时进行协调处理。

三、环境要求

（1）环境整洁。有条件的地方，可设置无障碍通道。

（2）营业场所外设置规范的供电企业标志和营业时间牌。

（3）营业场所应公布供电服务项目、业务办理程序、电价表、收费项目及收费标准。公布岗位纪律、服务承诺、服务及投诉电话。设置意见箱或意见簿。

（4）营业场所内应布局合理、舒适安全。设有客户等候休息处，备有饮用水；配置客户书写台、书写工具、老花眼镜、登记表书写示范样本等；放置免费赠送的宣传资料；墙面应挂有时钟、日历牌；有明显的禁烟标志。有条件的营业场所，应设置业务洽谈区域和电能利用展示区。

（5）营业窗口应设置醒目的业务受理标示。标示一般由窗口编号或名称、经办业务种类等组成。必要时，应设有中英文对照标识，少数民族地区应设有汉字和民族文字对应标识。

（6）具备可供客户查询相关资料的手段。有条件的营业场所，应设置客户自助查询的计算机终端。

**【思考与练习】**

1. 营业场所服务规范中的服务内容有哪些？
2. 营业场所服务规范中的服务规范有哪些内容？
3. 营业场所服务规范中对营业场所环境有哪些要求？

## 模块 3 95598 服务规范（ZY3100301003）

**【模块描述】**本模块介绍 95598 服务范围、电话及网站服务规范等内容。通过要点归纳，掌握 95598 的服务内容、方式及要求。

**【正文】**

为客户提供畅通、方便、高效、规范的服务是 95598 客户服务的重要使命。95598 客户服务通过电话、传真、短信、网站等服务方式将优质的服务送到每一位电力客户身边。

**一、95598 服务内容**

（1）95598 客户服务热线：停电信息公告、电力故障报修、投诉举报与建议、用电信息查询咨询、营销业务受理、主动服务等。

（2）95598 客户服务网站：停电信息公告、用电信息查询、业务办理信息查询、供用电政策法规查询、服务质量投诉等。

（3）提供全天 24 小时不间断服务。

**二、95598 客户服务热线服务规范**

（1）时刻保持电话畅通，电话铃响 4 声内接听，超过 4 声应道歉。应答时要首先问候，然后报出单位名称和工号。

（2）接听电话时，应做到语言亲切、语气诚恳、语音清晰、语速适中、语调平和、言简意赅。应该根据实际情况随时说"是"、"对"等，以示在专心聆听，重要内容要注意重复、确认。通话结束，须等客户先挂断电话后再挂电话，不可强行挂断。

（3）受理客户咨询时，应耐心、细致、尽量少用生僻的电力专业术语，以免影响与客户的交流效果。如不能当即答复，应向客户致歉，并留下联系电话，经研究或请示领导后，尽快答复。客户咨询或投诉叙述不清时，应用客气周到的语言引导或提示客户，不随意打断客人的话语。

（4）核对客户资料时（姓名、地址等），对于多音字应选择中性词或褒义词，避免使用贬义词或反面人物名字。

（5）接到客户报修时，应详细询问故障情况。如判断确属供电公司抢修范围内的故障或无法判断故障原因，应详细记录，立即通知抢修部门前去处理。如判断属于客户内部故障，可电话引导客户排查故障，也可应客户要求提供抢修服务，但要事先向客户说明该服务是有偿服务。

（6）因输配电设备事故、检修引起停电，客户询问时，应告知客户停电原因，并主动致歉。

（7）客户打错电话时，应礼貌地说明情况。对带有主观恶意的骚扰电话，可用恰当的言语警告后先行挂断电话并向值长或主管汇报。

（8）客户来电话发泄怒气时，应仔细倾听并做记录，对客户讲话应有所反应，并表示体谅对方的情绪。如感到难以处理时，应适时地将电话转给值长、主管等，避免与客户发生正面冲突。

（9）建立客户回访制度。对客户投诉，应 100%跟踪投诉受理全过程，5 日内答复。对故障报修，在修复后及时进行回访，听取意见或建议。

**三、95598 客户服务网站服务规范**

（1）网页制作应直观，色彩明快。首页应有明显的"供电客户服务"字样。为方便客户使用，应设有导航服务系统。

（2）网页内容应及时更新。

（3）网上开通业务受理项目的，应提供方便客户填写的表格以及办理各项业务的说明资料。

（4）网上应设立咨询台、留言簿，管理员应及时对客户的意见和建议进行回复。

**【思考与练习】**

1. 95598 服务内容有哪些？
2. 95598 客户服务热线服务规范有哪些内容？
3. 95598 客户服务网站服务规范有哪些内容？

## 模块 4　现场服务规范（ZY3100301004）

**【模块描述】**本模块介绍现场服务的范围、服务纪律、不同业务的服务行为、服务要求等内容。通过要点归纳，掌握现场服务的内容、纪律及要求。

**【正文】**

现场服务是客户感受供电企业优质服务、树立公司良好形象的重要渠道，服务人员应恪守服务标准，树立主动服务的意识，为客户提供方便、快捷、满意的服务。

一、现场服务内容

（1）客户侧计费电能表电量抄见。

（2）故障抢修。

（3）客户侧停电、复电。

（4）客户侧用电情况的巡查。

（5）客户侧用电报装工程的设施安装、验收、接电前检查及设备接电。

（6）客户侧计费电能表现场安装、校验。

二、现场服务纪律

（1）对客户的受电工程不指定设计单位，不指定施工队伍，不指定设备材料采购。

（2）到客户现场服务前，有必要且有条件的，应与客户预约时间，讲明工作内容和工作地点，请客户予以配合。

（3）进入客户现场时，应主动出示工作证件，并进行自我介绍。进入居民室内时，应先按门铃或轻轻敲门，主动出示工作证件，征得同意后，穿上鞋套，方可入内。

（4）到客户现场工作时，应遵守客户内部有关规章制度，尊重客户的风俗习惯。

（5）到客户现场工作时，应携带必备的工具和材料。工具、材料应摆放有序，严禁乱堆乱放。如需借用客户物品，应征得客户同意，用完后先清洁再轻轻放回原处，并向客户致谢。

（6）如在工作中损坏了客户原有设施，应尽量恢复原状或等价赔偿。

（7）在公共场所施工，应有安全措施，悬挂施工单位标志、安全标志，并配有礼貌用语。在道路两旁施工时，应在恰当位置摆放醒目的告示牌。

（8）现场工作结束后，应立即清扫，不能留有废料和污迹，做到设备、场地清洁。同时应向客户交代有关注意事项，并主动征求客户意见。电力电缆沟道等作业完成后，应立即盖好所有盖板，确保行人、车辆通行。

（9）原则上不在客户处住宿、就餐，如因特殊情况确需在客户处住宿、就餐的，应按价付费。

三、供电方案答复及送电时限

（1）根据国家电网公司供电服务“十项承诺”规定，已受理的用电报装，供电方案答复时限：居民客户不超过 3 个工作日，低压电力客户不超过 7 个工作日，高压单电源客户不超过 15 个工作日，高压双电源客户不超过 30 个工作日。若不能如期确定供电方案时，供电公司应向客户说明原因。

（2）对客户送审的受电工程设计文件和有关资料答复时限：高压供电的最长不超过 1 个月。低压供电的最长不超过 10 天。供电公司的审核意见应以书面形式连同审核过的受电工程设计文件一份和有关资料一并退还客户，以便客户据以施工。

（3）根据“十项承诺”规定，城乡居民客户向供电企业申请用电，受电装置检验合格并办理相关手续后，3 个工作日内送电；非居民客户向供电企业申请用电，受电工程验收合格并办理相关手续后，5 个工作日内送电。

四、抄表收费服务规范

（1）供电公司应在规定的日期准确抄录计费电能表读数。因客户的原因不能如期抄录计费电能表读数时，可通知客户待期补抄或暂按前次用电量计收电费，待下一次抄表时一并结清。确需调整抄表时间的，应事先通知客户。

（2）供电公司应向客户提供不少于两种可供选择的缴纳电费方式。

（3）在尊重客户、有利于公平结算的前提下，供电公司可采用客户乐于接受的技术手段、结算和付费方式进行抄表收费工作。

五、故障抢修服务规范

（1）提供 24 小时电力故障报修服务，对电力报修请求做到快速反应、有效处理。

（2）加快故障抢修速度，缩短故障处理时间。有条件的地区应配备用于临时供电的发电车。

（3）根据“十项承诺”规定，接到报修电话后，供电抢修人员到达现场的时间一般不超过：城区范围 45 分钟；农村地区 90 分钟；特殊边远地区 2 小时。

（4）因天气等特殊原因造成故障较多不能在规定时间内到达现场进行处理的，应向客户做好解释工作，并争取尽快安排抢修工作。

**六、装表、接电及现场检查服务规范**

（1）供电公司在新装、换装及现场校验后应对电能计量装置加封，并请客户在工作凭证上签章。如居民客户不在家，应以其他方式通知其电表底数。拆回的电能计量装置应在表库至少存放 1 个月，以便客户提出异议时进行复核。

（2）对客户受电工程的中间检查和竣工检验，应以有关的法律法规、技术规范、技术标准、施工设计为依据，不得提出不合理要求。对检查或检验不合格的，应向客户耐心说明，并留下书面整改意见。客户改正后予以再次检验，直至合格。

（3）用电检查人员依法到客户用电现场执行用电检查任务时，必须按照《用电检查管理办法》的规定，主动向被检查客户出示《用电检查证》，并按“用电检查工作单”确定的项目和内容进行检查。

（4）用电检查人员不得在检查现场替代客户进行电工作业。

（5）供电公司应按规程规定的周期检验或检定、轮换计费电能表，并对电能计量装置进行不定期检查。发现计量装置失常时，应及时查明原因并按规定处理。

（6）发现因客户责任引起的电能计量装置损坏，应礼貌地与客户分析损坏原因，由客户确认，并在工作单上签字。

（7）客户对计费电能表的准确性提出异议，并要求进行校验的，经有资质的电能计量技术检定机构检定，在允许误差范围内的，校验费由客户承担。超出允许误差范围的，校验费由供电公司承担，并按规定向客户退补相应电量的电费。

**七、停、复电服务规范**

（1）因故对客户实施停电时，应严格按照《供电营业规则》规定的程序办理。

（2）引起停电的原因消除后，供电企业应及时恢复供电；不能及时恢复供电的，应向客户说明原因。

**【思考与练习】**

1. 现场服务规范中的现场服务内容有哪些？
2. 现场服务规范对现场服务纪律有哪些规定？
3. 现场服务规范对供电方案答复及送电时限有哪些规定？
4. 现场服务规范对抄表收费服务有哪些规定？
5. 现场服务规范对故障抢修服务有哪些规定？
6. 现场服务规范对装表、接电及现场检查服务有哪些规定？
7. 现场服务规范对停、复电服务有哪些规定？



## 模块 5　有偿服务规范（ZY3100301005）

**【模块描述】**本模块介绍有偿服务的范围、收费标准及有偿服务要求等内容。通过要点归纳，掌握有偿服务的内容及服务要求。

**【正文】**

有偿服务规范对有偿服务的范围、服务标准及服务要求提出具体规定。有偿服务规范的制订明晰了供用电双方的权利和义务，规范了供电企业与客户之间的商业行为，促进供电企业的服务更加规范、有序，保证了供电企业的经济利益，实现企业、客户利益共赢。

**一、有偿服务的范围及收费标准**

（1）对产权不属于供电公司的电力设施进行维护和抢修实行有偿服务的原则。

（2）应客户要求进行有偿服务的，电力修复或更换电气材料的费用，执行省（自治区、直辖市）物价管理部门核定的收费标准。

**二、有偿服务的要求**

（1）进行有偿服务工作时，应向客户逐一列出修复项目、收费标准、消耗材料、单价等清单，并经客户确认，签字。付费后，应开具正式发票。

（2）有偿服务工作完毕后，应留下联系电话，并主动回访客户，征求意见。

**【思考与练习】**

1. 有偿服务规范对有偿服务的范围、收费标准有哪些规定？

2. 有偿服务规范对有偿服务要求有哪些规定？

## 模块6　投诉举报处理服务规范（ZY3100301006）

**【模块描述】**本模块介绍接受客户投诉举报的方式及处理规范等内容。通过要点归纳，掌握受理投诉举报的渠道及处理要求。

**【正文】**

依法依规处理电力客户的投诉举报既保护了消费者利益，又增强了供电企业依法经营的意识，促使供电企业不断提高管理水平和服务质量。

**一、接受客户投诉举报的方式**

（1）规范投诉举报处理程序，建立严格的供电服务投诉举报管理制度。

（2）通过以下方式接受客户的投诉和举报：

1）95598供电客户服务热线或专设的投诉举报电话；

2）营业场所设置意见箱或意见簿；

3）信函；

4）95598客户服务网站；

5）领导对外接待日；

6）其他渠道。

**二、客户投诉举报的处理规范**

（1）接到客户投诉或举报时，应向客户致谢，详细记录具体情况后，立即转递相关部门或领导处理。投诉在5天内、举报在10天内答复。

（2）处理客户投诉应以事实和法律为依据，以维护客户的合法权益和保护国有财产不受侵犯为原则。

（3）对客户投诉，无论责任归于何方，都应积极、热情、认真进行处理，不得在处理过程中发生内部推诿、搪塞或敷衍了事的情况。

（4）建立对投诉举报客户的回访制度。及时跟踪投诉举报处理进展情况，进行督办，并适时予以通报。

（5）严格保密制度，尊重客户意愿，满足客户匿名请求，为投诉举报人做好保密工作。

（6）对隐瞒投诉举报情况或隐匿、销毁投诉举报事件者，一经发现，严肃处理。

（7）保护投诉举报人的合法权利。对打击报复投诉举报人的行为，一经发现，严肃处理。

**【思考与练习】**

1. 通过哪些方式接受客户的投诉和举报？

2. 投诉举报处理服务规范的内容有哪些？

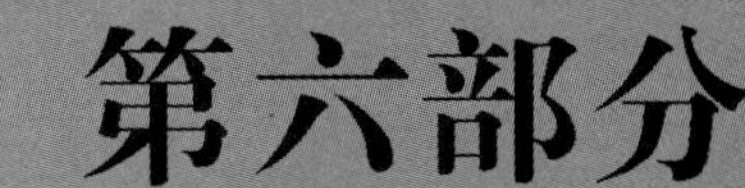

# 第六部分

# 服务礼仪与沟通技巧

# 第十七章 语言表达能力

## 模块 1 语言表达能力的培养途径（ZY3100401001）

**【模块描述】**本模块介绍语言表达能力的基本概念和在 95598 服务中的作用。通过要点归纳，掌握语言表达能力对 95598 坐席人员的重要性及培养途径。

**【正文】**

95598 是供电公司与客户交流的纽带，是重要的供电服务窗口。电话中，坐席人员无法有效地运用肢体语言服务于客户，而只能通过声音为客户提供优质方便的服务。因此，坐席人员的语言能力将直接影响到供电公司的电话服务水平。只有通过不断学习，有计划、有步骤地开展训练活动，才能培养坐席人员良好的语言表达能力。

### 一、语言表达能力的基本概念

所谓语言表达能力，就是指思维逻辑清晰，用词准确得当，能够通过简练、生动并有说服力、感染力的语言，快速准确地向他人表达出自己的思想、行为的一种能力。

### 二、语言表达能力在 95598 服务中的作用

1. 提高坐席人员服务素养

语言是信息的第一载体，语言的力量能够征服世界上最复杂的东西——人的心灵，语言是最简便、最快捷、最廉价的传递手段，比书面表达更灵活、更及时、更直截了当，因而也更行之有效。对于 95598 来说，良好的语言表达能力是促进坐席人员成长的重要条件之一。

在为客户服务的过程中，坐席人员是与客户接触的最前沿，我们根据实际情况将电力政策、法律法规等知识在头脑中形成意念，通过语言传送给客户，语言传送过程中，我们以最合理的搭配原则将字、词、句组织起来，清晰明了告知客户，让他们领悟我们的意思，理解我们的表达，相信我们的态度，最终与我们达成共识。在突发事件中，我们灵活运用丰富的词汇含量、广泛的知识储量和应变能力，用语言说服和打动客户，所以语言表达能力的培养，能提高 95598 坐席人员优良的服务素养，使信息传送的过程准确高效。

2. 提升 95598 服务质量

客户在享受 95598 服务时，通常会将接听他电话的坐席人员的个人能力理解为整个 95598 服务热线的服务水平，所以，坐席人员个人的语言表达内容虽然有限，但“以一斑窥全豹”，从个人的语言能力能够折射出 95598 的整体服务质量。

一个重视细节的企业，成功必然是他的朋友。我们在培养坐席人员语言能力时，要从每一个微小的措辞、每一处微小的情绪、每一帧微小的态度入手，重视细节带来的巨大效益，重视“短板”带来的服务损失，将语言表达能力的培训作为提升 95598 服务质量的一项有益实践。客户只有从坐席人员的语言中感受到专业、热情、诚恳的态度，情绪被平抚，问题被解决，才会认为 95598 能够为他们提供高品质的服务，从知晓到了解，从喜欢到偏好，从信任到忠诚。

3. 展示优秀的企业形象

客户对供电公司的概念形成于与这个企业的客服人员接触时的感知，如果 95598 为客户提供了一次美好的服务享受，那么客户必然会将对客服人员的好感和服务过程的满意移情为对公司的忠诚，同时公司的优秀形象也将获得极大的展示空间。而一次失败的服务，客户也不会认为是某个坐席人员或 95598 的工作问题，会从情感上扩大为属于供电公司的整体素质问题，使供电公司的企业形象受到负面影响。

95598为客户提供服务时，对于语言表达要谨慎、规范和专业，因为，坐席人员向外界发出的每一个声音都不是个人行为，而是代表自己所在的供电企业，代表“国家电网”品牌。因此，为了牢固树立企业的优秀形象，坐席人员的语言表达能力就更为重要。

**三、语言表达能力的培养途径**

坐席人员的语言表达能力只有在日常工作和生活中加强重视、不断培训、经常练习，才能打好基础并且获得长线成长的源泉，主要有四个培养途径。

1. 文字阅读

95598坐席人员应该多涉猎电力政策法规、电力论文、服务礼仪、心理分析等类型的文章，以宽泛的阅读量作为语言表达的基本积淀。通过日常的文字阅读，不断地将专业词汇、标准用语、服务技巧等在大脑中加深印象，避免在通话中出现无话可说、语无伦次和词不达意的现象。除了文字阅读以外，坐席人员还可以通过报纸、电视新闻等媒体渠道，了解时事，拓宽知识面，可以学习主持人、辩手、演讲者等职业的语言表达技巧，提升自己的语言表达能力。

2. 日常表达

在非工作时间里，95598坐席人员也会用语言向外界传递自己的意念和想法，这个时间比工作时间更长，所以我们应该充分利用这些时间来培养自己。与家人交流时，我们应该使用文明用语，避免形成口头禅；与同事交流时，我们应该规范用语，尽量使用普通话；社交场合中，我们应该掌握基本礼仪，提高表达的品质和格调。

我们还可以采用自说自听、己说人听这两种方式，有意识、有计划地培养语言表达能力。自说自听就是自己对自己说话，可以自己准备可供叙述的文章，或者根据一件事物进行即兴自说；己说人听是自己对别人说话，依托“看、想、说”这个快速的过程，理解观察对象，展开丰富联想，迅速组织内部语言和词语序列，提升语言表达能力。

3. 语言交流

语言交流是两个人或更多人之间运用问与答的形式培养语言表达能力。坐席人员在平时应超越枯燥的文字符号，运用丰富多变的语音、语调、节奏和态势等特有手段来向外界表情达意。在语言交流时，我们还要不断调整思路、组织语言，以一种高度集中、快捷有序的思维过程，即兴而谈。对于语言表达能力来说，不说不练是无法获得提高的，只能通过不断地练习，做到熟能生巧，勤能补拙，锻炼自己在不同的语言环境中，左右逢源，得心应“口”。

4. 写作练习

写作的过程是逐字表述的，落笔之后，还可以进行修改，语言表达则是直接从思维链到词语链，无法修改，所以坐席人员在通话时更要慎思、敏思、稳说。坐席人员在平时应注重文字能力的培养，通过行文时稳健的思考过程来拓展个人思维的深度、广度、高度，以文字驾驭能力、概括分析能力等综合能力形成良好的“内语言”条件，从而使“外语言”，也就是语言表达能力得到质的飞跃。

**【思考与练习】**

1. 什么是语言表达能力？
2. 语言表达能力在95598服务中有什么作用？
3. 语言表达能力有哪些培养途径？

## 模块2 普通话训练（ZY3100401002）

**【模块描述】**本模块介绍普通话发音、字词认读、作品朗读、命题说话和电力常用语的训练技巧。通过常见字、词组、句子的列举和训练方法介绍，掌握坐席人员普通话训练方法。

**【正文】**

普通话作为我国的通用语言，已经被广泛运用到学习、生活和工作的各个方面。95598的电话服务工作与普通话息息相关，标准普通话的掌握和运用，能够为95598营造良好语言环境。坐席人员应认真遵循国家“大力推广、积极普及、逐步提高”的方针，根据普通话训练要求，不断加强自身学习能力，熟练而流利地掌握普通话标准发音，杜绝方言音、缺陷音、错读音，使普通话水平达到相关要求，不断规范化、标准化。

## 一、发音训练

### （一）声调训练

1. 四声单字调

（1）同声韵四声音节。

| | | | |
|---|---|---|---|
| **A** | | | |
| āiáiǎiài | āoáoǎoào | | |
| 哀挨矮爱 | 凹熬袄奥 | | |
| **B** | | | |
| bābábǎbà | bāibáibǎibài | | |
| 巴拔把爸 | 掰白摆拜 | | |
| **C** | | | |
| cāicáicǎicài | chuānchuánchuǎnchuàn | chīchíchǐchì | chūchúchǔchù |
| 猜才采菜 | 穿传喘串 | 吃持齿翅 | 出除储处 |
| **D** | | | |
| dādádǎdà | dīdídǐdì | dūdúdǔdù | duōduóduǒduò |
| 搭达打大 | 低敌底弟 | 督读赌肚 | 多夺躲堕 |
| **E** | | | |
| ē é ě è | | | |
| 阿鹅恶饿 | | | |
| **F** | | | |
| fāfáfǎfà | fānfánfǎnfàn | fāngfángfǎngfàng | fūfúfǔfù |
| 发伐法发 | 翻繁反范 | 方防访放 | 夫服斧妇 |
| **G** | | | |
| gēgégěgè | gūgúgǔgù | guōguóguǒguò | |
| 哥格葛个 | 姑轱鼓顾 | 锅国果过 | |
| **H** | | | |
| hānhánhǎnhàn | hāoháohǎohào | huānhuánhuǎnhuàn | huīhuíhuǐhuì |
| 酣寒喊汉 | 蒿毫好号 | 欢环缓幻 | 挥回毁会 |
| **J** | | | |
| jījíjǐjì | jiāojiáojiǎojiào | jiējiéjiějiè | |
| 机急挤寄 | 交嚼脚叫 | 接节姐借 | |
| **K** | | | |
| kēkékěkè | kuīkuíkuǐkuì | | |
| 科咳可客 | 亏魁傀溃 | | |
| **L** | | | |
| lālálǎlà | liūliúliǔliù | lōulóulǒulòu | liāoliáoliǎoliào |
| 啦拉喇辣 | 溜流柳六 | 搂楼篓漏 | 撩聊了料 |
| **M** | | | |
| māmámǎmà | māomáomǎomào | mīmímǐmì | mōmómǒmò |
| 妈麻马骂 | 猫毛卯帽 | 眯弥米蜜 | 摸摩抹莫 |
| **N** | | | |
| niānniánniǎnniàn | | niūniúniǔniù | |
| 拈年撵念 | | 妞牛扭拗 | |
| **P** | | | |
| pāopáopǎopào | pīnpínpǐnpìn | pīpípǐpì | piāopiáopiǎopiào |
| 抛咆跑炮 | 拼贫品聘 | 批皮匹辟 | 飘瓢瞟票 |
| **Q** | | | |
| qīqíqǐqì | qiānqiánqiǎnqiàn | qīnqínqǐnqìng | quānquánquǎnquàn |
| 期骑起汽 | 千钱浅欠 | 侵琴寝庆 | 圈全犬劝 |

R
rāngrángrǎngràng
嚷 瓤 壤 让

S
shāsháshǎshà 杀啥傻煞
shāosháoshǎoshào 烧勺少哨
shēngshéngshěngshèng 生绳省剩
shīshíshǐshì 师石使世

T
tāntántǎntàn 滩谈坦探
tāngtángtǎngtàng 汤堂躺趟
tōngtóngtǒngtòng 通同统痛
tūtútǔtù 突图土兔

W
wāwáwǎwà 哇娃瓦袜
wānwánwǎnwàn 弯玩晚万
wēnwénwěnwèn 温文稳问
wūwúwǔwù 屋无武务

X
xīxíxǐxì 西习喜细
xiānxiánxiǎnxiàn 先闲显现
xiēxiéxiěxiè 些协写谢
xīngxíngxǐngxìng 星形醒性

Y
yāyáyǎyà 压牙哑亚
yānyányǎnyàn 烟言眼厌
yōuyóuyǒuyòu 优游有又
yūyúyǔyù 迂于语预

Z
zhīzhízhǐzhì 之直只至
zhōuzhóuzhǒuzhòu 周轴肘昼
zhūzhúzhǔzhù 朱竹主祝
zuōzuózuǒzuò 嘬昨左作

（2）同韵四声音节。
cāfátǎnà 擦罚塔纳
zhuāhuáshuǎwà 抓滑耍袜
bāo fó mǒ pò 剥佛抹魄
shuōzhuósuǒcuò 说茁索错
hē zé kě tè 喝则渴特
quē jué xuě yuè 缺决雪月
kūsúrǔmù 哭俗辱木
xiūliújiǔliù 休刘九六
shīzhíchǐrì 施直尺日
qū jú yǔ lǜ 屈菊语绿
chāizháibǎimài 拆宅柏麦
guāihuáiguǎishuài 乖徊拐蟀

2. 双音节词语的声调

（1）同调连续。

1）阴+阴。
gōngdān 工单　ānzhuāng 安装　chāochū 超出　dīwēn 低温　fāhuī 发挥　gāoyā 高压

2）阳+阳。
cháxún 查询　láiyuán 来源　jiéhé 结合　fánróng 繁荣　bǐlì 比例　páichú 排除

3）上+上。
chǔlǐ 处理　guǎngchǎng 广场　lǐngdǎo 领导　qǐmǎ 起码　zhǐmǎ 止码　xuǎnjǔ 选举

4）去+去。
qiànfèi 欠费　kèhù 客户　shùzì 数字　yìjiàn 意见　jìlù 记录　zhùyì 注意

（2）异调连续。

1）阴+阳。
bāngmáng 帮忙　shōucáng 收藏　dōngnán 东南　jiānjué 坚决　qūzhé 曲折

2）阴+上。
dēngtǎ 灯塔　gōngkuǎn 公款　gēnběn 根本　pīzhǔn 批准　qiānshǔ 签署

3）阴+去。

bāngzhù chōngpò fēiyuè gāncuì jiēshòu nénglì
帮助 冲破 飞跃 干脆 接受 能力

4）阳+阴。

zhíguān chénggōng píngjūn nóngcūn míngchēng guójiā
直观 成功 平均 农村 名称 国家

5）阳+上。

cáichǎn duóqǔ fákuǎn jíshǐ liánxiǎng nánmiǎn
财产 夺取 罚款 即使 联想 难免

6）阳+去。

zúgòu zhúbù xuánguà qíngkuàng mófàn chéngxù
足够 逐步 悬挂 情况 模范 程序

7）上+阴。

bǎituō huǒchē pǔtōng qǔxiāo tǐjī
摆脱 火车 普通 取消 体积

8）上+阳。

zhǐnán ǒurán fǎncháng kǎochá kěnéng jǐnjí
指南 偶然 反常 考察 可能 紧急

9）上+去。

bǎwò fěnsuì chǎnshù děnghòu gǔgàn huǎnmàn
把握 粉碎 阐述 等候 骨干 缓慢

10）去+阴。

ànzhōng bàokān cuòshī guànjūn jiànkāng lüèwēi
暗中 报刊 措施 冠军 健康 略微

11）去+阳。

cèliáng diànliú hùnhé lèixíng mùqián qùnián
测量 电流 混合 类型 目前 去年

12）去+上。

shuàilǐng pòshǐ nìngkě màoxiǎn kàoshǎng lèishuǐ
率领 迫使 宁可 冒险 犒赏 泪水

3. 多音节词语的声调

（1）三音节词语的声调搭配。

1）同声调重叠搭配。

shōuyīnjī liánhéguó dǎnxiǎoguǐ zìdònghuà
收音机 联合国 胆小鬼 自动化

2）单调重叠搭配。

chūfādiǎn yuáncáiliào suǒyǒuzhì dàduōshù
出发点 原材料 所有制 大多数

3）无重叠声调搭配。

dāngshìrén zérèngǎn ǒuránxìng diàncíbō
当事人 责任感 偶然性 电磁波

4）带有轻声词的搭配。

láibují xiǎopéngyou zěnmeyàng duìbuqǐ
来不及 小朋友 怎么样 对不起

（2）四音节词语的声调搭配。

1）双调重叠音节练习。

ānjūlèyè láilóngqùmài liǎorúzhǐzhǎng bèidào'érchí
安居乐业 来龙去脉 了如指掌 背道而驰

2）单调重叠音节练习。

qiānfāngbǎijì máogǔsǒngrán yǔrìjùzēng bùyuē'értóng
千方百计 毛骨悚然 与日俱增 不约而同

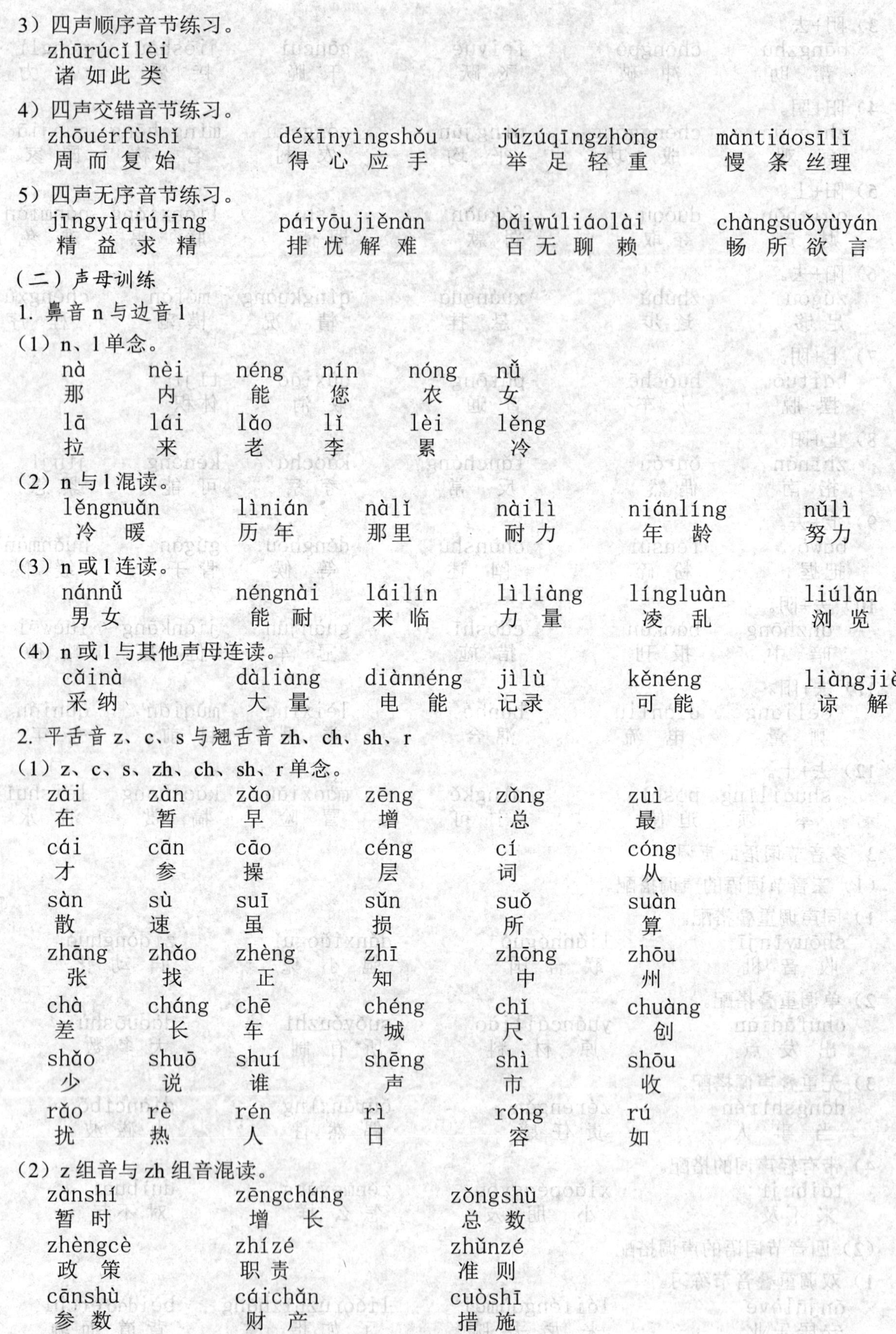

3）四声顺序音节练习。

zhūrúcǐlèi
诸如此类

4）四声交错音节练习。

| zhōuérfùshǐ | déxīnyìngshǒu | jǔzúqīngzhòng | màntiáosīlǐ |
|---|---|---|---|
| 周而复始 | 得心应手 | 举足轻重 | 慢条丝理 |

5）四声无序音节练习。

| jīngyìqiújīng | páiyōujiěnàn | bǎiwúliáolài | chàngsuǒyùyán |
|---|---|---|---|
| 精益求精 | 排忧解难 | 百无聊赖 | 畅所欲言 |

（二）声母训练

1. 鼻音n与边音l

（1）n、l单念。

| nà | nèi | néng | nín | nóng | nǚ |
|---|---|---|---|---|---|
| 那 | 内 | 能 | 您 | 农 | 女 |
| lā | lái | lǎo | lǐ | lèi | lěng |
| 拉 | 来 | 老 | 李 | 累 | 冷 |

（2）n与l混读。

| lěngnuǎn | lìnián | nàlǐ | nàilì | niánlíng | nǔlì |
|---|---|---|---|---|---|
| 冷暖 | 历年 | 那里 | 耐力 | 年龄 | 努力 |

（3）n或l连读。

| nánnǚ | néngnài | láilín | lìliàng | língluàn | liúlǎn |
|---|---|---|---|---|---|
| 男女 | 能耐 | 来临 | 力量 | 凌乱 | 浏览 |

（4）n或l与其他声母连读。

| cǎinà | dàliàng | diànnéng | jìlù | kěnéng | liàngjiě |
|---|---|---|---|---|---|
| 采纳 | 大量 | 电能 | 记录 | 可能 | 谅解 |

2. 平舌音z、c、s与翘舌音zh、ch、sh、r

（1）z、c、s、zh、ch、sh、r单念。

| zài | zàn | zǎo | zēng | zǒng | zuì |
|---|---|---|---|---|---|
| 在 | 暂 | 早 | 增 | 总 | 最 |
| cái | cān | cāo | céng | cí | cóng |
| 才 | 参 | 操 | 层 | 词 | 从 |
| sàn | sù | suī | sǔn | suǒ | suàn |
| 散 | 速 | 虽 | 损 | 所 | 算 |
| zhāng | zhǎo | zhèng | zhī | zhōng | zhōu |
| 张 | 找 | 正 | 知 | 中 | 州 |
| chà | cháng | chē | chéng | chǐ | chuàng |
| 差 | 长 | 车 | 城 | 尺 | 创 |
| shǎo | shuō | shuí | shēng | shì | shōu |
| 少 | 说 | 谁 | 声 | 市 | 收 |
| rǎo | rè | rén | rì | róng | rú |
| 扰 | 热 | 人 | 日 | 容 | 如 |

（2）z组音与zh组音混读。

| zànshí | zēngcháng | zǒngshù |
|---|---|---|
| 暂时 | 增长 | 总数 |
| zhèngcè | zhízé | zhǔnzé |
| 政策 | 职责 | 准则 |
| cānshù | cáichǎn | cuòshī |
| 参数 | 财产 | 措施 |
| chǐcùn | chǔcáng | chuàngzào |
| 尺寸 | 储藏 | 创造 |
| sāorǎo | sīrén | sìchù |
| 骚扰 | 私人 | 四处 |

shànzì　shūsòng　shǒucè
擅自　输送　手册
rèncuò　rúcǐ　rénzào
认错　如此　人造

（3）z 或 zh 组音与其他声母。

ānzhuāng　bǎocún　cáinéng　cháxún　diūshī　fángzhǐ
安装　保存　才能　查询　丢失　防止
gōngchéng　hàozhào　jiǎnchá　kòngzhì　liúchàng　míngchēng
工程　号召　检查　控制　流畅　名称
nèiróng　ǒurán　pīzhǔn　qiēchú　rìcháng　sìhū
内容　偶然　批准　切除　日常　似乎
shīgōng　tuǒshàn　wěizào　xiéshāng　yāsuō　zīxún
施工　妥善　伪造　协商　压缩　咨询
zhìliàng
质量

3. 唇齿音 f 与舌根音 h

（1）h 与 f 混读及 h 或 f 连读。

fāhuī　fǎnfù　fánghài　huàfēn　huīfù　hùnhé
发挥　反复　妨害　划分　恢复　混合

（2）h 或 f 与其他声母。

bǎohù　dānfù　fànwéi　gēnghuàn　huòqǔ　jiéhé
保护　担负　范围　更换　获取　结合
kuòhào　màohuǒ　pínghuǎn　qūfēn　rènhé　tuīfān
括号　冒火　平缓　区分　任何　推翻
wéifǎn　xiāngfǎn　yǐnhuàn
违反　相反　隐患

（三）韵母训练

1. 前鼻音韵母与后鼻音韵母

（1）an、uan、en、in 与 ang、uang、eng、ing 混读。

ānjìng　bànjìng　cāntīng　chéngrèn　dàngàn　ēnqíng
安静　半径　餐厅　承认　档案　恩情
fǎnyìng　gēngxīn　hánlěng　jìnxíng　kěndìng　língmǐn
反应　更新　寒冷　进行　肯定　灵敏
mínjǐng　nìngkěn　píngtǎn　qīngxìn　rèndìng　sǎngyīn
民警　宁肯　平坦　轻信　认定　嗓音
shàngbān　tīngxìn　xīnqíng　yínháng　zhèngmíng
上班　听信　心情　银行　证明

（2）an、uan、en、in 与 ang、uang、eng、ing 分读。

ānxīn　bǎozhèng　céngjīng　chǎnpǐn　děngdài　fǎnfù
安心　保证　曾经　产品　等待　反复
gēnběn　huānyíng　jǐnmì　kuānchǎng　língluàn　míngchēng
根本　欢迎　紧密　宽敞　凌乱　名称
nínggù　pángbiān　qīngxǐng　rènwéi　shēnkè　tiángěng
凝固　旁边　清醒　认为　深刻　田埂
wánzhěng　xíngchéng　yǎnqián　zhēngqiú
完整　形成　眼前　征求

2. 合口呼韵母

biānzuǎn　cúnkuǎn　chǔcún　duìbǐ　fěnsuì　huànsuàn
编纂　存款　储存　对比　粉碎　换算
jiēduàn　zhěnduàn　máodùn　nóngcūn　pànduàn　suīrán
阶段　诊断　矛盾　农村　判断　虽然
tuìhái　wēnnuǎn　xīshǔn　zuìjìn　zhuǎnhuàn
退还　温暖　吸吮　最近　转换

3. 撮口呼韵母

（1）ü类韵母。

| bìxū | cányú | dàiyù | fùyǔ | gàilǜ | huòxǔ |
|---|---|---|---|---|---|
| 必须 | 残余 | 待遇 | 赋予 | 概率 | 或许 |
| jūmín | kǎolǜ | huòxǔ | lǚcì | mùyù | nǚgōng |
| 居民 | 考虑 | 或许 | 屡次 | 沐浴 | 女工 |
| qūyù | shǒuxù | róngyù | shànyú | wényú | xūjiǎ |
| 区域 | 手续 | 荣誉 | 善于 | 文娱 | 虚假 |
| yǔnxǔ | zōnglǘ | | | | |
| 允许 | 棕榈 | | | | |

（2）üe（包括 iao）。

| quèzáo | xuéxiào | jiǎoluò | yàoshi | wājué | tiàoyuè |
|---|---|---|---|---|---|
| 确凿 | 学校 | 角落 | 钥匙 | 挖掘 | 跳跃 |

4. 齐齿呼韵母

| biànyú | diànxiàn | jiànyì | liánxì | miǎnfèi | niánxiàn |
|---|---|---|---|---|---|
| 便于 | 电线 | 建议 | 联系 | 免费 | 年限 |
| piānjiàn | qiànyì | tiánxiě | xiánjiē | yánjiū | |
| 偏见 | 歉意 | 填写 | 衔接 | 研究 | |

（四）规范字音训练

1. 有统读音的异读词

以下字都是口语中经常读错的有统读音的异读词（例字后标注的是统读音）。

| jiào | chǎn | chéng | jí | rào | zhìliàng |
|---|---|---|---|---|---|
| 比较 | 阐述 | 惩治 | 棘手 | 围绕 | 质量 |
| zàn | zhì | dī | zhào | jì | xiáo |
| 暂时 | 秩序 | 堤坝 | 召开 | 成绩 | 混淆 |
| zhuó | sù | xiè | bīn | shì | zhì |
| 卓越 | 塑料 | 机械 | 濒临 | 教室 | 投掷 |

模块2
ZY3100401002

2. 有异读音的异读词

对于仍然保留着异读音的异读词，必须记准每个词的几个不同读音。这里列出一些常被读错的异读词：

阿　ā阿姨　阿哥　　ē阿胶　阿弥陀佛
差　chā差别　差额　　chà差不多　差点儿
创　chuàng创造　首创　　chuāng创伤　重创
处　chù处所　到处　　chǔ处理　处分
供　gòng口供　上供　　gōng供给　提供
给　jǐ补给　给予　　gěi给不给　给我
间　jiān中间　间距　　jiàn间断　间接
卡　kǎ卡片　卡车　　qiǎ关卡　哨卡
量　liàng量入为出　大量　　liáng计量　量一量
提　dī提防　提溜　　tí提纲　提起
结　jiē结实　结巴　　jié结合　结构
熟　shú熟悉　熟练　　shóu饭熟了
载　zǎi记载　转载　　zài装载　载重
肖　xiāo姓肖　　xiào肖像　惟妙惟肖
强　qiáng强度　坚强　　qiǎng勉强　强迫

3. 容易读错的多音字

（1）错读同形多音字。

如“传”在“传达”中读“chuán”，在“传记”中读“zhuàn”。这类多音字，多为常用字，字音差异明显。这里也举出数例：

轧 yà花　　轧 zhá钢
扁 biǎn 担　　扁 piān 舟
一打 dá　　打 dǎ开
和 huó面　　和 huò药
尽 jǐn 快　　尽 jìn 力
学校 xiào　　校 jiào 验
宿 sù舍　　一宿 xiǔ　　星宿 xiù

（2）错读专名多音字。

“专名多音字”是指和地名、姓名等有关的多音字，一般在作为常用字的读音容易判断，但作为地名、姓名时，有特殊读音。如：房 fáng 间、阿ē房 páng 宫。详见下文“电力常用词汇”中的“姓名类”。

（3）广播电视中常见的错读字。

多指多音词，斜线后为另读音。

参与 yù（多）如：与 yù会/与 yǔ人方便
当 dàng 作（多）如：恰当、当真、适当/当 dāng 兵
供 gōng 给（多）如：提供、供暖、供应/上供 gòng、口供
几 jī 乎（多）如：茶几/几 jǐ 个
给予 jǐ（多）如：供给、补给、配给、给水/不给 gěi、给他
系 jì（多）如：系鞋带、解铃还须系铃人/水系 xì、中文系
召 zhào 开：（多）如：号召、召唤、召集、召见/姓召 shào
混 hùn 淆：（多）如：混合、混乱、蒙混/混 hún 浊、混蛋
潜 qián 伏：（统）如：潜心、潜在、潜台词、潜水
档 dàng 案：（统）如：归档、查档、高档、档次
符 fú合：（统）如：符号、音符、相符、护身符

（五）音变训练

1. 上声的变调和本调

（1）上声在非上声前变为半上声：

1）上声在阴平前。

| chǎnshēng | fǎguī | pǔtōng | shǐzhōng | jiǎnqīng | yǐjīng |
|---|---|---|---|---|---|
| 产 生 | 法规 | 普 通 | 始 终 | 减 轻 | 已 经 |

2）上声在阳平前。

| bǎocún | bǐrú | děngjí | fǎzé | yǒushí | yǐqián |
|---|---|---|---|---|---|
| 保 存 | 比如 | 等 级 | 法则 | 有 时 | 以 前 |

3）上声在去声前。

| bǎwò | bǐjiào | běnzhì | cǎiyòng | mǎlù | zhǔnquè |
|---|---|---|---|---|---|
| 把握 | 比 较 | 本 质 | 采 用 | 马路 | 准 确 |

（2）上声在上声前。

| chǎnpǐn | cǎiqǔ | chǔlǐ | gǎnjǐn | kěyǐ | lǐjiě |
|---|---|---|---|---|---|
| 产 品 | 采 取 | 处 理 | 赶 紧 | 可以 | 理 解 |

（3）三个或三个以上上声相连。

| chǔlǐpǐn | guǎnlǐfǎ | tǐjiǎnbiǎo | zhěnglǐgǎo |
|---|---|---|---|
| 处 理 品 | 管 理法 | 体 检 表 | 整 理 稿 |
| hǎochǎnpǐn | bǐyǐwǎng | lěngchǔlǐ | dǎngxiǎozǔ |
| 好 产 品 | 比以 往 | 冷 处 理 | 党 小 组 |

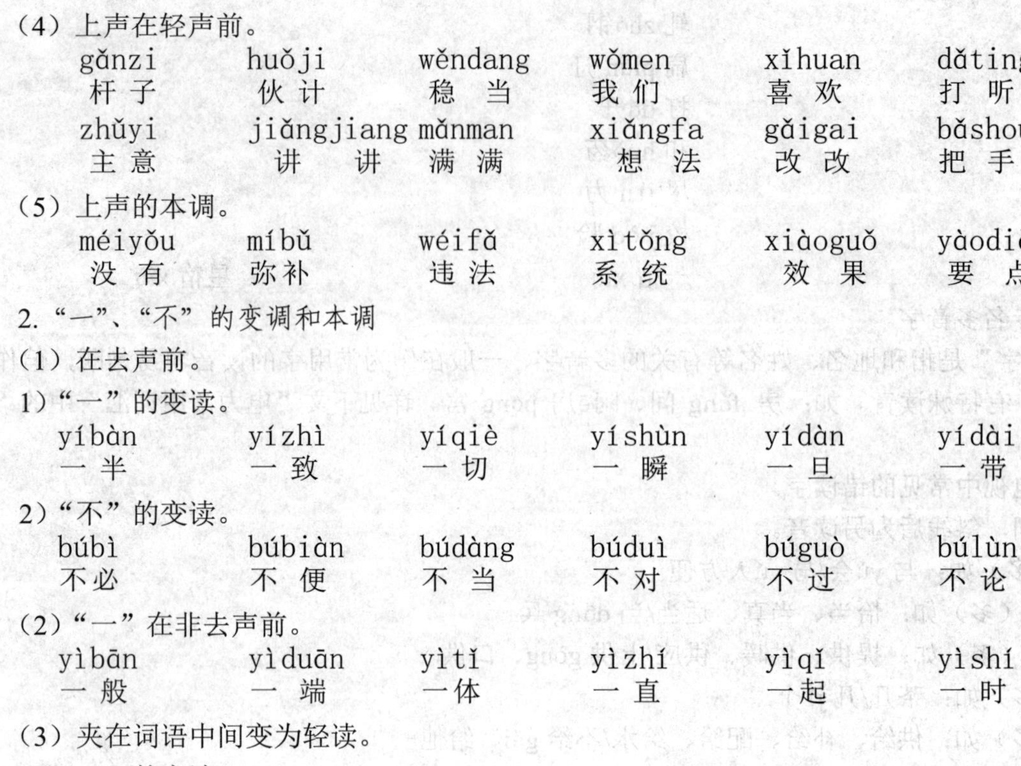

（4）上声在轻声前。

gǎnzi 杆子　huǒji 伙计　wěndang 稳当　wǒmen 我们　xǐhuan 喜欢　dǎting 打听

zhǔyi 主意　jiǎngjiang 讲讲　mǎnman 满满　xiǎngfa 想法　gǎigai 改改　bǎshou 把手

（5）上声的本调。

méiyǒu 没有　míbǔ 弥补　wéifǎ 违法　xìtǒng 系统　xiàoguǒ 效果　yàodiǎn 要点

2.“一”、“不”的变调和本调

（1）在去声前。

1）“一”的变读。

yíbàn 一半　yízhì 一致　yíqiè 一切　yíshùn 一瞬　yídàn 一旦　yídài 一带

2）“不”的变读。

búbì 不必　búbiàn 不便　búdàng 不当　búduì 不对　búguò 不过　búlùn 不论

（2）“一”在非去声前。

yìbān 一般　yìduān 一端　yìtǐ 一体　yìzhí 一直　yìqǐ 一起　yìshí 一时

（3）夹在词语中间变为轻读。

1）“一”的变读。

děngyiděng 等一等　kànyikàn 看一看　jiǎngyijiǎng 讲一讲

2）“不”的变读。

duìbuqǐ 对不起　láibují 来不及　kànbuqīng 看不清

（4）“一”和“不”的本调和变调。

wànyī 万一　yíbàn 一半　yìmúyíyàng 一模一样

búyào 不要　bùjiǔ 不久　bùguǎnbúgù 不管不顾

## 二、字词认读训练

### （一）单音节字词训练

读单音节字词，要求每个字词的声、韵、调都要准确到位，中速进行，每个字要有一定的长度和响度，字与字之间有短暂的停顿，并保持一定的节奏。四个声调高、低、长、短要均衡。

### （二）多音节词语训练

读多音节词时要按词语的整体语音形式读出（不要单个字读出），中速进行，注意轻声词的判断和读法。上声调要读出本调等。

## 三、作品朗读训练

### （一）朗读要求规范、准确、自然

（1）规范指声母、韵母、声调的发音正确，轻声、儿化、变调等音变现象符合音变规律，不出现错读、漏读或增读音节现象。

（2）准确指在朗读时，各种技巧的运用要恰到好处，表义准确。停连、重音的位置准确、恰当，语流、轻音娴熟自然，语速、节奏变化及语调的选择要准确，不出现歧义句及忽快忽慢现象。

（3）自然指朗读过程中，语句连贯、流畅、自然；不夸张，不出现一字一蹦、一词一蹦的现象，也不出现回读现象。

### （二）朗读的内部技巧和外部技巧

朗读的内部技巧是指对作品的正确理解和感受。理解是指朗读者对作品及其写作背景及内容等的认识。在朗读前先要把文章多看几遍，熟悉文章的结构及重点意思。对文章先有一个理解，这是朗读的前提。朗读的内部技巧是正确运用外部技巧的基础，同时，朗读的内部技巧也只有通过外部技巧才能够得到具体的体现。朗读的外部技巧主要包括停连、重音、语速、语调等方面。

1. 停连

停连是有声语言表达中最重要的表达技巧之一，是指朗读语流中声音的停歇和延续。停连的目的是为了清晰地显示语句的脉络，以准确、生动地表达语言内容，同时也有强调、加重情感、增强语势、突出重点等作用。

2. 重音

词语中重读的音节就是重音。重音主要是音强的作用，字音的调形和调值一般不会改变，但在特殊语境中，字音的绝对音高也会发生一定的变化。普通话的重音有词重音和句重音的区别。重音的运用要建立在对作品有较深理解的基础上。朗读文章时，究竟采用何种方式来强调重音而又能恰到好处，应视作品的具体内容和语句而定。

3. 语速

语速指朗读、说话的快慢速度。语速可以影响文章节奏的变化和情感表达的效果，因而在朗读、演讲和语言交际中有重要作用。语速的快慢主要取决于作品的具体内容，和语句与文章的体裁也有关系。语速大体可分作“慢速、快速、中速”三种情况。在朗读或说话的过程中，语速的选择是必不可少的。要根据表达内容的不同语速进行相应的调整，一味地快或慢或中速都是不可取的。

4. 语调

话语中一句话或某一些语言片段在声音上的高低升降、快慢的变化就是语调。语调是语音的韵律特征在话语中的集中体现。语调的作用一般可归为两个方面：① 要准确的表达一种语意就要采取相应的语调形式，比如疑问句，感叹句等。② 为了增强语言的表达效果，也要对语句的语调作一定的调整，否则叙述性的语言不作调整就会显得很沉闷。

5. 范文

（1）范文一

hūjiàozhōngxīnqǐyuányúèrshíshìjìsānshíniándài jīngguòduōniándefāzhǎn<br>
呼叫中心起源于20世纪30年代，经过多年的发展，<br>
hūjiàozhōngxīndefúwùcóngnèiróng fāngshì jìshùyǐjífúwùlǐngyùděnggèfāngmiàndōu<br>
呼叫中心的服务从内容、方式、技术以及服务领域等各方面都<br>
rìjiànchéngshú xiànjīn gèlèihūjiàozhōngxīndōuyǐfúwùzhìliàngwéihéxīn zàihūjiào<br>
日渐成熟。现今，各类呼叫中心都以服务质量为核心，在呼叫<br>
zhōngxīnshíshīlezhìliàngjiānkòng súhuàshuō méiyǒuguīju bùchéngfāngyuán yí<br>
中心实施了质量监控。俗话说“没有规矩，不成方圆”，一<br>
tàokèguāngōngzhèngdefúwùguīfànhézhìliàngkǎohébiāozhǔnshìhūjiàozhōngxīnzhì<br>
套客观公正的服务规范和质量考核标准是呼叫中心质<br>
liàngguǎnlǐdeqiántí méiyǒuzhèxieguīfànhébiāozhǔnzuòbǎozhèng zhìliàngguǎnlǐjiù<br>
量管理的前提，没有这些规范和标准做保证，质量管理就<br>
hǎobǐ qiǎofùnánwéiwúmǐzhīchuī zàifúwùguīfànfāngmiàn yìnggāijiǎngdàduōshùhū<br>
好比“巧妇难为无米之炊”。在服务规范方面，应该讲大多数呼<br>
jiàozhōngxīndōuyǐjīngzhìdìnglefēichángxiángxìdeguīzé cóngfúwùlǐyí fúwùtàidu<br>
叫中心都已经制订了非常详细的规则，从服务礼仪、服务态度、<br>
fúwùyòngyǔ zhuānyèjìnéngdàoláodòngjìlǜděngfāngmiànjīhūwúsuǒbùbāo jīběnhángài<br>
服务用语、专业技能到劳动纪律等方面几乎无所不包，基本涵盖<br>
lefúwùdegègefāngmiàn dànzàifúwùzhìliàngkǎohébiāozhǔnfāngmiàn bùtónghūjiào<br>
了服务的各个方面。但在服务质量考核标准方面，不同呼叫<br>
zhōngxīndechābiéjiùbǐjiàodàle yǒudezhǐshìdānchúnkǎohéhuàwùliàng yǒudezhǐkǎohé<br>
中心的差别就比较大了，有的只是单纯考核话务量，有的只考核<br>
fúwùtàidu yǒudekǎohébiāozhǔnfànwéitàidà wúfǎxìhuà érzuòwéidiànlìhángyèdehū<br>
服务态度，有的考核标准范围太大，无法细化。而作为电力行业的呼<br>
jiàozhōngxīn bǎfúwùtàidu yèwùzhīshi gōngzuòliúchéng jiēhuàguīfànděngfāngmiàn<br>
叫中心，把服务态度、业务知识、工作流程、接话规范等方面

fàngzàihénglliángtōnghuàzhìliàngdeqiánjǐwèi
放在衡量通话质量的前几位。

（2）范文二

rúhéyǒuxiàodegǎishànfúwùzhìliang tígāokèhùmǎnyìdù yìzhíyǐláidōushìhūjiào
如何有效的改善服务质量，提高客户满意度，一直以来都是呼叫
zhōngxīndezhòngtóuxì jiāqiángzhìliàngguǎnlǐyěyǐjīngchéngwèiletíshēngqǐyèfúwù
中心的重头戏，加强质量管理也已经成为了提升企业服务
jìngzhēngnénglìdeyíxiàngzhòngyàogōngzuòhéhéxīnnèiróng hūjiàozhōngxīnzuòwéikè
竞争能力的一项重要工作和核心内容，呼叫中心作为客
hùfúwùdezhòngyàozàitǐ guānjiàndeyígèwèntíjiùshìrúhébǎozhàngfúwùzhǐbiāodádào
户服务的重要载体，关键的一个问题就是如何保障服务指标达到
shèdìngdeyāoqiú érzhìliàngjiānkòngdeshíshī duìzhěnggèhūjiàozhōngxīntōnghuàzhì
设定的要求。而质量监控的实施，对整个呼叫中心通话质
liàngdejiāndūhétíshēngqǐdàolezhòngyàozuòyòng shǐyǐqiánwúfǎjiānkòngdàodewèntí
量的监督和提升起到了重要作用，使以前无法监控到的问题
dédàokòngzhìyǔgǎijìn
得到控制与改进。

（3）范文三

zuòwéiqǐyè búduànchuàngzàoyínglì huòdézuìdàdelìrùn shíxiànqǐyèjiàzhí
作为企业，不断创造赢利，获得最大的利润，实现企业价值
zuìdàhuà shǐzhōngshìqǐyèdezhōngxīngōngzuò zhǐyǒudádàozhèyímùdì qǐyècáijùbèi
最大化，始终是企业的中心工作。只有达到这一目的，企业才具备
jìnyíbùshēngcún fāzhǎndewùzhìjīchǔ cáinéngshǐqǐyèdekèhùmǎnyì cáikěnéngwèiqǐ
进一步生存、发展的物质基础，才能使企业的客户满意，才可能为企
yèyuángōngchuàngzàogènghǎodefāzhǎnhuánjìng zàishìchǎngjīngjìxià qǐyèyàodádào
业员工创造更好的发展环境。在市场经济下，企业要达到
zhèyīmùdì yàozuòdàozuìjīběndeliǎngdiǎn duìnèizhuīqiúyuángōngmǎnyì duìwàizhuī
这一目的，要做到最基本的两点：对内追求员工满意，对外追
qiúkèhùmǎnyì yuángōngduìqǐyèmǎnyìle cáihuìgèngjìngyè yòngxīngōngzuòqùshǐkèhù
求客户满意。员工对企业满意了，才会更敬业，用心工作去使客户
mǎnyì kèhùmǎnyìle duìqǐyèdezhōngchéngdùhuìtígāo huìwèiqǐyèdàiláigèngduōdelì
满意；客户满意了，对企业的忠诚度会提高，会为企业带来更多的利
rùn cóngérbǎozhèngqǐyèjiànkāng chíxùdefāzhǎn fúwùlìrùnliàn deguīlǜbiǎomíng
润，从而保证企业健康、持续地发展。“服务利润链”的规律表明，
qǐyèdehuòlìnénglìzhǔyàoshìyóukèhùzhōngchéngdùjuédìngde kèhùzhōngchéngdùshìyóu
企业的获利能力主要是由客户忠诚度决定的；客户忠诚度是由
kèhùmǎnyìdùjuédìng kèhùmǎnyìdùshìyóusuǒhuòdédejiàzhídàxiǎojuédìngde jiàzhídà
客户满意度决定；客户满意度是由所获得的价值大小决定的；价值大
xiǎozuìzhōngyàokàofùyǒugōngzuòxiàolǜ duìgōngsīzhōngchéngdeyuángōngláichuàng
小最终要靠富有工作效率，对公司忠诚的员工来创
zào éryuángōngduìgōngsīdezhōngchéngqǔjuéyúqíduìgōngsīshìfǒumǎnyì suǒyǐ yuán
造；而员工对公司的忠诚取决于其对公司是否满意。所以，员
gōngmǎnyìdùshìkèhùmǎnyìdùdeyuánquánsuǒzài yěshìqǐyèguǎnlǐchuàngxīnshàngdedòng
工满意度是客户满意度的源泉所在，也是企业管理创新上的动
lì
力。

## 四、命题说话训练

（一）在无文字凭借的情况下讲用普通话的特点

（1）“半即兴”方式；

（2）限定性表示；

（3）口语特点；

（4）语言规范；

（5）内容相对完整。

（二）技巧与要求

3 分钟的命题说话既要求语音标准、词汇语法规范，又要思维敏捷、表达流畅，以自定义命题说话前要先做好心理准备、审题分类、确立中心、材料选择、结构布局等一些技巧。

（三）训练方法

1. 单项训练

（1）叙述：讲述自己熟悉的一件事的发生、发展过程，或讲述一个具体、真实的事实，作为一个论点的论据等，词语平实无华，语速较慢，语调平直、自然，内容比较完整。

（2）描述：描写自己熟悉的人物的行为特征、神态、说话的语气，或选择生活中一些特定的场景进行描述，如久别重逢、成功时刻等。语言要生动、形象，语速较慢，赋予情感；要求抓住特点。

（3）议论：摆出一个事实，即兴而发，用简明、具有理性思辩色彩的话语，从正面或反面进行分析（评述），阐明自己看法。观点要鲜明，语调要有起伏，语速、节奏要有明显的变化。

2. 综合训练

可按照话题中心有目的地进行结构布局，对不同的语言形式，采用不同的口语表达方法（语速、节奏、语调等）进行试说试讲，体会差异和表达效果。

3. 话题转化训练

可利用话题内在的相关性进行话题转化，打开思路。话题转化的好处是可以“化难为易”，“变被动为主动”，同时，这种比较灵活的处理办法也有利于思维能力的训练和培养。

4. 试讲训练

依照讲稿复述训练：对于普通话基础较差或不善于口语表达的应试人员来说，照讲稿复述训练是一种很有效的过渡。复述是按照原有材料重复述说，是以熟记原始材料为基础的。它要求把握话语中心，忠实于讲稿的基本框架和表达顺序，突出重点词句。话语要吐字清楚、连贯，语速以中速为宜，保持原稿的话语基调。

依照提纲说话训练：先写出命题说话某个话题的提纲（根据个人的具体情况可详可简），再根据提纲，完成整个话题的讲述。它要求应试人员事先做好充分的准备，对整个说话的结构和材料有整体认识。

半即兴说话训练：普通话水平测试的命题说话，是半即兴的命题说话，要求应试人员抽到说话题目后，选择其一，在完全无文字依托的情况下，根据考前所做的准备，迅速构思成篇，并完成 3 分钟的说话。这项训练实际上就是普通话水平测试命题说话的实战训练和演习。

## 五、电力常用语训练

（一）电力常用词汇

1. 时间类

早上 zǎoshàng　　凌晨 língchén　　下午 xiàwǔ

刚才 gāngcái　　继续 jìxù　　结束 jiéshù

尽快 jǐnkuài　　曾经 céngjīng　　暂时 zànshí

四点钟 sì diǎnzhōng　　十二个小时内 shí'èrgèxiǎoshínèi

三个工作日 sān'gègōngzuòrì　　一个星期 yígèxīngqī

六个月 liù gè yuè　　半年 bànnián

2. 姓名类

区 ōu　　虢 guó　　句 gōu　　隗 wěi　　尹 yǐn

单 shàn　　纪 jǐ　　仇 qiú　　查 zhā　　忻 xīn

揭 jiē　　匡 kuāng　　殳 shū　　任 rén　　戚 qī

褚 chǔ　　邹 zōu　　柏 bǎi　　卜 bǔ　　鲍 bào

盖 gě　　华 huà　　哈 hǎ　　解 xiè　　仝 tóng

过 guō　　燕 yān　　炅 guì　　呙 guō　　覃 qín

角 jué　　戎 róng　　邰 tái　　鞠 jū

3. 业务类

| | | |
|---|---|---|
| 供电 gōngdiàn | 处理 chǔlǐ | 缺相 quēxiàng |
| 尽量 jǐnliàng | 潜动 qiándòng | 校验 jiàoyàn |
| 办理 bànlǐ | 送电 sòngdiàn | 服务 fúwù |
| 催办 cuībàn | 咨询 zīxún | 错误 cuòwù |
| 抄表 chāobiǎo | 质量 zhìliàng | 混淆 hùnxiáo |
| 上锁 shàngsuǒ | 预存 yùcún | 增容 zēngróng |
| 减容 jiǎnróng | 暂停 zàntíng | 暂换 zànhuàn |
| 迁址 qiānzhǐ | 移表 yíbiǎo | 暂拆 zànchāi |
| 过户 guòhù | 分户 fēnhù | 并户 bìnghù |
| 销户 xiāohù | 改压 gǎiyā | 改类 gǎilèi |
| 起止码 qǐzhǐmǎ | | 违约金 wéiyuējīn |
| 电表走字 diànbiǎozǒuzì | | 银行储蓄 yínhángchǔxù |
| 手机支付 shǒujīzhīfù | | 抄见电量 chāojiàndiànliàng |
| 计量装置 jìliángzhuāngzhì | | 功率因数 gōnglǜyīnshù |
| 拉闸限电 lāzháxiàndiàn | | 计划检修 jìhuàjiǎnxiū |
| 故障抢修 gùzhàngqiǎngxiū | | 客户档案 kèhùdàng'àn |
| 产权分界点 chǎnquánfēnjièdiǎn | | |
| 供用电合同 gōngyòngdiànhétóng | | |
| 用电申请书 yòngdiànshēnqǐngshū | | |

4. 其他类

| | | |
|---|---|---|
| 符合 fúhé | 应该 yìnggāi | 应用 yīngyòng |
| 积累 jīlěi | 比较 bǐjiào | 自己 zìjǐ |
| 左右 zuǒyòu | 告诉 gàosù | 帮助 bāngzhù |
| 情况 qíngkuàng | 名字 míngzi | 撕开 sīkāi |
| 造成 zàochéng | 最近 zuìjìn | 虽然 suīrán |
| 结果 jiéguǒ | 疏忽 shūhū | 其次 qícì |
| 组织 zǔzhi | 愉快 yúkuài | |

（二）电力常用语句

1. 基础服务类

Nínhǎo，qǐngwèn yǒu shénme kěyǐ bāngzhù nín?

（1）您好，请问有什么可以帮助您？

Nínhǎo，wǒ néng wèi nín zuòxie shénme ma?

（2）您好，我能为您做些什么吗？

Qǐngnín búyào zhāojí，wǒ fēichāng lǐjiě nín de xīnqíng.

（3）请您不要着急，我非常理解您的心情。

Duìbuqǐ，yóuyú wǒmen gōngzuò de shūhū gěi nín zàochéng búbiàn，qǐng nín liàngjiě.

（4）对不起，由于我们工作的疏忽给您造成不便，请您谅解！

Xīwàng xiàcì néng jìxù wèi nín fúwù，zàijiàn.

（5）希望下次能继续为您服务，再见！

Gāngcái diànhuà xìnhào búshì hěnhǎo ，qǐng nín zài chóngfù yíbiàn hǎoma?

（6）刚才电话信号不是很好，请您再重复一遍好吗？

Rúguǒ nín yǒu yòngdiàn fāngmiàn de wèn tí，kěyǐ suíshí bōdǎ gōngdiàn fúwù rèxiàn jiǔwǔ wǔjiǔbā.

（7）如果您有用电方面的问题，可以随时拨打供电服务热线 95598。

Xièxie nín duì wǒmen gōngzuò de zhīchí，wǒmen jiāng jìxù wèinín tígōng yōuzhì de fúwù.

（8）谢谢您对我们工作的支持，我们将继续为您提供优质的服务。

2. 业务受理类

Xūyào nín tígōng yífèn shēnfènzhèng fùyìnjiàn、yífèn fángchǎnzhèng fùyìnjiàn.

（1）需要您提供一份身份证复印件、一份房产证复印件。

Wǒmen huì zài sāngè gōngzuòrì nèi pài gōngzuò rényuán dào xiànchǎng kānchá.

（2）我们会在 3 个工作日内派工作人员到现场勘察。

Fēijūmín kèhù xiàng gōng diàn qǐyè shēnqǐng yòngdiàn，shòu diàn gōngchéng yànshōu hégé bìng bànlǐ xiāngguān shǒuxù hòu，wǔgè gōngzuòrì nèi sòngdiàn.

（3）非居民客户向供电企业申请用电，受电工程验收合格并办理相关手续后，5 个工作日内送电。

Fēicháng bàoqiàn，nín de diànfèi hái méiyǒu jiāoqīng，qǐng nín jiéqīng diànfèi hòu zài jìnxíng fùdiàndēngjì.

（4）非常抱歉，您的电费还没有交清，请您结清电费后再进行复电登记。

Qǐng nín jiéqīng diànfèi hòu zài bànlǐ gēngmíng、guòhù de yèwù.

（5）请您结清电费后再办理更名、过户的业务。

Rúguǒ nín juéde měiyuè qù gōngdiànsuǒ jiāodiànfèi bù fāngbiàn，kěyǐ bànlǐ yínháng pīkòu.

（6）如果您觉得每月去供电所交电费不方便，可以办理银行批扣。

Zhānǚshì，nín fǎnyìng de wèntí shì línjū qièdiàn ma?

（7）查女士，您反映的问题是邻居窃电吗？

3. 咨询、查询类

Fēicháng bàoqiàn，gùzhàng tíngdiàn zànshí bùnéng quèdìng jùtǐ de huīfùshíjiān，qǐngnín děngdài yíxià.

（1）非常抱歉，故障停电暂时不能确定具体的恢复时间，请您等待一下。

Jīntiān de tíngdiàn shǔyú jìhuàjiǎnxiū，yùjì zài xiàwǔ sìdiǎn zuǒyòu huīfù gōngdiàn.

（2）今天的停电属于计划检修，预计在下午四点左右恢复供电。

Nín běnyuè de diànliàng wéi qīshíliùdù.

（3）您本月的电量为 76 度。

Yǐqián ānzhuāng de fēnshídiànbiǎo réng kěyǐ xiǎngshòu yōuhuì diànjià.

（4）以前安装的分时电表仍可以享受优惠电价。

Yòngdiànróngliàng zài sānbǎiyīshíwǔ qiānfúān jí yǐshàng de dàgōngyè kèhù shíxíng liǎngbùzhì diànjià，diànfèi yóu jīběn diànfèi hé diàndù diànfèi liǎngbùfēn zǔchéng.

（5）用电容量在 315kVA 及以上的大工业客户实行两部制电价，电费由基本电费和电度电费两部分组成。

Rúguǒ nín huáiyí biǎojì zǒuzì bù zhǔnquè，kěyǐ shēnqǐng jiàoyàn diànbiǎo.

（6）如果您怀疑表计走字不准确，可以申请校验电表。

Diànfèi wéiyuējīn bùzú yìyuán àn yìyuán shōuqǔ.

（7）电费违约金不足一元按一元收取。

Nín běnyuè de diànfèi shì yībǎijiǔshíwǔyuán liùjiǎoliùfēn.

（8）您本月的电费是 195.66 元。

Jīngchá，gāichù quèshí yǒu qièdiàn xíngwéi.

（9）经查，该处确实有窃电行为。

IC kǎ diànbiǎo chōngzhíkǎ yíshī kěyǐ zài xiáqū gōngdiànsuǒ bǔ bàn.

（10）IC 卡电表充值卡遗失可以在辖区供电所补办。

Nín kěyǐ shēnqǐng diànbiǎo zàntíng，yǐmiǎn bànnián hòu bèi xiāohù.

（11）您可以申请电表暂停，以免半年后被销户。

Zài yòngdiàn gāofēngqī diànyā kěnéng bù wěndìng，qǐng nín jǐnliàng bìkāi gāofēng shí duàn yòngdiàn.

（12）在用电高峰期电压可能不稳定，请您尽量避开高峰时段用电。

Nín gōngchǎng de diànjià jiāng ànzhào bǐlì fēntān lái zhíxíng.

（13）您工厂的电价将按照比例分摊来执行。

4. 故障报修类

Nóngcūn dìqū qiǎngxiū gùzhàng，yāoqiú dàodá xiànchǎng de shíxiàn yìbān shì jiǔshí fēnzhōng.

（1）农村地区抢修故障，要求到达现场的时限一般是90分钟。

Jūmín jiāyòngdiànqì shāohuài hòu，xūyào zài qītiānnèi xiàng gōngdiàngōngsī tíchū shēnqǐng.

（2）居民家用电器烧坏后，需要在7天内向供电公司提出申请。

Diànbiǎo bèi léijī shāohuài yóu gōngdiàn qǐyè péibiǎo.

（3）电表被雷击烧坏由供电企业赔表。

Qǐng nín gàosù wǒ xiángxì dìzhǐ，wǒ wèi nín liánxì gōngzuò rényuán chǔlǐ.

（4）请您告诉我详细地址，我为您联系工作人员处理。

Wǒ xiànzài yǐjīng shòulǐ le nín de bàoxiū，huì jǐnkuài zǔzhi qiǎngxiūduì lái chǔlǐ.

（5）我现在已经受理了您的报修，会尽快组织抢修队来处理。

【思考与练习】

1. 普通话的发音训练包括哪几个方面？
2. 作品朗读训练有什么具体要求？
3. 命题说话的训练方法有哪些？

## 模块3 普通话测试（ZY3100401003）

【模块描述】本模块介绍普通话测试流程、水平等级标准以及测试应试技巧等内容。通过要点归纳，掌握普通话测试方法、环节及应试技巧。

【正文】

普通话水平测试是国家级的标准化考试，能够对应试人员的普通话标准程度进行专业的考量、评级。普通话测试不仅可以测试应试人员的普通话标准程度，而且可以测试应试人员语言表达能力、语言组织能力、心理承受能力、思辨能力和应变能力等。坐席人员在经过训练后，可以选择参加普通话水平测试来衡量自己的普通话等级，找准差距，明确目标，不断实现等级的提升。

### 一、普通话测试流程

普通话水平测试是对应试人员运用普通话所达到的标准程度的测试，它是以标准的普通话为参照标准，通过测试来检测、评定应试人员所达到的普通话水平等级。如图ZY3100401003-1所示，为普通话测试流程图。

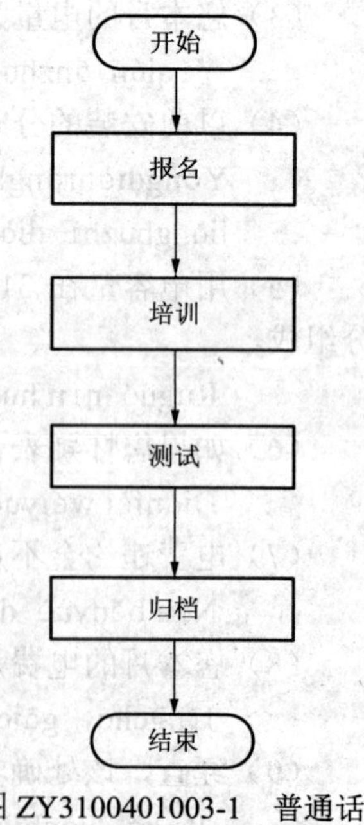

图ZY3100401003-1 普通话测试流程图

普通话测试的流程要求如下：

1. 报名

应试人员一般应就近在所属普通话培训测试工作站报名，或由所在单位统一报名，特殊情况也可直接到各省普通话培训测试中心报名。

2. 培训

应试人员必须经过测前培训才能参加测试。测前培训由普通话培训测试工作站统一安排。

3. 测试

（1）候考：应试人员应持准考证和有效身份证件按时到达指定地点候考。

（2）入场：应试人员由考场工作人员按考场编排顺序，提前 10 分钟进入考场。应试人员进入考场时不得携带教材、词典及相关资料，进场后首先将身份证和准考证（两证缺一不可）交测试员核对身份。

（3）抽题：第一题、第二题由测试员指定，第三题、第四题由应试人员抽签决定。在抽取考题后，应试人员有 10 分钟准备时间。

（4）测试：应试人员开始读题前应先报姓名、考号、试卷编号，测试按题号顺序逐项进行，中间不间断。测试完毕后，将试卷交还工作人员，立即离开考场。

（5）领证：普通话水平测试等级证书由国家语言文字工作部门统一印制，全国通用。应试人员应按规定时间在报名处领取普通话等级证书。

## 二、普通话水平等级标准

普通话水平等级分作“三级六等”。

1. 一级水平

一级是标准的普通话，即“标准级”，要求在朗读和交谈时，语音标准；词汇语法正确无误；语调自然，表达流畅。

（1）一级甲等的基本特征：“一级甲等”是标准、纯正的普通话。不允许有系统性的语音错误和系统性的语音缺陷，但允许偶然出现的语音缺陷或错误。“一级甲等”的测试总失分率在 3%以内，得分在 97 分及以上。

（2）一级乙等的基本特征：“一级乙等”也是标准的普通话，但语音标准程度，特别是普通话的腔调比“一级甲等”略差，“一级乙等”也不允许有系统性的语音错误，但允许有少量不明显的语音缺陷。一级乙等的测试总失分率在 8%以内，得分为 92～96.9 分。

2. 二级水平

二级是比较标准的普通话。

（1）二级甲等的基本特征：在朗读和自由交谈时，声母和韵母的发音，特别是声调的发音基本标准，表达比较流畅。具体特征为：少数难点音有时出现失误，或存在两类以上的语音缺陷。词汇、语法偶有失误。“二级甲等”的测试总失分率在 13%以内，得分为 87～91.9 分。

（2）二级乙等的基本特征：朗读和自由交谈时，声调有系统性错误或缺陷，声母、韵母难点音失误较多，使用了方言词汇和方言语法，带有较明显的方言腔调。“二级乙等”的测试总失分率在 20%以内，得分为 80～86.9 分。

3. 三级水平

三级是学习和使用普通话的初级阶段。三级的基本特征：语音上，声韵调发音失误多，有较多的系统性语音错误和语音缺陷。词汇、语法同时出现较多的失误。方言腔调重，且表达不流畅。“三级甲等”的测试总失分率在 30%以内，得分为 70～79.9 分。“三级乙等”的测试总失分率在 40%以内，得分为 60～69.9 分。

4. 不进入等级水平的评定

基本上属于方言腔调，测试总失分率在 40%以上，得分低于 60 分者，不能进入普通话等级。

## 三、普通话测试试卷分析

普通话水平测试试卷包括四个部分：读单音节字词、读多音节词语、朗读、说话，满分为 100 分。

（1）读单音节字词（100 个音节），共 10 分。测查应试人员声母、韵母、声调读音的标准程度。该题可先迅速浏览一遍。普通话基础较好的应试人员，重点是“异读词”、“多音字”及对个别生僻字的把握；认读时，应注意控制字词读音的节奏，上声调要准确到位。一般应试人员，应控制语速，力求声、韵、调到位，尤其是上声调“降升”调型的读法；对不熟悉的字，要大胆去读，不要轻易放弃，把握不定的字，可改读一次（测试员按第二次读音判分）。

（2）读多音节词语（100 个音节），共 20 分。测查应试人员声母、韵母、声调和变调、轻声、儿化等读音的标准程度。应试人员的重点应放在变调（上声和上声连读的词语不少于 3 个，上声和其他声调连读的词语不少于 4 个）、轻声（不少于 3 个）、儿化（不少于 4 个）的读音方面。主要是：轻声词、上声变调的判断要准确；各类音变的读音要到位。不要把儿化韵母读成两个单节。词末的上声调音节，声调一定要念完整。认读词语还应注意词语的轻重音格式问题。普通话词语绝大多数双音节词为中・重格式（如电话），词语认读时还应注意语速和节奏的控制。

（3）朗读短文一篇（400 个音节），共 30 分。测查应试人员用普通话朗读书面材料的水平。在测查声母、韵母、声调读音标准程度的同时，重点测查连读音变、停连、语调以及流畅程度。应试人员拿到所抽篇目，应迅速默读朗读材料，以避免朗读时因错读、漏读、回读或停连不当而失分。要点是吐字正确清晰，儿化，变调，轻、重音正确；语流中变读的轻音音节（非轻声词）、未标出的儿化词，读音自然、流畅；语速、节奏，停顿、断连把握得当；语句连贯，语调的选择，情感的运用，流畅、自然，体现出一定的朗读水平。

（4）命题说话，共 40 分。测查应试人员在无文字凭借的情况下讲用普通话的水平。重点测查语音标准程度、词汇语法规范程度和自然流畅程度。应试人员可以从给定的两个话题中选择一个话题，连续说一段话。该题是唯一无文字依托的考题，分量最重，分值最高，也最为关键。

**四、普通话水平测试应试技巧**

一般可以从以下几个方面进行应对：

1. 普通话基础较差的应试人员

（1）首先要克服畏惧心理，才能保证测试顺利进行。

（2）3 分钟命题说话的“语音标准程度”，主要决定于说话声调（腔调的规范程度），也就是说，“说话”的声调（腔调）是普通话声调（腔调），就算是普通话了。

（3）字音的正误——声、韵、调基本正确是关键。说话时应尽量减少声、韵、调失误，尤其是要避免出现“有代表性的方言词语读音（地方特殊读音）”，及出现方言词汇和方言语法现象。

（4）“说话”有“开头”，不一定要有“高潮和结尾”，大体有一定的顺序和层次就可以。

（5）3 分钟的时间无论如何都要说足。测试员叫停，方可停止。

2. 普通话基础较好的应试人员

（1）语速适中，话语连贯，语调自然。

（2）说话紧扣话题，层次清晰，结构比较完整，体现出一定的语言表达水平。

**【思考与练习】**

1. 普通话测试流程包括哪些方面？

2. 普通话水平分为几个等级？

3. 普通话水平测试主要有哪些内容？



## 模块 4　常用英语口语（ZY3100401004）

**【模块描述】**本模块介绍了 95598 专业服务常用英语。通过英语服务用语列举和案例介绍，掌握坐席人员为客户提供服务的专业服务常用英语。

**【正文】**

随着中国经济的快速发展，随着电力企业向国际化的迈步，特别是 2008 北京奥运会的举办，工作、生活在中国的外国人不断增多，外国客户成为中国电力企业新的服务对象。

95598 作为电力企业服务的窗口，要为外国客户提供优质服务，就必须提高坐席人员的中、英文双语交流能力，熟练掌握一门外语是目前 95598 坐席人员迫在眉睫的一个任务。

**一、95598 常用英语服务用语**

（一）首问语规范用语

（1）您好！请问有什么可以帮您？

Hello! What can I do for you?

（2）您好！××号为您服务，请问有什么可以帮您？

Hello! Operator ×× is speaking，What can I do for you?

（二）结束语规范用语

（1）感谢您拨打 95598，再见！

Thank you for dialing 95598，Goodbye！

（2）欢迎您再次拨打 95598，再见！

Feel free to dial 95598 again，Goodbye！

（3）感谢您拨打 95598，请不要挂机，请对我的服务进行评价，再见!

Thank you for dialing 95598，Hold on please，please grade for my service. Goodbye！

（4）感谢您对我们工作的支持，再见！

Thank you for your support，Goodbye!

（5）希望下次能继续为您服务，再见！

Hope to help you next time，Goodbye!

（6）祝您愉快，再见！

Have a nice day，Goodbye！

（7）祝您周末愉快，再见！

Happy weekend to you，Goodbye！

（8）祝您节日愉快，再见！

Happy holiday to you，Goodbye！

（三）客户回访规范用语

（1）您好！我是××供电公司 95598 热线，对不起，打扰您一下，请问是××客户吗？

Hello! This is 95598 hotline，I'm sorry to disturb you，May I speak to Mr./ Ms. ××?

（2）请问您的××故障排除了吗？请问您现在用电正常吗？

How about the power failure? Has the repair work been completed?

（3）请问抢修人员是不是及时到达现场？

Did our repair crews get to the scene in time?

（4）您在××月××日投诉的问题，是否已经解决？

You made a complaint on××（problem）on ××（date），Has your problem been solved?

（5）您××月××日在 95598 网站申请的××的业务，请问现在是否都办理完毕了？

You made an application for ××(service)on ××(date)on 95598 website. Has that work been done?

（6）您对我们的服务满意吗？

Are you satisfied with our service?

（7）请问您对抢修人员的服务态度满意吗？

Are you satisfied with our repairmen's service?

（8）请问您对抢修人员的施工质量满意吗？

Are you satisfied with their work?

（四）咨询、查询规范用语

（1）请您稍候，我马上帮您查询。

Hold on please，I'll look it up for you this moment.

（2）稍候可能会没有声音，请不要挂机。

Hold on please，it will be some silence，Please wait for a moment.

（3）感谢您的耐心等候。

Thank you for waiting.

（4）抱歉，让您久等了。

Sorry to have kept you waiting.

（5）请问您的户号是多少？

Would you mind telling me the user's number?

（6）请提供您的户名好吗？

Can you tell me the user's name，please?

（7）请问您的户号是××××××吗？

Your number is ××××××，isn't it?

（8）请问您的户名是×××吗？

Your name is ×××，is that right?

（9）请问您想查询哪个月的电量？

For which month would you like to look up your electricity account?

（10）您上个月的电量是××度。您上个月电费是××元。

The electricity amount you consumed last month was ×× kWh. And the bill was ×× yuan RMB.

（11）我们已经开通了自动查询电费功能，欢迎您使用 95598 自动查询功能或登录 95598 客户服务网站查询，您也可以通过手机订阅短信提醒。谢谢您的合作，再见。

We have already started a service system for automatic inquiry about electricity account information for customers convenience. You are welcome to dial the 95598 automatic service system or visit our customer service website. And you can also subscribe the reminding messages through your cell phones. Thank you for your co-operation. Goodbye!

（五）故障报修规范用语

（1）请问是您一家停电，还是周围都停电了？

Can you tell me the power failure happened only to you or your neighborhood?

（2）请您告诉我现场的故障情况，好吗？

Can you tell me something about the power failure?

（3）请问是什么时候发生的故障？

When did it happen?

（4）请您告诉我具体在什么地方，好吗？

Would you tell me the exact place?

（5）请您留下您的姓名、详细地址以及联系电话。

Could I have your name，address， and telephone number please?

（6）请您别着急，我们工作人员会在 45 分钟之内到达现场。

Don't worry，Our maintenance men will arrive there within 45 minutes.

（7）我们会在 90 分钟内到达现场，请您耐心等候。

We'll offer you our help within 90 minutes. Please wait for a moment.

（8）您所在××（地方）属于计划检修停电，停电范围是××，预计在××点之前恢复电，给您带来不便，请您谅解。

There is a scheduled power cut in the area you are reporting. the area is covers××，it is estimated that the power will be restored in ××（time）. I'm very sorry for the trouble and inconvenience.

（9）供电设施计划检修停电，我们会提前 7 天通过媒体向社会公告。

Prior to the planned outages we will make every effort possible to notify our consumers by local radio stations，TV and newspapers one week in advance.

（10）您反映的停电是事故检修，恢复供电要依据实际的检修情况而定。不过很快就会修好的，预计大约××点钟能恢复供电。给您带来的不便，请您谅解。

The outage there is due to an outage repair，The power restoration will depend on the actual repair。 But I think it will be repaired soon and it is estimated that the power will be restored in ××（time）. I'm very sorry to have bring you trouble.

（11）停电故障正在抢修，请您耐心等候。

The outage is being attended now，Please be patient.

（六）其他规范用语

1. 应答无声电话规范用语

（1）您好！这里是 95598 供电服务热线，能听到我的声音吗？

Hello！ This is 95598 customer service. Can you hear me?

（2）对不起，我听不到您的声音，如果您确有需要，请您重新拨打 95598。

I'm sorry，I can't hear you. If it is urgent，please redial 95598.

（3）仍听不到客户回应时："对不起！我听不见您的声音，请您换一部电话再拨，好吗？"

I'm sorry，I can't hear you. please change another phone to dial 95598 again .

2. 客户讲话听不清楚规范用语

（1）对不起，我听不清您的声音，请您大点声好吗?

I'm sorry I can't hear you clearly. Could you speak a little louder?

（2）对不起，线路不好，请您说话大点声可以吗？

I'm sorry the line is out of order. Can you speak a little louder?

（3）对不起，现在可以听清楚了吗？

I'm sorry，Can you hear me clearly now?

（4）对不起，我没听清楚，请您重复一遍好吗？谢谢。

Excuse me，I didn't catch you，Could you repeat it？ Thank you.

（5）"您说的是××问题吗？"

You mean that××，is that right?

3. 通话结束前的规范用语

（1）请问您还有其他问题需要咨询吗？

Have you got anything more to ask?

（2）请问您还需要其他帮助吗？

What else can I do for you?

（3）请问这个问题您清楚了吗？

Is that clear?

（4）非常感谢您的宝贵建议，我们将在以后的工作中改进。

Thank you for your valuable suggestion and we'll make the necessary improvements.

## 二、95598 用电业务服务案例

### （一）营销业务受理

坐席人员：Hello. may I help you?

您好，请问有什么可以帮您？

客　　户：I want to install a ammeter.

我申请装块电表。

坐席人员：I want to know if you install it for you home or other one?

请问是自己家里用电装表还是其他用电装表？

客　　户：My home.

家里装。

坐席人员：Would you tell me the exact place? I want to know if ammeters have been installed around you.

请问您的用电地址在哪里？周围有没有客户已经报装过电表？

客　　户：×× garden.

××花园。

坐席人员：Please tell me you name，ID number，the place of power consumed，phone number，

模块4 ZY3100401004

application power load，I will fill in an installation form for you.
请将您的姓名、身份证号码、详细地址、联系方式、申请装表容量告诉我，我帮您进行申请装表登记。

客　　户：Thank you.
好的。

坐席人员：Please prepare you ID card、a copy of the Proof of ownership of the house，our crew will connect you in three days, go to the site to make a line design and then offer a plan on power supply. if your conditon is with our installation standard，we will install the ammeter and supply power in three days after you pay the bill.
请您准备好身份证、房产证复印件，我们工作人员在 3 个工作日内与您联系，并到现场勘察，向您提供供电方案。如果您符合装表条件，我们会通知您交纳装表费用，3 个工作日内为您装表接电。

客　　户：All right!
好的。

坐席人员：Have you got anything more to ask?
请问您还有其他问题需要咨询吗？

客　　户：No. thank you very much.
没有了，谢谢。

坐席人员：Thank you for dialing 95598，Hold on please，please grade my service. Goodbye!
不用谢，感谢您拨打 95598，请不要挂机，请对我的服务进行评价，再见！

（二）咨询、查询

1. 停电咨询

坐席人员：Hello！may I help you?
您好！请问有什么可以帮您？

客　　户：Hi，I live in the Minyuan Area，The electricity has been off for half an hour. Could you tell me what the problem is?
您好！我是明园社区的居民用户。这里突然停电已经有半小时了，我想问一下究竟是什么原因？

坐席人员：Hold on please. I'll look it up for you.
请您稍等，我查询一下。

客　　户：Thank you.
好的，谢谢。

坐席人员：（a moment later）Thanks for waiting. There is an outage repair at the Minguan Area. At the moment the outage is being repaired now. We apologize for any inconvenience.
（过了一会儿）谢谢您的等候。明园社区那一带是事故检修，正在处理。给您带来不便，敬请原谅。

客　　户：Oh，I see. When will the electricity be restored?
哦，我知道了。什么时候能恢复供电？

坐席人员：It will be on again soon in about an hour's time.
大约 1 小时恢复。

客　　户：Thank you. Goodbye.
谢谢，再见！

坐席人员：Thank you for dialing 95598，Hold on please，please mark grade for my service. Goodbye!
感谢您拨打 95598，请不要挂机，请对我的服务进行评价，再见!

2. 查询电费

坐席人员：Hello. Can I help you?
您好！请问有什么可以帮您？

客　　户：Hi. This is Nacy Jackson，I'd like to know the amount of electricity we used last month，Can you help me do that?
您好！我是南西·杰克逊，我想查询我们上个月的用电量情况，您能帮我查吗？

坐席人员：Excuse me，Ms.Jackson.I can't handle your problem at the moment，Due to the failure of the system，Could you leave me your phone number，and I'll contact you when the system is back to normal. I'm sorry for the inconvenience.
抱歉，杰克逊女士，因系统故障暂时无法办理您的业务，请您留个电话，等系统恢复正常后我再与您联系，给您带来不便，敬请原谅！

客　　户：Oh，that's too bad. By the way，may I speak to Operator No.1？
哦，太遗憾了。顺便问一下，1 号坐席在吗？我可以跟她通话吗？

坐席人员：I'm sorry. Operator No.1 is busy dealing with another customer's problem. Is it convenient for you to tell me your problem? I'll try to solve it for you.
对不起，杰克逊女士，1 号坐席现在正在为其他客户服务，您方便把您的问题跟我说吗？看我能不能帮您解决？

客　　户：No，thank you. Goodbye.
不必了。谢谢。再见！

坐席人员：Thank you for dialing 95598，Hold on please，please grade my service. Goodbye!
感谢您拨打 95598，请不要挂机，请对我的服务进行评价，再见!

（三）故障报修

坐席人员：Hello! Can I help you?
您好！请问有什么可以帮您？

客　　户：I'm calling from building 8 on the Southern Street of huangshan. There is no electricity in our office.
您好！我是黄山南街 8 号楼。我们办公室突然停电了。

坐席人员：Is it a residential house or office building?
请问是居民住房还是办公楼房？

客　　户：It's an office building.
是办公楼房。

坐席人员：Is the power failure in your own office or in the entire building?
是您自己办公室停电还是全楼停电？

客　　户：It is in the whole building.
是全楼停电。

坐席人员：Have you checked the main switch and the lines inside the building?
您查看总电闸开关了吗？

客　　户：Yes. There is nothing wrong with them.There seems to be something wrong with the lines outside the building.
是的，没问题。好像是外线有问题。

坐席人员：Where did you pay the bill?
请问您是在什么地方缴费的？

客　　户：I paid it at the bank.
我是在银行缴费。

坐席人员：Can you tell me where your building is exactly?

请您告诉我你们办公楼的具体位置好吗？

客　　户：Ok. Building 8，Huangshan Southern Street.

黄山南街8号楼。

坐席人员：Oh，I see.how can I contact you?

好，我知道了。请您留下您的联系方式好吗？

客　　户：My cell phone number is 139××××××××.

我手机号码是139××××××××。

坐席人员：May I know your name?

请问您贵姓？

客　　户：My name is Peter Green.

我是彼得·格林。

坐席人员：Please wait for a moment，Mr. Green.We'll send our workers there immediately.

格林先生，请您耐心稍后。我们马上派人到现场看一下。

客　　户：When will your maintenance men arrive?

你们维修人员何时能到这儿？

坐席人员：Don't worry. They'll arrive at the site within 45 minutes.

请您别急，我们的工作人员会在45分钟之内到达现场。

客　　户：Thank you.Goodbye.

谢谢。再见！

坐席人员：Thank you for dialing 95598，Hold on please，please grade my service. Goodbye!

感谢您拨打95598，请不要挂机，请对我的服务进行评价，再见!

（四）客户投诉

坐席人员：Hello. What can I do for you?

您好！请问您有什么可以帮您？

客　　户：Why can't you keep your words?

你们电力公司为什么不守信用？

坐席人员：Don't worry，Sir/Madam.Please take your time to tell me your problem. We'll try our best to help you.

您先别急，请慢慢说，我们会尽力为您解决。

客　　户：There is a planned outage today.We're told we would have our electricity restored at 8 o'clock，but it's 9 o'clock now，and there is still no electricity.

今天停电，说是八点送电，现在都九点了，怎么没送电？

坐席人员：And your address?

请问您的具体地址在哪里？

客　　户：151Changjiang Avenue.

长江路151号。

坐席人员：We're very sorry that we've brought so much trouble to you.Generally speaking，we should and we can restore the electricity as scheduled.However，some new problems may have occurred，which take some time to solve.We apologize for the delay.

您所在的地方属于计划检修停电，正常情况下我们会严格按照计划时间送电，但是，现在出现了新的故障，延误了送电，给您带来不便，请您谅解。

客　　户：It's no use apologizing.You failed to do what you had promised.Who will pay us for the loss?

道歉有什么用？你们未能履行你们的承诺，谁来赔偿我们的损失？

坐席人员：We're awfully sorry for that.We will report the case to the department concerned and try to get you reconnected as soon as possible.We'll find out what caused the delay and inform

you of the result as soon as possible.What do you think of that?
非常抱歉，我们的抢修部门正在现场进行抢修，故障排除后会尽快恢复供电，我们现在立即联系现场工作人员，了解故障处理进度后再答复您，好吗？

客　　户：Ok，It sounds good.
好吧。

坐席人员：Thank you for understanding.May I have your name?
感谢您的理解。请问您贵姓？

客　　户：This is peter Woods.
我叫比特·伍兹。

坐席人员：139××××××××.So I can contact you by this number，right?
请问您打进来的这个电话号码139××××××××可以随时与您联系吗？

客　　户：Yes，that's right.
可以。

坐席人员：Hold on please，we will reply you as soon as possible. What else can I do for you?
请您保持电话畅通，我们会尽快答复您，请问您还有其他问题需要帮助吗？

客　　户：No，thank you!
没有了。

坐席人员：Thank you for dialing 95598，Hold on please，please grade my service. Goodbye!
感谢您拨打95598，请不要挂机，请对我的服务进行评价，再见!

（五）客户回访

坐席人员：Hello! This is 95598 hotline ringing yourback，I' m sorry to disturb you，May I speak to Mr. White?
您好！我是××供电公司95598，对不起，打扰您一下，请问是怀特先生吗？

客　　户：Yes，speaking. What's up?
我就是，有什么事吗？

坐席人员：I'd like to know if the power has been restored to your factory. Has the repair work been completed?
请问您那里的工厂现在用电正常了吗？

客　　户：Oh，yes. The problem has been solved.
哦，问题已经解决了。

坐席人员：Did our repair crews get to the scene in time？Are you satisfied with our service?
请问抢修人员是不是及时到达现场？您对电力抢修人员的服务是否满意呢？

客　　户：Your crew arrived here in time and repaired it quickly. I'm very satisfied with your service.
你们工作人员及时到达这里并很快修好了，我非常满意。

坐席人员：Thank you for your help.If you have any ideas or suggestions for our service，please just let us know.
感谢您对我们工作的支持，您对我们的工作还有其他意见或建议吗？

客　　户：No. thank you very much.
没有了，谢谢。

坐席人员：Thank you for dialing 95598，Hold on please，please grade my service. Goodbye!
感谢您拨打95598，请不要挂机，请对我的服务进行评价，再见!

【思考与练习】

1. 请用英语表述首问语、结束语、客户回访规范用语。
2. 请用英语表述咨询、查询服务案例。
3. 请用英语表述故障报修服务案例。

# 第十八章　电话服务礼仪与沟通技巧

## 模块 1　电话服务礼仪规范（ZY3100402001）

【模块描述】本模块介绍电话服务礼仪及电话服务礼貌用语。通过要点归纳和列表说明，掌握坐席人员受理电话和回访电话中常用礼仪和礼貌用语，以及电话服务的基本礼仪使用规范。

【正文】

随着社会的不断发展与进步，工作效率和生活节奏逐步加快，电话已成为供电企业与客户沟通最快捷的方式。它是受理客户需求、传递各类信息的有效服务工具，只要客户一个电话，其余的事情就可以通过 95598 业务流程迅速处理。随着 95598 服务功能的不断拓展，许多原本由供电营业厅受理完成的用电业务逐步向 95598 转移，这样大大提高了服务效率，降低了服务成本。

电话礼仪是人们在使用电话的过程中所应该遵循的行为规范。它与 95598 的服务工作密切相关，良好的电话礼仪能够让客户在“只闻其声，不见其人”的情况下判断出坐席人员较高的个人修养和服务素质。因此，坐席人员上岗前需要学会倾听、判断、忍耐和包容，了解基本的呼入、呼出电话礼仪，以便更好地为客户服务。

### 一、电话服务礼仪

电话是 95598 与用电客户之间相互沟通的主要方式，坐席人员要学会如何正确、规范地接打电话，注重电话服务细节，展现良好的个体形象，确保在每一个环节都给客户留下良好的感知印象。

1. 呼入电话

（1）通话前的准备：

1）完整的知识库。95598 为客户提供服务前，需要为坐席人员准备内容全面、准确的电子或纸质知识库，并根据政策的变动及时更新信息，确保坐席人员在通话中按照客户的需求快速查找相关知识点并答复客户。

2）快捷的技术支持。95598 客户服务、电力营销及其他相关技术支持系统的运行正常与否将直接影响到电话服务水平，技术人员需定期进行测试、维护工作，确保为 95598 提供稳定可靠的技术支持。

3）积极的心情状态。坐席人员在通话前必须保持积极、快乐的心态，时刻准备着为客户提供服务。即使对方看不到坐席人员，但能够通过欢快的语调感受到真诚的服务，给客户留下良好的印象。

4）熟悉交接班信息。坐席人员上岗前需要查看交接班记录，了解近期咨询热点、重要投诉举报事件、当天停电信息以及故障停电范围。坐席人员能够在接听电话时迅速答复客户，避免重复填写工作单。

5）快速地接起电话。坐席人员在电话铃响 4 声（或 12 秒）内要接听电话，并尽可能地缩短客户等候时间。若因特殊原因造成超时接起电话，应首先向客户道歉，再说 95598 首问语。

6）准备必要的书写工具。对于文字输入速度较慢，暂时难以做到边听、边说、边打字的坐席人员，通话前在台席上准备书写工具和笔记本是非常必要的。这样可以将来不及输入工单的重要信息用简短的语言记入笔记本，使坐席人员在服务中心情平稳，不用为担心记漏重要信息而惊惶失措。随着服务技能的提升，再逐渐脱离书写工具。

（2）通话中的礼仪：

1）电话开场。在客户眼里，95598 代表了供电企业的形象。坐席人员在电话服务中最关键的是前 15 秒钟，它是留给客户第一印象的关键时刻，机会只有一次，需要牢牢把握在自己手中。电话铃声响起时，坐席人员应立即腰部挺直，收腹提气，坐姿端正，神色坦然，以标准的语言和良好的心情开展此通电话服务。

95598 的接听首问语是："您好，请问有什么可以帮您？" 坐席人员要尽量让客户听到你的微笑。在工作中要形成自然微笑的习惯，当电话接起时，坐席人员的微笑就要开始了，只有这样才能让声音变得热情和自信，才能"让听得见的微笑走进千家万户"。

2）了解需求。坐席人员要及时了解客户的来电意图。通过一些标准的话述来拉近与客户之间的距离，譬如："我能为您做些什么？""您遇到了什么问题？我很高兴为您服务！"等等，做到语言亲切、语气诚恳、态度积极。在了解客户需求时，要学会倾听，不要随便打断客户的话语。并根据实际情况适时说"是"、"对"等，以示在专心聆听。将客户分散的话语进行归纳，对重要内容要重复、确认，注意听出客户的弦外之音，了解客户的真实需求。

3）体谅情绪。当客户家里停电急需用电时，当客户在营业厅受到委屈时，当客户的利益受到影响时，当客户的要求供电方无法完全满足时，供电服务热线 95598 就成为客户发泄怒气、整理心情的突破口。坐席人员要注意控制自己的情绪不受客户的影响，真心实意地体谅客户的情绪，及时地使用规范化用语安抚客户，平息客户的心情。客户反映停电了，坐席人员可以对客户说："停电给您的生活带来不便，请您谅解。我们会马上派工作人员处理故障，尽快为您恢复送电。请您放心！" 客户反映服务质量问题时，可以对客户说"我非常理解您的心情，我首先代表当事人向您道歉。请相信 95598，我们会马上调查处理，给您一个满意的答复。"

4）提供方案。当了解到客户的来电意图后，坐席人员应迅速总结归纳通话内容，抓住关键点，向客户提供解决方案。对于只有一种解决方案的电话，譬如公用变压器故障报修电话，则立即告知客户故障解决办法，请客户耐心等待。对于有多种解决方案的电话，譬如多抄电量的投诉电话，则告知客户可以作退费处理、或先交清电费，等待客户使用到抄错的电表止码后再行抄表等方案，供客户选择，最终达成共识。

5）积极行动。对于客户选择的合理方案，95598 要做到不推诿、不拖延，在第一时间内积极主动地解决问题，这样容易让客户相信 95598 的处理能力和工作效率，感受到被供电企业重视的程度，帮助国网公司建立起负责任的大型国有企业的形象。

6）电话收尾。当判断客户本次的来电需求已经满足时，坐席人员应及时进行电话收尾，向客户询问："请问您还有其他问题需要咨询吗？" 再次询问客户的主要原因是向客户了解是否还有其他事情需要咨询，或是否有被坐席人员遗漏的问题，同时也提醒客户如果没有其他问题就可以结束本次通话了，为挂断电话做好铺垫。当客户表示没有其他问题时，坐席人员应礼貌地请客户根据自动语音提示对本次服务进行评价，向客户说出结束用语："感谢您拨打 95598，请不要挂机，请对我的服务进行评价，再见！"

2. 呼出电话

（1）通话前的准备：

1）95598 呼出电话包括电话回访和主动服务。电话回访主要是针对曾经拨打 95598 提出需求的客户，回访内容包括答复客户、跟踪处理结果以及客户满意度调查。无论属于何种情况，95598 外呼前，首先要了解被回访客户的基本信息，如姓名、地址、联系方式、客户来电需求、工作单处理流程及处理结果，这样才能在回访时做到有的放矢。主动服务包括市场问卷调查、新业务推介等。

2）开展电话回访前，坐席人员要判断工作单是否按规定的流程处理完毕，是否满足了客户的合理需求。若对工作单中的处理结果有疑义时，则坐席人员不能作电话回访，而应将工作单转入相关人员重新处理，并进行催办，确保在规定时间内回访客户。

3）开展主动服务前，管理人员应向坐席人员提供开展问卷调查、新业务推介的相关纸质资料和标准话述脚本。脚本中对于客户的不同回答均有标准的应对语述，让坐席人员牢记于心，从容应对。

4）坐席人员呼出电话前要注意北京时间表，尽量避免在用餐、午休和夜间休息时刻打扰客户。建议外呼时间为 9:00～12:00，14:30～21:00。

（2）通话中的礼仪：

1）电话回访。坐席人员应在规定的时限内进行回访。回访电话接通后，首先要向客户自我介绍，并确认客户的身份，以免出现张冠李戴现象，引起对方不满，也浪费了外呼资源。电话回访的首问语是："您好！我是××供电公司95598，请问是××市的××客户吗？对不起，可以打扰您一下吗？"

做电话回访时，要按照不同的业务类别进行有效沟通。对于咨询、查询、投诉、举报类客户，应将了解的信息和处理的结果回复给客户，询问客户是否听明白，再对处理流程和处理结果进行满意度调查。

对于故障报修、营销业务受理类客户，首先向客户确认故障是否修复，或业务是否办理完毕。若客户回复没有完成时，应立即向客户道歉，参考话述为："非常抱歉，我马上帮您催办一下，再给您电话回复，好吗？"再迅速了解未完成的原因，进行督办考核。若客户回复已完成，则对到达现场时间、办理业务时限、服务质量等进行满意度调查。

对于建议类客户，若建议被供电企业采纳，则感谢客户提出的宝贵建议。若没有被采纳，则向客户说明未采纳的原因，感谢客户对工作的支持，请客户谅解。

若电话回访时客户表示不满意，则需要向客户询问不满意的原因，参考话述为："您觉得我们在哪方面需要改进呢？""您对我们的处理结果不满意，您希望我们如何处理呢？"坐席人员再根据客户的需求继续答复客户。若客户是合理要求，应对客户说："您看这样行吗？我们继续调查处理，在×个工作日内再与您联系？"若客户是不合理要求，应予以耐心解释，委婉拒绝。

2）主动服务。95598提供主动服务时，一般都要占用客户的宝贵时间。因此，坐席人员要注意用耳朵倾听客户的声音变化，了解客户接听95598电话时的心理动态。当客户语气生硬、语速变快、表现不耐烦时，坐席人员应减少调查内容，尽快结束本次主动服务，以免造成客户不满。

主动服务电话接通后，首先要向客户自我介绍，说明来电意图，并为打扰客户而道歉。主动服务的首问语是："您好，我是××供电公司95598，我们正在推介电力短信服务，不好意思，可以打扰您一下吗？"若客户同意继续通话时，则向客户介绍具体业务，通话结束后再次向客户表示感谢，参考话述为："感谢您对我们工作的支持，祝您心情愉快，再见！"若客户不同意继续通话时，坐席人员应向客户再次道歉，参考话述为："不好意思，打扰您了，祝您心情愉快，再见！"



## 二、电话服务礼貌用语

### 1. 基本礼貌用语

在电话服务中，礼貌用语的适当运用，会让人觉得彬彬有礼，很有教养。坐席人员与客户通话时必须经常运用"十字"礼貌用语，从而使自己的服务语言有一个良好的开端。基本礼貌用语中，"请"字的功能很强，它是语言礼仪中最常用的敬语，是与客户沟通的润滑剂。在询问客户的过程中常常使用"请"字，会迅速拉近与客户的距离，为95598带来一通完美的电话。

通常的基本礼貌用语有以下几种类型：

（1）十字礼貌用语：您好、请、谢谢、对不起、再见。

（2）称呼用语：先生、同志、女士、小姐、老大爷、老奶奶、小朋友。

（3）询问姓名：贵姓。

（4）问候用语：您好、早上好、下午好、晚上好。

（5）祝贺用语：祝您××节日愉快、祝您心情愉快。

（6）赞赏用语：您说得非常正确、您的建议非常好。

（7）理解用语：对、是、您说得对、我完全理解您的心情。

（8）征询用语：请问、您觉得、您认为。

（9）答谢用语：谢谢、非常感谢、感谢您的合作。

（10）道歉用语：对不起、非常抱歉、打扰您了、麻烦您了。

（11）请托用语：请理解、请包涵、请您谅解、请原谅、请稍候、请别介意、请您配合一下、可不可以。

（12）提醒用语：请问您还有其他问题吗？我们不耽误您的宝贵时间了，请您先挂机好吗？

（13）告别用语：希望下次能继续为您服务，再见！

### 2. 基本服务忌语

坐席人员在通话过程中杜绝使用服务忌语，注意不要用无称呼的招呼语、责问语、训斥语、反问语、烦躁语、推诿语、催促语、斗气语、泄愤语、轻视语等忌语，这样只会激怒客户，给供电企业和自己带来不必要的矛盾和麻烦，从而增加服务难度和运营成本。

通常的基本服务忌语有以下几种类型：

（1）无称呼的招呼用语。如嘿、喂、你、老头、老太婆等。

（2）责问、训斥用语：

1）什么怎么样？怎么回事？为什么？什么？怎样？

2）你说什么？你到底在说什么？你到底想怎么样？

3）你不是要查什么吗？您到底想查什么？你到底还要不要查？

4）你怎么会这样想呢？你这个人怎么这样说话？

5）你有没有先搞清楚啊？你到底懂不懂？

6）这是不可能的事，你一定是搞错了！

7）你听不听我说？你到底要不要听我说？

8）我态度怎样啦？我态度哪里不好，你说！

（3）烦躁用语：

1）你叫什么呀？说清楚一点！

2）不行就是不行，这是规定！没有办法。

3）你怎么这么啰嗦。行了，我知道了。

4）我就这样的态度！你找谁都没用！

5）你问我，我问谁？

6）不知道，没法解决，我也没办法！

7）有意见找领导去，要告就去告！随便你。

8）你有什么了不起，你有没有搞错？

（4）推诿用语：

1）我不知道，我不清楚，你找××地方问去。

2）这不是我办理的，这不该我管，你找××去。

3）这不关我的事，这不是我的错，没这回事。

4）我查不到，你打××电话去查吧！

5）你自己先查清楚再说吧！

6）过几天再说吧！我现在很忙。

7）好的好的，那就这样吧！

8）你问我，我问谁去？

（5）催促用语：

1）你早干什么去了！

2）你能不能讲快点儿，我还有事！

3）我很忙的，你快点说，别浪费我的时间好吗？

4）我等了半天了，你快点！

5）你快点把户号报给我！

6）你想好没有，快点！

7）我已经跟你说完了，你挂断电话吧！

8）没其他事情我就挂电话啦！

（6）嘲笑、轻视用语：

1）这个你就不知道了！

2）你怎么连这个都不会？

3）不是告诉你了吗，怎么还不明白？

4）这么简单的问题，还需要问吗？

5）我说了两遍了，你怎么还听不懂？

6）都什么时候啦，你还打电话问我！

7）只知道用电，不知道交钱！

8）供电企业不是为你家开的，你说怎样就怎样。

3. 电话服务规范用语

95598 电话服务用语的规范程度代表着坐席人员的整体服务水平，它与客户满意度这一关键绩效指标密不可分。不同的坐席人员有着不同的说话方式和服务个性，如果在电话服务中每个人按照自己的说话习惯，随心所欲地与客户进行沟通，这必然会使 95598 服务水平难以得到整体提升。如何帮助坐席人员塑造专业的声音和规范的语言，为客户提供基调一致的电话服务，是 95598 日常管理中的重要课题之一。

现根据 95598 现场实操中的常用服务语言，针对不同场景下的服务用语进行归纳总结，形成《95598 电话服务规范用语》，如表 ZY3100402001-1 所示，供大家参考。坐席人员在学习过程中，也可根据本公司实际情况进行增补。一旦确定 95598 电话服务规范用语的内容后，需要定期对坐席人员的规范用语掌握情况进行考评，并加强现场督导，及时纠正口语化、情绪化的不规范语言，在 95598 服务场所中形成良好的、统一的语言环境。

**表 ZY3100402001-1　　95598 电话服务规范用语**

| 序号 | 服务内容 | 服务用语 |
|---|---|---|
| 1 | 首问语 | “您好！请问有什么可以帮您？”<br>95598 客户服务系统中没有自动播报坐席人员工号时：“您好！×号为您服务，请问有什么可以帮您？” |
| 2 | 电话接通客户无声音时 | 应保持微笑重复道：“您好！请问有什么可以帮您？”<br>中间间隔 3～5 秒：“您好！这里是供电服务热线 95598，请问您能听见我的声音吗？”<br>仍听不到客户回应时：“对不起！我听不见您的声音，请您换一部电话再拨，好吗？”停顿 2 秒，说“再见”后挂机。 |
| 3 | 电话接通客户仍在拨号时 | “您好！您的电话已经接通，请问有什么可以帮您？” |
| 4 | 客户声音太小听不清楚时 | “对不起！我听不清您的声音，请您大声一点，好吗？”仍听不清，再重复一遍，重复时语气仍要保持轻柔委婉。还是听不清：“对不起，电话声音太小，请您换一部电话再拨，好吗？”停顿 2 秒，说“再见”后挂机。 |
| 5 | 电话杂音太大时 | “对不起！您的电话杂音太大，请您换一部电话再拨，好吗？”停顿 2 秒，挂机。 |
| 6 | 客户提出坐席人员声音太小时 | 稍微提高音量：“对不起，请问有什么事情需要帮助吗？” |
| 7 | 客户使用免提时 | “对不起，我听不清您的声音，请您拿起电话说话，好吗？” |
| 8 | 没听清客户讲话时 | “对不起，我听不清您的声音，请您再重复一遍好吗？谢谢！” |
| 9 | 客户不理解坐席人员的话语时 | 可换种表达方式：“对不起，我的意思是……” |
| 10 | 解答过程中客户无任何回应时 | 应时刻留意客户的反应：“××先生/女士，请问您能听到我的声音吗？” |
| 11 | 客户在讲解过程中，不能确定坐席人员是否在倾听，以“喂”提示时 | “××先生/女士，我正在听您讲话，请您继续！谢谢！” |
| 12 | 工作时需要客户较长等候时 | 应讲明原委并征询客户的意见：“对不起，我帮您查询一下，稍后可能会没有声音，请不要挂机！”客户同意后按下静音键，并迅速处理问题，不可用命令语气。静音等候时间一般不超过 20 秒。 |
| 13 | 重新与等候的客户交谈时 | 应在查询后立即进入与客户通话状态，并向客户致歉：“对不起，××先生/女士，让您久等了！”或“感谢您的耐心等待。” |
| 14 | 客户查询电费电量时 | “请问您的户号是多少？”若客户不明白或有迟疑，应立即解释，“是您电费发票上的×位数号码。”也可请客户提供户名或表号查询。查询后，“请问您的户名是××吗？您×月的电费是……。” |
| 15 | 帮助客户完成电费等查询工作后 | “××先生 / 女士，为了方便您查询电费，我们开通了自动查询电费功能，欢迎您下次拨打 95598 或登录我们的网站查询电费。谢谢您的合作，再见！” |
| 16 | 客户查询停电原因时 | “您所在的××（地方）属于计划检修停电，停电范围是×××，预计在××点之前恢复送电。给您带来不便，请您谅解。” |
| 17 | 所办业务一时难以答复需咨询相关部门 | 应耐心解释原因，并征求客户意见：“××先生/女士，您的问题我们需要到相关部门查询，恐怕会耽误您较长时间，请您留下联系方式，我们查询后立即答复您，好吗？” |

续表

| 序号 | 服务内容 | 服务用语 |
|---|---|---|
| 18 | 无法当场答复的客户投诉 | "××先生／女士，非常感谢您的意见，我们会尽快向上级部门反映，并在×天内给您明确的答复，给您带来不便，请您谅解。" |
| 19 | 坐席人员完全没听懂客户所提的问题时 | "对不起，××先生/女士，您的意思是……" |
| 20 | 坐席人员没完全听懂客户所提的问题时 | "对不起，××先生/女士，如果我没理解错的话，您的意思是……" |
| 21 | 客户的要求超出坐席人员的工作权限时 | 应向客户致歉并提供其他解决方法。"××先生／女士，对不起，这不属于我的工作范围，我们会尽快联系相关部门为您处理。" |
| 22 | 客户提出无理要求时 | 应耐心向客户解释，寻求客户的谅解："对不起，××先生/女士，您的要求已经超出了供电企业的服务范围，请您谅解！" |
| 23 | 客户询问坐席人员姓名时 | 应委婉地向客户解释："××先生/女士，很抱歉，我们在工作时间时只使用工号，我是××号。"<br>若客户坚持要求，可告诉客户这是公司规定："对不起，按公司的规定，我们只能提供工号，请您谅解！" |
| 24 | 客户打骚扰电话时 | "对不起，您的要求不在我们的服务范围内，如果您没有其他的事情，我就不占用您的宝贵时间了，再见！"坐席人员应报告管理人员。 |
| 25 | 接到坐席人员的私人电话时 | 应真诚地向客户解释："对不起，××先生/女士，公司规定上班时间不可以打私人电话，请您在她下班后与她联系，好吗？谢谢合作，再见！" |
| 26 | 请客户谅解时 | 应真诚地向客户表示歉意："对不起，请您谅解，很抱歉！" |
| 27 | 发现自己答复错误/不完全，需要纠正时 | 应立即向客户致歉，诚恳接受客户的批评，不得强词夺理："实在抱歉，刚才我的解释有些欠缺，应该是……"或"非常抱歉，刚才的问题请允许我再补充几点……" |
| 28 | 客户要求直接与领导讲话时 | 应根据事情的轻重缓急灵活选择处理方式 |
| | | 方式一："请您不要着急，把您的事情告诉我，我会尽量帮您解决，好吗？" |
| | | 方式二："您可以把事情大概讲一下，我会记录下来，请领导稍后回复您，好吗？" |
| | | 方式三："请您稍等，我请领导过来听电话，您不要挂机，谢谢！" |
| 29 | 客户要求提供领导的电话或地址时 | "对不起，××先生/女士，按公司规定我们不能对外提供领导的联系方式，您有什么需要我可以帮您转达。" |
| 30 | 客户要求提供公司的电话或地址时 | "××先生/女士，您有什么需要可以告诉我，好吗？"如客户一再坚持，则将总机电话告知客户。 |
| 31 | 客户拨错电话时 | "对不起，这里是供电服务热线 95598，请您查证后再拨，再见。" |
| 32 | 客户查询的资料，系统无记录时 | 应立即向客户致歉："××先生/女士，请您谅解，暂时没有查到您的信息，请留下您的联系方式，我会尽快答复您。" |
| 33 | 客户向坐席人员道歉时 | "没关系，请问还有什么需要我帮助吗？" |
| 34 | 客户称赞坐席人员时 | "谢谢！" |
| 35 | 客户感谢坐席人员时 | 应表示谦虚："不用谢，这是我们应该做的。" |
| 36 | 客户焦急时（如突发停电故障） | 应首先安抚客户的情绪："××先生/女士，我非常理解您的心情，请您不要着急，我马上为您处理，好吗？" |
| 37 | 客户表示自动台查询电费太麻烦时 | "对不起，××先生/女士，我现在就可以帮您，请问您的户号是多少？" |
| 38 | 客户表示自动台能办理的业务太少时 | "谢谢您的宝贵意见，我们会立即反馈给上级部门。如果您需要办理什么业务，我们可以为您提供人工服务。" |
| 39 | 客户表示自动台很难拨通时 | "对不起！由于客户电话大量增加，造成系统繁忙，有关技术部门正在研究解决，给您带来不便，请您谅解！" |
| 40 | 客户表示人工台很难拨通时 | "对不起！由于客户电话大量增加，造成坐席人员繁忙，我们正在研究解决，给您带来不便，请您谅解！" |
| 41 | 客户表示电费发票很难看懂时 | "对不起，我可以为您解释一遍……" |
| 42 | 客户表示问题反映了几次都未处理时 | "对不起！您反映的问题我们正在积极处理。因为牵涉到几个部门的协调，所以时间会较长，我们会在问题解决后第一时间与您联系！" |
| 43 | 客户责怪 95598 等待时间过长时 | "对不起！让您久等了，请问有什么可以帮您？" |
| 44 | 客户责怪坐席人员操作太慢时 | "对不起，现在系统比较繁忙，我会尽快帮您处理，请您稍等，谢谢！" |
| 45 | 客户因电力故障而埋怨时 | "对不起，给您带来不便，请您谅解，我们会尽快安排抢修人员为您处理。" |

续表

| 序号 | 服务内容 | | 服务用语 |
|---|---|---|---|
| 46 | 属客户内部故障时 | | “对不起，您的故障属于内部故障，按照产权划分，需要由您自己来维护。您可以请物业部门或有证的社会电工进行处理，好吗？” |
| 47 | 客户内部故障要求提供抢修服务时 | | “供电公司可以为您提供有偿服务，我们会根据现场故障情况收取相关的费用。” |
| 48 | 客户因电力检修未按计划时间送电时 | | “对不起，给您带来不便，请您谅解。” |
| 49 | 客户怀疑电表有误差时 | | “××先生/女士，如怀疑电表有误差，可以到您辖区内的营业所申请验表，如有误差，我们会在下月退还差额。但是在校验期间请您按时交纳本月电费。” |
| 50 | 客户咨询电表损坏原因时 | | “对不起，电表损坏原因需要检定，然后才能答复您。” |
| 51 | 客户咨询电价政策时 | | “根据国家发展改革委员会和省物价局文件，从×月×日开始对电价进行了调整。” |
| 52 | 客户咨询拉闸限电时 | | “您所在的×××（地名）属于拉闸限电，停电范围是×××。给您带来不便，请您谅解。” |
| 53 | 客户不理解拉闸限电时 | | “当电力供应不足，不能保证客户连续供电时，我们会严格执行政府批准的限电序位表。给您带来不便，请您谅解。” |
| 54 | 系统故障不能操作时 | | “对不起，××系统正在调整，请您留下联系方式，等系统正常后我再与您联系，好吗？” |
| 55 | 客户情绪激烈，破口大骂时 | | 坐席人员应调整好心情，尽量使客户的情绪平静：“请您先不要着急，慢慢说。我会尽力为您解决的。”<br>若无法处理，应马上报告管理人员。 |
| 56 | 客户提出建议时 | | “谢谢您的宝贵建议，我们会及时反馈给公司的相关部门，再次感谢您对我们工作的关心和支持。” |
| 57 | 客户投诉坐席人员态度不好时 | | “非常抱歉，由于我们服务不周给您带来不便，请您谅解。您是否能将详细情况告诉我？”认真记录客户的投诉内容，并请客户留下联系方式，提交给管理人员处理。 |
| 58 | 向客户解答完毕后 | | 可通过询问的方式确认客户清楚与否：“××先生/女士，我的解答您还满意吗？”如客户表示满意，则说：“请问还有其他问题需要咨询吗？”如客户表示尚未完全理解，则作进一步解释，直到客户彻底弄懂为止。 |
| 59 | 服务完成后客户仍不愿挂断电话时 | | 请问您还有其他的问题（业务）需要咨询吗？<br>若客户表示没有了，坐席人员说完结束语后挂断电话。<br>若客户没有问题但不挂机：“感谢您拨打95598，请不要挂机，请对我的服务进行评价，再见！” |
| 60 | 结束语 | 一般情况下 | “感谢您拨打95598，请不要挂机，请对我的服务进行评价，再见！”<br>若95598客户服务系统中没有开通自动评价功能时：“感谢您拨打95598，再见！” |
| | | 周五——周日 | “祝您周末愉快，请不要挂机，请对我的服务进行评价，再见！”<br>若95598客户服务系统中没有开通自动评价功能时：“祝您周末愉快，再见！” |
| | | 元旦、春节、劳动节、国庆节等节假日 | “祝您节日愉快，请不要挂机，请对我的服务进行评价，再见！”<br>若95598客户服务系统中没有开通自动评价功能时：“祝您节日愉快，再见！” |
| 61 | 回访客户及满意度调查 | 回访首问语 | “您好！我是××供电公司95598，对不起，打扰您一下，请问是××客户吗？” |
| | | 咨询查询、投诉、举报与建议类 | “您上次咨询（投诉）的××问题，情况是这样的……” |
| | | | “请问您对我们的答复（处理）是否满意呢？” |
| | | | “感谢您对我们工作的支持，再见！” |
| | | 故障报修类 | “我们想做一下回访，请问您家里用电正常了吗？” |
| | | | “请问抢修人员是不是及时到达现场？您对电力抢修人员的服务是否满意呢？” |
| | | | “感谢您对我们工作的支持，再见！” |
| | | 营销业务受理类 | “我们想做一下回访，请问您申请××业务是否已经办理完毕？” |
| | | | “请问您对我们的办理时限和服务质量是否满意呢？” |
| | | | “感谢您对我们工作的支持，再见！” |

【思考与练习】

1. 什么是服务礼仪？服务礼仪的类型有哪些？
2. 坐席人员在接听客户电话前应做好哪些准备工作？
3. 坐席人员应按哪几个步骤来为客户提供电话服务？各个步骤的注意事项是什么？

4. 坐席人员在开展外呼服务前应做好哪些准备工作？

5. 基本礼貌用语和服务忌语包括哪些内容？

6. 为什么要规范坐席人员的电话服务用语？

## 模块 2　电话服务沟通技巧（ZY3100402002）

【模块描述】本模块介绍沟通的基本概念以及电话服务的沟通技巧。通过要点归纳和案例说明，掌握坐席人员规范性的沟通语言、服务行为、处理流程及服务技巧。

【正文】

在当今社会里，沟通无处不在，无时不有，它是客户服务过程中最重要的内容。沟通可以让供电企业了解客户的需求信息，并及时向客户传递本公司的服务理念、服务内容和服务原则。通常情况下，95598 可以通过电话、网络、短信、传真等方式与客户进行沟通和交流，而有效的沟通才能产生高质量的远程服务。如果在沟通中经常出现坐席人员打断客户话语、不能领会客户的来电意图、使用电力专业术语造成沟通不畅等情况时，只能说明这一次的沟通是无效的、失败的。因此，需要坐席人员认识到沟通在电力客户服务中的价值，逐渐开始注重服务人员沟通能力的培养，不断提高坐席人员的沟通能力，努力搭建起供电企业与用电客户之间沟通的桥梁。

### 一、沟通的概念

沟通是人与人之间，或企业之间在交往、服务与协作过程中的一种信息交换，使双方相互理解，达成共识。它既可以满足个体与他人交往的人际关系需要，又可以帮助企业建立协调一致的内部组织体系和外界合作环境，使个人不断成长，企业不断进步，从而推动人类文明和社会发展的进程。

### 二、电话服务沟通技巧

坐席人员在与客户打交道的过程中，通常会运用语言、网络、书面、媒体等方式与客户进行沟通和交流。但是，对于坐席人员而言，与客户进行非面对面的电话服务是一种最常见的沟通方式。

1. 良好沟通的基本条件

（1）美化声音。声音在沟通过程中起着不可忽视的作用，客户能够在极短的时间内感受到为其服务的声音是否经受过专业的训练。对于坐席人员而言，需要让客户通过声音感受到真诚的服务，从而提高客户满意度。那么，如何在平时的培训和服务中不断训练自己的发音技巧，来帮助自己塑造出专业的客户服务之声呢？

声音与情绪有着很大的关系，俗语说："人逢喜事精神爽"，当遇到开心的事情时，声音自然会比较开朗，而不高兴的事会让声音变得沉重起来。另外，有些人习惯于用很小的声音来说话，使人听起来很吃力，如果再加上口齿不清，讲话含含糊糊，很容易让客户对所提供的服务产生怀疑。还有一些女同志的声音天生属于高而尖的类型，长时间用这种音调说话，不仅给客户单调而费劲的感觉，自己的嗓子也得不到好的保养。声音是交谈过程中传递信息最重要的载体，若想塑造出专业的、让客户感到温暖的声音，就必须在改善声音上"小题大做"。要让客户通过坐席人员悦耳、标准的声音，感受到一颗颗真诚服务的心。

塑造专业声音的方法有以下五个方面：

1）音量：标准、清晰。在与客户说话时要表现出热情与自信，掌握合适的音量。正常情况下，应视客户音量而定。音量太小，会一下子拉远与客户之间的距离。音量太大，坐席人员表现出一种压倒或胁迫他人的气势，会让双方都感到疲劳。当客户生气大声讲话时，千万不要以同样的音量吼回去，即使本能的反应想要那么去做。相反，坐席人员要像电力专家那样，合理控制自己的音量，轻声安抚客户，平息客户的情绪，逐步让客户的音量降下来。当遇到客户的听力不好时，可适当提高音量。

2）语调：轻快、柔和。语调最能体现一个人说话的个性，在交流中语调不能总是一成不变，需要抑扬顿挫、轻快甜美、温和友好。如果声调进入高音区，稍微上扬，可以提高您的声音感染力，显得更有朝气。否则，语调平淡，没有激情。

3）语气：亲切、自然。当坐席人员一遍又一遍重复说着同一件事时，很容易养成用单调平淡的语气讲话的习惯。譬如，一天内要重复说很多遍“您好!”，这样会让语气变得平淡而没有激情。但是，即使一句话说了上千次，对于客户而言很可能是第一次听到。所以要切记，从第一个客户直到最后一个客户，都要运用语气的抑扬技巧。

有些人天生具有自然而令人感兴趣的声音，而另外一些人却没有那么幸运，因此，声音的练习显得尤为重要。主要方法有以下三种：

a）讲话时一定要微笑。微笑对语气的抑扬变化有着积极的影响。这样做不仅有心理方面的因素，也有生理上的因素。微笑时嘴唇后部的软腭就会抬起，它会使声波更有变化，更加流畅。

b）练习词语的重读。为了能够具体说明声音变化的作用，可以试着做下面的练习，用正常的声音读这句话：“我们很高兴为您服务”。然后把这句话当作问句重复一遍，再以神秘的语气重复，最后用惊讶的口气说一遍，每次读时声音的不同变化会传达出不同的信息。这样，通过声音的变化在不同的地方进行强调，表达的信息就会不同。

c）练习深呼吸。当人处于紧张和心烦的状态下时，往往声带会发紧，声音变亮，噪音发尖。这时需要放慢呼吸，放松声带，适当控制气息，使语气更加平和、但不是嗲声嗲气。

4）语速：适中、平稳。中速稍快，每分钟应保持在120～150个字左右，忌过于拖拉或速度太快。说话的语速应注意“匹配”，对快语速或慢语速的客户，要试图接近他们的语速。请记住：语速太快了，客户听不清楚，而且会让客户认为坐席人员过于激动，急于求成；语速太慢了，给人感觉慢吞吞的，态度不够积极，会导致客户对坐席人员所讲的内容失去耐性。若谈到客户不清楚的，或是特别重要的内容，应适当放慢语速，给客户时间思考和理解。

声音能够判断坐席人员是否自信。说话时声音颤动或犹豫，客户会理解成坐席人员缺乏底气或者言不由衷。为了更好地运用声音的变化，美化自己的声音，坐席人员可以尝试一下给自己录音，不断倾听自己的声音，并向朋友寻求真诚的帮助。

（2）善于倾听。听的最高境界就是用心去听，它是缓解冲突的润滑剂。坐席人员每天都与客户进行交流、沟通，而只有通过“听”才能了解客户需要什么样的服务？可是，坐席人员会听吗？总有些客户抱怨坐席人员没有理解他们的意图，没有听懂自己真正想表达的意思，因此，坐席人员要用心倾听，善于听出客户的需求、需要、渴望和理想，听出客户异议、抱怨、倾诉和投诉，听出客户潜在的、没有表达出来的意思。

1）耐心。不要随意打断客户的话语，要鼓励客户说出自己的心声，换位思考，专心聆听，不能因为客户的情绪而影响到自己的判断力。

2）反应。在倾听过程中，可适当加入一些“是”、“对”以示回应。重要内容要注意重复、确认。当客户叙述不清时，应用客气周到的语言引导或提示客户。

3）冷静。留给自己几秒钟，仔细考虑一下所听到的信息，进行归集，注意客户的弦外之音，在没有全面了解之前不要急于下结论。

请记住沟通的“八二”法则，坐席人员应花80%的时间去听。如果听的时间少于80%，则证明讲得太多，这样无助于为客户提供正确的解决方法。

（3）提问引导。电话服务过程中，坐席人员根据实际情况适时对客户提问，可以快速引导客户说出真正有效的信息，帮助自己做出准确的判断。当然，掌握提问的时机非常重要。当遇到能够在短时间内抓住谈话重点的客户，可以在对方发言完毕之后提问。可是遇到“煲电话粥”类型的客户，当他漫无边际地讲些无关紧要的事情时，如果在一句话的中间打断他，客户会认为坐席人员没有耐心，对他的讲话不感兴趣，这样更容易让客户喋喋不休，无形中拉长了通话时间。对于此类客户，要在对方发言停顿的间歇以不经意的方式向客户提问，通过提问来控制局面，引导客户说出关键信息。

提问引导主要有以下五种类型，需要坐席人员根据不同的客户、不同的谈话内容和谈话时机来灵活运用，从而控制交谈时长，掌握客户需求。

1）开放式提问。对于思维敏捷、沟通能力强的客户，坐席人员可以使用“什么”“怎么”“怎样”“如何”等疑问词来提出问题，从客户的回答中得到全面的信息。

例如：“请问您需要什么帮助吗？”

"请问您住在什么地方？"

"请问您想安装多大的电表？"

"请问您遇到了什么用电方面的问题？"

2）封闭式提问。对于思维不清晰、掌控不了说话重点、语言比较繁琐的客户，可采用封闭式提问，让对方只需回答"是"或"不是"的问题，这有助于判断自己是否正确理解了客户描述的内容。

例如："请问您是家住红门路的李先生吗？"

"请问您打来的电话号码 8123456 可以随时联系到您吗？"

"您是不是想知道这个月的电费是怎么计算的？"

3）引导型提问。对于不了解服务程序和处理办法的客户，可以通过启导式的提问了解所需信息，并使对方做出您所需要的决定。

例如："非常感谢您反映的问题，我们会认真调查，在 5 天内给您答复，好吗？"

"请问您还有其他问题需要咨询吗？如果没有，请您先挂断电话好吗？"

4）选择型提问。当客户不知道下一步该如何去做时，坐席人员可以提出不同的方案，帮助客户在解决方案中做出正确的选择。

例如："请问您想安装单相 5～20A 的电表还是 10～40A 的电表？"

"对于多抄的这部分电量电费，您是愿意先交清电费还是等用到了这个表码后再交清呢？"

"请问您是要稍等一会儿，还是先挂机，等我先了解一下情况再给您答复呢？"

5）征询型提问。通过征询的方式向客户了解我们的服务质量，及时查找不足，进行整改与考核。

例如："请问您听得见我的声音吗？"

"请问您对我的答复是否满意？"

"如果不介意的话，我可以做……吗？"

"您对电力抢修人员的服务是否满意呢？"

"请问您对这个投诉事件的处理结果是否满意呢？"

（4）情绪同步。情绪同步是指坐席人员能快速地进入客户的内心世界，能够从对方的观点和立场上来看事情、听事情、感受事情和体会事情，设身处地地为客户着想。

坐席人员每天都要保持活力，微笑地为客户提供各种服务。可是，并不是所有的客户都是兴高采烈地接受供电企业的服务。当遇到一个比较随和，性情开朗的客户时，坐席人员的声音可以变得生动、活泼，与客户建立亲和力，达到情绪同步。当遇到一个比较严肃、不苟言笑的客户时，坐席人员的情绪就要与他类似，让声音变得专业而有磁性，积极取得对方的信任。还有一些其他类型的客户，譬如对待无奈的客户，坐席人员要表现出自己的能力，让客户相信自己有能力处理好这件事情；对于愤怒的客户，坐席人员的心情要保持沉重和冷静，同情、理解并安慰客户，努力平息客户的心情，而不能直接反驳对方，一味寻找借口。

表达与客户情绪同步的常用话述有：

"我首先代表当事人向您道歉。"

"请问您希望我们怎么做呢？"

"停电后给您的生活带来不便，我非常理解您的心情。"

"感谢您提出的建议，我一定及时向上级反映，相信在您的帮助下我们的服务工作会越做越好。"

2. 特殊情况处理技巧

坐席人员每天服务于千家万户，常常会遇到一些让人棘手的电话。这些电话服务处理的好坏取决于坐席人员的业务知识、工作经验、处理技巧和服务态度。要想提高客户满意度，就需要用不同的服务方式来对待不同类型的电话。即使某些客户的言语、思想和行为不太被理解或赞同，但坐席人员需要在沟通中适当地运用服务技巧，努力与各种类型的客户建立和谐、稳定的电力服务关系。

（1）投诉电话的处理。95598 经常会碰到客户的投诉，那么，坐席人员应该如何看待这些投诉者呢？是把他们看成刁难的客户，还是帮助供电企业提升服务水平的"上帝"呢？坐席人员应该清楚地了解到，大约有 95%不满意的客户从不投诉，而是选择把不满放在心里，直接离开，并将不满的情绪传递给自己的亲朋好友。因此，95598 要珍惜每一个投诉电话，客户的反对意见为供电企业提供了良好的学习机会，同时也证明了客户相信供电企业会公平、公正地处理好投诉事情，从而增加客户忠诚度，提升国网服务品牌。

在受理客户投诉的时候，必须以维护公司的利益为准则，以尊重客户、理解客户为前提，以积极诚恳、严肃认真的态度，来平息客户的情绪，理性地处理好客户的投诉。

解决客户投诉的步骤：

1）接受投诉。客户投诉时，不得随意打断客户的话语。让客户把话讲完，以免影响客户的情绪。要认真倾听，准确记忆，尽量不要让客户对投诉内容重新叙述。如果客户说话太快，可以提醒客户一下："对不起，请您慢慢讲，我会尽力帮助您的。"如确实没有听清楚，可以对客户说："对不起，我没有听清楚，请您重复一遍好吗？"

倾听时，服务人员的表情要严肃，并流露出同情的神态，向客户表示自己对这件事情很重视、很关注。当客户表现出非常气愤、伤心时，首先保持冷静，再去安抚客户。一般的安抚语："请您息怒，我非常同情您的遭遇，我一定会竭尽全力帮助您的。"让客户相信自己。

2）解释澄清。解释时不能本能地为自己辩护，一味地寻找借口。譬如，客户投诉抄表抄错了，说："我每个月只用 100 多度，结果抄成了 300 多度电，我哪有钱交电费？"遇到这种情况，坐席人员不能马上寻找借口，向客户解释电表装得太高，或者是光线不好，这样只会火上浇油。如果是供电企业的原因，必须诚恳道歉，而不能认为客户的投诉案件不是自己造成的，凭什么要替别人道歉。因为对客户而言，坐席人员就代表着供电企业，在事发后的第一时间主动道歉，承认错误，解决问题的成本会最低，客户也最容易认可。

若很明显是客户的原因，千万不要表露出对客户的轻视，或不耐烦，应委婉地向客户解释，争取客户的理解。

3）提出方案。要快速准确地将客户投诉的问题进行分类，可以当即解决的问题，马上给予解决。对比较复杂、有争议的投诉，请客户留下联系方式，找专业人士探讨，达成共识后再采取行动。对客户的投诉，一定要在规定的时限内答复客户。

4）回访客户。对一般的处理案件，可以进行电话回访，严重的、特殊的案件要进行上门回访，了解客户对处理的结果是否满意。

如果是供电企业的原因造成客户不满意，则要继续调查处理，直到客户满意为止。

要将每一次的投诉，特别是比较棘手的投诉做一下总结。再根据总结的情况组织服务人员开展培训，以便于以后顺利地解决类似的投诉。

（2）愤怒客户的处理。通常情况下，当客户的期望值与实际值相距较远时，很容易引起客户的愤怒或不满，这是一种很正常的现象。但如果处理不当，容易造成投诉升级，事态扩大，给供电企业带来不良的影响。因此，坐席人员应该以一种平和的心态和认真的态度来对待这些客户。

愤怒客户的处理流程与投诉电话的处理流程类似，但它比投诉处理多一个环节，那就是在服务的初期，坐席人员要表现出与客户之间的同理心，并用积极的态度做好客户的安抚工作。客户的最终目的是想让自己的情绪得到发泄，并满足自己的需求。在这种情况下，客户不管遇到谁都会发泄自己的不满。而客户的愤怒会让坐席人员在心理上产生反感，甚至情绪低落，认为客户素质低下，故意与自己过不去，于是采取对立或冷漠的方式对待客户。但是，这种做法只会增加客户的不满，导致冲突升级，矛盾上移，使客户将对其他事物的不满转移到坐席人员身上，造成纠缠不清，最终无法控制通话局面。事实上，客户只是把 95598 的坐席人员当作供电企业的代表，他如此的生气是因为某些需求没有得到满足，或者确实是遇到了用电方面的难题，最后致电 95598 寻求帮助。因此，坐席人员在处理客户抱怨时，要沉着冷静，以诚相待，换位思考，分清责任，争取获得客户的理解和再度信任。另外，坐席人员不要把客户的发泄看作是浪费时间，试图中途打断客户，快速进入实质性处理问题阶段。否则会让客户认为坐席人员在敷衍他，从而增加后期处理的难度。

（3）骚扰电话的处理。骚扰电话是 95598 所面临的一个特殊问题。在夜深人静之时，或者拉闸限电期间，坐席人员常常会收到反复的、极为无聊低级的电话骚扰，它造成了坐席人员沉重的心理压力，也动摇了他们对本职工作的认可，影响到了 95598 的员工流失率等关键指标。面对这些骚扰电话，坐席人员要有一定的通话技巧和处理能力，平稳地处理好此类电话。

骚扰电话的处理步骤：

1）准确识别。骚扰电话可分为直接骚扰和间接骚扰两种。前一种骚扰是电话接通后，骚扰者会直接说一些与供电企业业务毫无关系的话语，譬如询问坐席人员的姓名，或要求约会，或说一些黄色的段子等等。一般这种电话非常容易识别。而后一种电话是在通话初期，骚扰者会询问一些与电有关的问题，譬如，拉闸限电能不能马上送电等等。一旦自己的需求无法得到满足时，咨询就有可能变成了骚扰。当客户开始寻找各种借口东拉西扯，反复提出不合理要求时，坐席人员应试着将话题引导到本次服务的主题上来。如果客户根本不听解释，对坐席人员的服务话题不感兴趣，不断地将话题扯远，答非所问，拖延通话时间。通过上述情况，坐席人员可以初步判断为骚扰电话。还有些骚扰电话是一群人在极端无聊的情况下，唆使其中一人拨打 95598 进行电话骚扰。坐席人员通过电话可以听到对方传过来的教唆声和嬉笑声，这样也比较容易判断为骚扰电话。

2）适当处理。有些坐席人员遇到骚扰电话后，感觉自己被客户嘲笑和戏弄，而没有得到应有的尊重，于是怒发冲天，恨不得对着话筒把骚扰者痛骂一顿，发泄心中的怨气。然而，这种激烈的反应往往让骚扰者正中下怀，反而达到了他的骚扰目的。因此，可以适当地运用技巧来处理这通电话。

当准确判断出此通电话为骚扰电话时，坐席人员可以用一些标准的服务语言提醒客户结束本次服务。参考话述有以下几种：

“由于拉闸限电给您带来不便，请您谅解。请问您还有其他用电方面的问题需要咨询吗？”

“由于故障停电给您带来不便，请您谅解。我先去了解一下抢修的情况，10 分钟以后再给您答复，您看这样行吗？”

“对不起，您的要求已经超出了供电企业的服务范围，请您谅解。如果没有其他的事情，我就不占用您宝贵的时间了。”

若客户继续骚扰，拒绝挂断电话时，坐席人员可以采取两种方法。一种是以线路故障为由挂断电话，可以说：“您好，请问您听得见吗？对不起，线路出现故障，请稍后再拨，再见！”重复几次后骚扰者可能就会放弃。另一种是直接向客户说清楚，再主动挂断电话。话述为：“对不起，您一直占用了 95598 的通道，影响到其他客户打进电话。如果没有其他的事情，我就不占用您宝贵的时间了，再见！”若客户还是继续骚扰，则采取相应的防范措施。

3）防范措施。95598 针对骚扰电话可采取相应的防范措施。对于一般的骚扰电话，95598 可以通过技术手段将该电话列入黑名单，并写明列入原因，在一定时期内屏蔽骚扰源。当该电话再次拨打 95598 时，客户服务系统会自动播放录音提示，拒绝该电话转入人工坐席。

对于性质非常恶劣，严重影响坐席人员正常工作的骚扰电话，95598 不能听之任之。管理人员应该通过来电显示对骚扰源进行调查，向反复骚扰者提出警告，必要时请求公安部门提供法律援助。

无论如何，坐席人员面对骚扰电话时都要拥有良好的心态，正确认识到社会上客观存在的不良现象，以积极的态度正确处理好供用电关系。95598 管理人员也应该根据实际情况创设心理疏导空间，开辟“发泄室”，合理释放坐席人员的心理压力。并通过心理素质培训和训练，增强心理承受能力，使坐席人员长期保持健康的心态和服务的激情。

**【思考与练习】**

1. 什么是沟通？
2. 坐席人员进行提问引导时有哪几种提问方式？
3. 坐席人员如何在电话服务中与客户情绪同步？
4. 投诉电话的处理技巧有哪些？
5. 如何处理愤怒的客户来电？

# 第十九章 情 绪 管 理

## 模块 1 坐席人员心理压力原因及分析（ZY3100403001）

【模块描述】本模块介绍坐席人员心理压力产生的原因及对工作的影响。通过要点归纳，掌握造成心理压力的各类因素及产生的影响。

【正文】

服务工作是一项与人打交道的工作，不同的客户对于服务有着不同的理解和看法，服务的宗旨是令客户满意，所以客户服务工作给服务人员带来了不小的压力。要想成为一名优秀的客户服务人员，应该正确看待自己所面临的工作压力，并分析压力形成的原因，从而找出正确的应对方法。

### 一、心理压力的定义

心理学上把压力定义为：个体在生理和心理上感受到威胁时的一种紧张状态。社会的发展与变革，会使人们的观点、态度、希望也随之变化，在这个快节奏、高效率、充满竞争与挑战的社会中，人们常常会受到内外环境的强烈影响，出现情绪上波动和生理上变化，从而产生心理压力。

压力产生一般包括三个方面的原因：① 那些能够使人感到紧张的事件或环境的刺激。比如上级领导要检查工作这件事情给下属带来紧张。② 压力是一种个体主观上感觉到的内部心理状态。③ 压力是可能对个体造成伤害的事物的一种生理反应，也就是说，当人感觉到压力的时候，可能会脸红、心跳加快、手心出汗等。

### 二、95598 坐席人员心理压力产生的原因

通常，95598 坐席人员面临客户、市场、公司、个人等四方面因素造成的心理压力，具体内容如下：

（一）客户因素

1. 客户期望值的提升

当前，金融、电信等公共服务行业高度重视客户服务，在服务软硬件环境建设方面均投入大量资源，服务水平有了很大提高。随着社会经济的发展，客户个人综合素质、维权意识显著增强，个性化、差异化服务需求持续提升。电力行业是关系国计民生的基础性行业，肩负着安全稳定可靠供电职责。95598 作为供电企业与客户沟通的桥梁纽带，直接面对各行各业的不同客户群体，客户服务压力不断加大。

2. 服务失误导致的投诉

在客户投拆的处理上，可以通过一些技巧很好地化解客户的抱怨。但是，有些投诉是较难处理的，像服务失误导致的投诉就属于这一类。比如生产环节计划停电延时、营业环节欠费停复电不及时等多种形式的服务失误，极易导致客户投诉，给坐席人员造成压力。

3. 不合理的客户需求

有时候顾客提出的不合理要求也会给坐席人员造成很大的压力，比如，客户家中的电灯不亮了，要求抢修人员到家里处理故障。按照公司规定客户资产可提供有偿服务，但客户又不同意付费。所以，如何在遵守公司规定的前提下，让顾客接受自己的合理解释，就成了坐席人员的一道难题。

（二）市场因素

1. 服务行业竞争加剧

随着电力体制改革的不断深化、电网企业作为参与电力市场竞争的独立个体，直接面对大型企业自备电厂的竞争，同时面临太阳能、风能、生物质能等新能源的激烈竞争。以高效优质的服务巩固和开拓市场是供电企业实现可持续发展的必由之路，国家电网公司向社会发布的《供电服务十项承诺》、

《员工服务十不准》等一系列服务承诺，就是重视客户服务，通过服务赢得市场的具体体现。所以，企业对客户服务的重视程度提高，坐席人员工作压力的增大也是必然的。

2. 服务需求波动

电力负荷紧张期间的有序用电、恶劣天气导致的突发性故障、大面积的计划检修停电等都会导致95598话务浪涌，出现话务阻塞现象，客户接通95598困难。停电导致客户心理急躁，很难接受坐席人员解释，并向坐席人员施压。因此，在客户服务的高峰期很难提供令顾客满意的服务也是坐席人员必须承受的压力。

3. 来自社会监督的压力

电力行业具有自然垄断性，社会各界对垄断行业高度关注。电监会、行风办等政府监管部门定期、不定期组织的供电服务监管及行风调查，人大代表、新闻媒体等常以95598服务质量抽查为重点开展的供电服务明察暗访，各新闻报道对电力服务事件以多种形式进行曝光等，这些都对95598坐席人员的工作产生很大的压力。

（三）公司因素

1. 超负荷的工作

95598岗位需要24小时为客户提供不间断优质服务，通常每值坐席人员需要连续工作8小时，有时还要加班加点，工作量大，所以如何调整心态、提升解决难题的能力，在超负荷的工作压力下，仍然能够保证每一个电话的服务质量，是坐席人员面临的又一个挑战。

2. 营销调度指挥不顺畅

由于营销与生产之间、营销部门之间的沟通协调不畅，内部监督考核力度不足，造成坐席人员跨部门协调调度工作的执行力差，相关部门对客户反映的供用电问题不能及时解决，造成客户的不满，致使坐席人员同时承受内外部的工作压力。

（四）个人因素

1. 服务技能不足

95598岗位要求坐席人员既要熟悉电力系统运行基本知识，又要掌握营销服务工作流程，了解用电政策和相关法律法规，同时还能够熟练进行计算机操作，具备良好的沟通协调能力。如果不能掌握应付各种突发问题的技巧，不能了解客户的多样性，客户的需求难以得到合理圆满的解决，造成客户投诉，坐席人员容易产生失望、沮丧感，形成心理压力。

2. 人际关系

人不可能在工作时做到与世隔绝。由于人际关系不和谐，工作环境中的人员相互之间缺乏信任、支持和理解，常常导致精神上的压力，而由此产生的矛盾与冲突也会引发工作压力。

3. 身体状况

主要包括生理、心理健康。坐席人员身体的营养状况与其感知能力、工作精力、应变能力都有很重要的关系。坐席人员大多是女性，身为女儿、妻子、母亲、雇员，角色冲突长期存在，有些不仅承担着生育、养育后代的压力，而且面临职场竞争压力。比如人际关系压力、情感婚姻压力、孩子教育压力、工作竞争发展压力……对于性格内向的女性，她们报喜不报忧，即使遇到困难、麻烦都不轻易向人倾诉，容易患上各种疾病。

**三、心理压力对坐席人员的影响**

坐席人员们一上线就是8个小时，一天下来就得接几百个电话，既要感同身受地为客户处理问题，同时还得第一时间平息和安抚客户的情绪。他们在面对客户投诉、情绪发泄或在电话销售过程中遇到客户拒绝时，会产生很大的心理压力，严重的甚至会产生接触客户的恐惧情绪，导致无法正常发挥应有的水平。所以呼叫中心的坐席人员压力都比较大；如果过大的压力得不到有效的疏导，对员工的情绪，心理状态，甚至是身体健康都会有较大的影响。

（一）工作压力的消极影响

如此之多的压力，在没有得到有效调节的前提下，对客服人员会有哪些影响呢？

1. 失去工作热情

当工作压得喘不过气的时候，相信任何人都无法保持工作热情，有的时候，甚至会对工作产生厌倦感。

2. 情绪波动大

当一个人被巨大的压力笼罩时，其他的任何小事都可能会导致他发脾气。所以，压力大的人常常被形容为“火药筒”——一点就着。

3. 工作效率下降

由于不能合理地释放压力，容易形成衰弱、失眠、疲乏等心理状况，降低了身体对疾病的抵抗力，从而导致工作效率明显下降，严重的甚至连最简单的工作都无法完成。

4. 工作失误

坐席人员长期面临压力，会在生理和心理上造成一定的变化，从而引起工作上的变化：① 工作的错误增加，出现一些本来不应有的错误；② 工作易出事故，例如：对待客户不耐烦、与客户顶撞等。

5. 工作退缩

坐席人员如果频繁遭受失败的打击，会在心理上出现担心、畏惧、自信心不足等不良情绪，在行为上表现为推诿或退缩，不敢面对现实。

6. 影响人际关系

许多人都说，不应该把工作带回家，尤其是工作中的压力。但是又有几个人能真正做到，所以，在工作中有压力的人，他的家人、朋友通常也要跟着承受这种压力。开始，大家会给予谅解和帮助，但是时间久了，人际关系就会变差。

（二）工作压力的积极影响

1. 引发正向情绪

铁人王进喜生前有一句名言：“井没压力不出油，人无压力轻飘飘。”这是他几十年工作经验的总结。所以说一定程度的压力对人是有益的，它可以使人的精神处于激活状态，使坐席人员的精神聚焦于某个事物，可以发挥人的潜能，提高工作和学习的效率。

2. 促进注意力集中

应对压力，坐席人员首要做的事情不是去观望遥远的将来，而是去做手边的清晰的事，因为为明天作好准备的最佳办法就是集中你所有的智慧、热忱，把今天的工作做得尽善尽美，这就要求坐席人员在工作中注意力集中，对客户的问题做到有问必答、严谨、规范。

3. 提升工作能力

既然压力的来源是自身对事物的不熟悉、不确定，或是对于目标的达成感到力不从心，那么，疏解压力最直接有效的方法，便是去了解、掌握状况，并且设法提升自身的能力。通过自学、参加培训等途径，一旦“会了”、“熟了”、“清楚了”，压力自然就会减低、消除。

所以，对于坐席人员来说，压力如同弹簧，只有压得更紧，弹得就会越远，承受的压力越大，进步就可能越快。对你自己能承受的压力，就应该抓住机会，努力工作，加速提高自己的能力，做一名出色的坐席人员。

【思考与练习】

1. 什么是心理压力？
2. 心理压力产生的原因？
3. 心理压力对坐席人员有哪些积极的影响？

## 模块2　坐席人员心理压力调整技巧（ZY3100403002）

【模块描述】本模块介绍了缓解坐席人员心理压力的方法和技巧。通过要点归纳，掌握心理压力调整技巧，达到舒缓情绪，提高坐席人员工作绩效。

【正文】

压力对于一个高效运转的呼叫中心是一个必然的现象，缓解压力就必须是一个值得花精力去做的任务。除了企业要采取一系列的方式来帮助员工减压外，作为一个坐席人员，我们也应该学会培养积极的心态，正确面对压力，有效的缓解，达到不断提升服务水平的目的。

## 一、缓解心理压力的方法

### （一）坐席人员积极心态的培养

#### 1. 关于心态的解析

心态就是内心的想法，是一种思维习惯状态。心是身体的主宰，是精神的领导。心态不同观察和感知事物的侧重点不同，对信息的选择就不同。比如杯子里有半杯水，有的人会说他是半空的，而有人就会说它是半满的。人们于是只愿意看到和听到他们想要看到和听到的，因而我们的环境和世界就不同。从这个人意义上讲，人的境遇并不是完全由环境决定的。

生活中，失败平庸者多，主要是心态有问题，遇到困难，他们总是挑选容易的倒退之路。“我不行了，我还是退缩吧。”结果陷入失败的深渊。成功者即使遇到困难，也会拥有积极的心态，用“我要！我能！”“一定有办法”等积极的意念鼓励自己，于是便能想尽办法，不断前进，直到成功。因此，“一个人能否成功，关键在于他的心态”。成功人士与失败人士的差别在于成功人士有积极的心态，而失败人士则习惯于用消极的心态去面对人生。

#### 2. 如何培养积极的心态

具备一个积极的工作心态对于坐席人员来说是非常必要的。因为我们将要面临的工作充满了挑战。面对投诉客户的“无端指责”，一遍遍重复着相同的话务内容，在短时间内变换不同的身份和角色……如何可以通过训练和长期的培养形成一个积极的心态呢？我们可以从下面的建议做起。

（1）建立乐观心态。一位年轻的船员，第一次出海航行，在航行途中，不幸突遇狂风巨浪将船上的桅杆打得快要断裂了，他受命爬上去修整，免得翻船。当他往上爬的时候，由于船只摇动得很厉害，加上又很高，他一直往下看，好几次差一点摔下来。一位有经验得老水手看了，急忙对他大叫：“孩子，不要往下看，抬头往上看。”年轻的船员听了不再低头看下面，而是抬头往上看，那种天摇地动的感觉就消失了，心情逐渐恢复了平静。这个故事告诉我们，生活中碰到不如意的事情是很正常的，但是如果我们学会用积极的自信的充满光明的心态来看待这些不顺的话，我们就能够平安渡过难关。

一个优秀的坐席人员首先要有乐观的心态，提醒自己不论接任何电话都要记得“把微笑写在脸上，把委屈藏在心里”。让客户在电话线那端能够‘听’到我们的微笑！ 尤其是当接到投诉电话，哪怕是被客户误会时遭到了劈头盖脸的指责，一个优秀的坐席人员都会笑着面对，因为她懂得换位思考，能时常站在客户的角度上设想，能做到认真倾听客户的意见和建议，诚心诚意地帮着客户解决存在的问题。

（2）适当心理宣泄。部分客户非正常的业务咨询导致我们的坐席人员出现负面情绪。有些问题与供电业务毫不相关，甚至有用户在通话中谩骂、挑衅坐席人员，或者长时间不挂电话，询问私人问题等。而坐席人员大多都是年轻人，心理年龄不成熟、阅历浅、经验少，很容易被客户纠缠得不耐烦，导致情绪失控。建议可以在这个不快乐的电话接听后找值班管理人员发泄出来，说出来有助于你对整个事件的梳理，值班管理人员也可以帮你缓解情绪，告诉你解决问题的方法，达到恢复状态去接听下一个电话的目的。而作为管理层，应为坐席人员提供良好的发泄环境，如休息室的沙袋，供人欺负的小玩偶。此外对于无法做到自我调节，多次辅导的效果不佳的坐席人员，管理人员应该建议公司为这些员工提供专业的心理调节，在心理医生的指导下进行自我放松训练。

（3）有效情绪管理。悲观的人对着桌子上的半杯水，会难过地说：“还剩半杯水。”而快乐的人看到它，会乐观地说：“还有半杯水。”过度压力的来源，有很大部分是自己造成的，尤其是受到自我的期望、价值观等影响，它会决定某一因素是否成为压力因素的可能。也就是说，我们应当作自己情绪的主人，而不能被负面的想法牵着鼻子跑。

比如当客户因电力故障而埋怨甚至责骂时，就要做到不卑不亢，调整好自己的情绪，平静地说：“对不起，给您造成不便，请您谅解，我们会尽快安排抢修人员为您处理。”同时要理解客户为什么埋怨，假如我是客户，家中没电会怎样呢。实际上，当你每天在清理一共接受了多少客户抱怨的时候，也要想想你同时也帮助了这么多人，那是一件多么有意义的事情；当你接起电话，面临可能是一个暴怒的客户，但是经过你的努力，对方不但满意地挂断电话，还不断地向你表示感谢，这时给你带来一种多么大的成就感；不是谁都有机会在一天之内可以面临这么多形形色色的人，这对一个人来说，是一个多么好的体验社会、了解人情世故的机会。所以，我们应该尝试对自己进行有效的情绪管理，做自己情绪的主人，维持心理平衡。

（二）坐席人员如何缓解由于客户不满或发怒引起的压力

1. 通话时如何缓解压力

（1）首先，无论客户有什么过错，坐席人员都没有理由把声音变大，语速变快，或用不礼貌的语句来“回敬”客户，应当尽量让对方把话说完。

（2）当有些客户会无休无止地说下去时，适当地控制语境也是一种艺术。有时可乘对方换气时说一些积极的话来接过话题。比如说“你对我们公司这么关注，真很让我们感动”或“您的时间一定很宝贵，我想……”

（3）在倾听客户时，应该非常主动认真，做一些笔记，并不断有所表示，让客户知道你的重视。但这种表示最好不要用“好，好……”“对，对，对……”等词语，以免让正在气头上的来电者接过去说“好什么”或“不对”等。正确的表达可以是“知道了”，“我理解”，“我了解”等。

（4）即使是对方出言不逊，也不要对其不良行为做任何评判，更不要提出让对方道歉或认错。这样做无助于你控制对话过程，从而达到解决问题的目的。你可能会被气得呼吸变粗，说话变快变高，这时你应先喝一口水，作一下深呼吸，把自己调整到正常状态，然后开始主动的对话。下面几点是应当注意的：

1）保持声音的优美与吐词的清晰，对方正在气头上，本来注意力就不在倾听上，让人听不清晰的表达更加剧对立情绪。

2）尽可能将对话朝积极、建设性上引导，比如，借着问客户的电话号码，可以由区号谈到客户的所在地，接着可引出某些轻松的话题稍聊一下便可以大大缓解对方愤怒的心情。

3）在保持足够的冷静又不失热情下，仔细运用公司业务流程规范来尽最大可能为客户解决实际问题，在此过程中向客户不断表示“十分了解您的心情”，“一定尽我所能替您解决这个问题”。

4）无论是否有怀疑，永远假设客户在说真话，不对对方的“背后动机”试图做任何分析追究，这种追究过程往往造成更多的负面心理。

2. 放下电话后如何缓解压力

（1）走到窗边看一下外面的绿色，做一下深呼吸，喝几口水。特别是你在刚上班就碰到很不客气的客户，更要离座活动一下，然后让自己再开始。别让这个电话影响了一天的情绪。

（2）休息时幽默一下。试着读些、看些、听些幽默搞笑的故事。到了工作休息时间，与同事们一起分享一些你在应付客户的时候所发生的令人捧腹大笑的经历。或许还能从别人身上学到一些新的客户服务方法。

（3）学会选择性忘记。不要老是在脑海中重映不愉快的一些过程，保持快乐和放松。微笑会有助于减轻压力，让人轻松愉快起来，不要在意别人的评价。

（4）不要和其他坐席人员诉苦，要说找你的值班长或管理人员，这样会使你更正面的作一个回顾。

（5）提高自信心，寻找成就感。当客户的故障得到及时处理，当你用文明规范的语言为客户查询电费、客户的一声“谢谢” 能够让你有成就感和自信心。作为坐席人员，每一个电话响起，就能帮助客户解决一个问题，会让我们感觉是一种被需要和享受，如果我们有了这样的自信心，就会有助于改善不良心态。

3.下班回家后，如何缓解压力

（1）读书：一本好书常常可使人心胸开阔，气量豁达。

（2）学会遗忘：离开工作状态就忘掉一切不愉快的事情，不要将不良情绪带回家中，带到朋友中去。

（3）健身：业余时间，加强有氧活动，可以到健身房跑步、练瑜伽来调节身心的紧张，提高身体的耐受度。哪怕是慢走都很有益，你可以嗅闻花木香，做深呼吸来缓解身体的疲劳。

（4）要有充足的睡眠。每个人所需要的睡眠量都有所不同。数年来，许多专家们都推荐人们每天至少要保证8个小时的充足睡眠。坐席人员从事的是按班轮换的工作，经常值夜班，可以按照下述建议去做，就能获得充足的睡眠。

1）要确保卧室漆黑一片，非常安静。拉上厚厚的窗帘，以免光线射入房间。

2）要确保房间很凉爽，室内温度保持在 20℃左右。

3）要确保床垫柔软舒适，能让你自由变换睡觉的姿势，早点入睡。

## 二、团队互助情绪调整技巧

### （一）班组方面帮助坐席人员情绪调整

#### 1. 值班长的帮助

对于工作经验不太长，受客户情绪干扰（或者说个人的情绪投入过多），并且自我调节能力不太好的员工，值班长要先把员工带离工作现场，使员工平静下来，并表示对员工的体谅，然后开始辅导。比如了解他情绪失控的原因，引导员工思考如何才能避免再次发生这种状况；让他说出具体的行为(例如，在开口说话前深呼吸等)，做换位思考的练习，自己扮演坐席人员，坐席人员扮演不理智的客户，让他感受一下对待这样的客户用其他办法进行处理的结果等。

#### 2. 同事的帮助

主要体现在鼓励大家对出现情绪失控的同事进行安抚，如建议他去休息等；主要为了避免有情绪的员工影响整个团队的情绪。

#### 3. 班组活动

班组定期组织集体趣味活动，如羽毛球、拔河比赛之类，缓解疲劳，增加团结，减轻压力。定期开展班组服务研讨会，使成员之间及时沟通，保持乐观、团结、热情、开放的团队气氛。

#### 4. 适当的激励手段

班组内定期开展日、周、月明星评选，并给予一定的物质奖励。在工作场所周围设立明星宣传栏、张贴服务明星照片、介绍先进经验。以先进模范的带头作用促进坐席人员服务水平的整体提升，营造积极向上奋发有为的工作氛围。

### （二）公司方面帮助员工减轻压力

健康心态是成功的基础，企业的领导者和人力资源部门应该充分关心一线服务人员的压力现状，从组织层面拟定并实施各种减轻压力的措施，有效管理、减轻员工压力。

#### 1. 企业管理者应了解企业员工的心理需要，减缓心理压力

企业管理者应充分了解企业员工的心理需要，加强研究，通过一定的管理机制加以合理满足，让员工感受到领导者对员工的关心和爱护，从心理上亲近领导者，减少畏惧感和逆反心理，形成企业内部良好的人际关系和宽松的工作环境，从思想上放松自己，避免管理心理压力的形成。

#### 2. 改善工作环境，减轻工作条件恶劣给服务人员带来的压力感

企业管理者应该力求创造一个高效的工作环境，譬如关注噪声、光线、舒适、整洁、装饰等方面，给一线服务人员一个赏心悦目的工作空间，有利于促进服务人员与环境的适应度，提高服务人员的安全感，从而减轻压力。企业还可以通过设立开设心理疏导宣泄空间、员工活动娱乐室，让员工通过锻炼、听音乐减缓心理压力。

#### 3. 结合岗位特点，系统开展职业规划导航

针对 95598 岗位业务知识及专业技能要求较为全面的特点，开展职业导航活动，引导坐席人员正确认识工作中的问题和困难，不断提高职业素养，勇于面对，积极化解客户矛盾，积累工作经验，为未来的职业发展打好基础。

**【思考与练习】**

1. 坐席人员应如何培养积极心态？
2. 如何缓解由于不满/发怒客户而引起的压力？
3. 班组方面如何帮助坐席人员调整情绪？

# 第七部分

# 营销业务应用

# 第二十章　客户服务系统

## 模块 1　系统构成（ZY3100601001）

【模块描述】本模块包含 95598 客户服务系统概述、系统构成的知识内容。通过概念介绍和要点归纳，掌握 95598 客户服务系统的结构组成、性质特点及功能特点。

【正文】

**一、95598 客户服务系统概述**

电力客户服务系统是国家电网公司一体化营销管理业务应用系统的重要组成部分。它通过自动和人工服务的方式，利用 95598 供电服务热线和 Internet 网站等手段，向电力客户提供 7×24 小时的一个多层次、全方位服务的综合业务服务平台。

电力客户服务系统集计算机技术、通信技术、网络技术、计算机电话集成（CTI）技术、自动呼叫分配（ACD）技术、交互式语音应答（IVR）技术、VOIP 技术以及数据库技术于一体，为电力客户提供咨询查询、故障报修、投诉举报与建议、营销业务受理、信息发布、主动服务等业务服务功能。95598 客服人员通过系统功能实现与电力客户的交互，并在其他客户服务支持系统配合下为电力客户提供快捷、丰富、优质的闭环服务。

客户服务系统的使用拓展了电力客户服务的多渠道和多模式，使得柜台业务逐渐向客户自助服务转变，方便、个性化的客户服务，极大地降低了供电企业人力成本，有效地解决了供电企业与客户之间的沟通及服务响应问题，最大限度地提高客户满意度。同时系统通过自动获取的大量准确、科学的统计分析数据，为企业生产经营和决策提供依据。

**二、系统构成**

（一）体系结构

1. 总体结构

电力客户服务系统对外为客户提供快捷、方便、优质的服务，对内起到统一协调企业内部的管理、服务、调度的重要作用。系统在层次上分为监督管理层和客户服务层。

监督管理层通过电力信息网对所辖供电营业区内建设的 95598 客户服务系统的运行状况和服务质量实行宏观指导和监督管理。监督管理层的功能由网省公司、国网公司实现，形成公司系统内部闭环的监督管理网络。客户服务层是 95598 客户服务系统的核心，它直接对外提供业务咨询、信息查询、故障报修、投诉、举报、建议、业务受理等服务，客户服务层的功能主要由网省公司或地市公司实现。

客户服务系统在逻辑组成上分为系统平台和业务平台，并通过与其他系统的有效集成，实现全方位、多层次的电力客户服务。如图 ZY3100601001-1 所示，为系统逻辑结构图。

系统平台主要由服务接入、计算机电话集成（CTI）、自动呼叫分配系统（ACD）、自动语音应答/传真系统、人工坐席、外拨服务、数据存储和管理监控等模块构成，完成客户服务的接入、排队、识别、分配、呼叫转移、人工/自动语音应答等功能，并提供相应的服务手段。系统平台实现对业务平台的功能支撑。

业务平台由客户服务业务系统和系统接口等模块组成，提供具体的业务实现。系统在进行业务处理中与客户档案资料管理、客户关系管理、用电检查管理、新装增容及变更用电、协同办公和安全生产应用等业务模块存在数据交互关系。如图 ZY3100601001-2 所示，为系统业务平台结构图。

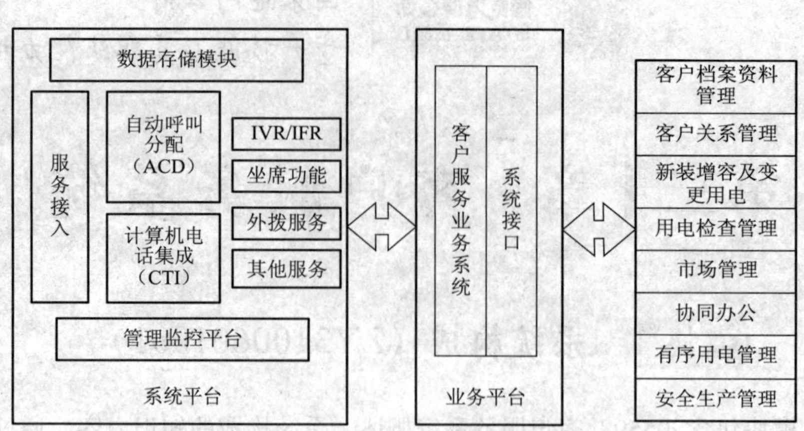


图 ZY3100601001-1 系统逻辑结构图

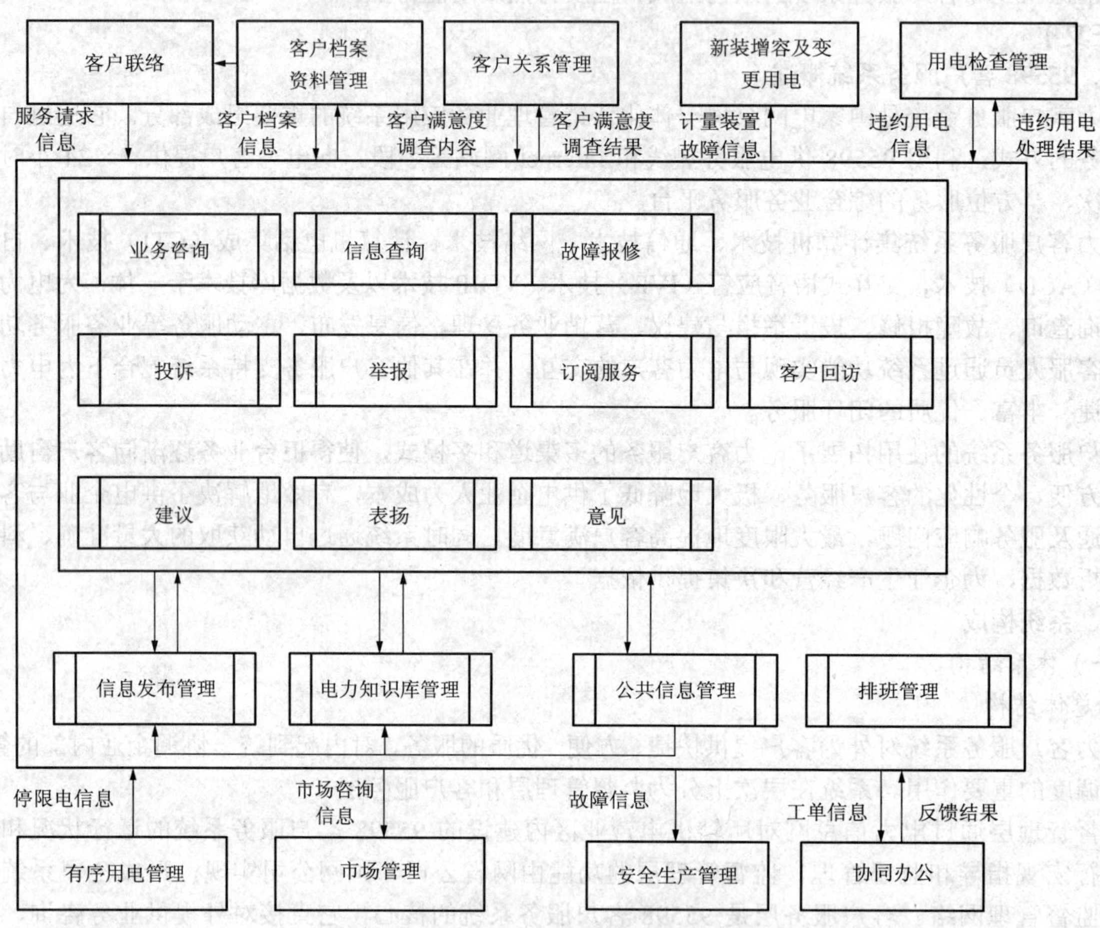


图 ZY3100601001-2 系统业务平台结构图

电力客户服务系统部署模式因各网省的管理现状、网络现状、地域分布等因素差异而不同。对营销业务集约化程度较高的网省公司，如北京、上海、天津等直辖市，采用网省公司级全集中的架构模式。对于其他网省公司的应用部署，采用在网省公司集中部署或者在各个地市公司分布部署模式。

2. 技术架构

电力客户服务系统采用基于CTI技术和IP技术的解决方案。系统主要由ACD排队机、CTI服务器、IVR系统、FAX服务器、录音系统、外拨系统、坐席系统、通信网关、数据库服务器、Web服务器、应用服务器、业务管理系统等一系列硬件设备和系统应用软件以及信息网络和通信网络组成。在接入技术上，存在电话、传真、Email、Web、VOIP、短信等各种形式的多媒体信息通道。在技术体系上，系统采用基于J2EE（用于创建可扩展的企业应用的Java平台）的多层技术构架来搭建，以提高系统的灵活性、可扩展性、安全性以及并发处理能力。下面针对网省集中模式和地市集中模式两种情况分析电力客户服务系统结构。

（1）网省集中模式。此模式是在全省数据大集中的基础上，95598 服务接入及业务应用统一集中在网省公司本部进行部署。根据 95598 接入方式不同，网省集中模式又可分为集中接入（直辖市）和地市接入两种方式。

如图 ZY3100601001-3 所示，为网省集中接入模式客户服务系统结构图。系统和其他营销业务应用系统集中部署在一组应用服务集群之上，实现网省统一管理维护，对于各个地市公司或基层单位（如趸售县）的特殊业务需求通过工作流技术、权限管理技术或专用组件，经过参数化配置实现。网省公司统一申请 95598 接入，当客户拨打 95598 客服电话时，通过 PSTN 接入或者通过电力系统内部 IP 网借助 IP 电话网关汇接到客户服务中心。人工坐席集中于网省中心，或者通过 IP 远端坐席分布于各地市（通过使用 IP 软电话为客户提供服务），但均受省中心系统的统一管理。对于直辖市的系统架构一般采用此种模式。

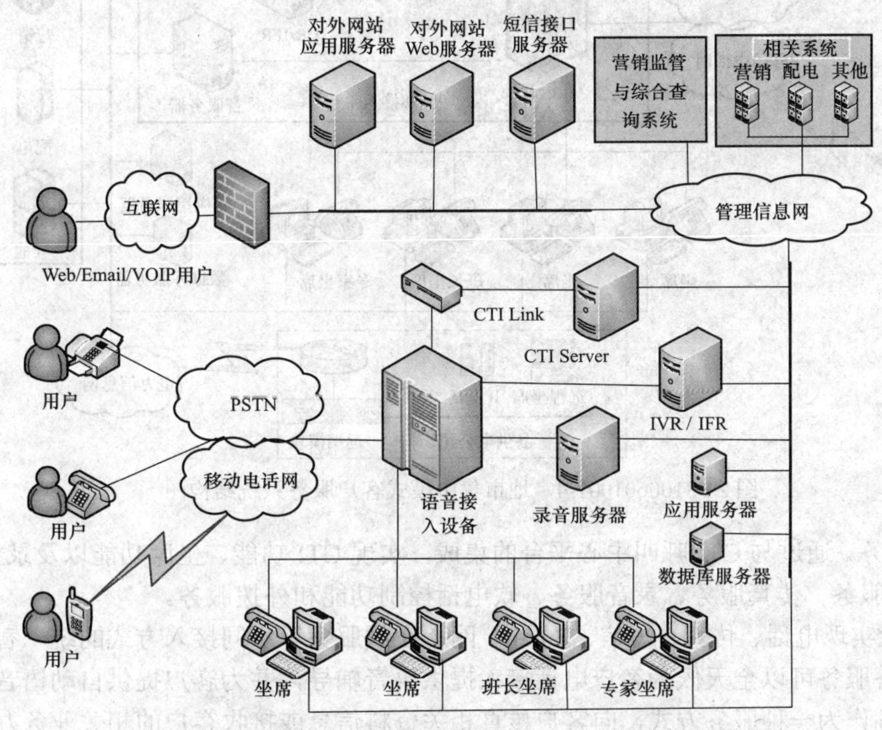

图 ZY3100601001-3 网省集中接入模式客户服务系统结构图

对于管辖多个地市公司的网省，一般采用地市接入方式。系统整体架构设计采用中继分散接入、坐席分散分布、呼叫中心组件集中的部署方式。各地市公司本地申请 95598 接入，人工坐席与本地 PBX 连接，各地客户拨打当地的特服号码接入。95598 接入设备、CTI 服务器、IVR 服务器以及录音服务器都部署在省公司。各地接入的本地电话通过电力内部通道统一上传到网省公司本部的 95598 接入设备，网省公司集中的 IVR 完成相应的语音引导或者自动业务（如 IVR 电费、停电查询）处理，并可根据用户的路由选择，分配到地市公司的人工坐席进行业务受理，网省公司本部的录音服务器通过会议方式实现对全省的通话录音。

（2）地市集中部署模式。此模式是在数据地市集中的基础上，将客户服务等业务应用集中部署在各个地市公司，95598 接入的平台功能相对独立运行。以地市公司为核心建立呼叫接入、CTI、IVR、录音、坐席等呼叫中心平台，下属县公司单位通过地市公司实现 95598 的统一接入，并设立远端坐席完成客户服务。95598 对外服务网站统一在网省公司部署，通过网省公司的 Internet 出口为互联网客户提供网上服务。在网省公司和地市公司分别部署系统支撑功能，实现客户服务平台管理维护功能。如图 ZY3100601001-4 所示，为地市集中模式客户服务系统结构图。

3. 功能架构

系统功能包括呼叫中心平台功能和业务功能，系统功能模块及其关系如图 ZY3100601001-5 所示。系统通过电话、短信、传真、Email、互联网等服务接入方式，提供电话服务、短信服务和互联网服务功能，实现客户各种业务服务请求。

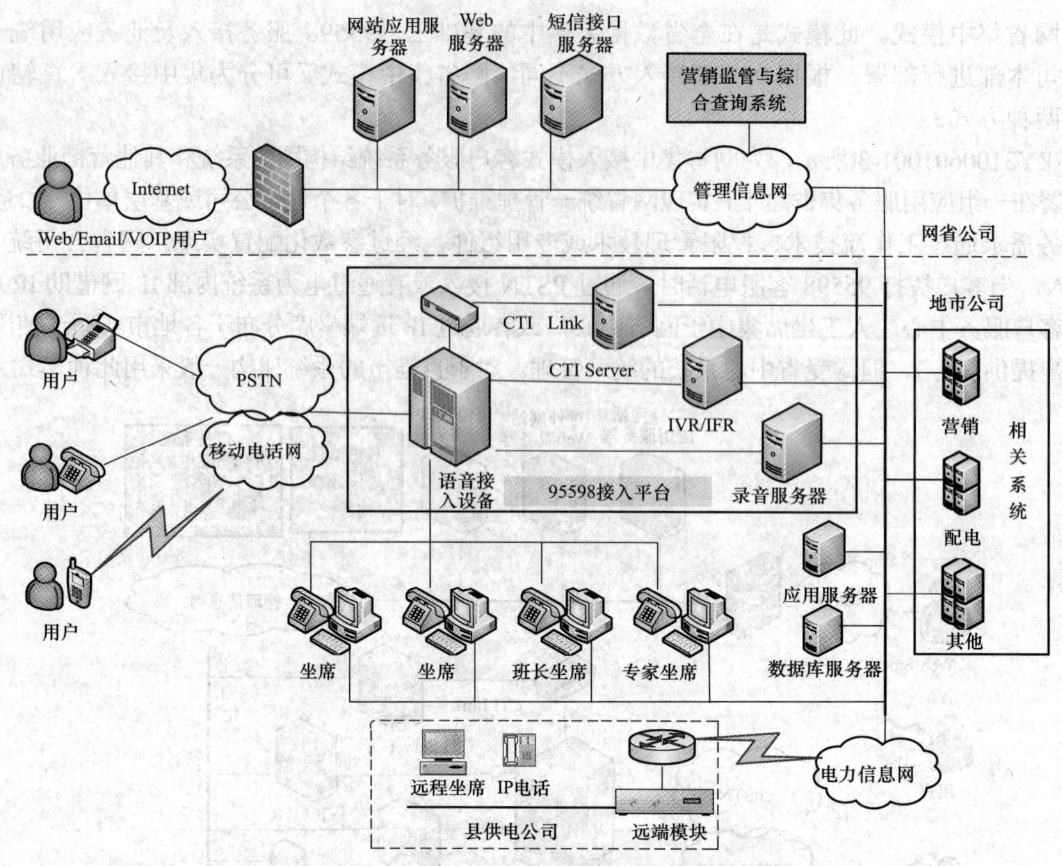


图 ZY3100601001-4 地市集中模式客户服务系统结构图

（1）电话服务。通过与CTI呼叫中心平台的集成，实现CTI功能、坐席功能以及录音功能，为客户提供语音应答服务、传真服务、录音服务、软电话控制功能和外拨服务。

1）CTI功能实现电话、传真、短信、Email、网上在线服务等不同接入方式的统一智能路由管理。

2）语音应答服务可以全天候为客户电话接入提供语音辅导，并为客户提供自动语音服务。

3）传真服务作为一种服务方式，向客户传真相关资料信息或接收客户的相关业务办理申请资料。

4）录音服务对电话服务坐席进行全程24小时录音，并提供方便的手段对录音文件进行检索和播放。

5）人工坐席主要完成用户数据的屏幕弹出、坐席人员对坐席系统的多种操作和通过集成的坐席环境对数据信息进行查询和业务的受理等。每个坐席一般带有一坐席工作台，利用坐席工作台，坐席人员可获得客户所需的信息，对用户提供人工服务。坐席工作台和排队机连接，同时接受CTI服务器的控制。

6）软电话控制是人工坐席与客户交互的主要手段，实现坐席签入、签出、状态设置、电话接听、挂断、挂起、拉回、转移、外拨、会议等软件电话控制功能。有关坐席功能的详细介绍请参考“普通坐席功能”、“班长坐席功能”模块。

7）外拨服务实现营销业务应用提交的外拨服务请求的管理，它通过人工坐席或电话自动外拨系统（也可以是语音应答服务）完成。利用外拨系统代替坐席人员按预先设定的任务，定时进行电话的自动呼出，可以减少人工的拨号时间，降低坐席人员的工作量，高效实现市场调查、电费催缴和客户回访等业务功能。同时外拨服务还可以方便统计管理。如图ZY3100601001-5所示，为系统功能模块图。

（2）短信服务。客服系统通过短信平台，实现短信的发送和接收，为客户提供通过短信办理业务咨询、信息查询、订阅等业务的服务渠道，供电公司通过短信服务为客户提供如订阅发送、电费催缴、停电通知等各种主动服务。

（3）互联网服务。系统平台通过与门户网站的集成，实现网上公共信息发布、网上营业厅（档案查询、电量电费查询、业扩报装、举报投诉、故障报修和缴费）以及网上在线服务（文本交谈、语音交谈、护航浏览、网上回呼、电子白板）等功能。互联网服务为客户提供更高效、便捷、经济的服务渠道。

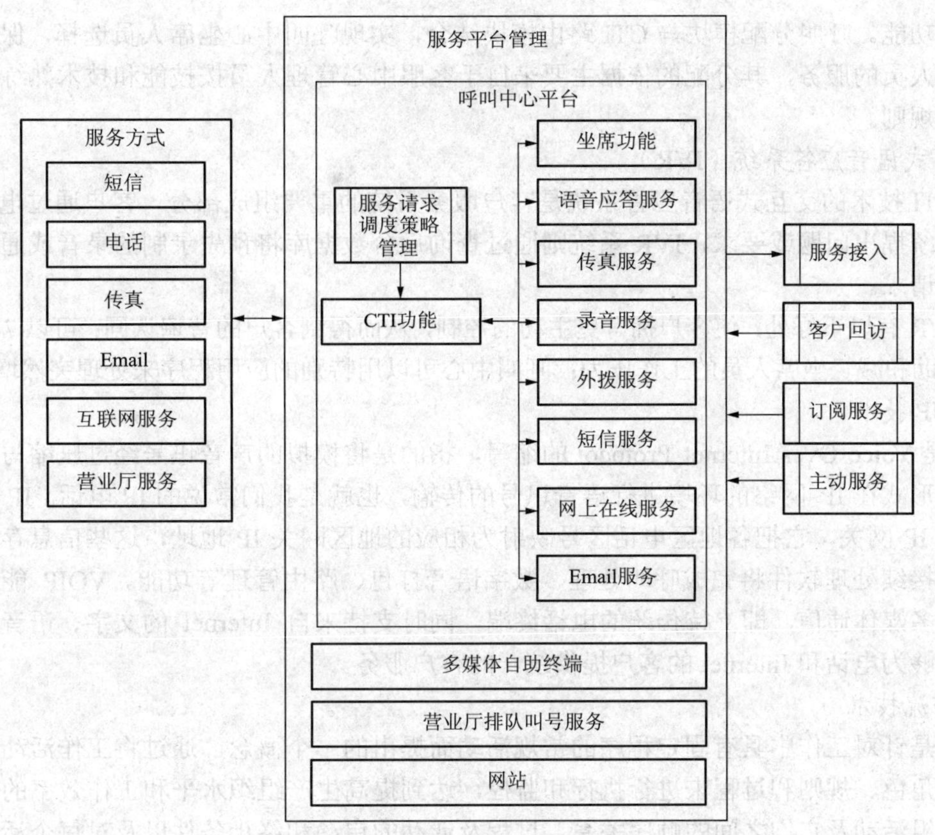


图 ZY3100601001-5　系统功能模块图

（4）业务功能。业务功能是客户服务系统的灵魂，整个系统平台最终是为实现业务功能服务的。

1）系统通过软电话、IVR/IFR 及人工方式调用业务功能模块实现业务受理、咨询查询、故障报修、举报投诉、订阅服务等业务功能。

2）通过排班管理、公共信息管理、知识库管理、信息发布管理实现后台管理功能，为上述业务功能的实现提供支撑，为客户提供优质、高效的服务。

（二）系统关键技术

客户服务系统通过将计算机的信息处理功能、数字程控交换机的电话接入和智能分配、自动语音处理技术、Internet 技术、VOIP 技术、网络组网技术与实际业务系统紧密结合在一起，实现对客户功能强大的服务。坐席人员了解系统关键技术对掌握系统使用、理解系统的运作原理有一定意义。

1. 计算机电话集成（CTI）技术

CTI（Computer Telephony Integration）是在电话网络进入数字化时代，计算机技术广泛应用于通信领域后逐渐发展起来的一门综合技术，目的是通过开放和标准的系统将语音和数据流整合在一起。“整合”任务主要通过 CTI 服务器实现。CTI 服务器是一台与交换机相连、安装了 CTI 软件中间件的计算机，它通过接收来自交换机的事件/状态消息，向交换机发送命令，实现计算机对整个呼叫中心的全面管理。CTI 技术在呼叫中心的应用很多，从 IVR、ACD、Web 到外拨服务、质量控制等，可谓无处不在。比如，坐席人员可以在接收呼入电话的同时在显示屏幕上看到呼叫用户的资料；CTI 系统可以提前识别出客户的身份，将呼叫转到合理的坐席人员那里；CTI 技术可以在将客户电话从一个坐席转接到另一个坐席时，实现话音与屏幕上的数据同时转移；CTI 技术在呼叫中心质量控制上也发挥着很大的作用，通过录音监听，既便于管理人员的监督管理，又方便坐席人员之间的交流学习。

2. 自动呼叫分配（ACD）

目前电力客服系统大都采用基于程控交换机的 ACD 解决方案。ACD 系统（Automatic Call Distributor，又称自动排队机）对外与通信公司有中继线的接口（一般为 E1 数字中继），对内提供与连接坐席人员话机和自动语音应答设备的内线接口。其功能就是将客户打来的电话按一定的算法路由给各个坐席人员。ACD 一般包括排队和呼叫分配两个功能模块。排队模块实现留言排队、重要客户优先排队等排队功能。呼叫分配模块与 CTI 路由模块结合，实现呼叫中心坐席人员选择，保证客户得到最合适的坐席人员的服务，其分配的依据主要来自于客服中心管理人员按技能和技术熟练程度设定的坐席人员分组规则。

3. 交互式语音应答系统（IVR）

采用 CTI 技术的交互式语音应答系统是客户服务系统的重要组成部分，客户通过电话的按键（或语音）向系统提出问题或要求，IVR 系统则通过查询后台数据库将预先录制的录音或通过合成语音来回复客户的请求。

使用 IVR 有以下好处：使客户拥有更主动的控制，从而得到客户的普遍认同；可以 7×24 小时全天候服务；帮助和减轻坐席人员的工作压力；呼叫中心可以用特别的应用程序来处理突然增加的业务等。

4. VOIP 技术

VOIP 是 Voice Over Internet Protocol 的缩写，指的是将模拟的声音讯号经过压缩与封包之后，以数据封包的形式在 IP 网络的环境进行语音讯号的传输，也就是我们常说的 IP 电话。IP 电话的核心与关键设备是 IP 网关，它把各地区电话区号映射为相应的地区网关 IP 地址，这些信息存放在一个数据库中，数据接续处理软件将完成呼叫处理、数字语音打包、路由管理等功能。VOIP 能提供包括音频视频在内的多媒体通信，即支持传统的电话终端，同时支持来自 Internet 的文字、语音、短消息等交互方式，能够为电话和 Internet 的客户提供统一的客户服务。

5. 工作流技术

工作流是针对工作中具有固定程序的常规活动而提出的一个概念。通过将工作活动分解成定义良好的任务、角色、规则和过程来进行执行和监控，达到提高生产组织水平和工作效率的目的。一个工作流包括一组活动及它们之间的顺序关系、过程及活动的启动和终止条件以及对每个活动的描述。在电力客户服务系统中引入工作流系统可以简化客户服务应用部署，建立以客户为导向的跨部门业务流程，形成部门间透明闭环的交互通道。工作流平台有机地把呼叫处理系统和各种业务应用处理系统连接在一起，处理工作中的各个环节都在工作流引擎的监控下流转，实现信息的自动触发和自动处理。具体来说，电子工作流提供客户投诉、建议、受理、咨询等工单电子化的复核、派单、处理及反馈功能，同时提供电话、Email、短信、传真等派单手段辅助完成工单的流转和处理，提供用户权限管理、工单催办督办和工单处理结果评估功能。

**【思考与练习】**

1. 简述 95598 客户服务系统的层次结构及各层次的作用。
2. 95598 客户服务系统具有哪些功能？

## 模块 2　普通坐席功能（ZY3100601002）

**【模块描述】**本模块包含普通坐席电话功能、录音功能、传真功能、各类业务处理及互联网服务功能等内容。通过要点阐述，掌握普通坐席各项功能的基本操作方法。

**【正文】**

人工坐席是客户服务系统为客户提供服务的功能单元，通常是由客户代表、微机终端、数字电话、耳麦以及相应的坐席业务处理软件等组成，微机通常运行 Windows 系统。坐席人员通过受理拨入的电话或其他媒体和客户直接进行交互，为客户提供各种服务。根据区域属性，可将坐席分为本地坐席和远程坐席。根据职能属性不同，坐席分为普通坐席、班长坐席、管理坐席和专家坐席，不同级别的坐席具有不同的功能。普通坐席主要为客户提供咨询、查询、故障报修、业务受理、投诉举报、主动服务等各种业务处理功能。坐席本身具有电话接听、挂断、转移、外拨、会议等软电话功能，并可利用语音播放、录音、传真、电子邮件、短信等资源实现与客户全方位的交互，大大提高坐席人员的工作效率。

**一、基础操作**

1. 签入、签出、口令设置

任何系统用户都具有用户名、访问口令、部门、角色、访问权限、绑定的 IP、当前状态等属性。

部门用来进行业务划分及统计分析。角色是一组功能权限，系统通过定义多个角色，将功能项指定到不同角色中。

（1）签入：登录客户服务系统。此时系统要求进行身份认证，只有输入正确的工号和密码才能登录系统。签入时系统会根据坐席工号，获取软电话相关配置信息，对软电话的控制权限进行设置，以实现软电话与CTI的交互。系统根据登录时的工号确定该坐席类型，如果以普通坐席的身份登录则该终端变为普通坐席，如果以班长坐席的身份登录则该终端变为班长坐席。

（2）签出：退出系统。

（3）口令设置：修改坐席人员登录系统的密码。修改密码时，必须输入原密码、新密码和确认密码。其中新密码和确认密码的值必须相同。

2. 坐席状态设置

坐席包括置闲、置忙、离席三种状态。

（1）置闲：将坐席置为空闲状态，等待客户电话呼入，为客户提供服务。置闲状态下，电话会分配进来，你可以接受用户的呼叫。因此，在你离开工作岗位时，请勿置闲。

（2）置忙：坐席人员需要完成案头工作时，将坐席置为工作忙状态，不受打搅。此时电话不会分配进来，可以进行内部呼叫、外拨或处理业务事项。

（3）离席：坐席人员有事情暂时离开工作岗位时，将坐席置为离席状态，此时电话不会分配进来。

3. 应答方式设置

有些软电话系统设有手动和自动两种接听电话的方式。当客户电话转人工时，电话会自动分配到处于置闲状态的坐席。如果设置为手动状态，系统会弹出来电提示，此时坐席人员须通过点击摘机按钮完成摘机动作，电话才可接通。若设置为“自动”，则不需要这个动作，转人工的电话马上自动接通。

4. 消息发送

消息发送功能为坐席人员提供了一个内部沟通的渠道，类似文字对话板。使用该功能坐席人员之间可以进行实时信息交互，包括消息的发送与接收，同时可以查看消息历史记录。

## 二、电话操作

1. 电话接听、挂断

（1）接听：电话呼叫到达坐席时，系统将会弹出含主叫号码的提示窗口或可以听到铃声提示，坐席人员进行呼叫应答。

（2）挂断：通话结束，坐席人员进行挂机操作。若坐席人员主动结束当前通话，系统将会转入自动语音服务评价。若是客户主动挂机，则电话不会转入自动语音服务评价流程。

2. 电话挂起、拉回、转移

（1）挂起：坐席人员与客户通话期间，需要咨询其他坐席、专家时，可以点击挂起按钮暂时屏蔽与客户的通话，将电话暂时挂起。此时客户处于听背景音乐状态，以示通话尚未结束。执行挂起时，坐席可同时进行外拨操作，以便与其他坐席交流。

（2）拉回：在内部沟通完毕后，通过点击拉回按钮将挂起的电话恢复到正常的通话状态。

（3）转移：如果坐席人员在与客户通话过程中，不能处理客户所要求的业务时，可通过转移功能将疑难问题电话转接到其他专家坐席进行处理，系统会显示专家坐席的电话状态，转接时，系统将客户所有信息一起转交。如果客户想修改密码或者查询电费，还可以把他转移到IVR自动语音系统。

3. 电话会议

坐席人员与客户正处于通话状态时，因为业务问题需要其他坐席人员共同解答，使用此功能发起三方或三方以上通话，由其他坐席或专家帮助共同处理。

4. 内部呼叫

若需要呼叫其他话务员时，可以使用此功能。此时本地坐席状态应设置为置忙状态，且被呼叫坐席须处于置闲状态。

5. 外拨

坐席人员通过预览式（Preview）、渐进式（Progress）、预测式（Predictive）等外拨拨号方式主动发起呼叫，与客户电话联系。

（1）预览式（Preview）：坐席人员自己查询外拨计划，浏览即将拨号客户名单资料后，人工拨号，执行外拨任务。

（2）渐进式（Progress）：外拨系统自动根据外拨计划，在有可用（空闲）的人工坐席资源时，帮助人工坐席进行拨号，在拨通电话后，由坐席人员完成外拨服务。

（3）预测式（Predictive）：外拨系统通过复杂的逻辑算法，预测人工坐席的空闲时间，并在此基础上由拨号系统的引擎模块控制后台发起外拨动作。先进的预测算法可以帮助调整自动外拨的决定，包括有效话音检测和有效服务坐席检测，以做出准确的电话分析。

**三、语音应答、录音及传真功能**

1. 语音应答

在与客户通话中，若客户咨询的是一个常见问题，并且有标准答案，可以利用语音播放的功能，选择要播放的语音文件，让系统来应答客户。

对于标准语音文件，可以对其进行增加、修改、删除等维护操作和查询操作。

2. 录音检索、回放

系统对电话服务坐席进行全程 24 小时同步录音，并对录音数据进行存储管理。通过录音原始文档可以对坐席人员进行绩效考核、解决服务纠纷等。坐席人员可以检索已存入数据库的录音文件并回放，以进行分析学习或服务质量检定。

3. 发送、接收传真

在人工坐席或 IVR 自动语音系统的辅助下，实现传真的发送和接收功能。客户服务系统提供了多种发送传真的手段。比如可以根据各传真的优先级设置，有策略地发送多个传真；可以进行传真的群发。



发送传真适用于多种与客户交互的情况。如当客户申请业务咨询服务、信息查询服务、订阅服务时都可以通过传真向客户发送相应内容；受理客户各项业务时，可以通过传真接收客户的相关申请资料；通过传真向客户提供各种主动服务；通过传真受理客户新装，增容及用电变更、故障报修、投诉、举报、建议等业务，传递给服务接入进行处理。

在通话状态下，客户要发送传真，坐席人员可以直接“接受”传真。如果不在通话状态，IVR 系统将自动接收传真。

**四、短信服务**

短信服务是系统提供为客户服务的重要手段之一，呼叫中心通过短信平台扩展出更加方便、实用、人性化的业务功能。供电企业制定并对社会公众发布短信服务功能码以及短信编辑格式，客户根据公布的短信编辑格式，发送相应的功能码和服务请求内容到电力短信特服号码，短信服务根据客户发送的功能码，自动判别业务类型，实现相关业务的办理。

1. 短信服务内容

（1）订阅服务：通过短信办理客户电量电费、停电计划等订阅服务。

（2）业务咨询：根据客户咨询的内容，短信服务能够自动检索公共信息管理及电力知识库的相关内容，将客户咨询的答复内容以短信的形式反馈到客户的手机上。

（3）信息查询：根据客户查询的内容，能够对客户提供的用电户号、密码、业扩进程查询号进行身份验证。通过身份验证后的查询请求，可以自动查询相关内容，将查询结果以短信的形式反馈到客户的手机上。

（4）客户可通过短信办理故障报修、投诉、举报、建议、业务受理等业务，短信服务可将收到的报修服务请求传递给人工坐席进行处理。

（5）客服中心通过短信服务可以为客户提供如下主动服务：

1）订阅发送：短信服务能够接收 95598 业务处理所提交的订阅发送内容，以短信的形式发送给客户。

2）电费催缴：短信服务能够接收客户关系管理主动服务所提交的电费催缴信息，以短信的形式发送给客户。

3）停电通知：短信服务能够接收客户关系管理主动服务所提交的停电通知信息，以短信的形式发送给客户。

4）其他主动服务：短信服务能够接收营销业务应用提交的各类信息，按照指定的时间发送给指定的客户。

2. 发送、接收短信

（1）发送短信：发送短信有多种方式。可以根据各短信的优先级设置，有策略地发送；可以批量发送短信；可以分组群发短信。系统会记录短信发送信息，如短信内容、接收号码、坐席工号、发送起止时间、发送时间、发送状态（未发送、发送成功、发送失败）、发送失败原因、允许重发次数、发送次数等。

（2）接收短信：传递给相应的业务应用进行处理。记录短信接收信息（短信内容、业务类型、来信号码、接收时间等）。

（3）查询短信记录：输入或选择业务类型、发送或接收时间、手机号码等条件，可以查询短信发送、接收记录以及发送状态，具体包括号码、发送内容、发送时间、发送人员、发送类型、发送状态、号码所属等信息。注意：只有具备管理权限的人员才可以查看全部短信发送、接收的记录。短信发送人员只能查询自己发送的短信记录。

3. 短信订阅管理

（1）查看短信订阅信息：订阅号码、订阅开始时间、订阅结束时间、所属分局、营销户号、注册类型、注册方式等信息。可以设置如号码、分局、发送人员等查询条件进行查询。

（2）短信订阅管理：可以把某条客户订阅记录取消注册，也可以修改客户短信注册信息。可以增加相应的订阅消息。

**五、95598 业务处理**

对于普通坐席人员来说，业务处理包括业务咨询、信息查询、故障报修、投诉、举报、建议、营销业务受理、客户回访和统计报表等内容。下面对各业务处理功能项作简要说明，详细信息请参考相关模块。

1. 咨询、查询

（1）业务咨询包括咨询受理、咨询处理、咨询回复、咨询归档等流程环节。

坐席人员接通客户咨询请求电话后，记录客户基本信息和咨询内容等语音信息，通过查询电力知识库和公共信息，答复客户有关政策法规、业务办理程序、事务处理流程、电费电价标准、停电信息、用电优惠政策、新装、增容及变更用电的有关规定及收费、用电安全知识、电力百科等信息咨询。坐席人员还可以通过电话、短信等方式寻求专家解答，在得到相关解答信息后，回复客户。

对于可以直接答复客户的情况，坐席人员填写好答复内容，将该咨询工单发送到归档环节，结束此工单；对于不能直接答复需要由其他部门处理的，则把该咨询工单发送到相关处理部门进行处理，相关处理人员填写处理意见，由坐席人员答复客户。

（2）信息查询包括查询受理、查询归档等环节。坐席人员根据客户的请求，查询并答复客户有关用户档案、电价电费、计量装置、在办流程、供用电合同等信息，同时记录客户查询信息和处理结果。

2. 故障报修

故障报修包括故障报修受理、接单派工、故障处理、故障报修回访、故障报修归档等流程环节。坐席人员接收客户故障报修请求后，根据停电及电力设备故障情况，记录故障报修单，对需要下发处理的故障，将抢修任务工作单按营业区域、故障类型传递到故障处理责任部门进行处理，坐席人员对处理过程进行跟踪、督办。故障处理完毕后相关人员填写处理情况，保存并发送工单到呼叫中心，坐席人员及时回访客户，形成闭环管理。

3. 投诉、举报、建议

（1）投诉包括投诉受理、投诉处理、投诉回访、投诉归档等环节。坐席人员接收客户投诉请求，受理客户对供电业务、供电服务等方面的投诉，生成投诉工作单通过流程转到相关部门进行处理，并对处理过程进行跟踪、督办。投诉处理结果及时反馈给客户，形成闭环管理。

（2）举报包括举报受理、举报处理、举报回访、举报归档等环节。坐席人员接收客户对行风廉政、违章窃电、破坏电力设施、偷盗电力设施、违约用电等方面的举报，生成举报工作单通过流程转到相关部门进行处理，并对处理过程进行跟踪、催办。举报处理结果及时反馈给客户，形成闭环管理。

（3）建议包括建议受理、建议处理、建议回访、建议归档等环节。坐席人员接收客户对电网建设、服务质量等方面的建议或意见，并转到相关部门进行处理。根据相关部门的处理结果回访客户，了解客户对建议处理的满意程度，成闭环管理。

4. 营销业务受理

坐席人员接通客户电话后，记录语音信息，根据客户的服务请求内容，选择新装、增容、用电变更等申请类别，填写申请信息，生成电子工单，系统自动通过业务流程转到相关部门进行处理，坐席人员可随时查询业务办理情况，对处理过程进行跟踪、催办，业务处理完毕后及时回访客户，进行闭环处理。

5. 统计报表

统计报表主要对本地呼叫中心及所辖呼叫中心的业务数据和管理数据进行统计分析，是系统体现服务指标以及衡量整个呼叫中心工作情况的主要统计分析来源。

统计报表按照报表生成周期分为年报表、月报表、周报表、日报表，分别对应相应周期的各业务分类统计信息；按照应用层次分为国家电网公司报表、网省公司报表、地市公司报表等。下面对重要的报表作简要介绍：

（1）IVR业务统计表。用于统计各类IVR受理的业务数量、该业务占IVR全部业务量的百分比以及占呼叫中心总话务数的百分比。

（2）接听、放弃、呼损率统计表。本报表是服务指标重要反映之一，用于统计坐席接听电话的接听率、放弃率、呼损率。

（3）业务量统计表。用于统计全省及各地市各类工单的数量。报表反映业务咨询、信息查询、故障报修、投诉、举报、表扬、意见等业务处理数量。

（4）业务平均处理时长统计表。用于统计各类业务的平均处理时长。报表反映业务咨询、信息查询、故障报修、投诉、举报、表扬、意见等业务处理效率。

（5）按时接听率情况统计表。用于统计在规定振铃时间内的坐席按时接听电话的比率，报表反映了承诺兑现情况。

（6）平均通话时长统计表。用于统计呼入、呼出及总的电话的平均通话时长，报表反映坐席业务熟练程度和服务效率。

（7）故障分类统计表。统计不同故障分类的故障在统计时段内的数量及与去年同期增长的百分比，报表反映各类故障情况。

（8）投诉分类统计表。按照投诉分类，统计某一时段内各类投诉的受理情况。报表反映投诉关注点。

（9）举报分类统计表。按照举报分类，统计时段内各举报分类的受理情况。报表反映举报关注点。

（10）咨询分类统计表。按照咨询分类，统计时段内各咨询分类的受理情况。报表反映咨询关注点。

（11）抢修到达时限统计表。用于统计不同地区的故障报修的数量、平均到达现场时间。报表反映承诺兑现情况。

（12）故障平均处理时长统计表。用于统计不同故障报修类型的数量及平均处理时长。报表反映各类故障处理的效率。

（13）平均事后处理时长统计表。用于统计坐席的接听电话数、案头总时长、平均案头时长。报表反映坐席业务熟练程度。

（14）呼叫转接率统计表。用于统计坐席接听电话数、呼叫转接次数、呼叫转接率等信息。报表反映坐席业务熟练程度。

（15）坐席工作时长统计表。用于统计坐席在线时长、通话时长、案头时长、空闲时长，离席时长。报表反映坐席工作效率。

（16）坐席业务量统计表。用于统计坐席呼出和接听的电话量，处理的各类工单数。报表反映坐席工作量。

6. 其他功能

（1）客户催办、督办。根据客户催办或业务处理时限要求，联系相关处理部门，对没有处理的或紧急的新装、增容及变更用电、业务咨询、故障报修、投诉、举报、建议等业务进行催办或督办，记录催办督办信息。

坐席人员可以根据时间段、受理业务类型、是否超时限等条件，查询并选择需要催办督办的工单。根据选择的工单，输入并保存督办原因、督办意见等信息，将工单发送给相关业务处理部门处理；呼叫中心需要通过电话催办或督办，则通过电话外拨联系相关部门，记录好录音信息。系统支持催办信息以短信、传真、Email 等形式，发送给相关业务处理部门。

（2）工作单查询。工作单查询是坐席人员日常工作中使用较频繁的操作之一。通过系统可以查询业务咨询、信息查询、故障报修、投诉、举报、建议、订阅服务、客户回访等工作单。

1）根据工单编号、客户编号、客户名称、用电地址、联系地址、联系人、联系电话、受理业务类型、受理时间、受理人员、处理部门、流程环节、服务渠道、呼叫来源、录音文件编号等条件，可以组合查询和定位工作单，打印查询结果清单。

2）根据查询或者定位到的工作单，查询当前或者历史工作单的申请和处理信息。包括客户信息、服务请求信息、督办信息、归档信息、退单信息、咨询受理信息、咨询处理信息、咨询回复信息、信息查询受理信息、故障报修受理信息、接单信息、派工信息、预约抢修信息、故障报修处理信息、故障报修回访信息、投诉受理信息、投诉处理信息、投诉回访信息、举报受理信息、举报处理信息、举报回访信息、建议受理信息、建议处理信息、建议回访信息、表扬受理信息、意见受理信息、订阅受理信息、退订受理信息、退订信息、回访工单信息、回访结果信息、电话录音信息等。同时可以查询当前或者历史工作单的流程信息，或者播放电话录音。

（3）客户回访。接收新装、增容及变更用电等业务处理环节传来的客户回访需求，或根据已完成的业务咨询、信息查询、故障报修、投诉、举报、建议、业务受理等服务记录，按照有关业务回访率要求，对符合回访要求的服务记录进行回访。

（4）订阅服务。受理客户订阅或退订申请。根据客户订阅的内容及要求，向客户发送订阅的相关信息。订阅服务包括订阅受理、订阅发送、退订等功能。

**六、互联网服务功能**

Web 服务对客户来说，集中体现在公司对外网站上。系统通过与门户网站的集成，实现网上公共信息发布、网上营业厅（实现档案查询、电量电费查询、业扩报装、举报投诉、故障报修和缴费等功能）以及网上在线服务（实现文本交谈、语音交谈、护航浏览、网上回呼、电子白板等功能）等功能。

1. 网上公共信息发布

通过网上向客户发布业务指南、停电通告、政策法规、电力新闻等信息。可以灵活设置信息发布的栏目，进行栏目的维护管理。根据满意度调查的相关方案，进行网上调查，将调查结果传递给满意度调查管理。

（1）停电信息：输入或选择停电时间、线路名称、地址，可以查询相关停电信息，包括停电开始时间、停电结束时间、停电线路、影响范围等。

（2）事务公告信息：电力企业新闻、事务性公告等信息。

（3）电力法律法规：可以检索查询电力相关法律法规，查看详细内容。

（4）电力公司文件信息：可以检索查询电力公司文件，查看详细内容。

（5）停限电方案：可以查看停限电时间、停限电线路、停限电负荷、影响单位等。

（6）维护调查问卷，汇总调查结果，并将调查结果传递给满意度调查管理。

2. 网上在线服务

（1）文本交谈：坐席人员可以同客户在网上利用 Web 界面以文字的形式直接进行交谈，在线受理客户业务咨询、故障报修、投诉、举报、建议、营销业务受理等业务。

（2）语音交谈：坐席人员可以同客户在网上以IP电话的形式直接进行语音交谈，在网上在线受理客户业务咨询、故障报修、投诉、举报、建议、营销业务受理等业务。

（3）护航浏览：客户在浏览网站主页时，如果需要95598人工坐席引导其进行网站查询或填写表格等，可以向95598人工坐席申请护航浏览服务。通过护航浏览，坐席人员可以和客户查看的网页实现同步，即坐席浏览器显示客户所在的Web页面，帮助客户完成相关操作。

（4）网上回呼：Internet客户在访问呼叫中心网站时，可以通过输入联系方式、联系时间，要求95598人工坐席以指定的方式，在指定的时间与客户取得联系。坐席人员接受请求，通过呼叫客户，为客户解答问题。

（5）电子白板：坐席人员与客户在网上进行文本交谈、语音交谈、护航浏览时，可以通过电子白板，以画图的方式进行交互，方便双方沟通理解。

3. Email服务

Email服务是个既方便又节约成本的服务渠道，客户通过Email可以办理业务咨询、信息查询、订阅等业务。

（1）Email发送：可以通过多种方式向客户发送Email。比如根据设置的客户优先级顺序，进行有策略地发送、批量发送、分组群发等。执行发送Email后，系统将记录Email发送信息，如Email内容、接收Email地址、坐席工号、提交时间、发送时间、发送状态（未发送、发送成功、发送失败）、发送失败原因、允许重发次数、发送次数等。

（2）Email接收：接收客户的Email，传递给相应的业务流程进行处理。系统记录Email接收信息（Email内容、业务类型、Email地址、接收时间等）。

（3）查询Email发送情况：输入或选择业务类型、发送或接收时间、Email地址等条件，可以查询Email发送、接收记录以及发送状态（未发送、发送成功、发送失败）等信息。

【思考与练习】

1. 坐席有哪几种状态？请做简单描述。

2. 简要说明系统中有哪些电话操作？

3. 普通坐席具有哪些主要功能？



# 模块3 班长坐席功能（ZY3100601003）

【模块描述】本模块介绍班长坐席的在线监控管理、质检录音文件、服务质量评定、坐席技能级别设置及其他管理功能等内容。通过要点归纳和图例说明，掌握班长坐席各项功能的基本操作方法。

【正文】

班长坐席比普通坐席有高优先级，它除了具备普通坐席全部功能外，还具有协助普通坐席服务和服务质量管理功能。班长坐席具有监控坐席人员的当前工作状态、响应坐席人员的服务请求、强制退出、坐席服务质量检查评定等功能。

## 一、在线监控管理

1. 坐席状态监控

班长坐席可以实时察看系统的坐席状态，如上班的总人数、置忙人数、置闲人数、通话数等。系统可自动监控每个坐席人员接听电话时间、通话时长、事后处理时间、置忙时间等。

2. 话务管理

（1）强制话务员签出。

对于屡次犯错或者有严重错误的坐席人员，班长坐席可以将该坐席签出，取消该坐席服务受理的权利。

（2）强制话务员置闲/置忙。

管理坐席在状态监控过程中，如果发现坐席人员未在坐席台位上，但是其坐席状态为置闲状态，可以通过强制置忙来使该坐席处于置忙状态或者强制其退出；对于长时间处于置忙状态的坐席，班长坐席可以强制其置闲，以保证用户呼入可以分配到该坐席中。

（3）监听。

普通坐席与客户通话期间，根据服务监督的要求，管理坐席以旁听的方式收听坐席与客户的通话，普通坐席与客户无法听到管理坐席的声音，也不知道管理坐席的加入。通过监听功能实现对坐席人员服务质量的监督，同时还可以帮助业务不熟悉的坐席人员提高服务水平。

（4）插入。

普通坐席与客户通话期间，管理坐席在发现普通坐席未能正确处理客户请求等情况时，通过插入功能可以主动加入普通坐席与客户的通话，协助普通坐席进行处理。

（5）拦截。

普通坐席与客户在通话期间，如果出现与客户争吵等情况时，管理坐席可以将客户电话转给自己处理，同时强制普通坐席退出与客户的通话。

**二、质检录音文件和服务质量评定**

1. 查询、回放、质检录音文件

除随时监听坐席人员的实时通话内容外，管理坐席可通过抽查方式查询、回放坐席人员受理服务通话的录音文件，并根据录音文件来分析坐席人员的服务质量，进行质检、评分，并记入考核。

2. 服务质量评定

针对于受理生成的工单，班长坐席可以对工单的录音文件、受理情况以及发送部门等工单属性内容进行服务质量评定。

**三、坐席技能级别设置和分组管理**

1. 技能级别设置

ACD 呼叫分配的依据来自于呼叫中心管理人员按职能、技能和技术熟练程度设定的坐席人员分组规则，将具备不同语言技能、技术背景、服务技能、业务水平的坐席人员进行分组，以便于将不同需求的来电呼叫分配给相应的坐席进行受理。分组方法主要有：

（1）根据区域分组：根据坐席人员所在的地市、县进行分组；

（2）根据职能分组：根据坐席人员的职能分为普通坐席、班长坐席、管理坐席、专家坐席；

（3）根据业务技能分组：根据坐席人员业务技能熟练程度分为故障报修、业务咨询、信息查询、投诉举报等；

（4）根据服务技能分组：根据坐席人员服务技能熟练程度分为电话、Email、网上在线服务等；

（5）根据服务客户的特征分组：VIP 坐席，英语服务坐席等。

2. 分组管理

根据坐席人员技能级别设置信息，实现坐席人员灵活分组功能，并根据坐席签入信息，确定坐席类型。

（1）分组管理：输入或选择上级组编号、组编号、组名称、分组说明等信息，生成并保存分组信息。可以对分组信息进行查询、增加、删除、修改。

（2）成员管理：输入或选择组编号、组成员工号、姓名、交换机工号等信息，保存为分组成员信息。可以对分组成员信息进行查询、增加、删除、修改。

（3）系统将自动记录分组或成员相关编辑操作，生成分组管理维护信息。

**四、95598 业务应用**

1. 公共信息管理

公共信息管理实现收集整理营销公共信息，向客户发布公共信息，规范公共信息管理等功能。

营销公共信息包括营销业务人员档案、用电检查人员资质、电力工程单位资质、进网作业电工资质、公共代码和供电网资源等。

向客户发布的公共信息包括企业简介、停电公告、事务公告、电力法律法规、业务指南、服务项目、供电服务承诺、用电常识、曝光信息等。

2. 电力知识库管理

通过收集企业简介、电力法律法规、优质服务承诺、营业收费、电价政策、服务指南等知识及日常工作中积累的工作技巧和经验，建立和完善电力知识库。电力知识库管理实现知识分类、知识收集、知识审核、知识发布等功能。

（1）知识分类：实现知识库目录的维护功能，包括增加、删除、修改目录等。

（2）知识收集：将从业务咨询收集的专家解答案例信息，从公共信息获取的电力法律法规、业务指南信息，从有序用电措施管理获取的有序用电方案等方面的电力知识信息，按照知识类别选择所在目录，录入并保存。知识收集完成后，或者对已发布的知识信息提出修改、停用申请时，根据流程发送至知识审核环节。

（3）知识审核：对待审核的知识收集信息、知识修改信息、知识停用信息、知识库目录更改信息等进行审核，如审核通过，记录审核部门、审核人、审核时间、审核意见等，保存为知识审核信息，并根据流程设置发送至知识发布环节。审核不通过时，填写审核意见，将其退回至知识收集环节或知识分类环节进行修改或终止。

（4）知识发布：对审核通过的新增的知识收集信息、知识收集附件信息，形成知识信息、知识附件信息并保存。对审核通过的需修改的知识收集信息、知识收集附件信息、知识库目录更改信息，更新知识信息、知识附件信息，保存原信息，并记录修改时间。对申请停用的知识信息，记录停用时间。根据知识目录的访问权限对知识信息、知识附件信息进行访问权限控制。

3. 信息发布管理

信息发布管理包括发布信息申请、信息审核、信息发布等环节，实现通过呼叫中心、门户网站、报纸、电台、电视台等多种渠道向客户发布业务指南、停电通告、政策法规、电力新闻等信息的功能。

（1）发布申请：

1）接收停电计划发布申请信息、停限电方案发布申请信息，记录申请单位、申请人、申请人联系方式、申请时间、发布时效、申请发布信息、申请发布方式等信息，保存为发布申请信息。

2）从公共信息管理、有序用电、电力知识库查询停电信息、事务公告及曝光信息、法律法规、公司文件及停限电方案等信息，输入申请单位、申请人、申请人联系方式、申请时间、发布时效、申请发布信息、申请发布方式等信息，保存为发布申请信息。

3）对发布信息的发布时限要求进行设置。根据流程设置发送发布申请信息到审核环节。

（2）信息审核：

1）列出待审核的发布申请信息或发布申请修改信息，记录审核人、审核时间、审核意见、审核结论等信息，保存为发布审核信息。

2）对审核通过的发布申请信息，根据流程设置发送到信息发布环节。

3）对没有通过审核的发布申请信息或发布申请修改信息，填写审核意见，退回到申请部门。

（3）信息发布。对审核通过的发布申请信息，记录发布时间、发布人员，并保存为发布信息。根据申请的发布方式，可将发布信息传递到呼叫中心、短信平台、Email平台、传真平台。对通过报纸、电视、电视台等媒体发布的信息，记录其相关发布说明。

4. 人员排班管理

对呼叫中心服务人员进行统一管理，制定排班计划并根据需要进行排班调整。

（1）班组管理。班组管理包括分组管理和交接班管理，有关分组管理内容请参见“坐席技能级别设置和分组管理”，交接班管理包括坐席交班、班长交班、坐席接班、班长接班及交班日志查询、打印等内容。

（2）人员排班。实现排班策略、排班、复制排班以及班次设置信息的新增、修改、查询、删除等功能。

（3）排班调整。排班调整包括排班调整申请和排班调整审核两个环节，分别完成申请信息和审核信息的录入、保存及发送功能。

5. 语音导航路由管理

IVR 提供 7×24 小时的自动语音服务，实现信息查询等业务功能。系统能灵活定制语音导航流程，并可方便的加载/卸载。

（1）根据语音应答服务要求，合理设置服务栏目。

（2）规范语音提示，合理设置服务流程。语音应答服务流程深度（客户按键次数）和宽度（选项条数）应尽可能的小，其中常用的选项靠近前列。

（3）由人工坐席转到 IVR 的用户电话，进入的是相关语音菜单。

如图 ZY3100601003-1 所示，为语音应答服务流程示例图。该图展示了语音应答服务总体流程的一个设计示例。第一级语音提示为人工服务、自动语音服务。第二级根据需要对各种业务进行分流。如电量电费查询、业扩信息查询、停电信息查询、业务咨询、留言服务、法律法规查询、传真服务、满意度调查、电力公告等。第三级为某一具体业务的查询导航。

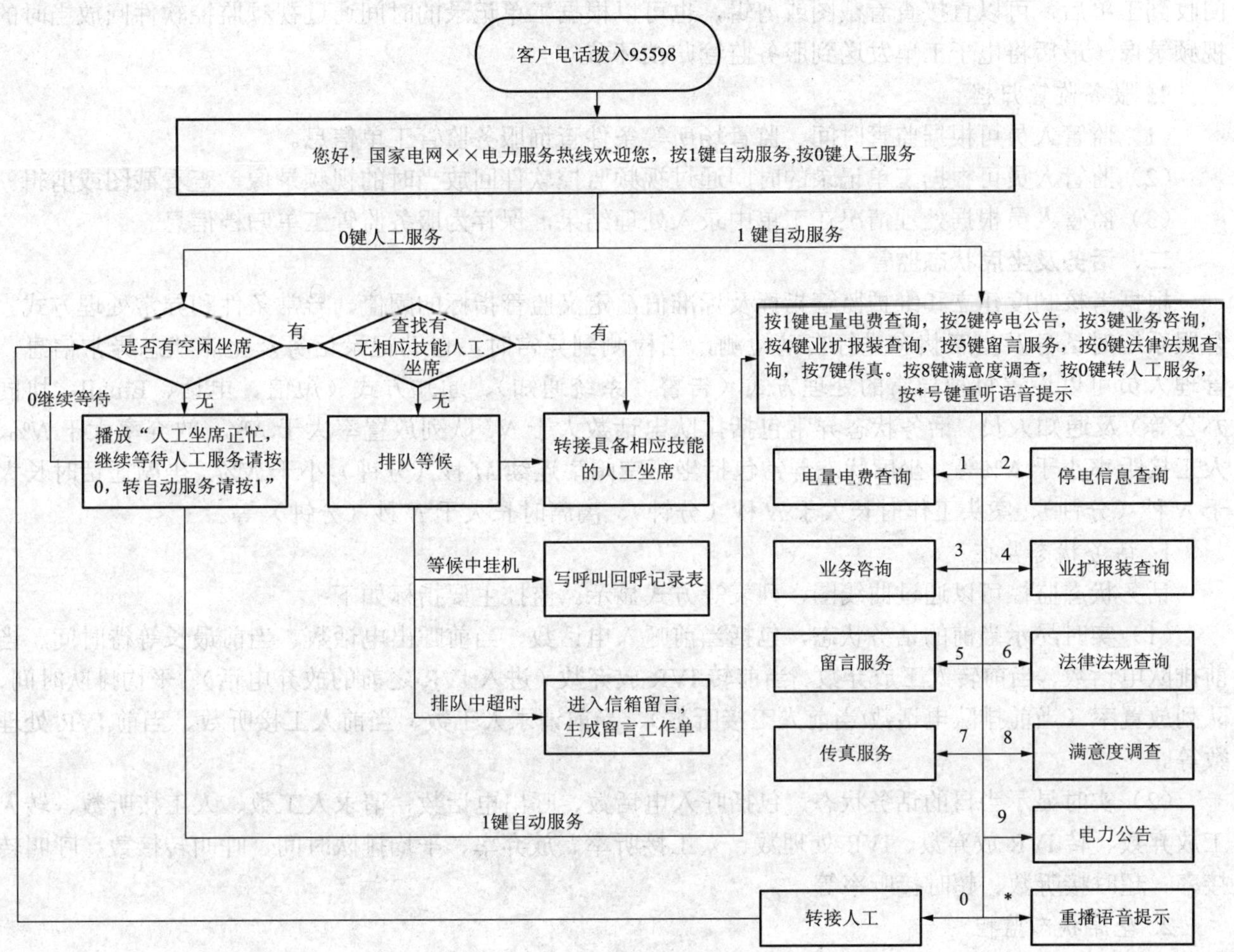


图 ZY3100601003-1　语音应答服务流程示例图

【思考与练习】

1. 班长坐席具有哪些主要功能？

2. 在线监控管理有哪些内容？

## 模块 4　服务质量监管功能（ZY3100601004）

【模块描述】本模块介绍服务场所视频监管、关键指标监控、抽样调查及监管工作计划管理等内容。通过要点归纳，掌握系统服务质量监管的内容、手段和方法。

【正文】

服务质量监管是提升电力企业窗口服务水平的重要举措，其目的就是保障服务指标达到预定要求。服务质量监管主要包括对各种服务渠道的服务质量抽查、评价及客户满意度考核；对呼叫中心系统运行状况、话务量、坐席状态进行监管；通过视频监控平台，对营业厅、呼叫中心等服务场所进行视频实时监督和评价等。

## 一、服务场所视频监管

### 1. 服务监管

（1）监管人员利用视频监控软件对营业厅等服务场所的服务视频进行监控，通过回放监控视频来查看服务情况，对服务不规范的情况进行截屏或剪辑记录，并保存成文件。

（2）监管过程以工单方式保存。监控人员填写服务监控工单，工单中需输入监管场所、监管问题描述、监管意见、处理部门等信息，记录问题的文件作为工单的附件，传递到相关处理部门。处理部门收到工单后，可以直接查看截图或剪辑，也可以根据工单记录的时间通过视频监控软件回放当时的视频录像，最后将电子工单发送到服务监管归档环节。

### 2. 服务监管归档

（1）监管人员可根据监管时间、监管场所等条件查询服务监管工单信息。

（2）监管人员可根据工单记录的时间通过视频监控软件回放当时的视频录像，查看截图或剪辑。

（3）监管人员根据处理情况在工单中录入处理结果，保存为服务监管工单归档信息。

## 二、话务及坐席状态监管

根据考核制度建立和维护监管指标及标准值，定义监管指标的阈值、异常条件和异常处理方式。客服系统对话务及坐席状态进行自动检测，当检测到异常时，自动记录话务及坐席状态异常信息。管理人员可以设置每种异常的处理方式（告警、系统通知）、通知方式（短信、电话、Email、协同办公等）及通知人员。话务状态异常包括排队电话数大于*N*、队列放置率大于*N*%、放弃率大于*N*%、人工接听率小于*N*%等。坐席状态异常包括坐席空闲率连续*M*秒（分钟）小于*N*%、坐席通话时长大于*N*秒（分钟）、案头工作时长大于*N*秒（分钟）、离席时长大于*N*秒（分钟）等。

### 1. 话务状态监控

话务状态监控可以通过曲线图、列表等方式显示。监控主要指标如下：

（1）实时显示当前的话务状态，包括当前呼入电话数、当前呼出电话数、当前最长等待时间、当前排队电话数、当前转人工放弃数、当前转IVR放弃数（进入IVR之前的放弃电话）、平均排队时间、队列放置率（当前排队电话数/当前人工接听数）、当前请求人工数、当前人工接听数、当前IVR处理数等。

（2）实时显示当日的话务状态，包括呼入电话数、呼出电话数、请求人工数、人工接听数、转人工放弃数、转IVR放弃数、IVR处理数、人工接听率、放弃率、平均排队时间、呼叫转接数、呼叫转接率、超时接听数、超时接听率等。

### 2. 坐席状态监控

坐席状态监控可以通过图标、列表等方式显示。监控主要指标如下：

（1）实时显示当前签入坐席的坐席工号、坐席姓名、技能组、分机号及瞬时状态，主要包括坐席当前的状态（振铃、置忙、置闲、离席、接听、呼出、挂起、会议等）、坐席当前处理的服务业务受理类别、当前通话时长、接入电话数、外拨电话数、平均通话时长、就绪时长、案头时长、通话时长、离席时长、签入时长、受理的各业务数量等。

（2）实时显示当前签入坐席的统计数据，包括接入电话数、外拨电话数、平均通话时长、平均应答速度、就绪时长、案头工作时长、通话时长、离席时长、签入时长、签入坐席数、离席坐席数、就绪坐席数、通话坐席数、案头坐席数等。可以设置统计的起始时间。

（3）实时显示技能组的状态，包括技能组名称、当前排队电话数、签入坐席数、离席坐席数、就绪坐席数、通话坐席数、案头坐席数等。

（4）可查询话务及坐席状态异常信息。

## 三、关键指标监控

系统可通过大屏幕等方式对关键指标的监控数据进行展现。

1. 展现数据主要来源

展现数据主要来自：话务及坐席状态监控的数据；业务量统计数据；在办业务情况统计数据；软硬件运行状态。

2. 关键指标展现方式

关键指标可以采用各种图形方式展现，例如：曲线图、柱状图、仪表盘、饼图及其他图形方式。

## 四、抽样调查

监管人员通过对已完成的业务进行随机抽样调查的方式，实现对坐席代表的服务质量考核。

1. 抽样

（1）根据服务渠道、受理业务类型、时间范围、抽样调查的数量、抽样比例、录音时长等条件，查询各类业务的工单，通过筛选，形成抽样调查任务。

（2）把抽样调查任务指派给质检员，保存生成抽样调查信息和抽样调查任务清单。

2. 调查

（1）根据调查任务查看相关工单信息、听取工单录音、查看从客户关系管理模块“满意度管理”业务项“满意度调查”中获取的IVR满意度调查信息。

（2）对服务质量的各项指标进行打分，填写语音语调分数、业务水平分数、规范服务分数、服务技巧分数、服务态度分数、工单填写规范分数等，保存抽样调查坐席考核信息。

## 五、监管工作计划管理

管理人员根据实际需要，制定好相应的工作计划，系统会根据设定好的工作计划，在规定的时间提醒监管人员做相应的监管工作。

1. 监管工作计划制定

（1）新建工作计划。在建立工作计划系统界面中输入监管对象、监管内容、监管时段、监管频度等信息，保存监管工作计划。可以查询已建立的监管工作计划。

（2）设置工作计划状态。选择需要更改状态的监管工作计划，将其状态设置为“无效”并保存，系统同时自动设置相应监管工作任务的状态为“无效”。

（3）修改监管工作计划。选定待修改的监管工作计划，对监管对象、监管内容、监管时段、监管频度等信息进行修改并保存；可以删除已建立的监管工作计划。

2. 计划分派及任务执行

（1）计划分派：为已生成但未分派任务的监管工作计划选定执行任务的对象。

（2）当监管工作计划被修改时，若要删除已生成任务，则将该工作任务状态设置为“无效”即可；若要修改已生成的任务，则选择该监管工作任务，根据监管工作计划修改并保存。

（3）任务执行：将执行结果录入到待执行的监管工作任务中并保存。

**【思考与练习】**

1. 服务质量监管有哪些功能？
2. 话务及坐席状态监管的指标有哪些？
3. 监管工作计划管理包括哪些内容？

# 第二十一章 营销技术支持系统

## 模块1 系统构成（ZY3100602001）

【模块描述】本模块介绍电力营销技术支持系统的概念、系统构成等内容。通过图例说明和要点归纳，掌握营销技术支持系统架构、性质特点及系统的构成。

【正文】

### 一、系统概述

电力营销技术支持系统是基于现代计算机、网络通信及自动化技术，将电力营销工作进行数字化管理的覆盖公司总部、网省公司、基层供电公司的一体化营销管理业务应用系统。系统以营销业务全过程动态监控为目标，具备客户服务、电费管理、电能计量、电能信息实时采集与监控、市场管理、电力需求侧管理、客户关系管理和营销分析与辅助决策等模块功能。系统的模块之间紧密协作，形成一个有机的整体，通过信息共享和流程协作，为客户提供各类服务，完成各类业务处理，为供电企业的管理、经营和决策提供支持。

### 二、系统构成

电力营销技术支持系统是个复杂、庞大的系统，涉及电力营销管理工作的各个方面。系统涵盖各级管理层次，包含营销各类业务应用。

1. 层次结构

电力营销技术支持系统在应用功能上可划分为客户服务层、业务处理层、质量管理层和决策支持层四个层面。客户服务层是整个营销技术支持系统对外的窗口；业务处理层是电力营销的日常业务处理核心；质量管理层是以客户服务层和营销业务层为基础，对客户、电能和市场等营销关键环节实行集约化、精细化监管；营销决策层负责对客户服务层、业务处理层和业务管理层的信息进行监管和分析。如图 ZY3100602001-1 所示，为系统层面结构图，它显示基于地市集中模式系统的层面关系。

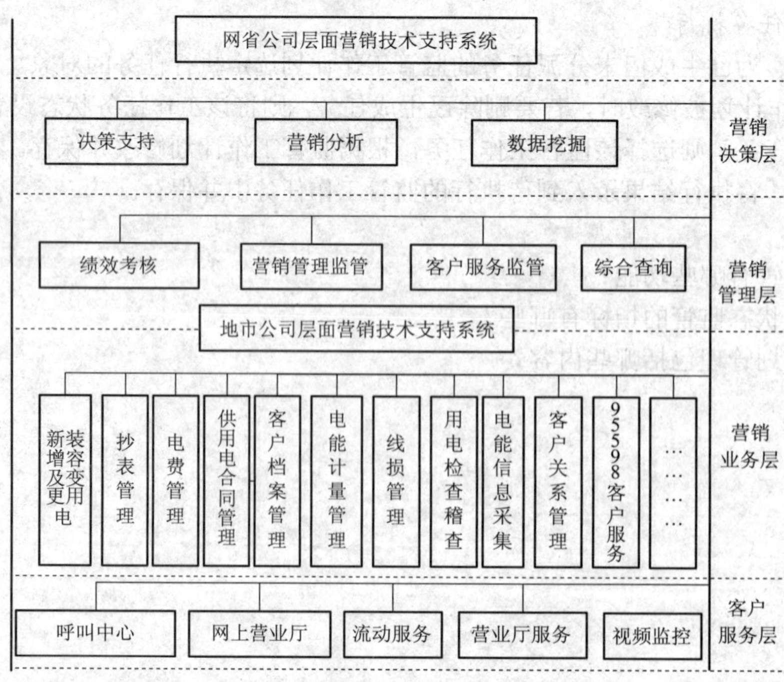


图 ZY3100602001-1 系统层面结构图

2. 应用架构

营销系统划分除营销分析与辅助决策外的客户服务管理、客户关系管理、电费管理、电能计量、电能信息采集、市场管理、需求侧管理等功能模块，从具体应用上涵盖“新装增容及变更用电”、“抄表管理”、“核算管理”、“电费收缴及账务管理”、“线损管理”、“资产管理”、“计量点管理”、“计量体系管理”、“电能信息采集”、“供用电合同管理”、“用电检查管理”、“95598 业务处理”、“客户关系管理”、“客户联络”、“市场管理”、“能效管理”、“有序用电管理”、“稽查及工作质量”和“客户档案资料管理”等 19 个功能域，每个功能域由若干业务功能项组成，并由后者具体实现系统功能。系统通过企业服务总线与外部相关业务进行数据交换和业务协作，形成营销业务应用完整的应用体系。这种结构在业务和管理上实现了对营销业务应用的全面涵盖，从逻辑结构层面实现了对国网公司“一部三中心”（营销部、客户服务中心、电费管理中心、电能计量中心）构架的有力支撑。如图 ZY3100602001-2 所示，为营销业务应用架构图。

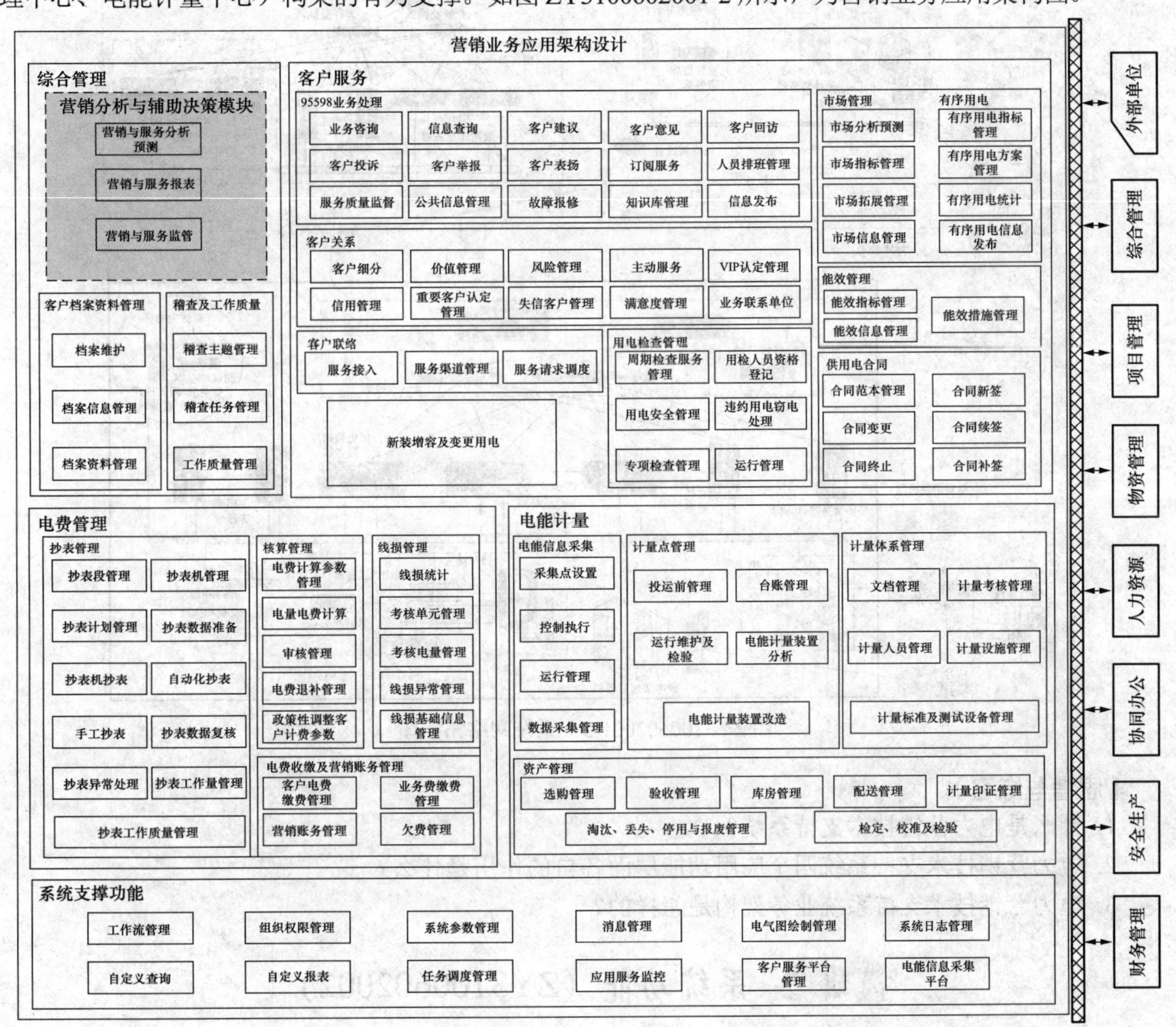


图 ZY3100602001-2　营销业务应用架构图

3. 网络架构

营销业务应用的功能及服务级别要求不同，系统架构部署不同，一般有网省集中、地市集中两种部署设计模式。前者是在网省公司本部统一部署一套满足网省公司本部、地市公司和基层单位不同职能层次的营销业务应用要求，涵盖客户服务、电费管理、电能计量和综合管理等所有功能应用，采用统一系统管理维护的营销业务应用系统，实现全省数据大集中。后者是在数据地市集中的基础上进行的部署设计模式。下面以地市集中模式为例说明系统物理架构。

采用地市集中部署模式的系统，在地市公司配置数据库服务器、存储系统、应用服务器集群、银电联网前置机、95598 语音接入平台、电能采集前置机和备份设备等设备，95598 对外服务网站统一部署在网省公司本部，并通过网省公司本部的 Internet 出口为互联网客户提供网上服务。地市公司及下属基层单位的客户端通过管理信息网络连接到地市公司，实现客户服务、电费管理、电能计量、综合管理等业务应用，在地市公司实现与各银行间的银电联网接口。

如图 ZY3100602001-3 所示，为系统网络拓扑图。网省公司数据存储区存储全省监管、标准管理等相关数据；地市公司数据存储区存储营销业务数据，包括基础数据、信息档案数据、过程处理数据、统计查询数据等；95598 接入区部署呼叫接入设备、坐席系统、CTI 服务器、IVR 设备、录音设备等，实现呼叫中心功能；电能信息采集前置机对从电能采集终端采集来的电能量信息进行解析处理，然后交由数据处理系统；对外服务区统一部署全省客户服务网站系统及短信接口服务器。

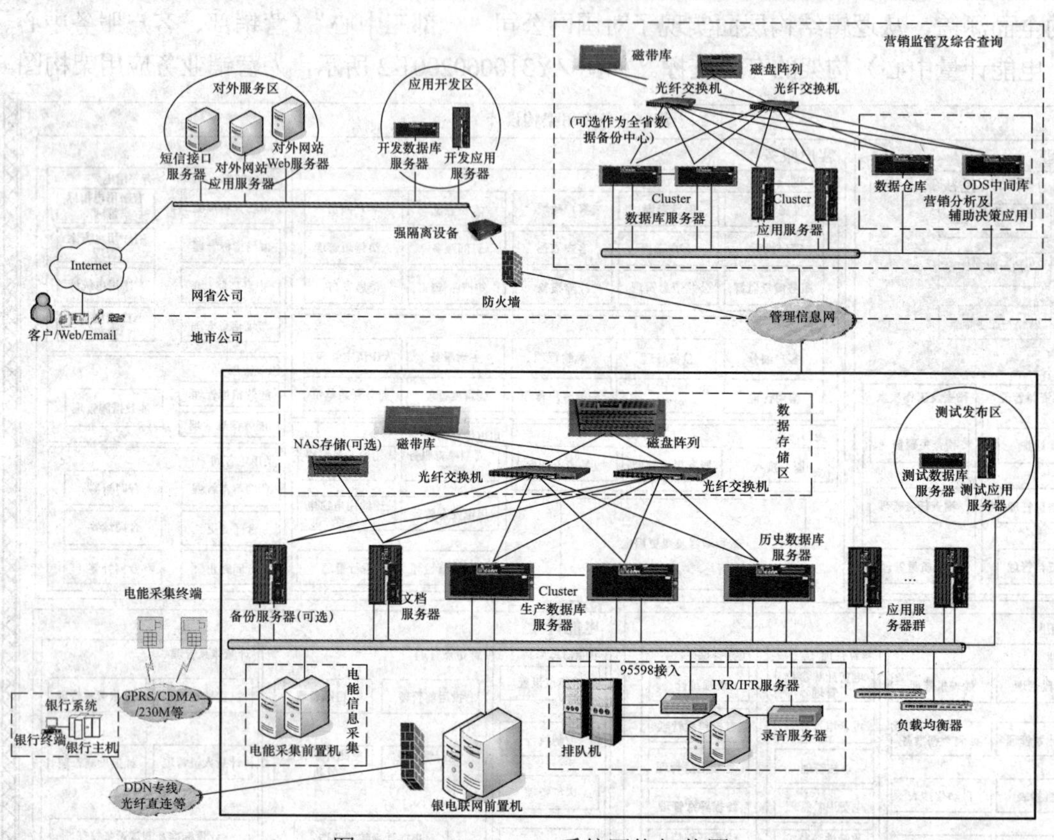


图 ZY3100602001-3　系统网络拓扑图

【思考与练习】

1. 什么是电力营销技术支持系统？
2. 电力营销技术支持系统四个应用功能层面各自的作用是什么？
3. 电力营销技术支持系统业务架构是怎样的？

# 模块 2　系统功能（ZY3100602002）

【模块描述】本模块介绍电力营销技术支持系统各子系统模块的结构、功能特点等内容。通过图例说明和要点归纳，掌握各子系统模块知识、结构、功能特点及其之间的关系。

【正文】

营销业务应用是国家电网公司信息化“SG186”工程八大业务应用的重要组成部分，电力营销技术支持系统通过统一的营销业务应用平台，以营销管理的标准化、规范化，促进营销业务流程的最优化及应用功能的实用化。系统各功能模块间通过信息共享和流程协作相互关联、相互制约又相互独立，实现营销全过程管理。

## 一、客户服务

客户服务模块通过营业厅、呼叫中心、门户网站、银行网点和现场服务等多种服务渠道，实现对客户服务请求的统一接入；通过业扩管理、故障报修、客户投诉、客户举报、信息咨询、业务查询、供用电合同管理等业务的流程化处理，实现快捷、方便的客户服务；通过客户回访、业务通知、停电通知、缴费提醒、用电检查等主动服务，实现客户关怀。

1. 系统结构

如图 ZY3100602002-1 所示，为系统总体结构图。

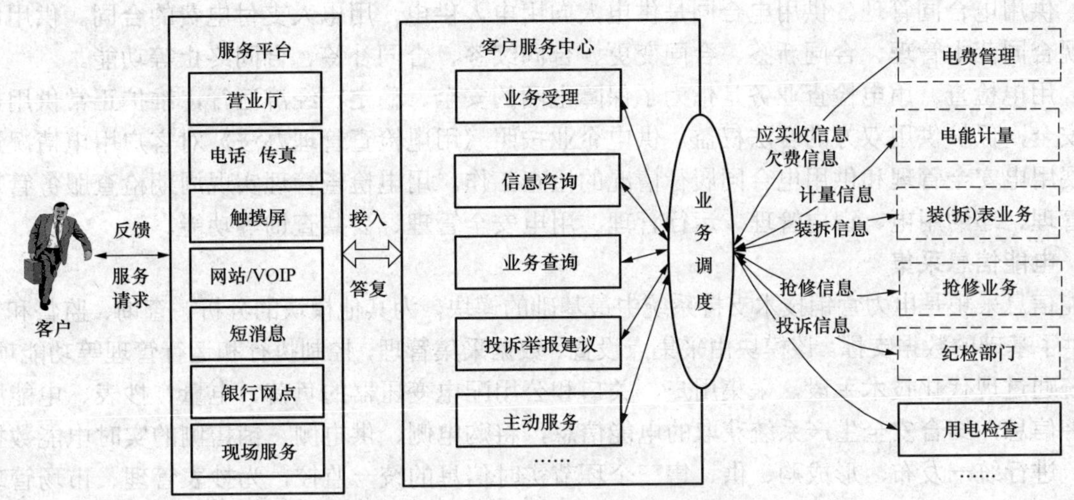


图 ZY3100602002-1　系统总体结构图

2. 系统功能

（1）客户联络。客户联络实现服务接入、服务渠道管理功能。服务接入负责从营业厅、呼叫中心、门户网站、现场、信函受理等服务渠道接受客户服务请求，确定受理业务类型，转入具体业务。服务渠道管理通过收集分析各种服务渠道的客户联系信息，对服务渠道使用效果进行评价。如图 ZY3100602002-2 所示，为客户联络工作流程图。

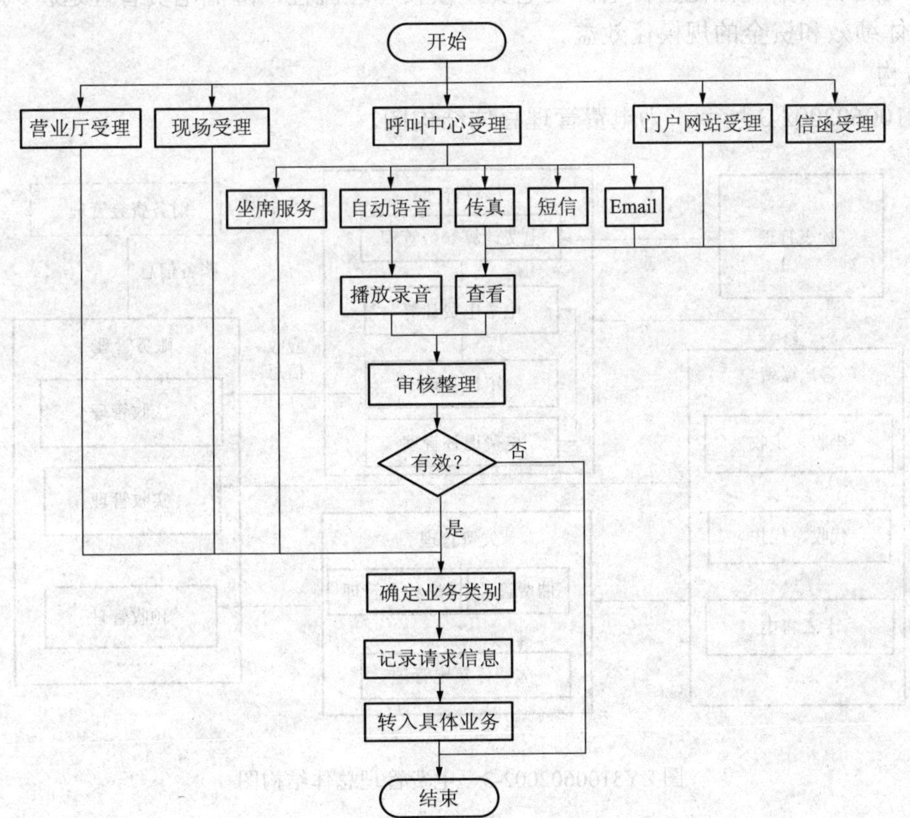


图 ZY3100602002-2　客户联络工作流程图

（2）95598 业务处理。95598 业务处理包括业务咨询、信息查询、故障报修、投诉、举报、建议、订阅服务、客户回访、公共信息管理、电力知识库管理、信息发布管理、人员排班管理、服务质量监督等内容。

（3）新装增容与变更用电。新装增容与变更用电业务项实现从受理客户用电申请到向客户正式供电为止业务工作的流程化处理，各业务处理环节通过流程配置形成耦合关系。

（4）供用电合同管理。供用电合同是供电人向用电人供电，用电人支付电费的合同。供用电合同管理实现合同范本管理、合同新签、合同变更、合同续签、合同补签、合同终止等功能。

（5）用电检查。用电检查业务是指为了保障电网的安全、稳定、经济运行，维护正常供用电秩序和公共安全，保护供用双方的合法权益，供电企业按照《用电检查管理办法》对客户用电情况进行检查，开展用电安全管理和供用电合同履行情况的检查工作。用电检查管理实现周期检查服务管理、专项检查管理、违约用电、窃电管理、运行管理、用电安全管理、公共查询等功能。

## 二、电能信息采集

电能信息采集是电力营销技术支持系统中最基础的模块，为其他模块的分析、查询、监督和管理等功能提供了基础的数据支撑。该模块由采集点设置、数据采集管理、控制执行和运行管理等功能项组成。

系统通过现代化技术手段，采集用户、关口和公用配电变压器的负荷、电量、抄表、电能质量及异常告警信息，结合安全生产系统获取的电能信息，将购电侧、供电侧、销售侧的实时电能数据整合在一起，进行统一发布，形成购、供、售三个环节实时信息的统一监控，为抄表管理、市场管理、用电检查管理、计量点管理、有序用电、电费收缴及账务管理、新装增容及变更用电、95598 业务处理等业务提供数据支持。根据有序用电管理、预购电管理、欠费管理和营业报停的需要，系统通过多种控制方式对客户执行控制，为提高营销管理效率和保障电网安全运行提供技术支持。通过终端装拆及检修、现场消缺及巡视等运行管理功能，为电能信息采集工作的顺利开展提供保障。

## 三、电费管理

电费管理模块通过抄表管理、核算管理、客户缴费管理、电价管理、营销账务管理和欠费管理等电费管理业务的处理，实现优化整合电价及电费抄核收管理流程，降低电费管理运营风险，提高电价电费管理的整体绩效和资金的规模化效益。

1. 系统结构

如图 ZY3100602002-3 所示，为电费管理总体结构图。

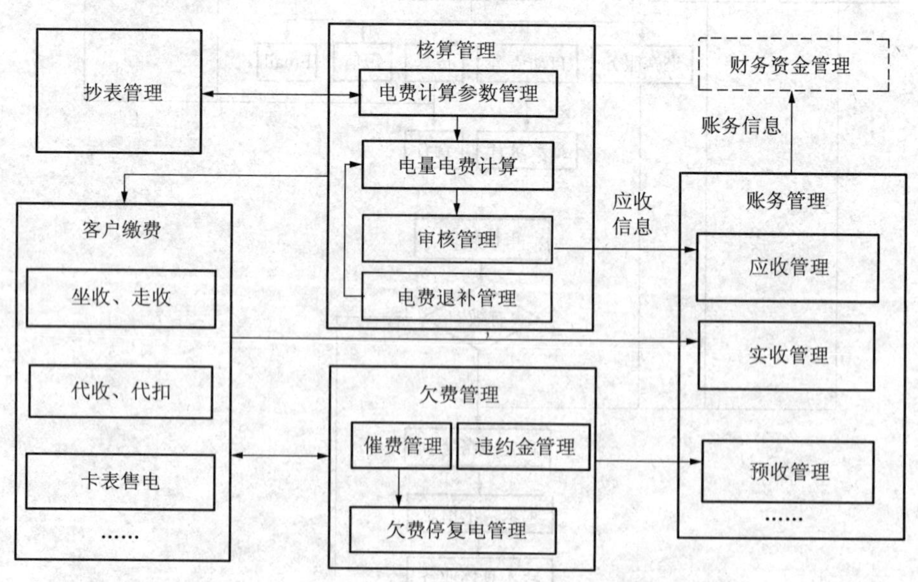


图 ZY3100602002-3 电费管理总体结构图

2. 系统功能

（1）抄表管理。抄表管理是指供电企业为了按时完成抄表工作而采取的手段和措施，是电费管理的一个重要环节和前提。抄表管理包括抄表段管理、抄表机管理、抄表计划管理、抄表数据准备、抄表机抄表、自动化抄表、手工抄表、抄表数据复核、抄表异常处理、抄表工作量管理、抄表工作质量管理等功能。

（2）核算管理。核算管理是指从电费计算到电费审核最后形成应收的全过程管理，是供电企业保证电费回收的一种手段和措施，是电费管理的中枢和核心。核算管理包括电费计算参数管理、电量电费计算、审核管理、电费退补管理、政策性调整客户计费参数等功能。

（3）电费收缴及账务管理。电费收缴及账务管理实现客户缴费管理、营销账务管理、欠费管理等功能。具体包括通过开展坐收、走收、代收、代扣、特约委托、充值卡缴费、卡表购电、负控购电等多种收费业务，及时回收客户电费；按照《企业会计准则》的规定，遵循有借有贷、借贷相等的会计记账原则建立电费账务管理体系；按照统一的催费管理策略进行催费，提高电费回收率。

（4）线损管理。线损管理实现线损基础信息管理、考核单元管理、考核电量管理、线损统计、线损异常管理等功能。线损管理是用电管理的一项重要业务内容，根据生产部门提供的变电站、线路、台区资料，建立和维护变电站、线路、台区基础管理信息，获取和确认考核数据，统计计算出供电单位 10kV 及以下的台区、线路、分压线损率和计划指标完成情况，为线损率的异常检查、工作质量考核和经济分析提供依据。

## 四、电能计量

电能计量是由电能计量装置来确定电能量值的一组操作，是实现电能量单位的统一及其量值准确、可靠的一系列活动。电能计量模块实现各类电能计量资产和计量标准设备的库存、运行情况管理以及计量点管理和计量体系管理等功能。

1. 系统结构

模块由资产管理、计量点管理和计量体系管理功能项组成，如图 ZY3100602002-4 所示，为电能计量功能结构图。

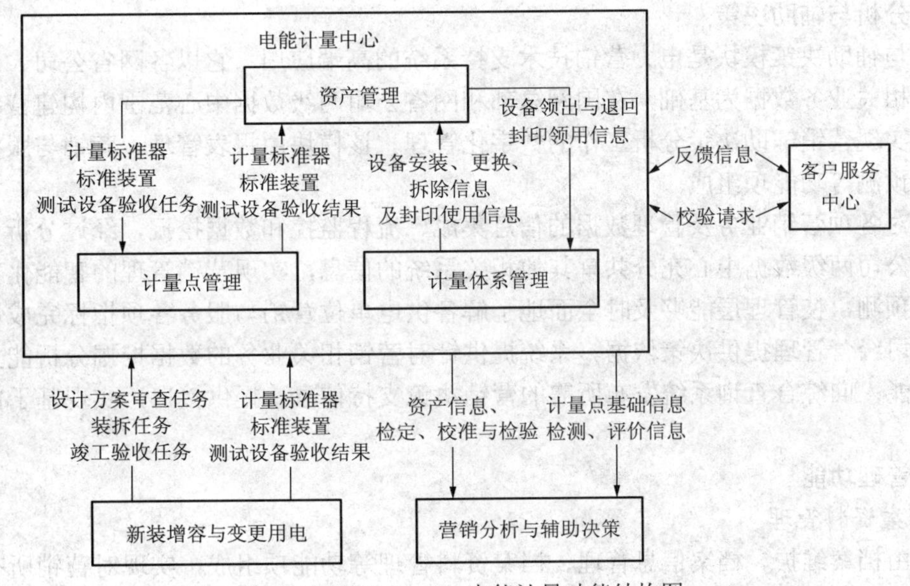


图 ZY3100602002-4　电能计量功能结构图

2. 系统功能

资产管理模块通过计量装置［包括电能表、互感器、电能计量柜（箱）、失压计时仪、采集终端、计量标准及其装置、抄表机等］从选购、验收、检定、校准及检验、出入库、配送、淘汰、丢失、停用与报废等全生命周期的管理以及计量印证管理，明晰资产状态，促使资源优化配置；计量点管理通过客户计量点和关口计量点的设计、设备安装调试、竣工验收、运行维护及电能计量装置分析、改造、评估管理，实现计量现场运行情况的全过程管理；计量体系管理通过文档管理、计量标准及测试设备管理、计量考核、计量人员、计量设施管理等业务管理，明确计量体系与外部业务的关系，保障计量量值传递的准确性、可靠性，保证电能计量的全面准确可靠。

## 五、市场管理

市场管理是通过分析、研究电力销售市场信息，采取服务、价格、宣传等组合策略，保障并引导现有客户用好电和多用电，促使潜在客户尽快用上电，挖掘更多能源消费领域使用电力的工作。市场管理模块由市场分析预测管理、市场指标管理、市场拓展管理和市场信息管理等功能项组成。模块实现以下功能：对各种渠道获得的市场信息进行分类、统计、分析、预测；编制公司年度售电量、市场占有率等经营指标，对指标完成情况进行跟踪分析，发现问题及时采取措施；通过潜力分析，寻找潜在拓展项目，制定相应措施并实施，对完成的拓展项目进行效果分析，确保市场拓展取得成效。

## 六、电力需求侧管理

电力需求侧管理是指通过采取有效的激励措施，引导电力客户改变用电方式，提高终端用电效率，优化资源配置，改善和保护环境，实现最小成本电力服务所进行的用电管理活动。电力需求侧管理模块是实施需求侧资源管理与优化的业务模块，由有序用电管理和能效管理功能项组成。模块以电能信息实时采集与监控及相关调度系统为依托，实现负荷管理和预测，协助制定有序用电方案，并具备能效分析与管理、社会节能项目咨询等管理功能。

## 七、客户关系管理

客户关系管理模块由客户细分、信用管理、价值管理、风险管理、VIP认定管理、重要客户认定管理、失信客户管理、主动服务、满意度管理、业务联系单位等功能项组成。

模块以客户服务、电能信息采集与监控等模块为依托，通过各种手段有效收集、归类和分析客户各方面的需求，定义不同属性和行为特征的客户群，对客户价值、信用、风险进行评估，依据评估结果找出VIP客户、重要客户、失信客户及风险客户，并对其进行管理。针对不同的客户群体，提供主动服务和业务联系单位信息，实现客户价值挖掘、电费风险防范、个性化服务的目标，改善客户关系，提高客户满意度。

## 八、营销分析与辅助决策

营销分析与辅助决策模块是电力营销技术支持系统的高端应用，它以各网省公司、地市公司、基层单位的营销相关业务数据为基础，在国网总部和网省公司两级数据中心范围内构建营销辅助决策分析数据仓库，实现营销辅助决策分析工作的数字化管理。该模块由报表管理、营销与服务监管、营销与服务分析与预测等功能项组成。

模块通过对各项营销业务及管理数据的信息集成、流程监控和数据挖掘，经过分析、提炼，并通过总部、网省公司两级数据中心充分共享其他相关系统的信息，实现营销管理的智能化查询、监督、统计、分析和预测，使管理层能够及时全面地了解各供电单位营销与服务各项指标完成情况及业务发展情况，为公司经营管理提供决策依据。系统提供针对营销相关业务的数据挖掘分析能力，提供报表汇总和管理功能；向综合查询系统发布所需的营销决策支持信息；提供接口，实现基于门户系统的单点登录。

## 九、其他管理功能

1. 客户档案资料管理

模块主要由档案维护、档案信息管理、档案资料管理等功能项组成，实现对营销所有业务处理流程中产生的客户、关口的电子信息和纸质资料进行分类、归档的管理。模块通过建立统一的客户视图，为营销各业务处理流程提供支撑，满足为客户提供差异化服务和内部专业管理的需要。

2. 稽查及工作质量

营销稽查与工作质量由稽查主题管理、稽查任务管理、工作质量管理等功能项组成。模块根据营销各业务的管理及工作要求，制定相关稽查主题、工作质量主题、工作质量评价标准，以此为参考对营销业务各环节的工作情况及有关单位营销工作质量进行监督和检查。

【思考与练习】

1. 电力营销技术支持系统实现哪些基本功能？
2. 客户服务模块包含哪些业务类？具体实现哪些功能？

# 模块3　数据交互（ZY3100602003）

【模块描述】本模块介绍电力营销技术支持系统的信息集成体系结构及各功能模块的数据交互功能。通过图例说明和要点归纳，掌握系统各功能模块间的信息交换和传递流程，以及95598客户服务系统与各应用系统间的数据交互关系。

【正文】

营销技术支持系统作为国网公司的一体化企业级信息系统的重要组成部分，通过统一的信息集成平台实现系统内部业务应用模块间以及与其他业务应用系统之间的信息交换。95598 客户服务系统作为营销技术支持系统的重要模块，需要与营销系统内外功能模块或系统进行数据交互。作为95598坐席人员了解这些数据交互关系，有助于加深对系统结构及系统业务流程的理解，对提高自身业务能力和服务水平有所助益。

## 一、电力营销技术支持系统信息集成体系结构

营销业务应用的应用集成主要包括与一体化企业级信息集成平台的集成；与企业内部其他业务应用的集成；与企业外部相关应用的集成。依靠信息集成平台的数据交换平台实现向总部、网省公司上传营销业务应用数据。通过数据集成、流程集成和应用集成等实现与企业其他应用及企业外部应用之间的横向数据集成。

如图ZY3100602003-1所示，为系统集成层次结构图。

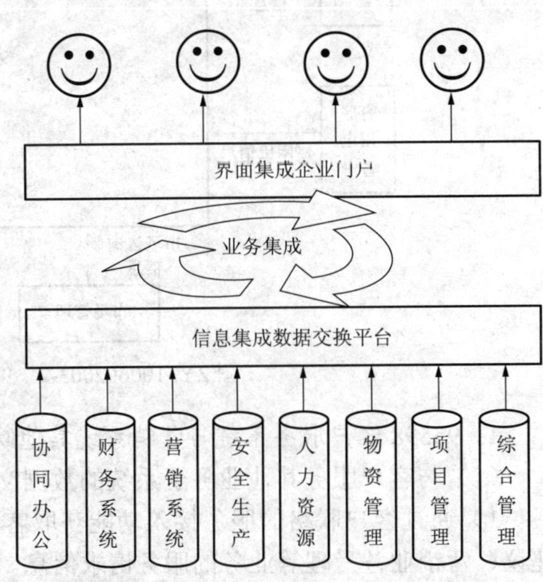

图ZY3100602003-1　系统集成层次结构图

1. 与一体化企业级信息集成平台的集成

（1）与企业门户集成。企业门户系统是各应用系统交汇的枢纽，是信息展现的窗口。营销业务应用通过与门户系统的集成实现单点登录、统一入口，实现与多个业务应用的数据在企业门户的同一页面中互相关联访问。营销业务应用本身的功能则主要通过其本身的界面进行操作、展现。

（2）与目录服务与身份认证系统集成。营销业务应用中的用户管理和身份认证符合信息集成平台“目录服务与身份认证系统”的相关要求，以实现统一的用户管理。

（3）与数据中心集成。营销业务应用是数据中心的重要数据源，为数据中心营销分析主题及其他业务分析主题提供基础业务数据支持；数据中心提供决策支持能力，服务于营销业务应用。

（4）应用集成。营销业务应用与其他业务应用通过调用应用集成平台按标准接口和模型封装的业务服务，彼此发送信息或者调用功能获取信息。

（5）流程集成。业务流程集成使得不同应用系统中的流程能够无缝连接，实现流程的协调运作和流程信息的充分共享。营销部门内部工作流与外部系统间发生交互时通过系统内部工作流引擎或者通过企业服务总线实现流程集成。

2. 与企业内部其他业务应用的集成

与内部其他业务应用的集成主要有：与“生产管理系统”的数据集成及应用集成，如从生产管理系统获取负荷信息、电厂信息、线路停电信息、关口电量信息、停电检修信息等，生产管理系统从营销系统获取客户信息、有序用电方案信息等；与企业级管理应用系统数据集成及应用集成，如从ERP获取设备到货信息、项目进展情况等信息；ERP系统从营销系统获取电费账务信息；以及故障抢修流程、停电检修流程等流程集成。

3. 与企业外部相关应用的集成

最典型的外部应用集成是银电联网。营销业务应用通过建立各家银行系统与营销业务应用之间安

全、可靠、低延迟、高效率、高性能、低成本的账务数据交换、共享平台，实现银行实时代收、代扣、特约委托等各项业务。

**二、95598 客户服务系统与各业务应用系统数据交互**

95598 客户服务系统不是个孤立的模块，在运行过程中需要与其他系统进行数据交换和业务协作，这些系统不仅涉及客户服务系统内部应用模块（如客户关系管理、用电检查管理、新装增容及变更用电等），而且涉及其他业务应用系统（如协同办公和安全生产等）。系统通过统一的服务接入受理客户服务请求，通过流程传递到其他相关支持系统和部门进行业务处理，办理完毕后通过坐席人员回复客户，形成闭环管理，通过这种紧密集成实现方便、快捷、优质的客户服务。如图 ZY3100602003-2 所示，为 95598 客户服务系统数据交互关系图。

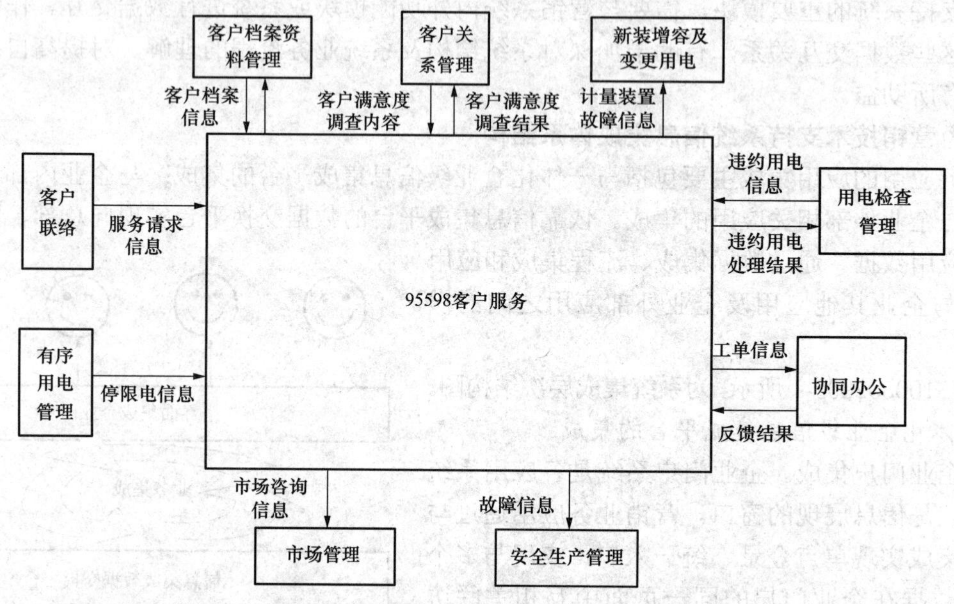


图 ZY3100602003-2　95598 客户服务系统数据交互关系图

1. 95598 客户服务系统与营销系统其他功能模块数据交互

（1）与客户服务其他业务子系统的数据交互：

1）通过客户联络的服务接入功能获取客户关于业务咨询、信息查询、故障报修、投诉、举报、建议、营销业务受理等业务的服务请求信息。

2）坐席人员受理客户各种业务请求时，如果客户基本信息需要变更，则启动档案维护业务流程，将请求提交给客户档案资料管理业务部门，进行客户档案资料变更处理，最后返回变更结果信息。

3）受理客户举报：接到客户电话或其他方式的举报后，登记相关信息，涉及违约用电的，需要将客户举报工单通过流程传给用电检查管理进行处理。用电检查管理部门在完成相关业务处理后，应将处理结果反馈 95598 客服系统，坐席人员以电话或其他方式通知客户。

4）受理客户故障报修：接到客户关于表计故障的信息后，详细了解故障情况及客户服务历史信息，将相关信息通过流程发送给新装增容及变更用电的“计量装置故障”业务处理环节进行故障处理。故障处理完毕，将处理信息及时反馈 95598 客户服务，坐席人员进行客户回访。

5）新装增容及变更用电从 95598 业务处理模块获取客户服务历史纪录。比如，接收低压非居民新装业务时审查客户资料，需要了解客户同一自然人或同一法人主体的其他用电地址的用电情况及客户服务历史信息，接受客户的报装申请。

（2）与市场管理模块的数据交互。当接到客户有关市场管理的咨询请求时，市场管理要从 95598 业务处理模块中获取关于市场类的咨询信息，包括客户名称、联系方式、联系人、咨询内容等信息。

（3）与电力需求侧模块的数据交互：

1）有序用电管理在业务处理中从市场管理模块中获取电力供需形势分析信息，根据从安全生产应用获得的电力缺口信息，形成有序用电预警信息，通过“有序用电信息发布”将上述信息传送给 95598

业务处理模块，通过网站、电视等多种渠道向客户发布。

2）95598 业务处理模块从有序用电管理模块获取停限电方案，在“信息发布管理”中提出发布停限电信息申请，经审核后向客户发布。

3）能效管理在业务处理中从 95598 业务处理环节获取客户对能效方面的咨询、投诉、举报等信息，为 95598 业务处理提供能效信息的咨询服务（如选择适用能效措施等）。

（4）与客户关系管理模块的数据交互。坐席人员受理客户各种业务请求时，如果进行客户满意度调查，需要从客户关系管理模块获取客户满意度调查内容，满意度调查结束后将满意度调查结果返回给客户关系管理。

2. 95598 客户服务系统与其他业务应用系统数据交互

95598 客户服务系统在业务处理中与协同办公、安全生产等业务应用系统存在如下交互关系：

（1）坐席人员受理客户业务咨询、故障报修、投诉、举报、建议、营销业务受理等业务时，需要通过调用协同办公接口传递工单或进行督办。相关职能部门在处理结束后，反馈回处理结果。

（2）受理客户故障报修时，对于高压输配电设备故障、高压变电设备故障、电能质量异常等故障情况需要向安全生产下发故障报修工单，传递故障信息。故障修复后应及时回访客户。

（3）当客户打电话请求故障报修时，客服系统可根据客户电话号码或用户号等信息，通过调用安全生产中的地理信息系统（GIS）及配电生产管理系统提供的服务，链接进入故障位置定位页面，坐席人员可及时准确地进行故障点定位与故障性质判断。

（4）故障报修单下发后，呼叫中心通过调用 GPS 接口可获得抢修车辆状态和位置信息，确认故障抢修人员到达现场时间。

**【思考与练习】**

1. 营销业务应用的应用集成主要涉及哪些方面的集成？
2. 95598 客户服务系统与哪些应用系统有数据交互关系？

## 附录 A 《95598 客户服务》培训模块教材各等级引用关系表

| 部分名称 | 章 | 模块名称（模块编码） | 模块描述 | 等级 I | 等级 II | 等级 III |
|---|---|---|---|---|---|---|
| 95598 服务热线 | 95598 运行管理 | 95598 在电网公司的发展进程（ZY3100201001） | 本模块介绍了呼叫中心的基本概念和供电服务热线 95598 的发展进程。通过概念描述和要点归纳，掌握供电企业 95598 服务热线的概念、基本功能及业务发展展望 | √ | | |
| | | 95598 在电网公司中的意义与定位（ZY3100201002） | 本模块介绍了供电企业设立 95598 的意义及功能定位。通过要点归纳，掌握供电企业面临的内外部发展环境和职能定位，以及 95598 在供电服务工作中的四个中心作用 | √ | | |
| | | 95598 客户服务体系的建立（ZY3100201003） | 本模块介绍了 95598 客户服务体系构架和不同层次 95598 供电服务热线的工作职责。通过图例说明和要点归纳，掌握 95598 服务架构的功能，以及网省、地市、县级 95598 的主要工作内容和工作职责 | √ | | |
| | | 95598 相关人员的配备、岗位职责及工作标准（ZY3100201004） | 本模块介绍了 95598 客户服务相关岗位人员配备标准、岗位职责和工作标准。通过要点归纳，掌握 95598 涉及的坐席人员、值班长、各级管理人员岗位工作内容、相关岗位职责和工作要求 | √ | | |
| | | 95598 日常管理运营制度（ZY3100201005） | 本模块介绍制订 95598 运营制度的原则以及相关运营管理方法。通过要点归纳，掌握 95598 日常工作中的管理要点和行为规范 | √ | | |
| 业务受理 | 营销业务受理 | 营销业务受理流程（ZY3100101001） | 本模块介绍营销业务受理的范围、业务流程及要求。通过流程介绍和要点归纳，掌握营销业务受理的流程及规则 | √ | | |
| | | 营销业务受理业务分类及工单填写标准（ZY3100101002） | 本模块介绍营销业务受理的分类及工单填写标准。通过要点归纳和案例介绍，掌握营销业务受理的分类方法及工单填写流程及内容 | √ | | |
| | | 营销业务受理类典型案例（ZY3100101003） | 本模块介绍营销业务受理的典型案例及电话模拟服务回答要点。通过案例中规范的用语及专业电力知识的介绍，掌握营销业务受理类的服务通话技巧及答复顺序，提高坐席人员的通话能力及沟通技巧 | √ | | |
| | | 营销业务受理类典型案例分析（ZY3100101004） | 本模块介绍营销业务受理类正反典型案例。通过案例分析，掌握营销业务受理案例的分析重点，提高管理人员的录音质检能力和服务调度能力 | | √ | |
| | | 营销业务受理数据统计分析（ZY3100101005） | 本模块介绍营销业务受理数据统计和分析方法。通过列表说明和案例介绍，掌握营销业务受理业务类型和绩效指标数据的统计及分析办法 | | | √ |
| | 故障报修 | 故障报修业务流程（ZY3100103001） | 本模块介绍故障报修的概述、业务流程及要求。通过流程介绍和要点归纳，掌握故障报修业务受理的流程及规则 | √ | | |
| | | 故障报修业务分类及工单填写标准（ZY3100103002） | 本模块介绍故障报修业务的分类及工单填写标准。通过要点归纳和案例介绍，掌握故障报修的分类方法和工单填写流程及内容 | √ | | |
| | | 故障报修类典型案例（ZY3100103003） | 本模块介绍故障报修类的典型案例及电话模拟服务回答要点。通过案例中规范的用语及专业电力知识的介绍，掌握故障报修类的服务通话技巧及答复顺序，提高处理故障问题的能力及工作效率 | √ | | |
| | | 故障报修类典型案例分析（ZY3100103004） | 本模块介绍故障报修类的正反典型案例。通过案例分析，掌握故障报修类案例分析的重点内容，提高管理人员的录音质检能力和服务调度能力 | | √ | |
| | | 故障报修数据统计分析（ZY3100103005） | 本模块介绍故障报修数据统计和分析方法。通过列表说明和案例介绍，掌握故障报修业务类型、故障原因、绩效指标数据的统计及分析办法 | | | √ |
| | 投诉、举报与建议 | 投诉、举报与建议业务流程（ZY3100104001） | 本模块介绍投诉、举报与建议的概述、业务流程及要求。通过流程介绍和要点归纳，掌握投诉、举报与建议受理的流程及规则 | √ | | |
| | | 投诉、举报与建议业务分类及工单填写标准（ZY3100104002） | 本模块介绍投诉、举报与建议业务的分类及工单填写标准。通过要点归纳和案例介绍，掌握投诉、举报与建议业务的分类方法和工单填写流程及内容 | √ | | |

续表

| 部分名称 | 章 | 模块名称（模块编码） | 模块描述 | 等级 I | 等级 II | 等级 III |
|---|---|---|---|---|---|---|
| 业务受理 | 投诉、举报与建议 | 投诉、举报与建议类典型案例（ZY3100104003） | 本模块介绍投诉、举报与建议类的典型案例及电话模拟服务回答要点。通过案例中规范的用语及专业电力知识的介绍，掌握投诉、举报与建议类的服务通话技巧及答复顺序，提高解决问题的能力及工作效率 | √ | | |
| | | 投诉、举报与建议类典型案例分析（ZY3100104004） | 本模块介绍投诉、举报与建议类的正反典型案例。通过案例分析，掌握投诉、举报与建议类案例分析的重点内容，提高管理人员的录音质检能力和服务调度能力 | | √ | |
| | | 投诉、举报与建议数据统计分析（ZY3100104005） | 本模块介绍投诉、举报与建议数据统计和分析方法。通过列表说明和案例介绍，掌握投诉、举报与建议业务类型和绩效指标数据的统计及分析办法 | | | √ |
| | 咨询、查询 | 咨询、查询业务流程（ZY3100404001） | 本模块介绍咨询、查询的业务范围、业务流程及要求。通过流程介绍和要点归纳，掌握咨询、查询业务受理的流程及规则 | √ | | |
| | | 咨询、查询业务分类及工单填写标准（ZY3100404002） | 本模块介绍咨询、查询业务的分类及工单填写标准。通过要点归纳和案例介绍，掌握咨询、查询业务的分类方法和工单填写流程及内容 | √ | | |
| | | 咨询、查询类典型案例（ZY3100404003） | 本模块介绍咨询、查询类的典型案例及电话模拟服务回答要点。通过案例中规范的用语及专业电力知识的介绍，掌握咨询、查询类的服务通话技巧及答复顺序，提高坐席人员的通话能力及沟通技巧 | √ | | |
| | | 咨询、查询类典型案例分析（ZY3100404004） | 本模块介绍咨询、查询类的正反典型案例。通过案例分析，掌握咨询、查询类案例分析的重点内容，提高管理人员的录音质检能力和服务调度能力 | | √ | |
| | | 咨询、查询数据统计分析（ZY3100404005） | 本模块介绍咨询、查询数据统计和分析方法。通过列表说明和案例介绍，掌握咨询、查询业务类型和绩效指标数据的统计及分析办法 | | | √ |
| 服务管理 | 信息发布 | 信息发布业务流程（ZY3100501001） | 本模块介绍信息发布的业务流程及要求。通过流程介绍和要点归纳，掌握及时对客户发布企业公告、停电信息、服务承诺、电价信息、政策法规及其他信息的基本方法和流程 | √ | | |
| | | 信息发布业务分类（ZY3100501002） | 本模块介绍发布信息的业务分类及各类信息发布工单的填写标准。通过要点归纳和案例介绍，掌握信息发布的分类方法和工单填写内容 | √ | | |
| | | 电力知识库管理（ZY3100501003） | 本模块介绍电力知识库管理的业务流程以及各个环节的工作要点和具体要求。通过流程介绍和要点归纳，掌握电力知识从收集到发布的流程和各环节的管理 | | √ | |
| | | 信息发布数据统计分析（ZY3100501004） | 本模块介绍信息发布数据统计和分析方法。通过列表说明和案例介绍，掌握信息发布业务类型和绩效指标数据的统计及分析办法 | | | √ |
| | 主动服务 | 主动服务业务流程（ZY3100502001） | 本模块介绍主动服务的业务流程及要求。通过流程介绍和要点归纳，掌握主动为客户提供客户满意度调查、客户需求调查、最新电力业务推介等服务的方法 | √ | | |
| | | 主动服务业务分类（ZY3100502002） | 本模块介绍主动服务的业务分类及各类主动服务工单的填写标准。通过要点归纳和案例介绍，掌握主动服务的分类方法和工单填写内容 | √ | | |
| | | 主动服务数据统计分析（ZY3100502003） | 本模块介绍主动服务数据统计和分析方法。通过列表说明和案例介绍，掌握客户满意度及需求调查数据的统计及分析办法 | | | √ |
| | 服务调度 | 服务调度业务流程（ZY3100503001） | 本模块介绍服务调度的业务流程及要求。通过流程介绍和要点归纳，掌握向各相关单位发送服务调度指令，并对服务调度指令的执行情况进行全过程闭环管理的方法 | √ | | |
| | | 服务调度数据统计分析（ZY3100503002） | 本模块介绍服务调度数据统计和分析方法。通过列表说明和案例介绍，掌握服务调度指令及绩效指标数据的统计及分析办法 | | | √ |

续表

| 部分名称 | 章 | 模块名称（模块编码） | 模块描述 | 等级 I | 等级 II | 等级 III |
|---|---|---|---|---|---|---|
| 服务管理 | 95598 绩效及指标管理 | 坐席人员绩效管理（ZY3100201006） | 本模块介绍 95598 坐席人员绩效管理的基本概念以及实施的意义。通过要点归纳和案例介绍，掌握坐席人员绩效管理体系建立的方法、绩效管理的程序、评估方案、沟通方法以及提升手段 |  | √ |  |
|  |  | 95598 关键业绩指标（KPI）（ZY3100201007） | 本模块介绍 95598 关键业绩指标的基本概念、评定原则、主要内容、评定参考值以及分析方法。通过要点归纳、列表说明和案例介绍，掌握关键业绩指标的概述、数据来源、关键程度和监控分析方法 |  |  | √ |
| 相关业务知识 | 业扩报装 | 业扩报装概况（ZY3100102001） | 本模块介绍业扩报装基本概念和相关术语。通过概念描述和要点归纳，掌握业扩报装主要内容和相关术语 | √ |  |  |
|  |  | 业扩报装基本知识（ZY3100102002） | 本模块介绍供电方案的确定原则、用电负荷、电压等级、供电电源、运行方式、电能计量、电能质量及继电保护等相关知识。通过要点归纳，掌握确定业扩供电方案的基本原则、方案包含的内容及相关技术要求 |  | √ |  |
|  | 配电网管理 | 配电管理基本知识（ZY3100202001） | 本模块介绍供配电系统结构、常见供电方式、接线方式、典型配网故障等知识。通过要点归纳，掌握配网运行管理常用知识点，提高对配网常见故障的处理及分析能力 | √ |  |  |
|  | 抄表异常 | 电量异常处理（GYKH00101001） | 本模块介绍电量出现异常情况的分类及处理；通过要点归纳和定性分析，掌握电量异常的分类及处理方法 |  | √ |  |
|  |  | 电能表异常处理（GYKH00101002） | 本模块介绍电能表异常分类及处理方法。通过计算说明和举例分析，了解电能表异常分类及处理方法 |  | √ |  |
|  | 窃电和违约用电的处理 | 窃电处理（GYKH00201001） | 本模块介绍窃电的概念、类型及窃电的处理规定。通过条文解释和定性分析，掌握窃电处理业务知识 |  | √ |  |
|  |  | 违约用电处理（GYKH00201002） | 本模块介绍违约用电的概念、类型及处理规定。通过条文解释和定性分析，掌握违约用电处理业务知识 |  | √ |  |
|  | 电能计量装置常见故障及错误接线 | 电能计量装置常见故障判断（GYKH00301001） | 本模块介绍计量装置常见故障以及故障原因分析等内容。通过要点归纳和原理讲解，掌握计量装置的常见故障的分类和判断方法 |  | √ |  |
|  |  | 电能计量装置常见错误接线（GYKH00301002） | 本模块介绍电能计量装置正确接线、常见错误接线种类以及原因分析等内容。通过原理讲解和计算分析说明，掌握电能计量装置常见错误接线对电能计量的影响 |  | √ |  |
|  | 电能计量装置差错更正电量计算 | 错误接线电量更正（GYKH00302001） | 本模块介绍电能计量装置各种错误接线的更正系数和电量补（退）计算方法。通过案例分析和计算举例，掌握电能计量装置错误接线情况时的电量更正方法 |  |  | √ |
|  |  | 倍率不符电量更正（GYKH00302002） | 本模块介绍电能计量装置倍率不符的电量更正计算方法。通过典型案例分析和计算举例，熟悉倍率不符电量更正方法 |  |  | √ |
|  |  | 计量装置误差电量更正（GYKH00302003） | 本模块介绍计量装置综合误差的电量更正计算方法。通过原理推导和计算举例，熟悉计量装置综合误差的计算及电量更正方法 |  |  | √ |
| 服务规范 | 供电服务规范 | 通用服务规范（ZY3100301001） | 本模块介绍供电企业相关人员的行为举止、仪容仪表、道德标准、业务技能等综合素质以及供电电压、供电可靠率等供电质量指标等内容。通过要点归纳，掌握通用服务规范内容 | √ |  |  |
|  |  | 营业场所服务规范（ZY3100301002） | 本模块介绍供电营业场所的服务内容、服务标准、服务环境等服务质量标准。通过要点归纳，掌握供电营业场所相关人员的行为规范以及服务环境的规范化要求 | √ |  |  |
|  |  | 95598 服务规范（ZY3100301003） | 本模块介绍 95598 服务范围、电话及网站服务规范等内容。通过要点归纳，掌握 95598 的服务内容、方式及要求 | √ |  |  |
|  |  | 现场服务规范（ZY3100301004） | 本模块介绍现场服务的范围、服务纪律、不同业务的服务行为、服务要求等内容。通过要点归纳，掌握现场服务的内容、纪律及要求 | √ |  |  |
|  |  | 有偿服务规范（ZY3100301005） | 本模块介绍有偿服务的范围、收费标准及有偿服务要求等内容。通过要点归纳，掌握有偿服务的内容及服务要求 | √ |  |  |
|  |  | 投诉举报处理服务规范（ZY3100301006） | 本模块介绍接受客户投诉举报的方式及处理规范等内容。通过要点归纳，掌握受理投诉举报的渠道及处理要求 | √ |  |  |

续表

| 部分名称 | 章 | 模块名称（模块编码） | 模块描述 | 等级 I | 等级 II | 等级 III |
|---|---|---|---|---|---|---|
| 服务礼仪与沟通技巧 | 语言表达能力 | 语言表达能力的培养途径（ZY3100401001） | 本模块介绍语言表达能力的基本概念和在95598服务中的作用。通过要点归纳，掌握语言表达能力对95598坐席人员的重要性及培养途径 | √ | | |
| | | 普通话训练（ZY3100401002） | 本模块介绍普通话发音、字词认读、作品朗读、命题说话和电力常用语的训练技巧。通过常见字、词组、句子的列举和训练方法介绍，掌握坐席人员普通话训练方法 | √ | | |
| | | 普通话测试（ZY3100401003） | 本模块介绍普通话测试流程、水平等级标准以及测试应试技巧等内容。通过要点归纳，掌握普通话测试方法、环节及应试技巧 | √ | | |
| | | 常用英语口语（ZY3100401004） | 本模块介绍了95598专业服务常用英语。通过英语服务用语列举和案例介绍，掌握坐席人员为客户提供服务的专业服务常用英语 | | | √ |
| | 电话服务礼仪与沟通技巧 | 电话服务礼仪规范（ZY3100402001） | 本模块介绍电话服务礼仪及电话服务礼貌用语。通过要点归纳和列表说明，掌握坐席人员受理电话和回访电话中常用礼仪和礼貌用语，以及电话服务的基本礼仪使用规范 | √ | | |
| | | 电话服务沟通技巧（ZY3100402002） | 本模块介绍沟通的基本概念以及电话服务的沟通技巧。通过要点归纳和案例说明，掌握坐席人员规范性的沟通语言、服务行为、处理流程及服务技巧 | | √ | |
| | 情绪管理 | 坐席人员心理压力原因及分析（ZY3100403001） | 本模块介绍坐席人员心理压力产生的原因及对工作的影响。通过要点归纳，掌握造成心理压力的各类因素及产生的影响 | | √ | |
| | | 坐席人员心理压力调整技巧（ZY3100403002） | 本模块介绍了缓解坐席人员心理压力的方法和技巧。通过要点归纳，掌握心理压力调整技巧，达到舒缓情绪，提高坐席人员工作绩效 | | √ | |
| 营销业务应用 | 客户服务系统 | 系统构成（ZY3100601001） | 本模块包含95598客户服务系统概述、系统构成的知识内容。通过概念介绍和要点归纳，掌握95598客户服务系统的结构组成、性质特点及功能特点 | √ | | |
| | | 普通坐席功能（ZY3100601002） | 本模块包含普通坐席电话功能、录音功能、传真功能、各类业务处理及互联网服务功能等内容。通过要点阐述，掌握普通坐席各项功能的基本操作方法 | √ | | |
| | | 班长坐席功能（ZY3100601003） | 本模块介绍班长坐席的在线监控管理、质检录音文件、服务质量评定、坐席技能级别设置及其他管理功能等内容。通过要点归纳和图例说明，掌握班长坐席各项功能的基本操作方法 | | √ | |
| | | 服务质量监管功能（ZY3100601004） | 本模块介绍服务场所视频监管、关键指标监控、抽样调查及监管工作计划管理等内容。通过要点归纳，掌握系统服务质量监管的内容、手段和方法 | | | √ |
| | 营销技术支持系统 | 系统构成（ZY3100602001） | 本模块介绍电力营销技术支持系统的概念、系统构成等内容。通过图例说明和要点归纳，掌握营销技术支持系统架构、性质特点及系统的构成 | √ | | |
| | | 系统功能（ZY3100602002） | 本模块介绍电力营销技术支持系统各子系统模块的结构、功能特点等内容。通过图例说明和要点归纳，掌握各子系统模块知识、结构、功能特点及其之间的关系 | √ | | |
| | | 数据交互（ZY3100602003） | 本模块介绍电力营销技术支持系统的信息集成体系结构及各功能模块的数据交互功能。通过图例说明和要点归纳，掌握系统各功能模块间的信息交换和传递流程，以及95598客户服务系统与各应用系统间的数据交互关系 | | √ | |

# 参 考 文 献

[1] 陈安伟. 95598 电力客服中心呼叫中心运营管理手册. 北京：中国电力出版社，2007.
[2] 赵溪. 客户服务导论与呼叫中心实务. 北京：清华大学出版社，2006.
[3] 付亚和，许玉林. 绩效管理（第二版）. 上海：复旦大学出版社，2008.
[4] 李珞新，向保林. 电力客户服务. 北京：中国电力出版社，2008.
[5] 供电服务规范. 北京：中国电力出版社，2004.
[6] 李先国，曹献存. 客户服务实务. 北京：清华大学出版社，2006.
[7] 刘振亚. 国家电网公司信息化建设工程全书. 营销业务应用篇. 营销 IT 架构设计. 北京： 中国电力出版社，2008.
[8] 刘振亚. 国家电网公司信息化建设工程全书. 营销业务应用篇. 营销业务模型设计. 北京： 中国电力出版社，2008.
[9] 刘振亚. 国家电网公司信息化建设工程全书. 营销业务应用篇. 营销需求规格设计. 北京：中国电力出版社，2008.
[10] 刘振亚. 国家电网公司信息化建设工程全书. 营销业务应用篇. 营销功能精化设计. 北京：中国电力出版社，2008.
[11] 刘云龙，刘继东，殷树刚. 山东电力营销技术支持系统的设计与实现. 北京：中国电力出版社，2008.
[12] “95598”客户服务系统实施意见及建设规范. 北京：中国电力出版社，2002.
[13] 刁柏青，等. 电力改革环境下的客户关系管理. 北京：中国电力出版社，2004.
[14] 成际镇，等. 计算机电信集成技术及应用. 北京：人民邮电出版社，2007.
[15] 伍芃华. 多媒体呼叫中心构建与 CRM 策略. 北京：人民邮电出版社，2003.
[16] 李跃. 呼叫中心的关键应用技术. 北京：北京邮电大学出版社，2005.
[17] 傅景伟. 电力营销技术支持系统. 北京：中国电力出版社，2002.
[18] 乔新国. 电力营销知识读本. 北京：中国电力出版社，2007.